화보 1_비단으로 만든 꽃, 투르판 아스타나 고분 출토

1972년 무덤에서 발굴된 조화. 화려한 색채의 비단으로 만든 꽃이다. 높이 32cm. 중국 북서부 신강(新疆)의 오아시스 투르판 지역이 보존에 얼마나 유리한 환경인지 잘 보여주는 사례이다. 연 강우량 2.5cm가 채 되지 않기 때문에 건조한 땅 속에는 중국의 다른 어느 지역보다 많은 유물들이 남아 있다. 이는 세계적으로도 드문 사례에 속한다. 고고학자들은 조화의 줄기 사이에서 머리카락 몇 가닥을 발견했다. 600년대 혹은 700년대에 봄맞이 축제에서 춤을 추던 무용수가 머리에 꽂았던 장식으로 추정된다.

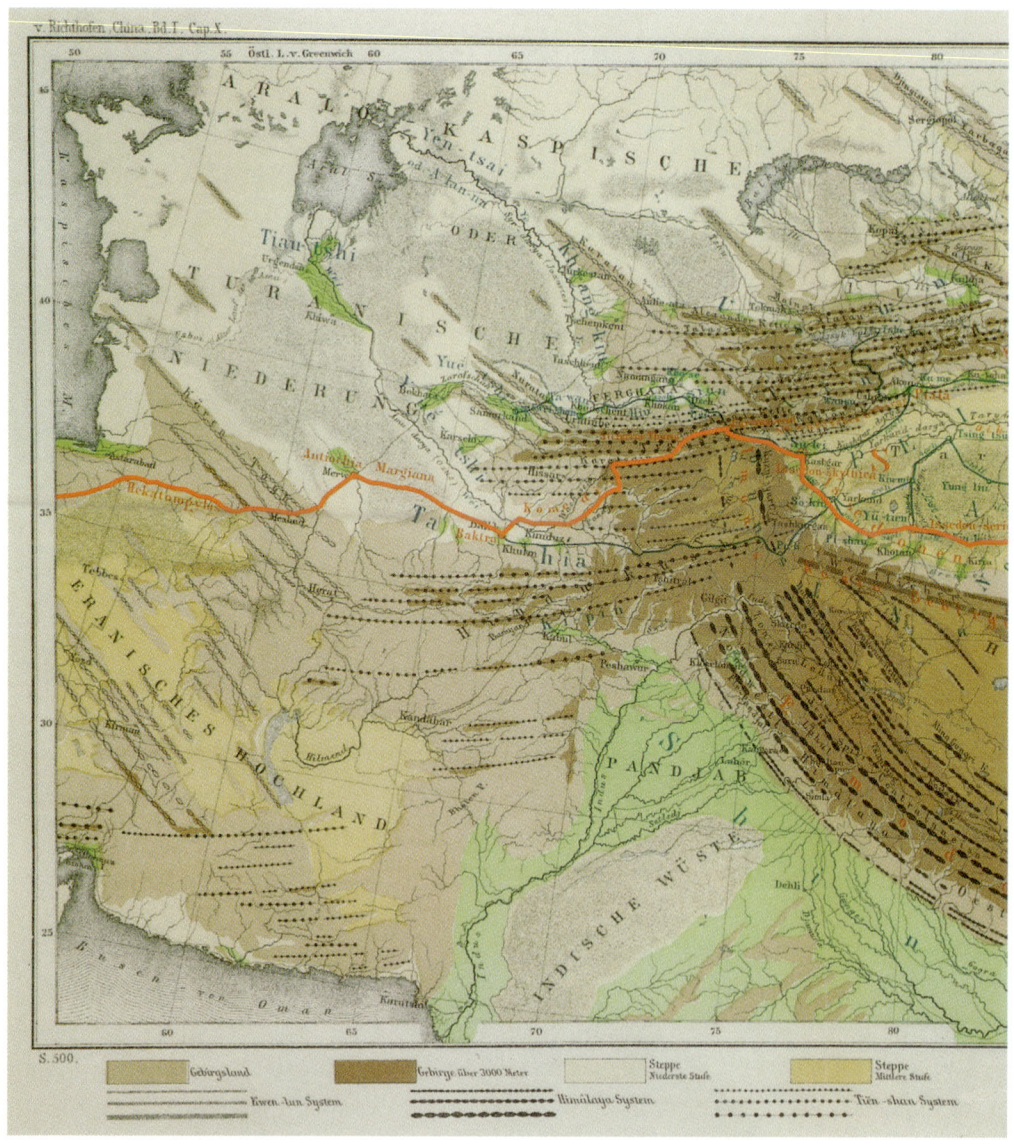

화보 2-3_최초의 실크로드 지도, 1877년
독일의 지리학자 리히트호펜이 이 지도를 출판하면서 "실크로드"라는 용어를 만들어냈다. 두드러져 보이는 오랜지색 선이 바로 실크로드를 나타낸다. 리히트호펜은 독일에서 중국에 이르는 이상적인 철로를 설계하는 일을 맡고 있었다. 그는 고대 무역로를 하나의 선으로 이해했다.

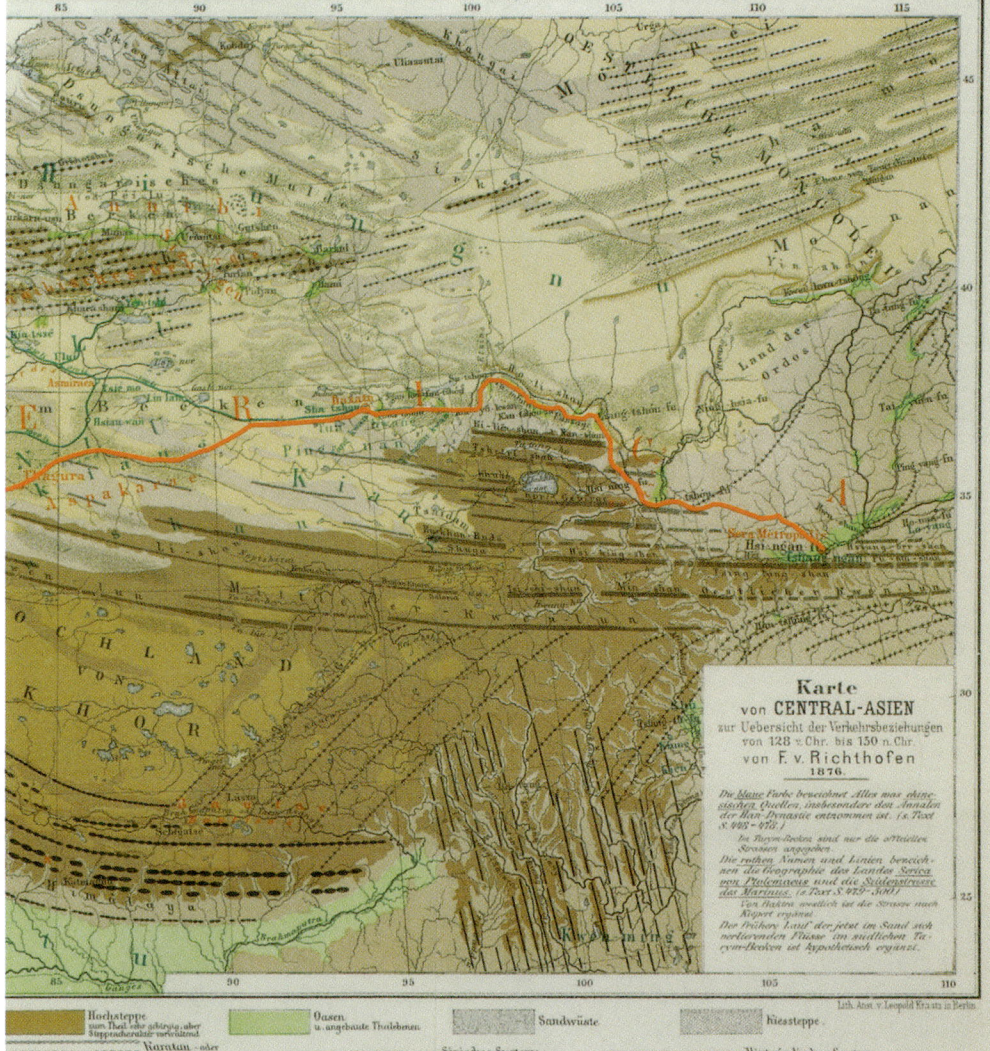

화보 4A_무덤 부장품으로 사용된 로마 금화 모조품

상식적으로 실크로드 무역은 중국의 한나라에서 로마까지 연결되었을 것으로 생각하는 경우가 많지만, 중국에서 발견된 로마의 금화는 가장 시기가 빠른 것이 500년대에 불과하다. 콘스탄티누스 황제가 330년 수도를 로마에서 비잔티움으로 옮긴 지 한참 뒤의 일이다. 지금까지 중국 전역에서 발견된 로마의 금화는 50개가 채 안 되는데, 대부분은 모조품이다. 사진 속의 금화는 지름이 1.6cm에 무게는 0.85g으로 금판을 눌러서 앞이 튀어나오고 뒤가 들어가도록 마치 병뚜껑처럼 만든 것이다. 솔리두스 금화 진품의 무게는 이보다 5배 이상이다. 중국인들은 이러한 금화를 부적으로 사용했을 뿐 화폐로 사용하지 않았다.

화보 4B_사산조 은화 진품, 투르판 아스타나 고분 출토

500년대 말에서 600년대까지 중국 북서부 지역 주민들은 대출이나 매매를 할 때 이란의 사산 제국(224-651)에서 주조된 은화를 사용하는 경우가 많았다. 사진에 보이는 은화는 지름이 3.1cm, 무게가 4.28g인데 사산 제국의 황제 쿠스로우 2세(재위 591-628)의 초상이 그려져 있다. 그의 특징적인 날개 달린 관을 쓰고 있고 뒷면에는 두 사람이 좌우로 서 있는 가운데 조로아스터교 불을 숭배하는 제단이 보인다. 중국 북서부 지역에서 이러한 은화가 천 개 이상 발견된 것으로 보아 사산 제국의 수도 크테시폰(현 바그다드 근처)에서 중국의 수도 장안에 이르기까지 이 은화가 유통되었음을 알 수 있다.

화보 5A_화폐로 사용된 비단

이 비단은 반으로 잘려진 것으로 기원후 3세기 혹은 4세기의 것이다. 원래 폭은 50cm였고, 누란의 주둔지에 근무하던 군인들에게 군비로 지급된 것이었다. 비단 한 필의 무게는 같은 값의 동전에 비해 훨씬 가벼웠고 육로로 운송하기도 용이했다. 실크로드에서 사용된 비단 중 상당량이 사치품이 아니라 화폐 기능을 했다. 그래서 사진에 보이는 이 비단도 아무런 문양 없이 평직으로 직조되었던 것이다. 이 유물은 3, 4세기의 화폐 기능 비단으로 유일하게 남아 있는 사례이다.

화보 5B_로마 스타일의 날개 달린 초상 모티프, 미란 출토

로마에서 에로스는 날개가 달린 미모의 남성으로 그려지는 경우가 많았다. 사진 속의 초상은 오렐 스타인이 니아와 누란 사이에 있는 미란의 불교 관련 유적에서 발굴한 16점의 그림 가운데 하나이다. 이와 같은 회화의 모티프가 실크로드를 따라 전파되는 일이 어렵지 않았다. 화가가 고향을 떠나 멀리 여행했을 수도 있고, 아니면 화본(畫本)을 보고 모사를 했을 수도 있다.

화보 6_고대 불교 스투파, 니아

1700여 년이 지났어도 니아의 스투파는 약 7미터 높이로 우뚝 서 있어서 이 지역의 주요 랜드마크이다. 수백 년 동안 훼손되어 표면이 벗겨지는 바람에 속에 있던 벽돌이 그대로 드러났다. 오렐 스타인이 1901년 1월 28일 이곳에 도착했을 때는 이미 도굴꾼들이 아래층의 창고를 열고 그 속에서 불상을 꺼내간 뒤였다. 이 외의 유물들은 모래 속에 묻혀 있어서 스타인은 주거지 100여 곳과 글씨가 쓰여 있는 목판 천여 점을 발굴할 수 있었다.

화보 7_ 합장된 시신, 실크로드

니아에서 발굴된 관의 크기는 길이가 230cm인데 남녀 한 쌍이 합장되어 있었다. 남편은 왼쪽에 아내는 오른쪽에 놓였다. 남편의 목에는 칼로 인한 상처가 있는데, 아마도 사망 원인이 된 듯하다. 아내의 시신에는 별다른 표시가 없다. 아내를 질식사시켜 함께 묻은 듯하다. 이 무덤에서는 3세기 혹은 4세기의 직조 비단 37점이 발견되었는데, 실크로드 유적지 중에서 가장 많은 비단이 발굴된 곳이다. 비단 중에는 한문으로 왕(王)자나 공(公)자가 직조된 것들도 있었다. 이는 중원 지역의 왕조에서 이 지역 통치자에게 선물로 주었던 비단임을 나타낸다.

화보 8_실크로드 최고의 패션

당나라의 수도 장안에서 7세기에 만들어진 중국 미인 인형. 전형적인 당나라의 헤어스타일과 화장을 하고 있다. 눈썹 위에는 꽃을 그렸다. 의상에는 중앙아시아 최고의 패션이 결합되어 있다. 윗도리에 새 두 마리가 마주보고 있고 새 주변으로 진주 문양을 둘렀다. 어깨에 걸친 숄과 세로줄무늬 치마와 허리띠는 중국식 패션이다. 이 인형이 메트로폴리탄 미술관에 전시되었을 때 "당나라의 바비 인형"이란 별명을 얻었다. 실제로 바비 인형과 같은 크기(29.5cm)에다가 온몸에 멋을 부린 것도 마찬가지였기 때문이다.

화보 9_불교 석굴 사원, 베제클릭

한때 은둔의 석굴 사원이 이제는 투르판 방문객들의 주요 여행지가 되었다. 베제클릭의 석굴들은 신강의 여느 불교 석굴 사원과 마찬가지로 강의 계곡을 따라 연약한 암반 지대 절벽에 굴을 파고 조성된 석굴 사원이다. 이곳에 있던 벽화들은 20세기 초에 반출되어 현재 베를린에 전시되어 있다. 그러나 값으로 매길 수 없을 만큼 귀중한 마니교 벽화가 현지에 하나 남아 있다. 늘 잠겨 있기 때문에 관광객들에게 좀처럼 관람할 기회가 주어지지 않는다. 포도를 말리는 벽돌 건물(사진의 중앙 아래)은 투르판 시골에서 볼 수 있는 전형적인 풍경이다.

화보 10_배를 타고 타클라마칸 사막을 가로질러 여행하는 스벤 헤딘

타클라마칸 사막을 흐르는 강들은 오늘날 대부분 말라붙어 바닥을 드러내고 있다. 그러나 1899년 스웨덴의 탐험가 스벤 헤딘은 길이 12m의 배를 타고 물길을 따라 이곳을 여행하였다. 야르칸드 북쪽에서 출발해서 82일 동안 1,500km를 여행한 뒤 코를라에서 3일을 더 가서 배를 멈추었다. 강에 떠다니는 거대한 얼음 덩어리 때문이었다. 헤딘이 그린 수채화를 보면 갑판이 큼직했다. 그 위에 텐트를 치고 나무로 작은 건물을 만들어 방으로 사용했으며 진흙으로 화로를 만들어서 음식을 준비할 수 있었다.

화보 11A_사라진 종교에 대한 재조명

투르판 고문서를 발견하기 전에 우리가 마니교에 대해서 알 수 있는 내용은 아우구스티누스가 《고백록》에 쓴 비판적인 기사를 통해서였다. 마니교는 이란의 예언자 마니(약 210-276)를 따르는 종교였다. 마니는 빛과 어둠의 투쟁에 대해서 가르쳤다. 투르판에서 발견된 8세기 혹은 9세기의 이 책에는 화려한 색채로 베마 축제를 상세하게 보여준다. 베마 축제는 마니교에서는 연중 최대의 축제였다. 그림의 내용은 마니교 교리의 핵심을 이루는 변신 과정을 그린 것이다. 평신도들이 멜론, 포도, 해와 달처럼 생긴 빵을 "선택받은 자(성직자)"에게 바치면 그는 이 음식을 먹고 그것을 빛으로 변화시킨다. 위구르의 통치자가 762년 마니교로 개종한 뒤 그는 세계사에서 마니교를 공식 국교로 선포한 유일한 통치자로 기록되었다.

화보 11B_사신 행렬, 사마르칸트

600년대 중반으로 편년되는 이 벽화는 사마르칸트의 아프라시압 유적의 벽화이다. 세 명의 사신이 사마르칸트의 통치자에게 선물을 바치는 장면을 그렸다. 사마르칸트는 소그드인의 고향 소그디아나의 중심지였다. 이들 세 명의 사신은 인근 왕국에서 온 사람들이었는데, 모두 화려한 문양의 옷을 입고 있다. 이들 이외에도 40여 명의 초상이 그려져 있는데 그 중에는 투르크인, 중국인, 한국인, 다른 소그드인들도 포함되어 있다. 이는 당시 소그드인이 알고 있던 세계 문화를 그려둔 것으로 실크로드의 교류에서 사신의 중요성을 보여주는 그림이다.

화보 12_히브리어 기도문, 돈황 장경동
돈황 장경동에는 4만여 건의 고문서가 보관되어 있었고 한문과 티베트어 고문서가 가장 많았다. 다른 언어로 된 자료들(산스크리트어, 소그드어, 위구르어, 호탄어, 히브리어)은 우리가 전혀 알지 못하는 사람들이 그곳에 있었다는 사실을 알려주기에 학자들의 관심을 끌기에 충분했다. 사진의 고문서는 장경동에서 발견된 유일한 히브리어 고문서이다. 18행으로 구성된 기도문인데, 각 행은 구약성서의 시편에서 따온 문구이다. 여러 번 접은 채로 작은 주머니에 들어 있었는데, 부적으로 쓰였으며, 바빌론에서 작성되어 돈황까지 가져왔던 것으로 추정된다.

화보 13_모직 바지의 다리 부분, 호탄

사진에서 보이는 장면은 모직 바지의 다리 부분에서 잘라낸 것이다. 현지에서 직조된 것이지만 위에는 그리스식 켄타우로스 그림이 있고 아래에는 전사의 초상이 보인다. 호탄 교외의 샨풀라 유적지에서 발굴된 것이다. 이 그림의 모티프는 알렉산더 대왕의 군대와 함께 처음으로 아크가니스탄 북부 지역과 파키스탄 지역으로 전파되었고, 그곳에서 다시 중국 북서부로 전파되었다. 켄타우로스의 망토와 전사의 옷깃에 있는 꽃문양 다이아몬드는 오리지널 모티프의 중앙아시아식 변형이다. 샨풀라 유적지는 도굴로 심각하게 훼손되어서 이 바지의 정확한 연대를 추정하기 어렵다. 샨풀라 유적지의 다른 유물들은 대체로 기원전 3세기에서 기원후 4세기 사이의 것들이다.

화보 14_실크로드의 잔치, 서안 안가묘(安伽墓)

소그드인에게서 유래한 회전무용은 실크로드 전역에서 남녀 모두 추던 춤이다. 예전 기록에서도 열정적이며 빠른 리듬이었다고 기록되어 있다. 이 그림은 무덤 속에서 발견된 것으로, 서안에 살던 소그드인 지도자의 무덤이다. 사망 연대는 579년. 이 그림은 12개의 석판 가운데 하나인데, 모두 얕은 음각선을 파고 빨강, 검정, 흰색으로 채색을 했고 바탕은 금이다. 석판에는 망자의 생전 생활 장면이 그려져 있어서 중국에 살던 소그드인 지도자의 생활을 엿볼 수 있는 비할 데 없는 자료이다.

화보 15_조로아스터교 미술, 안가묘(安伽墓)

기원후 500년에서 800년 사이에 중국에서 비중국인 공동체로는 소그드인 공동체의 규모가 가장 컸다. 사진에서 보이는 소그드인의 무덤은 전형적인 중국식 석실 무덤이다. 중국식 주택 건물 모양으로 무덤 입구를 설계했고 문 위에는 조로아스터교 미술로 장식했다. 그림 속에는 두 명의 사제가 조로아스터교 불의 제단을 호위하고 있다. 망자의 뼈가 문밖에 놓여 있는 것이 특이하다. 중국식 관습으로는 문 안의 제단에 시신을 안치하던 것과는 전혀 다르다.

화보 16A_신강 최초 이슬람 통치자의 무덤

사진에서 보이는 무덤 사원은 카라카니드 왕 중에서 최초로 이슬람으로 개종했던 술탄 사툭 부그라 칸의 무덤이다. 카슈가르 북동쪽 45km에 위치하는 도시 아투쉬에 있다. 신강 서부 키르기스스탄 국경에서 가깝다. 이 무덤 사원(마자르)은 신강 지역에서 최고의 경배를 받는 사원이지만 북경의 여행사가 개보수를 한 뒤로 참례자가 줄어들었고 관광객들에게 입장료를 받기 시작했다.

화보 16B_이맘 무사 카짐의 무덤에서 기도하는 여인

호탄 교외의 무사 카짐 마자르에서 한 여인이 무릎을 꿇고 기도를 올리고 있다. 양가죽과 코란의 구절을 적은 형형색색의 깃발은 무덤에 바친 공물이다. 이곳에서 1006년 무슬림 카라카니드가 현지 왕의 군대를 물리치고 승리하였다. 이때부터 신강 지역의 이슬람화가 시작되었다. 방문객들은 무덤 위에다 희생물로 동물을 잡아 짚과 함께 바치거나 깃발을 꽂아두기도 한다.

실크로드_7개의 도시

실크로드 — 7개의 도시

발레리 한센 지음 · 류형식 옮김

소와당

이 책의 한국어판 저작권은 EYA(Eric Yang Agency)를 통해
Oxford University Press와 독점계약한 (주)소와당에 있습니다.
저작권법에 의하여 한국 내에서 보호를 받는 저작물이므로 무단전재와 복제를 금합니다.

Korean translation copyright ⓒ 2015 by Sowadang
Korean translation rights arranged with Oxford University Press
through EYA(Eric Yang Agency).

ⓒ Valerie Hansen 2012
THE SILK ROAD: A NEW HISTORY, FIRST EDITION
was originally published in English in 2012.

이 도서의 국립중앙도서관 출판예정도서목록(CIP)은 서지정보유통지원시스템 홈페이지(http://seoji.
nl.go.kr)와 국가자료공동목록시스템(http://www.nl.go.kr/kolisnet)에서 이용하실 수 있습니다.
(CIP제어번호: CIP2014033938)

차례

화보
고유명사 표기에 대하여   6
연표   8

서론   고문서가 말해주는 실크로드의 역사   13
CHAPTER 1   누란 — 동서 문명의 교차로   51
CHAPTER 2   쿠차 — 실크로드 언어의 관문   105
CHAPTER 3   투르판 — 중국과 이란 사이   151
CHAPTER 4   사마르칸트 — 실크로드의 상인 소그드인의 고향   199
CHAPTER 5   장안 — 실크로드의 국제 터미널   245
CHAPTER 6   돈황 — 실크로드의 타임캡슐   287
CHAPTER 7   호탄 — 불교와 이슬람의 관문   339
결론   중앙아시아 육로 교통의 역사   401

미주   415
감사의 말   491
역자 후기   495
도판 출처   499
찾아보기   502

고유명사 표기에 대하여*

독자들은 이 책에서 다양한 고유명사를 만나게 될 것이다. 산스크리트어도 있고, 투르크어나 이란어도 있다. 이 책에서는 일관성을 다소 희생하더라도 가장 널리 통용되는 철자법을 사용했다. 또한 이 책에서는 발음구별기호를 사용하지 않았다. 인용문의 원문에서는 사용했더라도 이 책에서 인용할 경우 제외시켰다. 일반 독자들을 번거롭게 하지 않기 위해서였다. 그리고 전문가들은 굳이 표기하지 않더라도 알고 있을 것이다. 다만 주석에서는 저자의 이름이나 용어, 책이나 논문 제목에서 발음구별기호를 사용했다.

중국 인명은 모두 병음(拼音)으로 표기했다. 병음 체계는 현재 중국 전역에서 사용되고 있는 로마나이즈 시스템이다. 몇몇 철자들은 영어권 독자들이 직관적으로 알아보기 힘들 수도 있다. 즉 x, q, c, zh가 가장 헷갈린다. 당나라의 승려 현장(玄奘, Xuanzang으로 표기되지만 발음은 Shen-dzahng)이 고창국의 왕을 만났는데, 그의 성씨는 국(麴, Qu로 표기되지만, 발음은 프랑스어의 "tu"와 비슷함)이었다. 장안에 있는 현장의 사찰은 자은사(慈恩寺, C'ien으로 표기되지만, 발음은 Tsih uhn)였고, 848년에서 914년까지 돈황을 다스렸던 가문은 장씨(張, Zhang으로 표기되지만, 발음은 Jahng) 가문이였다.

서양인의 성명은 일반적인 순서에 따라 이름을 먼저 쓰고 성을 나중에 썼고, 중국인과 일본인의 성명은 동양의 관습에 따라 성을 먼저 쓰고 이름을 나중에 썼다. 여러 언어로 책을 출간한 학자의 경우, 성과 이름의 순서는 출간된 책이 속하는 언어권에 따랐다.

    때때로 인용문에는 물품의 수량이 표시된 경우가 있다. 대부분의 경우 원래의 단위를 쓰고, 현대 통용되는 단위로 환산을 해 두었다. 그러나 독자들께서 염두에 두셔야 할 것은, 전통 시대에는 도량형 단위가 모두 표준화되어 있지는 않았기 때문에, 현대적 환산은 근사치에 불과하다는 점이다.

---

* 저자가 말하는 고유명사 표기는 물론 영어판과 영어권 독자들을 염두에 둔 것이다. 한국어판에서는 중국어는 모두 한국한자음으로 표기했고, 경우에 따라 한자 혹은 병음을 병기했다. 덧붙여 말하자면, 원서에서는 한자가 전혀 등장하지 않는다. 본문에 병기된 한자는 모두 역자가 추가한 것이다. 또한 한문 사료의 인용도 영어로 번역 제시되어 있다. 이 경우 역자가 미주에 한문 원문을 추가했다. 참고문헌에서 중국 혹은 일본 책(논문)의 경우 영어로 서지사항이 적혀 있다. 이를 역자가 한자로 교체했다. 따라서 본문에 등장하는 한자와 관련된 오탈자 혹은 표점상 오류는 모두 역자의 책임이며 저자와는 무관하다.

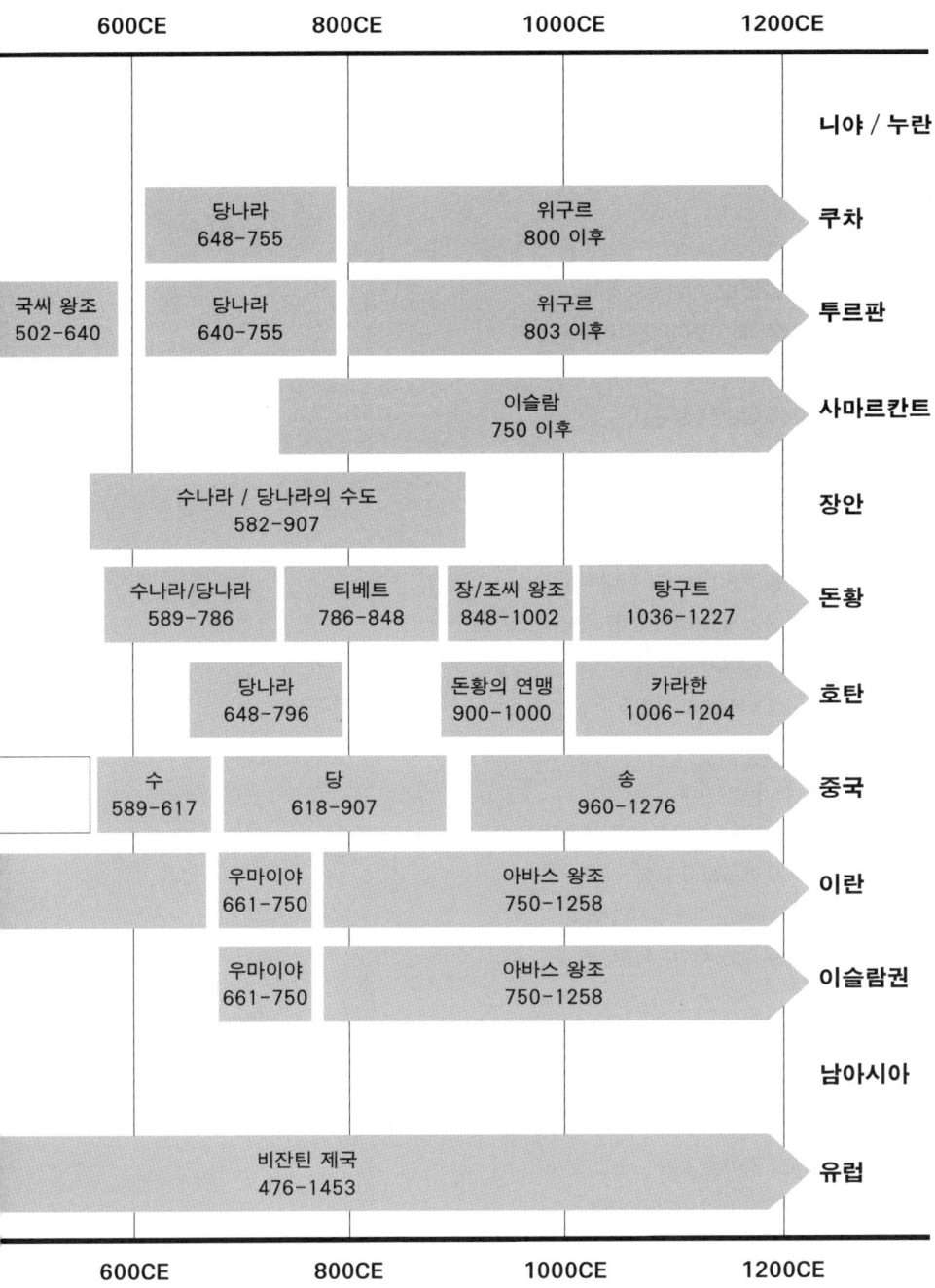

― 니야/누란
기원전 77 한나라 누란 정복
기원전 60-기원후16 서역도호부 설치
376 누란 멸망
500 이후 사막화

― 쿠차
기원전 65 한나라와 동맹
344-413 쿠마라지바 생애
648 안서도호부 설치(구자도독부)
755 당나라 철수
790 티베트의 점령

― 투르판
기원전 60 차사국 한나라에 복속
273 가장 오래된 한문 계약서
755 당나라 철수
792 티베트의 점령

― 사마르칸트
313-314 소그드인의 옛날 편지
509 에프탈의 점령
661-662 아프라시압 벽화
709-722 무그 산 고문서

― 장안
399 법현 인도 여행 출발
579 安伽/史君(wirkak) 사망
731 하가촌 보물
881 황소의 반란군 약탈

— 돈황
366 천불동에 최초로 석굴사원 조성

— 호탄
90 최초의 한군현 설치
200 최초의 불교 신자들
401 법현 스님의 방문
648 안서도호부 설치(비사도독부)
796 티베트의 점령
1006 이슬람의 점령

— 중국
9-23 왕망의 신 왕조
755-763 안록산의 난

— 이란
651 이슬람의 점령

— 이슬람권
570-632 무함마드의 생애

— 남아시아
477 우디야나 사신을 투르판에 파견
631-643 현장 인도 유학

— 유럽
395 동서 로마 제국으로 분열
476 로마 제국 멸망

서론

— 고문서가 말해주는 실크로드의 역사 —

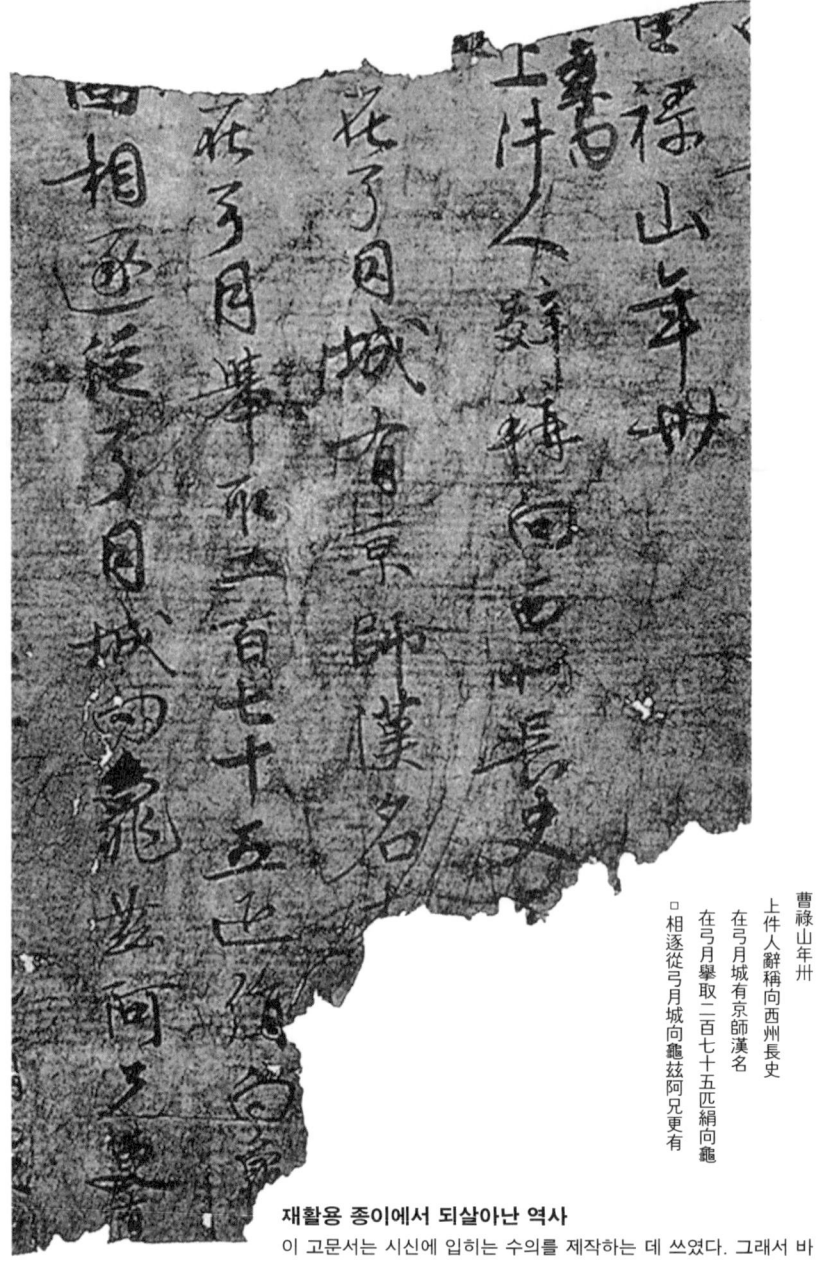

曹祿山年卅
上件人辭稱向西州長史
在弓月城有京師漢名
在弓月城舉取二百七十五匹絹向龜
□相逐從弓月城向龜茲阿兄更有

재활용 종이에서 되살아난 역사

이 고문서는 시신에 입히는 수의를 제작하는 데 쓰였다. 그래서 바늘 자국과 종이를 접었던 흔적이 남아 있다. 아마도 윗도리였을 것이다. 투르판의 묘지에서 출토되었다. 이란인 상인이 중국의 법정에 제출한 증언이 기록되어 있다. 문서의 내용은 오른쪽 위에서부터 문서를 제출한 상인의 이름(曹祿山)과 나이(30)로 시작된다.

●

앞 페이지에 제시한 문서는 이 책의 주제를 보여준다. 이 문서는 소송 관련 문서로, 670년경 중국에 거주했던 이란인 상인이 법정에 제출한 진술서다. 그는 사망한 자신의 형이 소유했던 비단 275필을 되찾아 달라는 소송을 제기했다. 그의 진술에 따르면, 그의 형은 비단을 중국인 동료에게 맡긴 뒤 사막을 여행하던 중 낙타 2마리, 소 4마리, 나귀 1마리와 함께 실종되었고, 사망한 것으로 추정된다. 재판 결과 법정에서는 망자의 유족인 동생에게 비단의 소유권이 인정된다고 판결했다. 그러나 판결이 실제로 집행까지 되었는지는 알 수 없다.

이 사건은 실크로드 무역에 대해 많은 것을 알려준다. 실제 무역 규모는 그리 크지 않았다. 이 사례에서 이란인 상인의 물품을 운송하는 데 동원된 동물은 고작 7마리가 전부였다. 그 중 2마리는 낙타였고, 나머지는 소 4마리와 나귀 1마리였다. 낙타, 소, 나귀는 모두 물품 운반에 중요한 동물들이었다. 이란인 상인의 등장 또한 주목할 만하다. 중국의 주요 무역 상대는 로마가 아니라 사마르칸트였다. 사마르칸트는 이란어권의 동쪽 끝에 위치한 도시였다. 더욱이 소송이 제기되었던 시기는 실크로드에 당나라 군대가 대규모로 주둔해서 상인들이 번창했을 때였다. 이 판례는 7세기의 것으로, 당시 당나라의 군비 지출이 지역 경제를 강력하게 부양하고 있었다.

무엇보다 흥미로운 점은 이 문서가 폐기처분된 공문서라는 사실이다. 소송 내용을 담고 있는 공문서가 나중에 폐지로 팔렸고, 최종적으로는 어느 장인이 시신에 입힐 수의를 제작하는 데 쓰였다. 약 1,300년 뒤 중국의 고고학자들이 투르판 근처에서 무덤을 발굴했고, 수의에서 여러 조각을 떼내어 맞추어서 문서를 복원했다. 고고학자들이 흩어진 종이 조각들을 다시 꿰맞춘 덕분에 여기저기 흩어져 있던 진술이 드러나게 된 것이다.

최근 십여 년 이래 고고학자들은 다양한 문서 수천 건을 수집했다. 그 중에는 계약서도 있었고, 소송 서류, 영수증, 화물표, 처방전도 있었다. 천여 년 전 어느 장날에 은화 120닢에 팔린 소녀의 노예 계약서 같은 통한의 문서도 나왔다. 사용된 언어도 여러가지였다. 한문, 산스크리트어뿐만 아니라 지금은 사용되지 않는 언어들도 포함되어 있었다.

이렇게 많은 문서가 남아 있는 이유는 무엇보다도 종이가 비싼 물건이라서 함부로 버리지 않았기 때문이다. 종이를 재활용해서 신발이나 인형 등 죽은 사람이 사후 세계로 가는 길에 쓸 수 있는 물건들을 만들 수 있었다. 종이 문서를 재활용해서 무덤 부장품을 만들었기 때문에 그 조각들을 원래대로 맞추려면 어느 정도 어림 짐작을 잘 해야 한다. 예를 들어 이란인의 진술서는 가위로 잘라 바느질을 해서 시신에 입히는 수의를 만들었고, 남은 조각들은 작업실 마룻바닥에 버렸을 것이다. 이 경우 전문 역사학자들은 종이 파편의 모양과 바늘 자국 등을 고려해서 원래 문서를 재구성해야 한다.

이러한 고문서를 통해 주인공이 누구였는지, 거래된 상품은 무엇이었는지, 상단의 규모는 어떠했는지, 그 상품이 전달됨으로써 지역 경제에 미친 무역의 영향은 어느 정도였는지를 파악할 수 있다. 뿐만 아니라 더 폭넓은 측면, 특히 종교적 신앙이나 기술 등의 전파에 실크로드가 어떤 역할을 했는지도 이해할 수 있다. 신앙이나 기술은 전쟁으로 피폐해진 고향을 떠나 보다 안전한 거처를 찾았던 피란민들이 가져 온 것이었다.

실크로드를 따라 형성된 공동체 사회는 대개 상업도시라기보다는 농경사회였다. 즉 대부분의 사람들은 농사를 지었을 뿐 상업에 종사하지 않았다는 뜻이다. 그들은 태어난 곳에서 멀지 않은 곳에서 살다가 죽었다. 거래는 사실상 주로 지역 범위 내에서 이루어졌고, 대체로 동전(화폐)을 사용하기보다는 물물교환으로 이루어졌다. 지금도 그렇지만 각각의 공동체는 분명한 정체성을 지니고 있었다. 실크로드를 따라 형성된 공동체 속으로 대규모 피란민들이 유입된 때는 오직 피란민들이 그들의 고향에서 전쟁이나 정치적 불안정으로 인해 떠나올 수밖에 없었을 때뿐이었다.

이러한 이주자들은 새로운 고향으로 들어올 때 자신의 종교와 언어를 가지고 왔다. 불교는 인도에서 시작되었고 중국에서 번성했지만, 틀림없이 중앙아시아에서도 가장 큰 영향을 미쳤을 것이다. 뿐만 아니라 마니교, 조로아스터교, 시리아에 기반을 둔 네스토리우스파 기독교 등도 모두 실크로드에서 신도를 확보했다. 실크로드 주변에 살던 사람들은 이러한 신앙 체계가 하나의 문명권에서 다른 문명권으로 전파되고 번역되고 변용되는 데 결정적인 역할을 담당했다. 이슬람이 이 지역으로 들어오기 이전 실크로드에서는 각자의 신앙에 대해 놀라울 정도로 관대했다. 통치자가 개인적으로 하나의 종교를 선택한 뒤 수하의 사람들에게 자신을 따르도록 강요했을 수도 있겠지만, 어쨌든 주민들 각자가 원하는 종교행위를 금지하지는 않았다.

실크로드 문화에 기여한 많은 민족들 가운데 소그드인도 빼놓을 수 없다. 그들은 오늘날 우즈베키스탄에 속하는 거대 도시 사마르칸트 주변에서 살았다. 중국과 그들의 고향 소그디아나 사이의 무역은 기원후 500년에서 800년 사이에 최고조에 달했다. 발굴된 고문서에 기록된 상인의 이름을 보면 대부분 사마르칸트 출신이거나 그 후손이었다. 그들은 이란어 계통인 소그드어를 사용했고, 고대 이란의 스승 자라투스트라(기원전 1000년경, 그리스어로는 조로아스터)의 가르침을 따르는 조로아스터교 신도들이 많았다. 자라투스트라는 진실을 말하는 것이 최고의 미덕이라고 가르쳤다. 신강 지역의 독특한 보존 여건 때문에 소그드인과 그들의 신앙에 대한 정보는 그들의 고향보다 중국(신강)에 더 많이 남아 있다.

실크로드에 관한 책들은 대개 유물에 초점을 맞추는 경우가 많지만, 이 책에서는 고문서에 기반을 두고자 한다. 고문서는 어떤 물건이 왜 발견된 장소에 있는지, 누가 가져왔는지, 그리고 왜 실크로드 역사가 그토록 화려한 다양성으로, 즉 다양한 민족들, 다양한 언어들로 구성되었는지, 실크로드가 어떻게 문화의 교차로가 되었는지를 설명해 준다.

실크로드를 따라 발굴된 기원후 200년에서 1000년 사이의 고문서들(이 책의 주안점이 되는)이 모두 재활용 종이는 아니다. 나무나 비단, 가죽, 혹은 다른 재질에 기록된 것들도 있다. 그리고 무덤에서 발굴된 것 말고도 우편 역참이나 사원, 가정집 유지 혹은 사막의 모래 속에서 나온 것들도 있다. 사막의 모래는 고문서뿐만 아니라 공예품, 천, 고대 종교 텍스트, 딱딱하게 굳은 음식, 인체 미이라 등을 보존하는 데 최적의 환경이다.(화보 1번 참조)

이러한 고문서들은 특별한 가치가 있다. 버려졌다가 우연히 발견되었고, 부와 권력을 가진 식자층만이 아니라 사회 각계각층의 사람들에 의해 기록되었기 때문이다. 이들 고문서는 의도적으로 집필된 역사서가 아니다. 고문서를 작성했던 사람은 후대의 사람들이 그 글을 읽게 되리라고는 예상하지 못했다. 따라서 고문서는 결코 의도적으로 남겨진 자료가 아니다. 고문서는 과거의 한 장면을 슬쩍 보여줄 뿐이다. 소소한 개인의 일상이나 단순한 사실 혹은 사건이 우연히 드러나게 된 것이다. 휴지통에서 꺼낸 정보보다 더 소중한 것은 없다. 왜냐하면 그것은 아무도 어떤 식으로든 가공하지 않은 자료이기 때문이다.

이들 고문서가 가르쳐주는 사실은 대부분 실크로드에 대한 우리의 선입견을 벗어난다. 실크로드의 "로드(길)"는 "길"이 아니라 사실은 이동의 범위였고, 거대한 사막과 산맥을 가로지르는 이정표 없는 발자취들이었다. 이처럼 확정되지 않은 길을 따라 운송되었던 물품은 그 수량 또한 사실상 매우 적었다. 그런데도 실크로드는 실제로 동양과 서양의 문명을 바꾸어 놓았다. 이 책은 지난 200년간 발굴된, 특히 최근 10여 년 동안 새로 발견된 놀라운 고문서에 나타난 사실에 근거를 두고자 한다. 그리하여 제대로 된 길도 아닌 소박한 발자취가 어떻게 인류 역사상 가장 강력한 변화의 고속도로 역할을 했는지, 무역 상품들뿐만 아니라 사상과 기술과 예술적 모티프들을 실어나르는 통로의 역할을 담당했는지를 설명해 보고자 한다.

"실크(비단)"는 "로드(길)" 못지않은 오해를 담고 있다. 비단은 실크로드의 여러 무역 상품들 중 하나에 불과했다. 약품, 향료, 금속, 안장과 가죽 제품, 유리, 종이 등도 흔히 거래되는 상품들이었다. 운송 화물 목록을 보면 어느 무역로에서는 염화암모늄이 최고의 무역 상품으로 등장

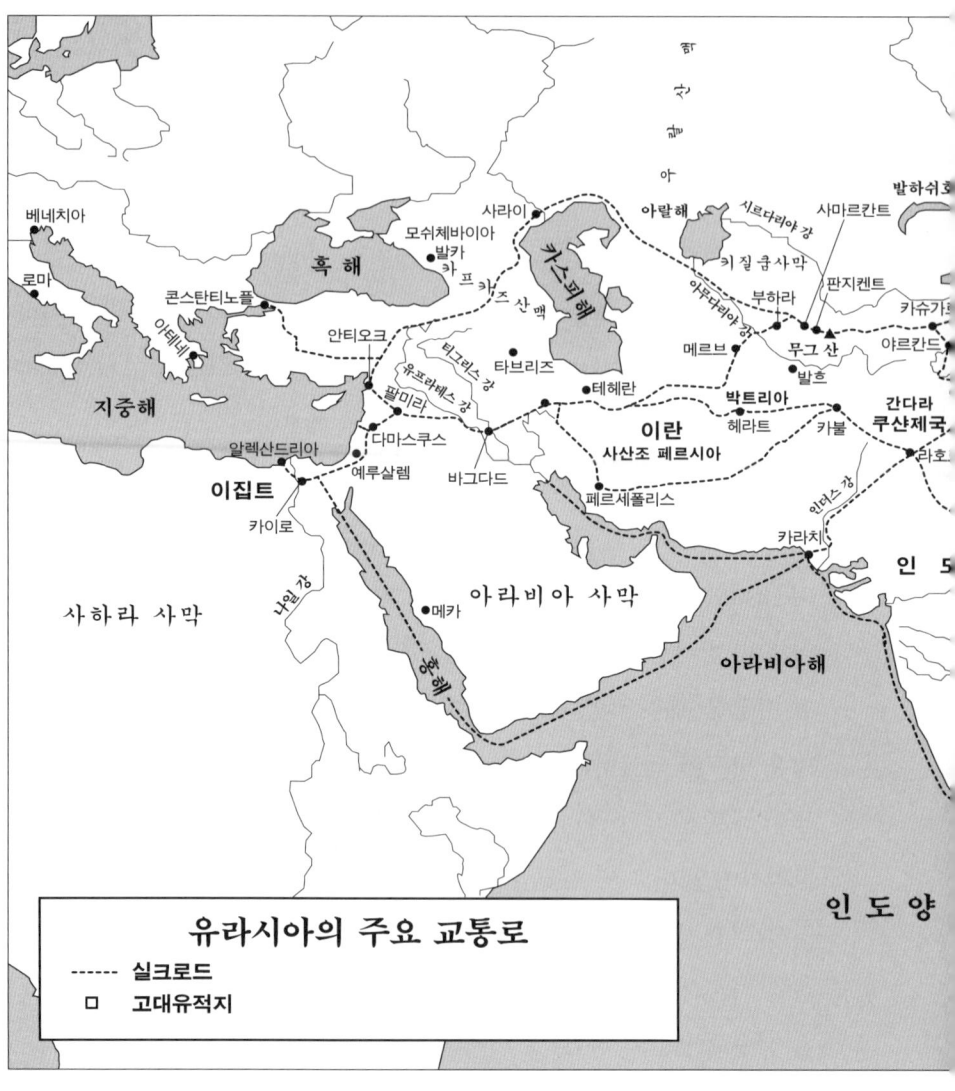

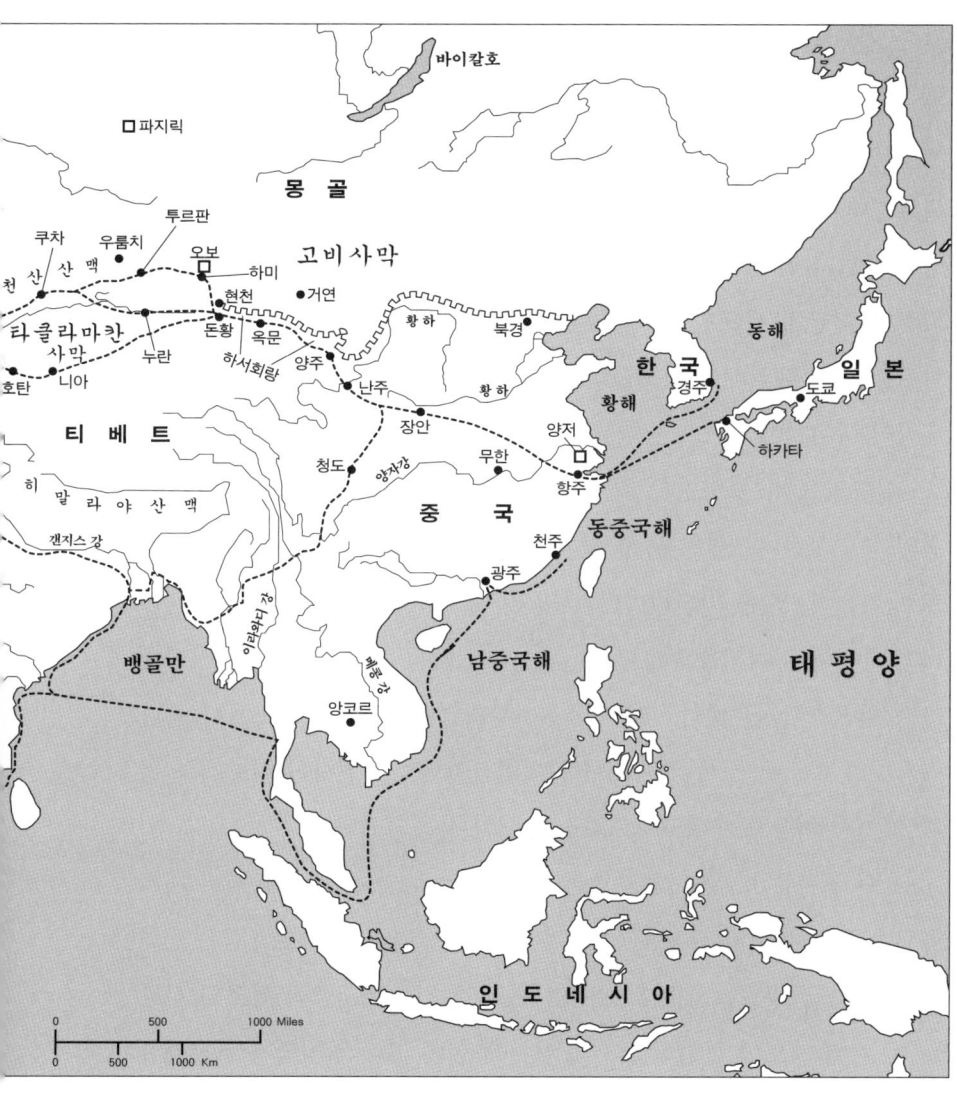

서론

한다. 염화암모늄은 금속 가공을 위한 용매나 가죽 처리를 위한 약품으로 쓰였다.

또 하나의 대표적인 상품은 종이였다. 종이는 기원전 2세기에 발명되었는데, 처음에는 주로 포장재로 사용되었다. 인류 역사상 종이는 분명 비단보다 훨씬 더 큰 기여를 했다.[1] 종이가 중국으로부터 실크로드를 거쳐 이슬람에 전해진 시기는 8세기였고, 그 뒤 시칠리아와 스페인의 항구를 거쳐 유럽에 전파되었다. 알프스 산맥 이북의 사람들은 14세기 후반이 되어서야 스스로 종이를 만들 수 있었다.[2]

"실크로드"라는 명칭은 최근에 만들어진 것이다. 다양한 무역로 주변의 주민들은 이 명칭을 사용하지 않았다. 그들은 이 길을 사마르칸트로 가는 길 혹은 타클라마칸 사막의 "북로" 혹은 "남로"라고 불렀다.[3] 1877년에서야 리히트호펜(Ferdinand von Richthofen) 남작이 "실크로드"라는 말을 만들어 냈다. 그는 1868년부터 1872년까지 중국에서 석탄 매장지와 항구를 조사했던 유명한 지리학자였고, 5권짜리 지도책을 썼다. 거기서 처음으로 실크로드라는 용어가 사용되었다.

그의 지도는 이 책의 화보 2번과 3번에 수록되어 있는데, 로마 시기 유럽과 중국 사이의 길을 간선도로처럼 그려놓았다. 리히트호펜은 번역을 통해 중국 자료를 읽었고, 유럽인으로서는 최초로 중국 왕조의 사료를 이 지역 지도에 통합하였다. 오렌지색 선은 고대 지리학자 프톨레마이오스와 마리노스의 정보를 담은 것이고, 파란색 선은 중국 역사서들을 따라 그린 것이다.[4] 그의 실크 루트(Silk Route)는 여러 측면에서 유라시아를 가로지르는 철도를 닮았다. 실제로 리히트호펜은 산둥(山東)의 독일 조차지에서 서안(西安) 근처의 석탄 지대를 거쳐 독일에 이르는 철

도 설계 시안을 작성하는 임무를 맡고 있었다.[5]

그가 만든 실크로드라는 용어는 점차적으로 퍼져나갔다. 1936년에 출간된 스벤 헤딘의 중앙아시아 탐험 관련 책이 1938년 영어로 번역되었는데, 그 제목이 바로 실크로드(The Silk Road)였다. 1948년의 〈타임즈 오브 런던(Times of London)〉에는 "난로가에서 가족과 함께하는 퀴즈: 일반 상식 테스트"란에 다음과 같은 질문이 수록되었다. 실크로드는 "어디에서 어디까지일까요?" 정답은 "중국 국경에서 다양한 경로를 통해 유럽까지."[6] 실크로드란 용어는 유라시아 대륙을 가로지르는 무역 및 문화 교류를 뜻하는 용어로 상당히 확고한 자리를 잡았다.

이렇게 시작이 되어서 실크로드는 꽤 반듯하고 교통량이 많았던 길로 인식되었지만, 실제로 그러했던 적은 결코 없었다. 고고학적 탐사가 100년이 넘도록 진행되었지만 유라시아를 가로지르는 잘 닦여진 길의 흔적이 분명하게 드러난 적은 없었다.(로마로 통하는 아피아 가도 엇비슷한 것도 전혀 나타난 바가 없다.) 발견된 것이라고는 목적지가 불분명한 좁은 길의 흔적들, 눈에 잘 띄지 않는 오솔길뿐이었다. 확연하게 드러나는 길이 없었기 때문에 여행자들은 거의 언제나 특정 지역의 통행을 도와줄 가이드를 고용했고, 장애물을 마주치면 종종 다른 길로 돌아갔다.

꼬불꼬불한 오솔길들은 오아시스 도시로 통하는 길이었다. 이 도시들도 이 책에서 탐구할 주제들이다. 오늘날 비행기를 타고 이 지역을 지나가보면 가장 높은 산봉우리들만 눈에 띈다. 바로 그곳에서 고대 실크로드의 주요 도시들을 먹여살렸던 물줄기가 시작된다. 고문서가 대체로 이들 도시에서 발견되었기 때문에 7개의 실크로드 고대 도시 유적으로 이 책을 구성했다. 6개 도시는 중국 북서부에 있고, 하나는 사마르칸트

동쪽에 있다. 이 도시들에 따라서 이 책의 각 장이 나뉘어진다.

이 도시들은 타클라마칸 사막 언저리에 고리처럼 매달려 있는 반독립 상태의 도시국가였다. 통치자는 그 도시 출신이거나 중국 왕조로부터 지명이 되었거나 막론하고 엄격하게 무역을 감독했고 상품과 용역의 거래 주체로서 중요한 역할을 수행했다. 이로 인해 모순이 생겨났다. 순전히 야생 지대를 거쳐 온 무역 사업이 오아시스 도시에 들어오면 갑자기 고도의 규칙을 따라야 했다.

이러한 현상은 특히 한나라(206BCE~220CE)나 당나라(618~907CE)가 중앙아시아에 군사 주둔지를 설치했던 시기에 두드러졌다. 중앙 정부에서는 군대에 필요한 곡식 및 의복 공급과 수천 명에 달하는 군인들의 봉급 지급을 위해 막대한 지출을 감당했다. 당나라 시기에 비단은 주요 화폐 기능을 담당했다. 화폐로 사용된 물품은 세 가지, 즉 동전과 곡식과 비단이었다. 당나라는 중앙 정부의 지출을 감당할 만큼 충분한 양의 동전을 주조할 수 없었다. 흔히 동전이 부족하거나 곡물이 적어서 문제가 될 때면 대부분 평직 비단(화보 5번A)으로 지불을 했다. 북서부 변방의 군비는 대부분 비단으로 지출되었고, 그 결과 서역에서는 비단이 광범위하게 유통되었다. 군인들이 지역 시장에서 거래를 많이 하게 되자 무역 붐이 일어났다. 그러나 반란군이 황제를 위협할 때면 황제는 모든 군대를 중국 본토로 불러들였고, 그러면 무역은 뚜렷하게 줄어들었다.

심지어 중국 군대가 주둔할 때에도 로마 제국 시기 로마와 중국 사이에 교통로가 있었다는 기록은 없다. 일반 상식과는 달리 로마인들이 중국 비단을 구입하기 위해 금화를 직접 지불한 적은 없었다. 중국에서 발굴된 가장 오래된 로마의 동전은 비잔틴 제국의 솔리두스 코인(solidus coin)이며, 모조품도 많다.(화보 4번A) 이 동전들은 6세기 무덤에서 발굴된 것인데, 콘스탄티누스(Constantinus) 황제(재위 312~337CE)가 콘스탄티노플로 수도를 옮긴 때로부터 한참 시기가 지난 뒤의 무덤이다.

실크로드는 놀라울 정도로 다양한 지리적 환경에 걸쳐 있고, 그 중 상당 구간이 안정적이지 못한 길이었다. 서안(西安)에서 시작해서 서쪽으로 여행하면 먼저 하서회랑을 지난다. 하서회랑은 남쪽으로 기련산맥과 북쪽으로 몽골 고비 사막 사이에 있는 1,000킬로미터에 달하는 길이다. 감숙성의 오아시스 도시 돈황에 도착하고 나면 여행자들은 타클라마칸 사막의 북쪽으로 갈지 남쪽으로 갈지 선택을 해야 한다. 두 갈래 길은 카슈가르에서 다시 만난다. 양쪽 길이 모두 막혀 있다면 지구상 가장 험난한 사막을 중앙으로 가로지르는 수밖에 없다.

돈황을 거치면 신강(新疆), 즉 새로운 영토라고 하는 지역을 만나게 된다. 청나라가 18세기 이 지역을 점령한 뒤로 지역 명칭을 그렇게 불렀다. 청나라 이전에 중국에서는 이 지역을 서역(西域), 즉 서부 지역이라고 불렀다.[7] 이 지역은 서쪽으로는 우즈베키스탄과 타지키스탄의 일부, 동쪽으로는 중국의 감숙성과 섬서성에 이르는 지역이다. 오늘날 신강 지역은 중국 서부의 실크로드 대부분을 포괄하고 있다.

현대의 여행객들은 이곳 신강에서 숨이 멎을 듯한 경치를 보게 될 것이다. 그리고 왜 하나의 실크로드가 아니라 여러 갈래 길이라고 하는지 이해하게 될 것이다. 감히 신강 지역을 통과하려고 마음 먹은 사람이라면 먼저 겨울에 햇볕이 지나치게 뜨겁지 않을 때 어떻게 사막을 건너야 할지, 여름에 눈이 두껍게 쌓이지 않았을 때 어느 길로 산을 넘어야 할지를 배웠을 것이다. 무엇보다도 그들은 사막 언저리를 따라 가며 물을 마시고 휴식을 취하며 가야할 길에 대한 정보를 얻었을 것이다. 각각의 오아시스 도시에서 그들은 며칠씩 혹은 더 오래 가던 길을 멈추고 다음 행로를 계획했을 것이다.

여행은 매우 느리고 고통스웠다. 1993년 영국의 장교이자 탐험가인 블랙모어(Charles Blackmore)가 탐험대를 이끌고 타클라마칸 사막으로 걸어 들어갔다. 탐험대와 낙타 행렬은 카슈가르 남동쪽의 메르케트(Merket)와 누란 사이를 95일 동안 1,400킬로미터를 이동했다. 하루 평균 21킬로미터를 나아간 셈이다. 사막에서 모래 언덕을 지날 때는 매우 고통스러워서 하루 16킬로미터를 가지 못할 때도 있었다. 그러나 단단한 땅위를 걸어갈 때는 하루 24킬로미터를 나아갔다.[8] 앞서 수백 년 동안의 여행자들도 이와 비슷한 속도를 감내해야 했을 것이다.

일단 사막을 건너고 나면, 타클라마칸 사막의 남쪽과 서쪽 전체를 둘러싸고 있는 봉우리들을 만나게 된다. 세계에서 가장 높은 산맥들이 함께 부닥쳐 눈과 얼음의 향연을 펼치는 곳, 바로 파미르 고원이다. 히말라야 산맥, 천산산맥, 카라코룸 산맥, 곤륜산맥, 힌두쿠시 산맥이 여기서 만난다. 이곳을 넘어 서쪽으로 내려가면 사마르칸트, 남쪽으로 내려가면 인도가 나온다.

한 사람이 실크로드 전체, 장안에서 사마르칸트까지 3,600킬로미터를 가는 경우는 거의 없었다. 가장 유명한(가장 믿을만하다고는 할 수 없겠지만) 여행가 마르코 폴로(Marco Polo, 1254~1324)는 유럽에서 중국까지 전체 경로를 육로로 여행했고, 돌아올 때는 바다로 왔다고 한다. 하지만 대부분의 여행자들은 보다 작은 범위 안에서 움직였다.(약 500km 정도) 자신의 고향에서 다음 오아시스까지 갈 뿐 더 이상은 가지 않았다. 왜냐

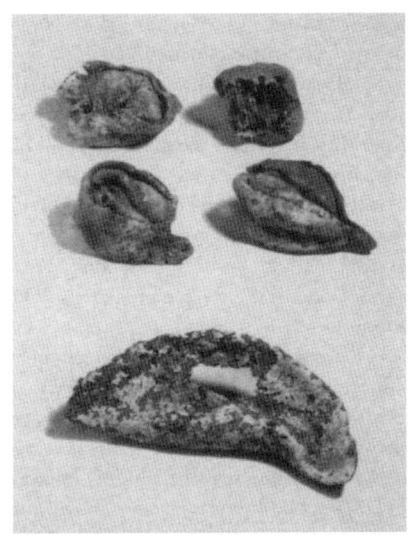

건조된 만두, 투르판 출토
투르판의 건조한 기후 때문에 쉽게 썩는 물건들도 잘 보존이 되어 있는데, 그 중에는 음식도 있다. 여기 보이는 완탄 4개와 만두 1개는 기원후 600년대 혹은 700년대의 것이다. 금이 가서 갈라진 만두 속을 고고학자들이 조사해 보았더니 파와 어떤 고기 같은 것이 나왔는데, 아마도 돼지고기 같다. 당시는 신강 지역에 아직 이슬람교가 전파되지 않았을 때였다.

하면 상품 무역은 지역 단위로 이루어졌고, 여러 사람을 거쳤기 때문이다. 실크로드 무역의 대부분은 간헐적으로 이루어졌다. 수백 마리 동물들을 동원하는 장거리 무역 카라반은 어느 역사서를 막론하고 자주 등장하지 않는다. 있더라도 대개는 국가 차원에서 사절단을 보낼 때였다.

오늘날 돈황에서 사마르칸트에 이르는 지역은 많은 관광객들을 불러모으고 있다. 여행객들은 유명한 유적을 보러 간다. 호탄 교외 사막 깊숙이 묻혀 있는 라왁(Rawak) 사원, 투르판의 성벽, 돈황과 쿠차의 석굴 사원 등이 유명하다. 지역 박물관에는 무덤에서 발굴한 유물들을 전시하고 있다. 금과 은으로 만든 그릇, 생기 넘치는 우아한 디자인에 동서양의 모티프를 모두 담고 있는 천 등이다. 몇몇 지역에서는 사막의 건조한 기후 때문에 평범하지만 놀라운 볼거리들이 잘 보존되어 있다. 천여 년 전 실크로드 주민이 요리했던 중국식 만두와 북인도식 난 같은 것들이다.

19세기가 끝나갈 무렵, 신강의 모래가 그토록 오래된 유물이나 고문서를 보관하고 있을 줄은 아무도 몰랐다. 1890년 영국의 장교 바우어(Lieutenant Hamilton Bower)가 타클라마칸 북로에 위치한 오아시스 쿠차로 여행했다. 살인자를 추적하기 위해서였다. 쿠차에서 그는 자작나무 껍질 51장으로 구성된 필사본을 구입해서 벵갈왕립아시아학회에 보고했다. 몇 년 지나지 않아서 학자들은 그것이 5세기의 의학서이고, 거의 천 년이나 된, 세상에서 가장 오래된 산스크리트어 필사본이라는 점을 밝혀냈다.[9] 이러한 발견으로 자극을 받은 아시아 주재 유럽 외교관들은 다양한 필사본들을 구입해서 유럽으로 보냈고, 문헌학 훈련을 받은 학자들이 그것을 해독해냈다.

1895년, 스웨덴의 탐험가 스벤 헤딘(Sven Hedin)은 최초로 신강 지역으로 학술 탐사에 나섰다. 그곳에서 고문서가 많이 나왔기 때문이었다. 헤딘은 야르칸드 강변의 도시 메르케트에서 4월에 출발해서 호탄 강의 원천을 찾아 타클라마칸 사막으로 들어섰다. 15일이 지나자 그와 그를 수행하던 네 사람은 먹을 물이 부족하다는 사실을 알게 되었다. 하지만 그는 발길을 돌리지 않았다. 탐사가 실패했다는 것을 인정하고 싶지 않았던 것이다. 보급된 물이 떨어지자 그는 절망에 빠져 물을 찾기 시작했다. 수행원들과 낙타는 하나씩 하나씩 쓰러져 갔다. 지친 헤딘은 하는 수 없이 마른 강바닥을 파헤쳤다. 물 없이 버틴 지 6일이 되던 날 그는 물줄기를 찾아냈다. 실컷 물을 마신 뒤 목이 긴 신발에 물을 가득 담아 돌아왔다.[10] 한 사람의 목숨을 살리기에 충분한 양이었다.

사막에서 빠져나오던 길에 헤딘은 카라반 행렬을 마주쳤다. 행렬은 네 사람과 짐을 실은 짐승들로 구성되어 있었다. 헤딘은 그들에게서 말 세 마리, 짐 싣는 안장, 사람이 타는 안장, 말에 물리는 재갈, 옥수수 한 자루, 밀가루 한 자루, 차, 물병, 그릇, 장화 한 켤레를 샀다. 이 목록은 매우 흥미롭다. 심지어 20세기 초에도 타클라마칸 지역에서 거래되던 상품은 예전처럼 지역 내 수요에 기반하고 있었다. 외국에서 수입된 수입품이 아니었다. 사막을 벗어난 뒤 헤딘은 유목민의 도움을 받아 수행원 중 한 사람이 살아 있다는 소식을 들었다. 하지만 나머지 두 사람은 죽고 말았다.

한번 혼쭐이 났던 헤딘은 그해 12월 다시 타클라마칸으로 돌아왔다. 이번에는 수행원들과 함께 물도 충분히 준비했다. 그들은 타클라마칸 남쪽의 주요 오아시스인 호탄에서 출발해서 사막으로 들어가 단단윌릭(Dandan Uiliq) 유적지를 발견했다. 모래 사이로 나무 기둥과 무너지다 만 벽들이 남아 있었고, 불상(佛像) 몇 구가 넘어져 있었다. 헤딘은 발굴에 착수하지 않았다. 나중에 헤딘은 이렇게 설명했다. "나는 발굴 장비를 가지고 있지 않았다. 게다가 나는 고고학자도 아니었다."[11] 유럽의 신문들은 헤딘의 타클라마칸 탐험을 대서특필했다. 이는 오늘날 우주 탐사 정도로 위험하고도 이국적인 이야기였다.

1897년 말 폴란드의 탄광 관리인이 뉴스 기사들 중 하나를 자신의 동생 오렐 스타인(Aurel Stein)에게 보내주었다. 오렐 스타인은 당시 인도 라호르 시(현재 파키스탄) 영국 식민 관리청 간부로 근무하고 있었다.[12] 헝가리 태생인 오렐 스타인은 1883년에 튀빙엔에서 산스크리트어로 박사 학위를 받았고, 라호르에서 인도인 학자 카울(Pandit Govind Kaul)과 함께 산스크리트어 연구를 계속하고 있었다. 19세기에는 산스크리트어가 굉장히 유행했던 연구 분야였다. 라틴어 및 그리스어와 밀접하게 연관되어 있으면서 그보다 더 오래된 인도유럽어를 연구하고자 하는 사람들이 많았다. 오렐 스타인은 독일에서 공부를 하는 동안 오래되고 완전한 필사본을 입수하는 것이 매우 중요하다는 사실을 배워 알고 있었다.

헤딘의 유적 발견이 고대 필사본 연구에 얼마나 중요한지 직감한 스타인은 영국 고고학계 권위자들에게 호탄으로 발굴 탐사에 나설 수 있도록 도와달라고 요청했다. 유적에 대한 체계적인 발굴이 기존의 도굴보다는 훨씬 더 많은 정보를 제공해 줄 수 있을 것이라고 스타인은 주장했다. 또한 스타인은 당시 진행되고 있던 국제적인 고고 유물 취득 경쟁에 대해서도 넌지시 암시를 줬다. 헤딘이 이미 그 지역을 다녀왔고, 러시아인들도 그 지역 탐사를 준비하고 있다고 보고했다. 인도 정부는 그의 지원 요청을 수락했다.

1900년에서 1931년까지 네 차례 탐험대를 이끌었던 스타인은 방대한 양의 공식 보고서와 경험담을 글로 남겼다. 오늘날의 기준으로 보자면 그의 발굴이 완벽하지는 못했다. 그는 땅을 팔 사람을 고용했고 뭐든 발견하면 추가로 돈을 지급했다. 너무 폭넓은 지역을 다루다 보니 때로는 발굴이 너무 성급하게 이루어지기도 했다. 그러나 신강 지역에서 고문서를 발굴한 고고학자들(프랑스의 폴 펠리오, 독일의 알베르트 폰 르 콕, 일본의 오타니 고즈이) 중에서 스타인의 고고학 보고서만큼 상세한 수준으로 결과물을 낸 사람은 거의 없었다.

스타인의 글은 각 유적지의 원래 상태를 재구성하는 데 근본적인 역할을 한다. 매장 고문서의 주변 환경에 대한 그의 설명 또한 매우 중요하다. 후속 학자들은 최신 연구 성과를 반영할 때 그의 설명으로 출발점을 삼는다. 19세기 말에서 20세기 초까지 스타인과 다른 학자들의 설명은 정보 가치가 높았다. 거의 예외 없이 모든 후속 학자들이 그들이 갔던 길을 그대로 따라 갔고, 이전의 여행자들과 동일한 교통수단을 이용했기 때문이다. 그들의 설명은 과거 여행자들이 언급하지 않았던 많은 세부사항들을 채워 주었고, 그 결과 고대 무역로를 따라 갔던 여행 경험을 되살릴 수 있었다.

이러한 탐험가들과 그들의 뒤를 따랐던 많은 사람들로 인해 모래 속에 숨겨져 있었던 많은 것들이 드러나게 되었다. 첫째, 그들은 아주 오래 전에 시작된 원거리 육로 무역의 고고학적 증거를 확보했다. 신강 지역에 살았던 다양한 민족들은 적어도 기원전 1200년경부터 중국으로 상품을 공급했다. 당시 상나라(1766~1045BCE)의 왕은 황하 하류 지역을 통치하고 있었고, 한자의 고대 원형 서체인 갑골문을 사용하고 있었다. 부호(婦好)라는 이름의 어느 왕비의 화려한 무덤에는 천여 개의 옥이 부장되어 있었다. 그 중 일부는 분명 호탄의 우윳빛이 도는 녹색 옥을 깎아 만든 것이었다. 중앙아시아에서는 방대한 양의 조개껍질이 발견되었는데, 특히 부호의 무덤과 같은 시기로 추정되는 감숙성 하미 근처의 오보(五堡) 유적에서였다. 조사 결과 그것은 동쪽으로 중국 해안 지역, 남쪽으로 인도 해안지역, 서쪽으로 지중해의 해안 지역과 무역을 행한 결과였다.[13]

둘째, 과거 신강 지역에 거주했던 다양한 민족들을 밝혀냈다. 예를 들어 기원전 1800년에서 기원후 초기 몇 세기까지로 편년되는 신강과 감숙성 유적지에는 건조한 사막 기후로 인해 500여 구의 미이라가 보존되어 있었다.[14] 발굴된 시신 가운데 남성은 대개 키가 180센티미터로,

당시 중국인들에 비해 훨씬 큰 키였고, 머리카락이나 흰 피부색이 중국인과는 전혀 다른 모습을 하고 있었다.(이들은 코카서스 인종으로 불리기도 한다.) 그들의 외모로 인해 학자들은 타클라마칸 사막 근처 오아시스에 살았거나 여행했던 사람들 중 상당수가 인도유럽어족의 후손이라고 주장하기에 이르렀다. 언어학자들의 주장에 따르면, 이들은 고대 인도와 이란에서 이주해왔다. 아마도 그곳이 그들의 고향이었을 것이며, 혹은 발틱 해 북쪽의 폰틱 스텝 지역이었을 수도 있다. 시기는 기원전 2000년에서 기원전 1000년 사이로 추정된다. 어떤 시신은 격자무늬의 모직으로 된 옷을 입고 있는데, 이는 기원전 2000년에서 기원전 1000년 사이 아일랜드인의 것과 닮았다.[15] 이는 인도유럽어족 기원설을 더욱 강력하게 뒷받침하는 근거이기도 하다.[16] 어떤 학자들은 그들이 인도유럽어에 속하는 토하리어를 사용했다고 주장하는데, 토하리어에 대해서는 2장에서 자세하게 다룰 것이다. 그러나 이들 무덤에서는 문자 기록이 나온 바가 전혀 없기 때문에 이들이 어떤 언어(들)를 사용했는지는 알 수 없다.[17]

또한 북방 민족들과 교역했던 증거도 발견되었다. 시베리아의 파지리크(Pazyrik)에 있는 기원전 500년에서 기원전 400년으로 편년되는 유적에서였다. 이 지역의 거주자들은 중국산 청동 거울과 비단을 무덤에 부장했다.[18] 비단 조각에는 봉황 문양이 수놓아져 있는데, 이는 중국식 모티프일 것으로 추정된다.(혹은 중국식 모티프를 모방한 것일 수도 있다.) 같은 시기로 추정되는 유사한 직물이 투르판에서도 발견되었다. 연한 노란색 비단 바탕에 봉황 문양이 아름답게 수놓아져 있다.[19] 이러한 유물들로 미루어 볼 때, 기원전에 이 지역에서 국제 무역이 행해진 것은 분명해 보인다. 그러나 누가 왜 이러한 상품들을 교역했는지를 설명해주는 문서는 발견되지 않았다.

실크로드 무역이 처음으로 등장하는 기록은 장건(사망 113BCE)과 관련이 있다. 그는 기원전 2세기 한무제(재위 140-87BCE) 당시 장안에서 중앙아시아로 파견된 사신이었다. 황제는 장건이 오늘날 우즈베키스탄 지역인 페르가나의 월지(月支, 月氏)를 설득해서 중국과 연맹을 맺고, 오늘날 몽골 지역인 중국 북방에 있던 그들의 적 흉노 연맹에 공동 대응할 수 있기를 바랬다. 남아 있는 장건에 대한 기록 중 시기가 가장 올라가는 것은 장건이 여행을 한 지 150년 뒤에 기록된 것이다. 여기에는 여행에 대한 기본적인 사항들, 예를 들면 여행 경로와 같은 내용이 자세하지 않다.

하지만 장건이 월지로 향해 가는 길에 흉노를 거쳤다는 사실은 명백하다. 흉노가 장건을 연금시켰고, 장건은 탈출하는 데 10년이나 걸렸다. 그럼에도 불구하고 장건은 월지로 갔다. 기원전 126년경, 장건은 돌아와서 황제에게 보고를 했는데, 이는 중국인이 중앙아시아의 다양한 민족들에 대해서 최초로 입수한 정보였다.[20] 장건은 자기보다 앞서 중국 상인과 상품들이 먼저 중앙아시아에 도착한 것을 보고 굉장히 놀랐다. 오늘날 아프가니스탄의 북부에 있는 박트리아의 시장에서 장건은 중국 사천 지방의 대나무 공예품과 직물이 판매되는 것을 보았다. 그곳은 중국에서 수천 킬로미터나 떨어진 곳이었다. 중국의 상품들이 국제 무역을 통해 건너간 것이 틀림없었다.

장건이 돌아온 뒤 한나라는 점차적으로 북서부를 장악해 나갔다. 기원전 2세기 말에 이르러서는 감숙성 하서회랑과 돈황 지역을 안정적으로 확보했다. 중국 군대가 새로운 영토를 정복할 때마다 일정한 간격을 두고 봉화대가 건설되었다. 문제가 생기면 봉화대를 관리하던 병사가 봉화를 올려 이웃한 봉화대에서 알 수 있도록 신호를 보냈다. 이렇게 해서 신호는 인근의 가장 가까운 군사 주둔지까지 전달되었고, 그곳에서 문제 지역으로 군대를 파견할 수 있었다. 한나라 군대는 점령지에다 봉화대와 더불어 주둔지도 건설했다. 거연(居延, 감숙성 금탑현 동북방 90Km의 내몽골 액제납기額濟納旗)과 소륵(疏勒, 카슈가르, 감숙성 돈황과 주천 근처)에서 한나라 군대가 지역 사람들로부터 옷감과 곡식을 사들인 기록이 죽간 형태의 고문서로 발견되었다.[21]

실크로드 고문서 가운데 가장 규모가 큰 발굴은 돈황에서 동쪽으로 64킬로미터 떨어진 현천(懸泉)의 중국군 주둔지(현천치懸泉置) 유적에서 나왔다.[22] 각 변이 50미터에 달하는 흙벽으로 둘러싸인 유적지인데, 남쪽에 마구간이 있었다. 공무로 여행을 하는 관리들이 그곳에서 말을 새로 갈아탈 수 있었고, 우편 역참으로도 기능했던 곳이다. 북쪽과 서쪽 끄트머리에는 창고가 있었다. 서쪽의 쓰레기 버리는 구덩이는 지하로 1.2m 깊이로 파져 있었다. 이 유적에서 유물 2,650점이 발굴되었다. 동전, 농기구, 무기, 철제 수레 부품, 빗이나 젓가락 같은 생활 도구, 곡식이나 마늘, 호두, 아몬드 같은 음식 찌꺼기, 동물의 뼈 등이 나왔다.[23]

35,000점이 넘는 고문서도 이곳에서 발견되었다. 그 중에서 23,000점은 한자가 적힌 목간이었고, 12,000점은 일정한 크기로 재단된 죽간이었다. 이는 나중에 사용하기 위해서 깎아둔 것이 틀림없었다. 약 2,000점의 목간에 날짜가 적혀 있는데, 기원전 111년에서 기원후 107년 사이로, 이 시기는 주둔지가 운영될 때였다.

목간과 죽간은 나무 혹은 대나무 조각에다가 글씨를 적은 것인데, 당시는 중앙아시아에 종이가 막 보급되었을 때였다. 종이는 기원전 2세기 중국에서 발명되었지만 처음에는 필기 재료가 아니라 포장지로 사용되었다. 예를 들면 공식적인 역사 기록에는 기원전 12세기에 살인자가 사용할 독약을 종이에 포장했다고 하는 내용이 적혀 있다.[24] 현천치(懸泉置) 유지에서 발굴된 종이 중에서 시기가 빠른 것은 기원전 1세기의 것인데, 여기에도 약물의 명칭이 기록되어 있다. 이는 고대에 종이가 포장지로 사용되었음을 확인해 주는 증거이기도 하다.

그로부터 4세기가 채 지나지 않은 기원후 2세기경, 종이는 중국에서 필기 재료로 널리 사용되었다. 실크로드 지역에서 종이가 필사 도구로 목간이나 죽간을 대체한 시기는 그보다 훨씬 뒤의 일이다. 현천 고문서들은 대부분 끈으로 묶은 꾸러미 형태로 발견되었다.(아이스크림 막대를 엮어 만든 돗자리 모양을 상상하면 아주 비슷하다.)

현천 고문서에는 현천치에서 머무르던 관리들이 주고받은 일상적인 편지나, 황제의 새로운 칙령을 담은 명령서, 도망친 죄수 수배, 사적인 편지 등이 많다. 현천치에서 근무했던 필사자들은 종류별로 나무 재질을 구별해서 사용했다. 황제의 명령은 품질 좋은 소나무에다 썼고, 일상적인 문서나 편지는 소나무보다 재질이 무른 백양목이나 버드나무를 사용했다.

현천치는 중국에서 돈황에 갈 때 마지막으로 거치는 역참이었기 때문에, 한나라 당시 파견되는 관리들은 반드시 갈 때와 올 때 한 번씩은 그곳을 거쳤다. 한나라 당시의 중국 지리 관련 자료를 보면 중앙아시아에는 적어도 50개 이상의 왕국이 있었다. 중국의 고문서에서는 그들을

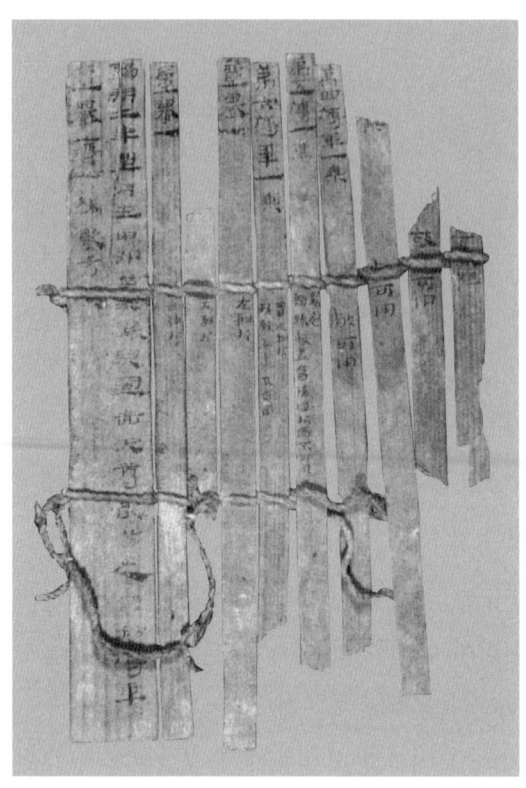

종이 사용 전의 문서

종이가 2세기에 중국에서 실크로드로 전파된 이후에도 목간에 기록된 문서가 사용되었다. 초기에 종이는 약을 포장하는 포장지로 사용되었고, 3세기까지도 필사 재료는 목간에서 종이로 대체되지 못했다. 이 목간은 군사 주둔지에서 징발한 수레에 대해서 기록하고 있다. 끈으로 묶여 있는데 보관할 때는 둘둘 말아두었다. 각 행의 위에서 아래로, 우측 상단에서 좌측하단으로 읽어 내려가도록 되어 있다. 오른쪽 첫번째 목간을 위에서 아래로 다 읽으면 다시 왼쪽 옆의 목간 위로 돌아와 같은 방식으로 다시 읽어 내려간다. 가장 왼쪽 목간의 아래에 도달하면 내용이 끝난다.

대체로 왕이라 칭하지만, 오아시스 도시 하나에 불과했던 그러한 왕국의 인구는 적으면 수백 명, 많아야 수천 명에 지나지 않았다. 이들 왕국은 오히려 작은 도시국가 모양새였다.[25]

규모가 크든 작든, 그들은 중국 황제에게 조공 사절을 보냈다. 그들은 중국 황제의 종주권을 인정하고 그 대가로 선물을 받았다. 가장 값비싼 조공품은 중앙아시아 초원에서 기른 말이었다. 이 말들은 자유롭게 뛰어다니며 자랐기 때문에 중국 말보다 언제나 더 강했다. 중국 말은 마구간에서 사람이 주는 건초를 먹고 자랐기 때문에 키도 작고 힘도 약했다. 중국에서는 그 중에서도 우즈베키스탄 지역 페르가나 계곡의 천마(天馬)를 가장 높이 쳤다. 고대 한나라 시기에도 공적인 조공과 사적인 무역은 구별이 불가능했다. 사절단은 조공품(대체로 말이나 낙타 같은 동물들)을 바쳤고, 그 대가로 황제로부터 선물을 받았다. 또한 사적인 무역에서도 마찬가지로 사절단에 속한 사람이 같은 종류의 동물을 중국인에게 선물했고, 답례로 선물을 받는 식이었다.

중앙아시아 왕국에서 파견된 조공 담당 사절단은 그 규모가 다양했다. 어떤 경우 인원이 1,000명이 넘었다. 예를 들어 호탄의 왕은 하나의 사절단으로 1,714명을 보내기도 했다.[26] 보다 전형적인 사절단의 구성은 기원전 52년 소그디아나에서 온 사절단에서 볼 수 있는데, 사신 2명과 귀족 10명, 그리고 정확한 수를 알 수 없는 수행원들로 구성되었다. 그들은 말 9마리, 나귀 31마리, 낙타 25마리, 소 1마리를 이끌고 왔다.[27]

이러한 사절단은 정해진 행로를 따라 여행했고, 규정에 따라 방문 허가를 받은 도시 목록이 적힌 통행증을 사용했다. 한나라의 법률에 따르면, 육로든 수로든, 정해진 관문을 통과하려면 여행 허가서가 필요했다. 그것을 과소(過所)라고 불렀는데, 문자 그대로 해석하면 "어떤 장소를 지나갈 수 있는 서류"라는 뜻이다.[28]

현천 고문서 중에는 중국령의 첫번째 관문인 돈황에서 중국의 수도(기원전 1세기까지는 장안, 기원후 1세기 이후에는 낙양)까지 가는 길에 있었던 역참의 목록이 모두 적혀 있는 문서도 더러 있다. 사절단은 이 행로에서 벗어날 수 없었다. 각 역참에서 관리들은 사절단의 인원과 동물의 수를 세어보고, 통행증에 기록된 내용과 정확히 일치하는지 확인하였다. 관리들에게는 이 통행증을 수정하거나 새로 발행할 수 있는 권한이 있었다. 그들은 사절단이 현천을 거쳐 중국으로 갈 때 점검을 하고, 통상적으로 6개월 뒤 사절단이 중앙아시아로 다시 되돌아갈 때도 확인을 거쳤다. 현천의 요리사들은 각 손님들이 소비한 음식 목록도 자세히 적어두었다. 중국인이든 외국인이든 막론하고 지위와 여행 방향(서쪽으로 가는지 동쪽으로 가는지)도 분명하게 적어 두었다.[29]

현천 목간의 기록은 굉장히 상세하다. 가장 긴 기록물에는 기원전 39년의 어떤 논쟁이 적혀 있다. 당시 네 명의 소그드인 사절단이 중국인 관리에게 청원을 했는데, 그들이 받은 낙타 값이 너무 적다는 내용이다. 소그드인은 중국인 관리가 비쩍 마른 누런색 낙타의 값으로 가격을 치렀는데, 실제로 그들이 가져온 낙타는 훨씬 값비싼 살찌고 흰 낙타였다고 주장했다. 소그드인 사절단은 시장 가격에 대해 분명하게 알고 있었을 뿐만 아니라, 기대한 가격을 받지 못했을 때 항의하는 절차에 대해서도 충분히 숙지하고 있었다. 또한 소그드인들은 공식 신용장을 가지고 있는 사절단으로서, 행로에 필요한 숙박과 식사를 제공받을 수 있을 것으로 예상했지만, 결국에는 식비를 지불했다. 하지만 이들의 청원을 들은 돈황의 관리들은 소그드인들이 적절한 보상을 받았다고 결론을 내렸다. 이는 사절단을 제대로 대접하지 않았던 하나의 사례가 될 것이다. 한나라의 관리들은 소그드인을 아주 싫어했다. 왜냐하면 그들이 중국인의 오랜 적 흉노와 협력했기 때문이다. 그래서 그들은 소그드인에게 낮은 값을 쳐줌으로써 복수를 했던 것이다.[30]

현천 고문서는 한 세계 전체를 담고 있다. 그 세계에는 중국 서쪽 변경, 오늘날 카슈가르 인근의 오아시스뿐만 아니라 오늘날 중국 국경 너머 우즈베키스탄, 파키스탄, 아프가니스탄에 있는 오아시스들도 포함되어 있다. 이처럼 다양한 중앙아시아 오아시스의 통치자들은 한나라 황제에게 외교 사절단을 파견함으로써 체계화된 교환 체계에 참여했다. 여러 지역에서 파견된 사절단들은 중국의 수도를 향해 가는 길에 정기적으로 실크로드를 여행했다.

조공을 바치기 위해 한나라 황제를 방문했던 여러 외교 사절 중에는 로마의 사절도 딱 한 차례 포함되어 있었던 것으로 추정된다. 공식 역사 기록에 의하면 대진(大秦, 문자 그대로 해석하면 위대한 진)에서 보낸 사절이 바다를 통해 기원후 166년에 도착했다고 한다. 대진이라는 나라는 중국이 알고 있던 세상의 서쪽 끝에 위치하고 있었고, 유토피아의 특징을 많이 보여주고 있는 나라였다. 대진이라는 기록 중에서 단지 몇 개의 기록만이 로마를 지칭하는 경우로 파악된다. 대진의 사절단은 상아와 코뿔소의 뿔을 조공으로 바쳤다고 하는데, 이는 전형적인 중앙아시아 특산물이었다. 이들이 무역 허가를 얻기 위해 겨우 이름만 알려진 나라의 사신을 참칭했던 사기꾼이라고 의심하는 사람들도 많다. 이 유일한 사례는 매우 흥미롭지만, 이로부터 어떤 결론을 도출하기는 거의 불가능하다.[31]

현천 고문서와 다른 자료들이 증언하는 바에 따르면, 한나라가 타클라마칸 사막을 둘러 있는 무역로를 따라 정기 무역을 한 이유는 순전히 군사 전략적인 이유로 시작되었다. 그들은 적대 관계에 있었던 흉노를 피해 중앙아시아로 가기 위해 끊임없이 새로운 길을 찾았다. 공식 사절단은 때때로 사무역에 참가할 수도 있었다. 하지만 언제나 공식적인 업무와 겸해서 가능했을 따름이다. 그들의 이동이 우연히 이루어진 적은 없었다. 언제나 신중하게 계획된 경로를 따랐고, 여정이 기록되었다. 현천 고문서에 중국과 중앙아시아 오아시스 사이의 무역에 대해서 자세히 기록되어 있음에도 불구하고, 쿠샨 제국(아프가니스탄 북부와 파키스탄) 서쪽으로는 어떤 장소에 대해서도 언급된 바가 없다. 그리고 로마에 대한 언급 자체가 없었던 것은 명백하다.

아쉽게도 유럽 지역에서는 현천 고문서에 비견할 만한 상세한 문서가 발굴된 적이 없다. 그러니 유럽의 무역에 대해서는 그리스어와 라틴어 텍스트를 통해 알려진 바에 근거해서 분석할 수밖에 없다. 가장 유용한 정보를 알려주는 책이 바로 《에리트레아 항해지》이다. 이는 기원후 1세기 이름을 알 수 없는 이집트 거주 상인이 그리스어로 기록한 책이다.[32] 아프리카 동부, 아라비아, 인도의 여러 항구를 설명한 뒤에 《에리트레아 항해지》는 결론 부분에서 알려진 세계 그 너머에 대해 설명하고 있다.

> 현재로서는 가장 북쪽 끝에 위치하는 이 지역(갠지스 강 입구의 항구 동쪽 바다에 있는 섬)을 넘어서면, 바다는 어디선가 외부 경계선에 이른다. 그곳에는 티나(Thina)라고 불리는 거대한 내륙 도시가 있는데, 그곳에서 비단솜과 실과 천이 육로로 운반된다. … 그리고 갠지스 강을 거쳐 … 그곳 티나에 가기는 쉽지 않다. 그곳에서 오는 사람이 많지 않고 매우 드물기 때문이다.[33]

티나(Thina)란? 이러한 표기는 이해가 간다. 고대 그리스에는 [ch] 발음을 표기할 철자가 없었고, 여기 사용된 글자는 고대 그리스에서는 아마도 [ts] 비슷하게 발음되었을 것이다. 이 책의 저자는 인도 무역상으로부터 전해들은 낯선 고유명사를 기록하기 위해 나름대로 최선을 다했던 것이다. 산스크리트어로 중국은 [Chee-na](기원전 221년~207년의 진秦나라에 대한 명칭)라고 발음했다. 이 산스크리트어가 오늘날 영어권에서 중국을 [China]라고 하는 기원이 되었다. 그 뒤 프톨레마이오스(100~170년경) 같은 로마의 지리학자들은 중앙아시아에 대해서 더 많이 알게 되었다. 그러나 당시 학자들은 여전히 실제 중국 지역의 지리 정보를 그들의 이론 속으로 수용하기를 주저하고 있었다.[34] 《에리트레아 항해지》의 저자는 중국인에 관한 정보를 접할 수 있는 유일한 핵심 인물이었다. 중국인들은 실제로 누에고치에서 풀솜 형태를 추출하고, 풀솜에서 원사를 자아내고, 원사로 천을 직조하는 방식으로 비단을 생산하고 있었다.

게다가 중국인들은 세계 최초로 비단을 생산할 줄 알았던 사람들이었다. 아마도 기원전 4000년경부터 생산이 가능했던 것으로 추정된다. 절강성의 하모도(河姆渡) 유적에서 출토된 상아에 새겨진 누에 모양 모티프는 비단 생산의 증거 중 하나이다. 항주 비단 박물관에 따르면, 발굴된 유물 중에서 가장 오래된 비단 파편은 기원전 3650년까지 시기가 올라간다고 한다. 중국 중부의 호남성 지역에서 출토된 것이다.[35] 이처럼 멀리까지 연대가 올라가는 것에 대해 회의적인 중국 외부의 전문가들조차 남아있는 가장 이른 시기의 비단은 기원전 2850년에서 기원전 2650년 사이로 본다. 양자강 하류의 양저문화(良渚文化, 3310~2250BCE) 시기의 유물이 바로 그것이다.[36]

기원후 1세기 《에리트레아 항해지》가 쓰여질 무렵, 로마인들은 비단을 어떻게 만드는지 알지 못했다. 플리니우스(Gaius Plinius Secundus,

23~79)에 의하면 비단이 처음 로마에 전해진 시기는 기원후 1세기라고 한다. 플리니우스는 비단 생산에 대해서 오해하고 있었다. 그는 비단이 "나뭇잎에 매달린 하얀 것"에서 만들어진다고 생각했다. 세레스(Seres) 사람들이 그것을 빗으로 빗어 실을 만든다고 알고 있었다.(그의 설명은 목화에 대한 설명으로 보면 더 정확하다) 그러나 다른 단락에서 그는 누에에 대해서도 기록해 두었다.[37] 현대의 번역가들은 흔히 세레스(Seres)를 중국으로 해석한다. 하지만 로마인들에게 세레스는 사실상 알 수 없는, 세계의 북쪽 끝에 있는 어떤 지역을 의미했다.

플리니우스 당시에 중국이 유일한 비단 생산 지역은 아니었다. 이르면 기원전 2500년에 고대 인도인들은 야생 누에나방에서 추출한 실로 비단을 만들었다. 누에나방은 중국에서 길렀던 누에와는 품종이 다른 곤충이다. 중국인들과 달리 고대 인도인들은 누에가 성충이 되어 고치를 쪼개고 날아간 뒤 남겨진 고치를 모았다.[38] 이와 유사하게 고대에 그리스의 에게 해 동쪽에 있는 코스(Cos) 섬에서 코안 실크(Coan Silk)를 생산했다. 그들도 야생 누에나방이 남겨둔 쪼개진 고치를 이용해서 실을 자았다. 고대 중국인들은 누에고치 삶는 법을 알아냈다. 그렇게 하면 누에는 죽고 고치는 그대로 남게 된다. 그러면 생사를 길고 끊어지지 않게 추출할 수 있다. 하지만 중국 비단을 야생 비단과 구별하기는 어려웠다. 그러니 플리니우스가 중국이 아니라 인도나 코스의 비단을 묘사한 것일 수도 있다.[39]

중국 비단과 코스의 비단은 워낙 비슷하다. 그래서 비단 파편의 원산지를 파악하려면 전문가들도 중국 비단에 특유하게 사용된 모티프를 찾아내야 한다. 그러나 어떠한 모티프라도 베낄 수 있는 가능성이 있기 때문에, 중국산이라는 가장 확실한 지표는 한자뿐이다. 오직 중국인들만이 비단에 한자 문양을 직조해 넣을 수 있었기 때문이다. 시리아의 팔미라에서 발견된 직물은 기원후 1세기에서 3세기 사이의 것으로, 중국에서 서아시아로 건너온 비단 중에 가장 시기가 오래된 유물이다.[40] 중국 황제는 서역의 지방 통치자들에게 정기적으로 사신을 보내 비단을 하사했는데, 서역의 통치자들이 그 비단을 더 서쪽으로 보냈을 것이다.

그럼에도 불구하고 유럽에서 발견된 "중국산"이라고 이름이 붙은 가장 아름다운 비단은 사실은 비잔틴 제국(476~1453)에서 직조한 것이다. 7세기에서 13세기까지의 비단 유물 수천 점을 분석한 어느 학자는 그중에서 중국산은 딱 하나밖에 발견하지 못했다고 한다.[41]

비단이 특히 플리니우스를 화나게 했던 이유는, 여성들의 몸에 걸치는 그렇게도 노출이 심한 천조각을 로마인들이 도대체 왜 수입하는지 이해할 수 없었기 때문이다. "그렇게 많은 노동자들을 고용하고, 세상에서 그렇게 먼 지역으로부터 수입을 해와서는 기껏 로마의 부인들이 사람들 앞에서 속이 훤히 비치는 옷을 걸치도록 한단 말인가?"[42] 그의 쓴소리는 다른 상품들에 대해서도 계속 이어졌다. 특히 유황과 호박과 귀갑에 대해서 더욱 심했다. 왜냐하면 플리니우스가 보기에 그런 물건들을 소비하는 것이 로마를 약하게 만들기 때문이었다.[43]

중국과 로마 사이의 무역이 플리니우스가 주장하는 것만큼 의미가 있는 정도였다면, 로마의 동전이 아마도 중국에서 발견되었을 것이다. 그러나 중국에서 출토된 동전 가운데 가장 연대가 앞서는 것은 로마가 아니라 비잔틴 제국의 동전이고, 530년대에서 540년대로 편년된다.[44] 실제로 중국에서 로마 동전이 단 하나도 발견되지 않고 소문만 무성한 것과는 대조적으로, 인도 남부 해안에서는 수천 개의 로마 금화 및 은화가 출토되었다. 그곳은 로마의 무역상들이 자주 들렀던 곳이다.[45] 역사가들은 때로 이런 주장을 하기도 한다. 귀금속으로 만들어진 동전이 일정 시기 두 지역 사이에서 통용되었다 할지라도 녹여서 재사용할 수 있는 것이기 때문에 오늘날까지 전해지지 않을 수도 있다고. 그러나 중국의 것이 아닌 금속 화폐가 중국에서 너무나 많이 발견되었기 때문에 이러한 주장은 발디딜 곳을 잃어버렸다. 수많은 이란의 은화와 사산조 페르시아(224~651)에서 주조된 동전이 수백 개씩 한꺼번에 출토되기도 했다.(화보 4B의 사례 참조)

종합하자면, 고고학적으로나 문헌학적으로 자료가 발견되지 않는 것으로 보아 고대 로마와 한나라 사이에 접촉이 거의 전무했다는 추정을 할 수 있다. 플리니우스가 비단 무역에 대해서 확신에 찬 비판을 가하긴 했지만, 기원후 1세기 로마의 무역 규모에 대한 믿을 수 있는 수치를 찾아낸 사람은 아무도 없었다.[46] 만약 로마인들이 로마의 동전을 지불하고 직접 중국의 비단을 구입했다면 로마에서 중국 비단 조각 몇 개라도 나왔을 것이다. 2세기 내지 3세기부터 몇몇 상품들이 겨우 로마와 중국 사이를 오가기는 했다. 하지만 이 때는 팔미라(Palmyra) 비단이 생산되던 시기이며, 로마인들이 세레스(Seres)의 위치를 어느 정도 알아내기 시작했던 때이기도 하다.

중국 미술사에서도 2~3세기 이후부터 로마와 중국 사이의 간헐적인 접촉이 확인되는 자료가 많이 나타난다. 한나라 시기 외국의 모티프를 보여주는 중국 미술 작품은 매우 희귀한 사례에 속한다. 그러나 당나라 시기 훨씬 많은 중국 예술 작품에 페르시아, 인도, 심지어 그리스-로마의 모티프가 등장한다.[47] 당나라 시기는 실크로드에 미친 중국의 영향이 최고조에 달했던 시기이며, 또한 실크로드 무역도 전성기를 맞았을 때였다.

이 책에서는 2~3세기에서 시작해서 11세기 초까지를 다룰 것이다. 2~3세기는 중국과 서양 사이에 확인할 수 있는 최초의 접촉이 이루어졌던 시기이다. 그리고 11세기 초는 돈황과 호탄에서 발굴된 고문서들의 하한 연대이다. 시대 순으로 나아가면서 각 장에서는 서로 다른 실크로드 유적들을 검토할 것이다. 이들은 발굴된 고문서에 따라 선택되었다. 니아, 쿠차, 투르판, 돈황, 호탄은 중국의 북서쪽에 위치하고 있다. 사마르칸트는 우즈베키스탄에 있는데, 무그(mugh) 산의 요새는 오늘날 타지키스탄과의 국경 바로 너머에 위치하고 있다. 일곱번째로 나오는 장안은 당나라의 수도였는데, 중국 중부의 섬서성에 있다.

제1장은 니아와 누란의 유적에서 시작한다. 그 지역 사람들과 중국인, 그리고 오늘날 아프가니스탄과 파키스탄에 해당하는 간다라 지역에서 온 이주자들 사이의 문화 접촉에 대한 확인가능한 최초의 유물이 그곳에서 대규모로 발굴되었기 때문이다. 그곳의 이주자들은 자신의 문자를 소개했고 목판에 글을 써서 보관하는 기술을 가져왔다. 그들은 서역에 들어온 최초의 불교도들이기도 했다. 불교의 규율인 율장(律藏)에서 남녀 수도승들의 독신을 규정했음에도 불구하고, 니아에서 많은 불교도들은 결혼을 하고 아이를 낳고 가족과 함께 살았으며, 흔히들 생각하는 것처럼 사원 공동체에서 독신으로 생활하지 않았다.

쿠차는 제2장의 주제인데, 중국에서 가장 유명한 불경 번역가인 쿠마라지바(Kumarajiva, 구마라습, 344~413)의 고향이기도 하다. 쿠마라지바는 최초로 불경을 이해할 수 있는 수준의 중국어로 번역한 사람이다. 쿠마라지바는 성장기에 쿠차어를 사용했지만, 어려서부터 산스크리트어를 배웠고, 포로가 되어 중국에 잡혀간 뒤 17년 동안 중국어를 배웠다. 쿠차 고문서들을 보면 흥미로운 언어학적 논쟁을 볼 수 있다. 그들은 왜 서역에 사는 사람들이 다른 지역과는 그렇게 현저하게 차이가 나는 인도유럽어를 사용하는지 수수께끼를 풀기 위해 노력했다.

소그드인들은 실크로드 교역이 최고조에 달했을 때 중국에서 가장 중요한 외국인 공동체를 이루고 살았다. 많은 소그드인들이 북로에 있는 투르판에 영구정착했다. 투르판 유적은 제3장에서 다루게 될 것이다. 투르판에서 소그드인들은 다양한 직업에 종사했다. 농부도 있었고, 여관을 운영하기도 했으며, 수의사도 있었고, 무역에 종사하기도 했다.[48] 640년 당나라 군대가 투르판을 점령한 뒤 모든 주민은 중국의 직접적인 통치 아래 놓였다. 극단적인 건조 기후로 인해 투르판에는 실크로드 사람들의 일상 생활 관련 문서들이 유독 풍성하게 보존되었다.

제4장은 사마르칸트 근처에 있던 소그드인의 고향에 대해서 다룰 것이다. 그곳은 오늘날 우즈베키스탄과 타지키스탄에 속해 있다. 중국은 외국인을 환영하지 않는 곳으로 유명하지만, 특히 712년 사마르칸트가 무슬림 군대에 점령된 뒤로 대규모 외국인 집단이 중국으로 이주했다.

최근 들어 가장 흥미로운 고고학 발굴은 당나라 수도 장안(長安), 오늘날 서안(西安)에 있는 외국인 묘지일 것이다. 장안에 대해서는 제5장에서 다룰 것이다. 이란 지역에서 이주해온 소그드인 이주민들은 조로아스터교 신앙을 가지고 왔다. 그들은 불의 제단을 숭배했으며, 신을 위한 희생물로 동물을 바쳤다. 그들이 사망하면 친인척들은 망자를 매장하기 전에 망자가 다음 세상으로 갈 수 있도록 시신을 동물들에게 내주어 살점을 뜯어내고 뼈를 깨끗하게 청소하도록 준비해 주었다. 대부분의 소그드인들은 조로아스터교를 신봉했지만, 6세기 말에서 7세기 초에 장안에서 살았던 소그드인 가운데 일부는 과감하게 중국식 매장 풍습을 따르기도 했다. 그들의 무덤은 조로아스터교의 사후세계에 대해서 이란 지역에 남아 있는 어떤 예술 작품보다 더 상세한 정보를 알려 준다.

돈황 장경동(경전 도서관 동굴)에서 발견된 40,000여 건의 고문서들은 제6장에서 다룰 것이다. 장경동은 세계에서 가장 놀라운 보물창고일 것이다. 그 중에는 세계에서 가장 오래된 인쇄본인 《금강경》도 포함되어 있었다. 장경동은 사찰의 창고였지만 그곳에는 불교의 범위를 훨씬 넘어서는 자료도 있었다. 왜냐하면 불경 뒷면에 굉장히 다양한 텍스트들이 남아 있었기 때문이다. 돈황 석굴 벽화는 분명 중국에서 가장 보존이 잘 된 동시에 가장 규모가 방대한 불교 유적이다. 석굴 벽화는 아름다운 벽화 조성을 후원한 통치자들뿐만 아니라 지역 주민들의 신앙도 잘 보여 준다. 이처럼 훌륭한 걸작을 조성했음에도 불구하고 그 지역 사람들은 돈이 아니라 곡식이나 옷감으로 비용을 지불했고, 8세기 중반 중국 군대가 철수한 뒤에도 서역의 모든 지역에서 같은 방식이 통용되었다.

돈황의 통치자들은 오아시스 호탄과 긴밀한 관계를 유지했다. 호탄에 대해서는 제7장에서 중점적으로 다룰 것이다. 호탄은 실크로드 남로의 니아 바로 옆에 위치하고 있다. 이곳에 남겨진 고문서는 대부분 호탄어로 기록되어 있다. 호탄어는 산스크리트어에서 방대한 양의 어휘를 차용한 이란어의 일종이다. 호탄어 자료들은 돈황의 장경동과 호탄 근처의 도시들에서 발견되었다. 이들 고문서 중에는 외국어 학습 참고서

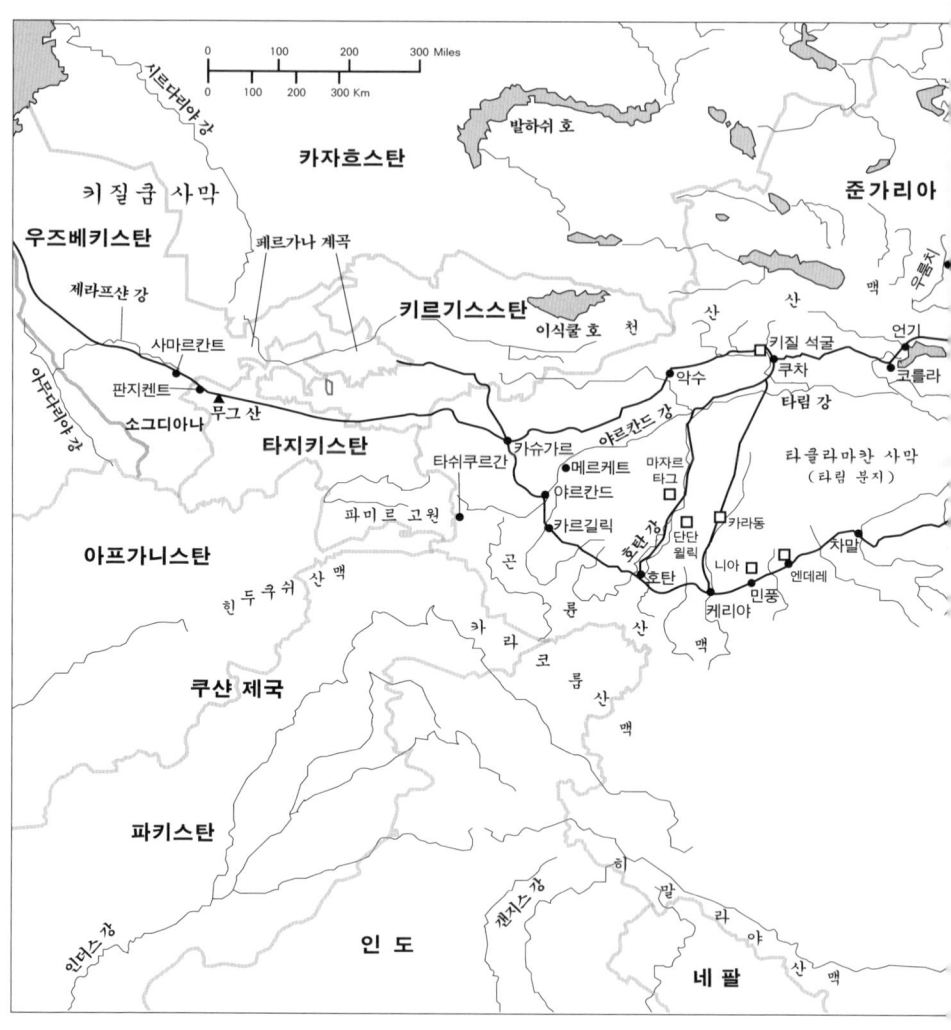

가 포함되어 있는데, 호탄의 학생들이 대부분의 사원에서 사용되었던 언어인 산스크리트어와 서역에서 널리 통용되었던 중국어를 어떤 식으로 배웠는지 알 수 있다. 이상하게도 이러한 호탄어 고문서들이 정작 호탄에서는 전혀 발견되지 않았다. 호탄은 1006년 신강 지역 최초로 이슬람에 정복되어 개종했던 도시였다. 오늘날 호탄을 여행하는 사람들은 그곳이 여전히 강력한 무슬림 지역임을 알 수 있을 것이다. 제7장에서는 이슬람이 도래한 뒤 그 지역에서 역사와 무역이 어떻게 전개되는지를 살펴보는 것으로 결론을 맺는다.

요약하자면 이 책의 목표는 오아시스 도시 각각의 역사에서 주요 사건들을 살펴보고, 그곳에서 살았던 서로 다른 집단의 사람들과 그들의 문화적 교류를 설명하며, 실크로드 교역의 특성이 어떤 것이었는지 그 윤곽을 그려보고자 하는 것이다. 궁극적으로 이 이야기는 대부분 재활용된 폐지에 적혀 있는, 실크로드의 살아 숨쉬는 이야기가 될 것이다.

CHAPTER 1

누란

― 동서 문명의 교차로 ―

1901년 1월 말, 오렐 스타인이 니아(尼雅) 유적지에 도착하기도 전이었다. 낙타 몰이꾼이 그에게 목판 두 장을 가져왔다. 거기에는 글씨가 적혀 있었다. 스타인은 "깜짝 놀랐다." 스타인은 그것이 카로슈티(Karoshthi) 문자임을 알아보았다. 이 문자는 산스크리트어를 적을 때 사용하는 문자로서, 3~4세기 인도어 방언과 관련이 있다.[1] 스타인이 입수한 두 개의 문서 중 하나가 아래 그림에 보이는 목판이다. 이 목판은 실크로드가 언어와 종교와 문화의 전파에 비견할 데 없는 역할을 했었다는 사실을 입증해주는, 역사의 핵심 열쇠 중 하나에 해당한다. 그래서 이 책에서도 고대에 사라져버린 도시 니아에 대한 내용으로 시작을 해보고자 한다.

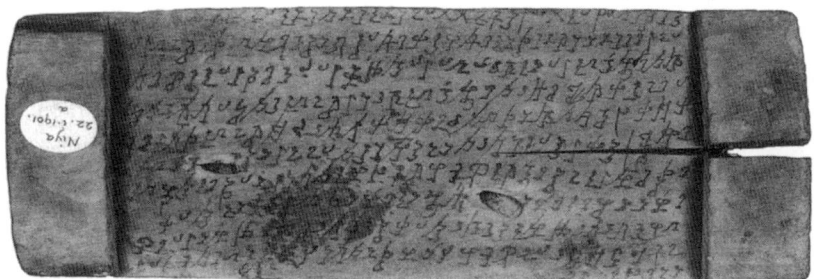

실크로드 문화 교류의 증거 목판 고문서
이 목판 고문서는 이주민들이 가져온 글쓰기 기술을 보여준다. 니아 현지인들에게 이 기술은 전혀 새로운 것이었다. 이주민들은 기원후 200년경 아프가니스탄과 파키스탄의 북부로부터 중국 북서쪽으로 거주지를 옮겼던 사람들이다. 두 개의 나무 조각을 이용해서 하나는 바탕을 만들고(이 그림에서 보이는 것이 바로 그것이다.), 다른 하나는 덮개를 만드는데, 덮개는 서랍처럼 바탕에 끼웠다 뺐다 할 수 있도록 하여 바탕의 내용을 보호한다. 이 목판 고문서에는 이주민들이 고향에서 사용하던 카로슈티 문자가 적혀 있는데, 내용은 계약서, 왕의 명령서, 편지, 법적 소송에 대한 판결 등을 담고 있다. 이를 통해 옛날 전혀 다른 배경의 사람들의 만남이 어떠했는지 재구성할 수 있다. 거꾸로 붙은 라벨(왼쪽)에는 목판이 발견된 유적지의 지명(Niya)과 발견된 날짜가 적혀 있다.

니아 유적지 및 인근에서 출토된 목판 고문서로 볼 때, 그곳에 소규모 오아시스 왕국이 있었던 사실을 확인할 수 있다. 크로라이나(Kroraina) 왕국은 기원후 200년에서 400년 사이에 번성했는데 왕국의 영토는 실크로드 남로를 따라 800킬로미터에 달했다. 니아 유적지에서 동쪽으로 소금 호수 롭 노르(Lop Nor)까지 전역에 해당하는 지역이었다. 원주민이 사용했던 언어는 기록된 적이 없어서 완전히 소멸해 버렸다.(예외적으로 이방인들이 기록해둔 인명이 몇몇 남아 있다.)

니아 사람들에 대해서 우리가 알 수 있게 된 것은 순전히 이주민들 덕분이다. 그들은 서쪽으로 뻗어 있는 산맥을 넘어 왔는데, 카로슈티 문자라고 하는 글을 쓸 줄 알았다. 그들은 이 새로운 기술을 이용해서 토지 공증, 소송, 공적 업무 등 수만 가지 중요한 일들을 기록했다. 카로슈티 문자는 비밀에 싸인 크로라이나 문명의 역사와, 특히 사라져버린 도시 니아, 그리고 사막으로 더 깊숙이 들어가 있는 도시 누란을 알 수 있는 열쇠이다. 대부분의 문서들은 니아에서 발굴되었다. 그리고 왕국의 역사상 누란은 일정 시기 수도이기도 했다. 이 문서들을 보충하는 데는 중국측 문헌도 살펴볼 필요가 있다. 한(漢)나라 시기로 거슬러 올라가는 중국 문헌들은 고대 중국 왕조와 크로라이나 왕국의 관계를 밝히는 데 도움이 된다.

이주민들은 오늘날 아프가니스탄과 파키스탄에 속하는 간다라 지역에서 온 사람들이었다. 그들은 목판에 글을 쓸 줄 알았는데, 그 문자는 2세기 후반 실크로드에서 펼쳐졌던 문화 교류의 직접 증거로서 가장 시기가 올라가는 것이다. 이들 이주민들은 그 왕국을 크로라이나라고 불렀다. 중국식 명칭은 선선(鄯善)이다. 기원후 200년경, 이주민들은 소규모 집단 단위로 건너왔던 것 같다. 기껏해야 100명 전후였을 것이다. 그들은 분명 현지 사회에 동화되었고, 이 지역을 정복하거나 크로라이나 왕국을 무너뜨리려는 시도는 하지 않았다. 이주민들은 현지인과 결혼했고, 현지인에게 문자를 소개했고, 글을 쓰는 직종에 일자리를 얻기도 했으며, 관리들에게 목판 고문서 만드는 법을 가르쳐 주었다. 이주민들은 또한 인도에서 전파된 종교인 불교를 가지고 들어왔다. 그러나 그들은 불교에서 권장하는 계율, 즉 율장(律藏)에 비하면 불교를 매우 유연하게 해석했다. 이 지역의 초기 불교도들은 결혼도 하고 가족과 함께 자신의 집에서 살았다.

크로라이나 왕국은 황량한 지역으로 둘러싸여 있었다. 현대 중국에서는 그곳을 핵실험장으로 사용하기도 했다. 전문 고고학자가 아니고서는 일반인들은 거의 접근할 수 없는 곳이다. 그러나 이 머나먼 땅에도 기원전 4000년경부터 사람이 거주했고, 한나라(206BCE~220CE) 당시에는 몇몇 오아시스 왕국의 근거지가 되기도 했다. 한때 한나라가 이 지역에 군사 주둔지를 유지하기도 했지만, 그 때도 간헐적으로만 지역 통치에 관여할 따름이었다.

스타인은 니아 발굴을 통해 중국령 투르키스탄(Chinese Turkestan, 스타인 및 그 시대 사람들은 신강新疆 지역을 그렇게 불렀다.)에 대한 자신의 추측을 확인할 수 있었다. 즉 스타인은 그 지역이 "인도와 중국과 서아시아의 헬레니즘 등 고대 문명이 교류하는 통로 역할을 했을" 것으로 추정했었다.[2] 1897년 스타인이 처음으로 인도의 영국 식민 정부에 지원을 요청했을 때, 그는 고대 문화교류의 직접적인 증거를 찾아오겠다고 약속했다. 니아의 모래 속에 묻혀 있는 목판은 그가 원했던 바로 그것이었다.

크로라이나는 영국과 거의 비슷한 규모의 왕국이었지만, 스타인이 방문했을 때는 거의 폐허로 변해 있었다. 농사라고는 단지 강바닥을 따라서 조금 이루어지는 정도였다. 그 강은 곤륜산맥의 눈 녹은 물이 북쪽으로 흘러가면서 만들어진 강이었다. 크로라이나에 대해서 우리가 알고 있는 모든 것은 고문서가 출토된 중요한 두 유적지 니아와 누란, 그리고 예술 작품과 직물이 남아 있었던 두 유적지 미란(米蘭)과 영반(營盤)에서 출토된 자료에 근거하고 있다. 이 지역들은 모두 사막 깊숙이 들어가 있어서 낙타나 사륜구동 지프차가 아니면 접근이 불가능하다. 사막이 계속해서 확장되었기 때문에, 오늘날 그곳에 접근하려면 타클라마칸 사막 남쪽 가장자리로 나 있는 고속도로에서 북쪽으로 80~160킬로미터를 가야 한다. 고대 크로라이나 왕국은 분명 지구상에서 가장 접근하기 어려운 곳 중의 하나였을 것이다. 그러나 수 개월 간격으로 스벤 헤딘과 오렐 스타인이 그곳에 도착했다. 1900년 3월, 헤딘은 공작강(孔雀江)을 따라 도보로 길을 잡았다. 강물이 워낙 맑아서 공작새의 푸른 빛(peacock blue)을 띤다고 해서 강이름이 공작강이다.[3] 헤딘은 롭노르 서쪽에서 누란 유적을 조사하느라 하루를 보내고 다시 여행을 계속했다.

그로부터 몇 달 뒤, 스타인은 호탄으로 와서 여행을 시작했다. 처음 니아를 방문한 때는 1901년 1월이었다. 1906년에 스타인은 다시 니아로 돌아왔고, 누란까지 여행했다. 이처럼 처음부터 헤딘과 스타인이 그 지역에서 알짜배기 유물과 고문서들을 빼내갔음에도 불구하고, 후속 탐험대들, 특히 1990년대 중국-일본 공동발굴단이 갔을 때도 의미 있는 발굴이 적지 않게 남아 있었다.

스타인은 가장 흥미진진한 문제를 제기했다. 어떻게 수백 명, 어쩌면 수천 명이나 되는 간다라 지역(오늘날 파키스탄과 아프가니스탄에 속하는 바미얀, 길기트, 페샤와르, 탁실라, 카불 등의 도시 지역들) 사람들이 세계에서 가장 높은 산길을 넘어 거의 1,600킬로미터나 여행할 수 있었을까?[4]

스타인은 그들과 같은 경로를 따라 인도에서 타클라마칸 사막으로 들어갔다. 일찍이 약 2,000여 년 전 이주민들이 갔던 길이었다. 스타인은 해발 7,600미터가 넘는 산만 해도 30개가 넘는 파미르 고원(Pamir knot) 지역을 통과했다. 그 중에는 위험천만한 낭가파르바트(Nanga Parbat) 산도 포함되어 있었다. 이 산은 세계에서 가장 빠른 속도로 높이가 상승하는 산으로 유명한데, 매년 약 7밀리미터씩 높아진다고 한다.[5]

이 산들은 5천만 년 전에 인도 아대륙이 유라시아 대륙과 충돌하면서 생성되었는데, 은하계의 소용돌이 모양처럼 거대한 봉우리의 산맥들이 펼쳐졌다. 시계방향으로 카라코룸 산맥, 힌두쿠시 산맥, 파미르 고원, 곤륜 산맥, 히말라야 산맥이다.

스타인은 도시 길기트(Gilgit)를 거치는 새로운 길을 이용했다. 당시 길기트는 영국이 불과 10년 전에 개방시킨 도시였다. 스타인은 여름에 눈이 녹을 때에 맞추어서 트락발 패스(Tragbal Pass, 해발 3,642m)와 부르질 패스(Burzil Pass, 해발 4,161m)를 건넜다. 일단 두 고갯길을 통과한 뒤 스타인은 도시 칠라스(Chilas)를 지나는 인더스 강을 따라 길을 잡았다. 칠라스에서 스타인은 우뚝 솟은 낭가파르바트 산을 바라보며 인더스 강을 따라 길기트(Gilgit) 강으로 갔고, 다시 길기트 강을 따라 훈자(Hunza) 계곡으로 갔다.

행로는 쉽지 않았다. 스타인과 그의 탐험대는 얼어붙은 강을 따라 수천 길 낭떠러지 가운데로 난 위험천만한 오솔길을 걸어야 했다. 라픽

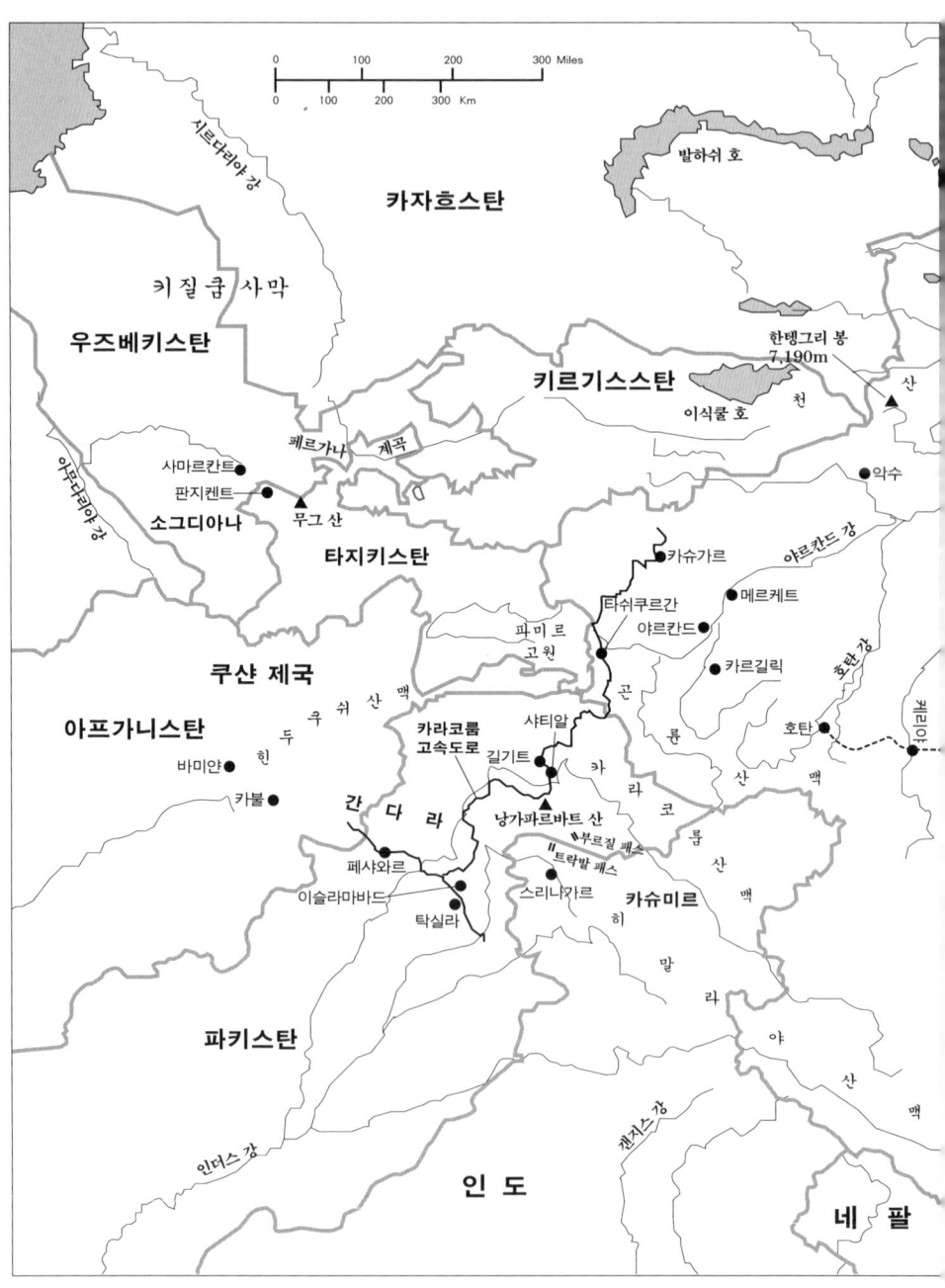

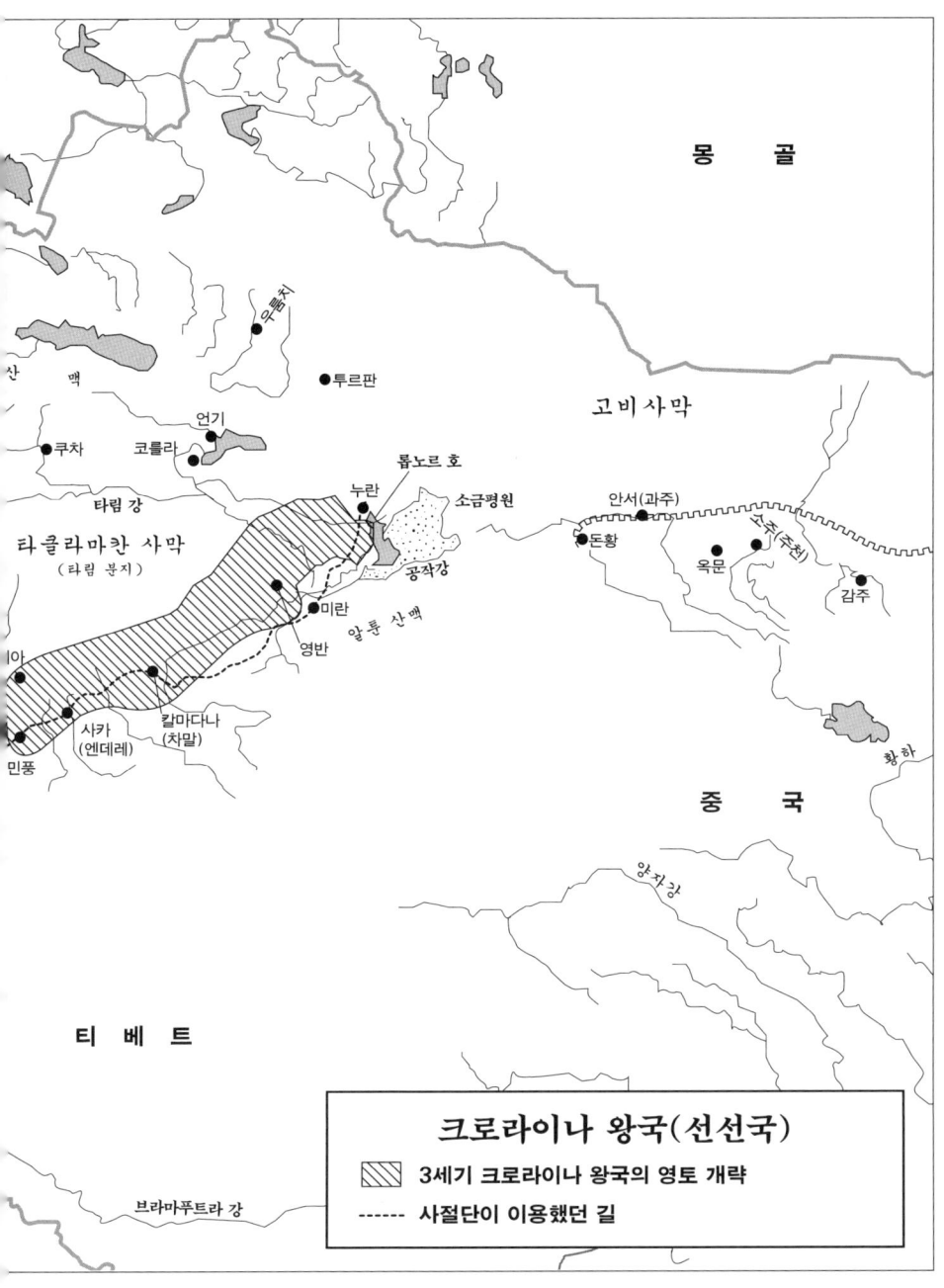

(rafik)이라고 부르는, 절벽 비탈면 바위 틈에 나무와 돌조각을 꽂아 만든 손잡이에 의지해서 조금씩 나아갈 수밖에 없었다. 짐은 모두 인력을 고용해서 운반했다. 그런 험난한 길에 동물을 끌고 갈 수가 없었기 때문이다. 스타인 일행은 민타카 패스(Mintaka Pass, 해발 4,629m)를 지나 중국으로 들어간 뒤 북쪽 카슈가르로 갔고, 거기서 다시 호탄을 거쳐 니아로 갔다.

길기트를 지나는 도로 중간중간에는 지금도 바위 그림과 글씨가 새겨진 것을 볼 수 있다. 고대의 여행자들이 바위 벽면에 새겨 놓은 것이다. 고대의 여행자들은 때로 길이 막혀 몇 달씩 기다려야 하는 경우도 종종 있었다. 스타인이 그랬던 것처럼 그들도 여름에 눈이 녹을 때를 기다려야 했고, 사막을 통과하는 길은 추운 겨울날에만 갈 수 있었다. 길이 열리기를 기다리는 동안 한가한 시간에 사람들은 날카로운 도구나 돌을 이용해서 금속에 붙은 녹을 벗겨냈다. 그리고 같은 도구를 이용하여 바위 표면에 아주 간략한 글을 남기거나 단순한 그림을 그리기도 했다.[6]

스타인은 길 가 바위에 새겨진 낙서에 주목했다. 그러나 사람들은 1979년 중국과 파키스탄을 잇는 고속도로가 완성된 이후에야 그 낙서를 보게 되었다. 고속도로가 뚫린 이후 학자들은 팀을 짜서 길을 따라가며 모사를 하거나 사진을 촬영했다. 이렇게 수집된 그림과 글씨 자료가 5천 점이 넘는다.[7]

카라코룸 도로에서 연대를 확인할 수 있는 초기 그림들은 기원후 1세기에서 3세기 사이에 그려졌다. 둥그런 무덤과 무덤에 올라가는 계단을 그렸는데, 바로 스투파였다. 붓다는 기원전 400년경 사망했는데, 붓다의 제자들은 그의 시신을 안치한 무덤 주위를 시계 방향으로 돌았다

불교 신자들이 새긴 바위그림, 카라코룸 고속도로 주변
바위에 새겨진 그림은 도시 호두르(Hodur) 근처 바위산에 있다. 그곳은 파키스탄의 길기트-발티산 (Gilgit-Baltisan) 지방에 있는 인더스 강 상류 둑에서 북쪽에 위치한다. 그림에서는 불교 신자들의 둥근 무덤, 즉 스투파라고 하는 것이 보이는데, 측면에는 두 분 부처님이 호위하고 있다. 카라코룸 고속도로변에 있는 그림들 중 하나로, 비교적 후대에 속하는데, 6세기에서 8세기 사이로 편년된다. 오른쪽에는 중국과 현 파키스탄 지역을 오가던 여행자들이 남긴 낙서가 남아있다.

고 한다. 무덤의 모양은 수 세기에 걸쳐 변화를 거듭하면서 점점 더 높이가 높아지고 기둥 모양으로 변해서 마침내는 중국이나 일본에서 볼 수 있는 탑 모양이 되었다. 초기 불교 미술에서는 붓다의 초상을 그리는 일이 없었다. 7세기와 8세기에 이르러서야 붓다의 일생에서 다양한 장면들을 뽑아 그림으로 그렸다. 더불어 여러 불보살들도 그림으로 표현되었다. 지상에 남아 있는 불교도들이 열반에 들 때 그들을 돕기 위해 불보살들이 돌아온다고 믿었다. 한편 조로아스터교 신도들은 이란의 예언자 자라투스트라의 가르침을 따르는 사람들로, 불의 제단을 그렸다.

고대 여행자들은 또한 짧은 글과 낙서를 두 가지 인도 언어로 남겨 두었다. 니아에서 사용되었던 문자인 카로슈티 문자로 기록된 것이 1,000여 점, 기원후 400년경 중앙아시아에서 카로슈티 문자를 대체했던 브라흐미 문자로 기록된 것이 4,000여 점이다. 카로슈티 문자를 사용한 것으로 미루어 보건대, 고대 여행자들 중 상당수가 간다라 출신이었음을 알 수 있다.[8] 마케도니아의 알렉산드로스가 간다라 지역을 정복했던 기원전 4세기 이후, 간다라는 그리스 출신, 인도 출신, 동아시아 출신자들이 모여드는 국제적인 인구 구성을 이루었다. 최근 아프가니스탄에서 발굴된, 카로슈티 문자로 간다라 언어를 적은 일련의 필사본들을 보면, 법장부 불교(Dharmaguptaka school) 신도들이 기원후 1세기 간다라 지역에서 번성했음을 알 수 있다.[9]

수천 점에 달하는 양에도 불구하고, 대부분의 낙서는 조악한 형태에 불과하다. 대부분의 내용은 "아무개의 아들 아무개가 도착했다." 혹은 불교식으로 변형하여 "아무개의 아들 아무개가 불공을 드린다."와 같은 단순한 것들이다.[10] 어떤 낙서에는 당시 통치하던 지역 왕의 칭호를 적어둔 경우도 있다. 그러나 조그만 지역의 통치자라서 전혀 알려진 바가 없는 이름이다. 따라서 학자들은 낙서 글자 가운데 몇몇 글자의 서체를 분석함으로써 연대를 추정할 수밖에 없다. 그렇게 구한 연대는 근사치에 불과하지만 그래도 그것이 최선의 방법이다. 그 결과에 따르면 이들 그림은 기원후 1세기에서 8세기에 걸쳐 새겨진 것들이다.[11]

또한 칠라스에서 하류로 50킬로미터 정도 떨어진 샤티알(Shatial) 유적에서 550개의 소그드어 기록이 발견되었다. 소그드어는 사마르칸트 거주자들이 쓰던 언어다. 그 중 하나에는 이렇게 적혀 있다. "나, 나리사

프(Narisaf)의 아들 나나이-반다크(Nanai-vandak)는 10일에 여기에 왔다. 성스러운 곳(K'rt)의 신령에게 기도드린다. …… 타쉬쿠르간(Tashkurgan)에 더 빨리 도착해서 건강한 몸과 즐거운 마음으로 형제들을 만날 수 있기를."[12] 이 텍스트는 길기트 통로에서 여행자의 목적지를 명시하고 있는 몇 안 되는 사례에 속한다. 그의 목적지 타쉬쿠르간은 카슈가르 바로 서쪽 산에 있는 성채로서, 여행자들은 이곳을 통해 신강 지역으로 들어갔다. 소수긴 하지만 이란어나 중국어, 티베트어 기록도 있다. 후대의 것 중 하나는 히브리 문자 기록도 있는데, 두 남성의 이름이 적혀 있다. 이는 유대인 상인들도 카라코룸 통로를 이용했다는 증거이다.[13]

인도를 떠나 크로라이나 왕국으로 이주했던 기원후 2~3세기의 이주민들도 스타인 일행과 마찬가지로 인더스 강, 길기트 강, 훈자 강을 거치는 산악로를 지났을 것으로 스타인은 확신했다. 훈자 강이 끝나는 지점에서 그들은 신강에 이르는 몇 가지 길 중에 선택을 할 수 있었다.[14] 바위 글씨 전문가인 닐리스(Jason Neelis)는 이를 "모세혈관 루트(callipary route)"라고 명명했다. 주요 도로들이 혈관처럼 복잡하게 얽혀 있음을 나타내는 말이다. 산악 지역에서 신강에 이르는 길은 혈관처럼 수많은 오솔길로 이루어져 있다. 19세기말에서 20세기 초의 여행자들은 스타인이 그랬던 것처럼 대개 민타카 패스를 거쳐 중국으로 들어갔다. 그러나 오늘날에는 카라코룸 고속도로를 이용하는데, 쿤제라브(Khunjerab) 패스에서 남동쪽으로 중국으로 들어가게 된다.

남아 있는 바위 글씨들은 왜 이주민들이 간다라 지역을 떠나게 되었는지를 알려주지는 않는다. 당시 쿠샨 제국은 쇠락의 나날을 보내고 있었다. 쿠샨 제국은 기원후 30년에서 260년까지 인도 북부 상당 지역(오늘날 파키스탄과 아프가니스탄을 포함해서)을 다스렸고, 2세기 초 카니슈카 대왕(약 120~146) 때에 최전성기를 누렸다.[15] 5세기 중반에 편찬된 《후한서》에 보면, 쿠샨 제국에서 신강으로 몇 차례 군대를 보냈다는 기록이 나온다.[16] 기원후 90년에는 쿠샨의 통치자가 7만 대군을 서역으로 보냈다고 한다. 이처럼 거대한 숫자를 액면 그대로 믿을 수는 없겠지만 쿠샨 왕조가 신강 지역 서부에 군대를 파견할 만큼 강성했던 것만은 분명하다.

대부분의 중국측 기록에는 인도에서 온 이주민들에 대한 언급이 거의 없는 편이다. 그런데 인도인의 후손인 불교 스승 지겸(支謙)의 전기에 이런 대목이 있다. "그는 대월지 왕국(쿠샨 제국으로 추정됨)에서 왔다. 할아버지 법도(法度)의 인솔 아래 영제(靈帝) 시기(약 168~189) 수백 명의 사람들이 중국으로 이민을 왔다. 법도는 관직을 제수받았다."[17]

이 글의 내용, 즉 파키스탄과 아프가니스탄 출신으로 니아에 거주하던 간다라어 사용자라는 필자의 설정은 중국 공식 역사 기록과는 정면으로 배치되는 것이다. 중국의 공식 역사서에서는 쿠샨인들(한문으로는 月氏)이 원래 돈황에서 가까운 감숙성 지역에 살았는데, 기원전 175년 흉노가 일어나 그들을 내쫓아서 고향을 버리고 서쪽으로 갔다고 한다. 그 뒤 대월지는 기원후 23년경 쿠샨 제국을 구성하는 다섯 유목 민족 중의 하나가 되었다고 한다.[18] 월지가 감숙성을 떠나 이주했다는 왕조사의 기록을 의심할 만한 이유는 상당히 많다. 중국의 역사가들은 몇 세대가 지난 뒤 역사 자료를 모아 역사서를 편찬했다. 그들은 이민족에 대한 기존의 상식과 전설을 기록에 남겼을 뿐이다. 중국의 공식 역사서에는 거의 언제나 이민족들의 고향이 중국이라고 했다. 흉노도 일본도 마찬가지다. 심지어 그들이 알고 있던 세상의 서쪽 극단에 있는 나라 대진국의 주민들도 중국 출신이라고 했던 것은 압권이다. 마지막으로, 가장 확실한 근거는, 월지의 이주에 대한 어떠한 고고학적 자료도 발굴된 적이 없다는 사실이다.[19]

가장 타당한 추론은 단순하기 마련이다. 기원전 3세기 여러 유목민 그룹이 폭넓은 지역을 거쳐 이동을 했다. 그러나 300년이 지난 뒤 이를 관찰한 중국인들이 그 이주에 대해서 정확하게 서술했을 것이라고 믿기는 어렵다. 비록 중국인들이 월지의 고향이 중국이라고 생각했더라도, 우리가 알 수 있는 것은 단지 월지가 기원전 138년에 박트리아(힌두쿠시 산맥과 아프가니스탄 중북부의 아무다리야 강 사이 지역, 수도는 발흐)에 있었다는 것뿐이다. 왜냐하면 장건이 그 때 그곳에서 월지를 만났기 때문이다. 그 이전 시기 그들의 이주에 대한 어떤 주장도 검토가 필요한 정도에 불과하다.

스타인은 고대의 이주자들이 선택했던 길과 동일한 험난한 산악 지역을 거쳐 마침내 신강으로 들어갔다. 그는 오아시스 도시들을 연달아 방문했다. 야르칸드, 호탄, 케리야, 니아는 타클라마칸 사막 남쪽 가장자리를 따라서 목걸이의 구슬처럼 조롱조롱 매달려 있는데, 대체로는 하루 거리의 간격을 두고 떨어져 있었다. 여행자들은 긴 여행길에 필요한 충분한 물과 탈것을 준비해야 했다. 케리야에서 "늙어 보이는" 압둘라라는 농부가 스타인에게 사막에서 오래된 폐허를 보았다고 말해주었다. 니아 유적까지는 현재의 니아에서 북쪽으로 120킬로미터를 더 가야 한다. 니아는 오늘날 민풍(民豊)이라고도 하는데, 호탄-민풍 고속도로상에 있다. 스타인이 민풍에 도착했을 때, 스타인의 낙타몰이꾼이 마을의 진취적인 젊은이를 만났다. 그의 이름은 이브라힘(Ibrahim)이었다. 그는 카로슈티 문자가 적힌 목판을 사라고 했다. 앞에서 사진으로 본 바로 그 목판이다.

스타인은 즉시 이브라힘을 탐험대원으로 고용했고, 니아 강 북쪽을 거슬러 사람이 거주하는 마지막 도시까지 탐험대를 안내하는 일을 맡겼다. 그곳은 존경받는 무슬림 스승 이맘 자파르 사디크(Imam Jafar Sadik)가 활동했던 성지였다. 강줄기는 그곳에서 끝난다. 스타인과 그의 탐험대는 말라버린 강바닥을 따라서 북쪽으로 다시 39킬로미터를 더 나아가 고대 니아 유적에 도착했다. 니아 유적에는 모래에 묻힌 수많은 목조 건물과 불교 전탑(스투파)의 유적이 있었다.(화보 6번)

늘 그렇듯이 스타인은 유적지의 첫인상을 아주 상세하게 기록해 두었다.

바짝 마른 고대의 과일 나무 줄기가 모래 바닥에서 솟아 올라와 있었다. 거기서 북쪽으로 2마일을 채 못 가서 "옛날 집" 두 채가 눈에 들어왔다. 처음 봤을 때는 조그만 언덕 위에 있는 집 같았지만, 가까이 가서 보니 주변의 흙이 침식되어 깎여나가서 그렇게 된 것이었다. ……

점점 확장되고 있는 사막을 가로질러 북쪽으로 다시 2마일을 더 걸어가서 폐허에 도착했다. 자연 건조 벽돌로 지은 건물 유지였는데, 케리야에서 압둘라가 말했던 바로 그곳이었다. …… 예상했던 대로 작은 스투파의 잔해를 발견했다. 대부분은 원뿔형으로 모래 더미 속에 묻혀 있는 채였다. ……

첫날밤 묵었던 숙소로 돌아와서 이런 생각을 했다. 이브라힘은 작년에 "발굴"한 뒤 많은 목판 고문서들을 남겨두었다고 하는데, 그 침묵 속의 고대 거주지에는 지금도 얼마나 많은 고문서들이 발굴을 기다리고 있을까?

문명교류의 직접적인 증거들에 이끌려 스타인은 고대 니아 유적지를 네 차례나 방문했다. 1901년에는 15일, 1906년에는 11일, 1916년에는 5일, 1931년에는 1주일간이었다. 매번 갈 때마다 그는 새로운 주거용 건물, 불교 유적, 목판 고문서들을 발굴해냈다.

네번째 탐험은 앞서 세 차례의 탐험처럼 순조롭지 못했다.[20] 1930년대에 이르러 중국 정부는 관련 법을 통과시켰다. 즉 중국측과 공동발굴 작업에 한해서만 유물을 국경 밖으로 반출할 수 있도록 규정했다. 스타인은 영국 관리들과 밀접하게 일했기 때문에 신강에서도 발굴 허가를 받을 수 있을 거라고 생각했다. 그러나 스타인이 카슈가르에 도착했을 때 지방 정부는 어떠한 유물도 반출할 수 없도록 감시 인력을 동행하라고 했다. 니아에서 스타인은 감시자들의 시선을 따돌리기 위해 유적지 주위를 빙빙 돌았다. 그 동안 스타인의 조수 압둘 가파르(Abdul Ghafar)는 몰래 고문서를 찾았다. 그들이 카슈가르로 돌아왔을 때 스타인은 어찌어찌해서 159점의 유물을 겨우 수습할 수 있었다.

그러나 그의 탐험은 실패하고 말았다. 중국 관리들은 스타인이 아무것도 국외로 반출할 수 없도록 했고, 유물은 모두 사라져 버렸다. 탐험으로 얻은 소득이라고는 스타인의 세심한 노트와 사진뿐이었다. 절망에 빠진 스타인은 카슈가르에서 그의 친구 알렌(Percy Stafford Allen)에게 편지를 보냈다. "내가 가장 좋아하는 고대 유적지와 마지막으로 작별을 고했네. 그곳은 다른 어느 곳보다도 사라진 과거를 잘 느낄 수 있는 그런 곳이었네."[21]

스타인은 처음 그 유적지에 도착하기 훨씬 전에 이미 그 유적지의 고대 중국식 지명을 확인해야겠다고 생각한 적이 있었다. 그래서 중국의 공식 역사서인 《한서》와 후속작인 《후한서》를 들춰보았다. 이들 책에는 중국 북서쪽의 여러 소규모 왕국들에 대한 정보가 실려 있었다. 중국의 수도에서 그곳까지의 거리, 인구(가구수, 인구수, "무장 가능한 인원수"), 그리고 간략한 역사가 적혀 있다. 한나라의 서역도호부가 기원전 60년에 설치되어서 기원후 16년까지 지속되었는데, 그곳의 관리가 중앙정부의 역사 편찬 부서에 이러한 정보를 보고했던 것이다.[22]

한 세기가 지나서 역사 편찬 기관의 관리가 다양한 북서쪽 오아시스 국가들에 대한 정보를 끄집어냈다.[23] 그들은 선선국(鄯善國, 크로라이나의 중국식 명칭)이 한나라의 수도 장안에서 6,100리(약 2,500km) 거리에 있다고 썼다.[24] (누란에서 장안까지 실제 거리는 1,793km이다.) 공식 역사서에 나와 있는 거리는 아마도 근사치로 기록되었을 것이다. 동물이 하루에 이동할 수 있는 거리와 목적지에 도착하는 데 며칠이 걸렸는지를 계산해서 나온 값이다. 이렇게 측정한 거리가 정확할 수는 없다. 그러나 이를 통해 추정해 보면 각 오아시스들의 위치를 알 수 있다.

1901년에 스타인은 목재 인장을 발견했다. 네 글자가 새겨져 있었는데, "선선국 왕의 명령"이라는 뜻이었다. 이는 한나라 혹은 그 이후의 왕조에서 이 왕국과 외교 관계를 수립하고 지역 통치자에게 하사한 것이었다.[25] 스타인의 생각에 니아를 선선국의 수도로 보기에는 너무 규모가 작았다. 그곳에서 스타인이 발견한 주거용 건물 유지는 15곳 정도에 불과했다.(스타인의 일련번호 매기는 방식에 따라 이 유물은 "N.xiv.i.1"이라고 표기되었다. 니아(N), 14번째로 발견한 건물(xiv), 첫번째 방(i), 방에서 첫번째로 발굴한 유물(1)이란 뜻이다.) 이후로 고고학자들이 100채가 넘는 건물 유지를 발굴하기는 했지만, 공식 역사서에 기록된 1,570가구에 인구 14,100명에 비하면 너무나 적은 수였다. 1921년에 출간된 《세린디아(Serindia)》라는 책에서 스타인은 니아를 정절국(精絶國)의 근거지로 추정했다. 공식 기록에 의하면 정절국의 가구수는 480가구, 인구는 3,360명이었다.[26] 유적지 규모에 비하면 이 기록도 너무 수치가 큰 셈이다. 아직 발굴되지 않은 채 모래에 묻혀 있는 건물이 많다고 하는 사람도 있지만, 한(漢)나라에서 북서쪽 멀리 떨어진 왕국의 인구 통계가 정확하지 못했을 가능성도 충분히 있다.

니아를 정절국으로 간주하는 스타인의 견해에 동의하는 학자들은 많지만, 누란을 선선국의 수도로 간주하는 스타인의 견해는 그렇지 못하다. 니아처럼 누란에도 벽돌로 만든 스투파 하나, 목조 건물의 잔해들, 간다라 양식의 목조상 몇 점이 있을 뿐이다. 누란(樓蘭)은 "크로라이나(Kroraina)"를 한자로 음사한 것이다. 이는 왕국의 명칭인 동시에 카로슈티 문자로 기록된 문서에 등장하는 수도의 명칭이기도 하다.[27]

《한서》의 기록에 의하면, 기원전 108년 이래 한나라는 누란을 정복하기 위해 간헐적으로 군대를 보냈지만, 수도를 점령한 적은 한 번도 없었다. 그 수도의 명칭도 왕국의 명칭과 같은 누란이었다. 수십 년 동안 누란의 통치자는 서로 적대시했던 양측 왕국, 즉 한나라와 현재 몽골 지역에 있었던 흉노 모두와 우호 관계를 유지하고자 노력했고, 양쪽에 다 왕자를 볼모로 보냈다.

이러한 전략은 기원전 77년에 막을 내렸다. 현직 누란 왕의 동생이 한나라 관리에게 왕이 흉노를 더 선호한다고 밀고를 했다. 중국에서는 우호 사절단을 가장한 인원을 보내서 누란의 왕을 중국인의 텐트로 초청한 뒤 살해했다. 그 뒤 한나라 군대가 누란을 침략했고, 국호를 선선(鄯善)으로 바꾸었다. 한나라는 엔데레(endere, 현재 苦羌)에 새로운 수도를 건립하고, 서역 전체를 관할할 도호부를 누란에 설치했다.[28]

역사에 의하면 누란은 기원전 77년 이래로 5세기 이상 점령 상태가 지속되었다. 그러나 그렇게 오랜 점령 기간에 비해 발굴된 유물은 거의 없다. 중국인이 존재했다는 가장 직접적인 증거는 당시 새로 주조된 동전인데, 누란 외부의 중국군 주둔지로 추정되는 곳에서 출토되었다. 스타인은 둥근 모양에 네모난 구멍이 있는 동전 211개를 발굴했다. 동전은 길이 27미터 이상에 폭이 1미터 정도 되는 면적에 흩어져 있었다.[29] 주조한 지 얼마 되지 않는 오수전(五銖錢, 문자적 의미는 "다섯 개의 곡식 알갱이"로 무게의 단위)으로, 기원전 86년부터 기원후 1세기 사이의 것이다.[30] 스타인의 설명은 다음과 같다.

> 이 모든 동전이 내가 고대에 길이 있었을 것으로 추정했던 바로 그 방향으로 움직였던 카라반에서 떨어뜨린 것이 분명하다. 그들은 아마도 동전을 묶는 끈을 느슨하게 했다가 모르는 사이에 가방이나 짐보따리에서 흘렸을 것이다. 이곳을 지나서 낙타나 수레가 오갔던 정황을 생각해보면 왜 동전이 앞에서 말한 간격으로 흩어져 있었는지 충분히 설명이 된다.[31]

마지막 동전 위치에서 약 45미터 떨어진 곳에서 스타인을 돕던 일꾼이 특이한 화살촉 꾸러미를 발견했는데, 오수전과 같이 군대 보급품 꾸러미에서 떨어진 것이 분명했다. 동전과 화살촉이 함께 나온 것으로 보

아, 한나라가 그 지역 군인들 봉급으로 새로 주조한 동전을 주로 지급했음을 알 수 있다.[32]

니아에서 발굴된 고문서 중 일부는, 아마도 시기는 동전과 마찬가지로 오래된 것인데, 한나라 당시에 군인이 아닌 일반인 중국인들도 이곳에 와 있었음을 나타내고 있다. 14번 건물에는 방이 두 개 있고, 더불어 17미터×12.5미터의 커다란 거실이 딸려 있다.[33]

거실 안에서 스타인의 탐험대원은 쓰레기 더미를 파헤쳐 11편의 목간을 발견했는데, 앞뒤로 한자가 적혀 있었다. 그 중에 8개는 읽을 수 있을 정도였다. 각각의 목간에는 발신자와 수신자의 이름이 적혀 있었다. 왕, 왕의 어머니, 왕의 아내, 왕실의 후계자, 그리고 궁정 관리 등이었다.[34] 예를 들어 그 중 하나의 앞면에는 "신 승덕은 머리를 조아리며 삼가 매괴(보석의 일종)를 바치옵니다. 재배하옵고 말씀을 기다리옵니다."라고 적혀 있고, 뒷면에는 받는 사람이 적혀 있는데, 이 경우는 "대왕(大王)"이다.[35] 이 물목에 의하면 중국인 감독관이 정절국(精絶國)에 방문했거나 혹은 거주했으며, 기원후 1세기 이전 어느 시점에 그 감독관으로부터 정절국의 왕이 선물을 받았음을 알 수 있다. 14번 방에서 발굴된 목간 중 세 편에는 쿠데타를 일으켰던 왕망(재위 9-23CE) 시대에 사용된 특이한 자형의 한자가 적혀 있다.[36] 왕망은 신(新, new) 왕조를 일으켜 전한과 후한 사이 14년간 통치했다. 다른 몇 편의 목간에는 사절단이 언급되어 있다. 예를 들면 "페르가나(Ferghana, 大宛國) 사신의 자리, 그 아래 좌측에는 대월지"[37]라는 문구다. 이처럼 다양한 고문서에서 드러나는 바는 중국측에서 기원전후로 니아에 관리를 파견, 유지했다는 사실이다.

중국의 법률에 따르면 중국 내 어디라도 여행자가 도착하면 과소(過所)라고 하는 통행증을 지역 관리에게 제출해야 했고, 지역 관리는 여행자가 통행증에 기록된 사람이 맞는지 확인해야 했다.

니아에서는 통행증도 발견되었는다. 3세기의 것인데, 여행자가 죄수인지 아닌지, 외모는 어떠한지, 목적지는 어디인지 등이 적혀 있다. 예를 들어 35세인 여행자를 설명하는 통행증에는 "중간 키에 검은 머리, 큰 눈, 구레나룻 수염"이라고 적혀 있다. 또한 여행자의 여정도 적혀 있어서 여행자는 미리 정해진 행로를 벗어나서는 안 되었다. 두 편의 목간은 누군가 통행증을 잃어버렸을 경우 관리가 어떻게 해야 할지를 알려주고 있지만, 실제로 문제가 발견될 경우 관리가 어떻게 조치했는지는 알 수가 없다. 단순히 통행증을 재발급해 주었을까? 아니면 그 상인을 처벌했을까? 어쨌거나 니아에 있던 중국인 관리들은 통행증 관련 규정에 대해서 명확하게 인지하고 있었다.[38]

고대에 이 지역에 중국의 세력이 미쳤다는 것은 오늘날 정치적으로 직접적인 함의를 지니고 있다. 신강에서 중국 정부의 정당성은 부분적으로 한나라의 전통을 따른다는 명분에 놓여 있다. 그러나 남아 있는 고문서가 증언하는 것처럼, 만약 당시 지역 통치자들이 대체로 독립을 유지했고, 한나라 군대가 주둔한 정도에서 가끔식 고문 사절단만 받아들였을 뿐이라면, 현 중국 정부의 정당성은 상당히 약화될 것이다.

니아의 14번 건물 출토 목간이 기원후로 접어들 무렵 그곳에서 중국인의 역할이 있었음을 알려주기는 하지만, 그 지역에 살던 사람들의 일상생활에 대한 정보는 거의 없다. 다행히 이들 한문 고문서를 보충해줄 유물들이 있다. 니아의 고대 거주자들은 통나무 몇 개를 결합해서 바닥

기초를 만들고, 거기에 홈을 파고 수직 기둥을 세웠다. 그리고 기둥 사이에 건초와 매트를 대어서 벽을 만들고 바람을 막았다. 지붕도 통나무로 만들었다. 집의 종류는 방 한 칸짜리부터 여러 칸짜리까지 다양했다. 큰 방은 벽면 길이가 5미터에 달했다. 스타인과 헤딘은 니아와 누란에서 공들여 조각한 목재 유물을 몇 점 발견했다. 디자인은 간다라 지역에서 만든 목재 공예품과 일치했다. 공예품을 만든 사람이 파키스탄이나 아프가니스탄으로부터 신강 지역으로 왔다는 사실을 확인해주는 유물이었다.

　니아와 누란 유적지의 특히 건조한 기후로 인해 주민의 시신도 100여 구나 보존이 되었다. 누란에서 스타인은 "금발 머리" 시신을 발견했

니아 26번 건물
1906년 스타인은 26번 건물 발굴을 마친 뒤 작업자들에게 가장 큰 방의 천장을 장식하는 선반을 기둥에 세워 사진을 찍도록 했다. 전형적인 간다라 양식의 목재 선반에는 가운데 항아리와 과일, 꽃 등이 새겨져 있고, 가장자리에는 용의 머리와 말의 몸을 가진 신화적 동물이 새겨져 있다. 길이 2.74m, 폭 0.46m의 이 선반은 운반하기에는 너무 덩치가 컸다. 스타인은 이것을 톱으로 자르고 주요 부분을 도려내어 런던으로 보낼 수 있었다.

고, 헤딘은 "붉은 구레나룻" 시신도 발견했다. 스타인과 헤딘은 둘 다 이들 시신이 중국인도 아니고 인도인도 아니라고 느꼈다. 이후의 모든 발굴자들은 이 지역에서 발굴되는 시신들이 밝은 색 피부에 금발 머리에다가 키가 180센티미터나 되는 코카서스 인종이라는 데 놀라움을 금치 못했다. 그들은 원래 크로라이나 왕국 주민들로 추정되었다. 다른 여러 중앙아시아 지역 사람들처럼 이들도 이란 고원 어딘가로부터 왔을 것이다.[39]

　니아와 누란의 매장지 유적은 그곳에 매장된 사람의 삶에 대해서 많은 정보를 알려준다. 왜냐하면 함께 가장 값진 물건들이 사후 세계를 위해 그들의 시신과 함께 매장되어 있기 때문이다. 1959년에 신강박물관에서 10명의 고고학자로 발굴팀을 구성했다. 그들은 사막에서 탈 수 있는 자동차가 없어서 낙타를 타고 이 지역으로 들어갔다. 7일 동안 걸은 후 유적지에 도착해서 무덤 여러 기를 발견했다. 길이가 2미터나 되는 커다란 관을 발굴했는데, 나무로 만든 다리가 4개 달려 있었다. 시기는 기원후 2세기에서 4세기 사이로 추정되었다.[40] 관 속에는 남자와 여자 시신이 한 구씩 들어 있었다. 그리고 그들의 재물을 운반할 시종 둘을 나무인형으로 깎아 넣어두었다. 남자는 활과 화살통에 담긴 4개의 화살을 지니고 있었고, 여인은 화장품 상자를 지니고 있었는데, 빗과 여성용 화장 도구가 들어 있었다. 시신에 입힌 옷은 피부와 닿은 부분은 모두 썩어버렸다. 그래도 고고학자들은 직물 10조각을 추출해 냈다. 어떤 것은 면이었고, 어떤 것은 비단이었다. 이 두 가지 직물은 니아가 중국과 서방을 잇는 교역로의 중간에 위치해 있었음을 확인해 주었다.

　누에를 기르고 비단을 만드는 기술이 중국 중부에서 서쪽으로 전파

니아의 면직물
무덤에서 발굴된 면직물에는 인쇄가 선명하게 되어 있다. 서로 다른 크기의 사각형과 체크무늬 패턴, 중국식 용, 풍요의 뿔을 들고 있는 여신, 어떤 동물의 꼬리와 두 발이 보이고, 몸통은 잘려나갔다. 용 모티프의 기원은 분명 중국이다. 그러나 여신은 티케(Tyche)인데, 그리스 도시의 수호신이며, 아프가니스탄 예술에 자주 등장한다. 티케는 흔히 헤라클레스와 함께 등장하기 때문에, 잘려나간 동물의 발과 꼬리는 헤라클레스의 사자로 추정된다.

되는 한편, 면은 서아시아로부터 니아로 전파되었다. 여기서 발굴된 면 조각과 또 하나의 홀치기 염색 기법으로 염색된 면은 중국에서 발굴된 면직물 중에서는 가장 시기가 올라가는 것이다.[41] 중국의 백과사전에 따르면, 기원후 331년에 페르가나(우즈베키스탄 서부 지역)의 왕이 면직물과 유리를 북중국 통치자에게 주었다고 한다. 이는 면직물이 서방으로부터 소개된 것임을 확증해 준다.[42]

니아 유적에서는 누에고치와 뽕나무 씨앗도 나왔다. 뽕나무는 누에의 주요 식량이다. 니아의 주민들은 비단 실을 추출하는 법과 단순한 직조 기술(바구니를 짜듯이 한 올씩 건너 아래위로 교차하는 방식)은 알고 있었지만, 관속에서 발굴된 것과 같은 고급 비단을 짜는 데 필요한 복잡한 기술은 알지 못했다. 1959년에 발굴된 유물 중에는 남성용 장갑과 양말이 있었고, 부부를 위한 베개도 있었는데, 모두 한 필의 비단에서 잘라 만든 것들이었다. 그 비단에는 7자의 한자가 직조되어 있었다. "해마다 수명이 늘고 아들과 손자가 많아지기를(延年益壽盆子孫)" 여기서 보이는 두 가지 삶의 목표(오래 살고 많은 남성 후손을 가지는 것)는 중국에서 고대로까지 거슬러 올라가는 전통이다. 이러한 직물들은 팔미라(Palmyra)에서 발견된 비단과 매우 흡사한데, 틀림없이 중국인 장인이 만든 것이다. 함께 발견된 거울도 마찬가지다. 청동거울의 테두리를 따라 한자 네 글자가 새겨져 있는데, 사망한 무덤 주인에게 "고위 관리가 되기를(君宜高官)" 촉구하는 내용이다.[43] 니아의 남녀 시신이 살아 생전에 한자를 읽을 수 있었을지는 알 수 없지만, 관 속에 들어 있는 한자가 직조된 비단과 거울은 당시 그것이 고귀한 물건이었음을 말해주고 있다.

1995년의 니아 발굴로 매장지를 8곳을 더 찾아낼 수 있었다. 3곳에는 네모난 관이, 5곳에는 배 모양의 관이 사용되었다. 포플러 나무로 만든 관이었다. 목재는 불에 그을린 뒤에 사용되었다. 가장 큰 무덤(M3)의 관 속에는 남녀 시신이 한 구씩 들어 있었는데, 보존 상태가 매우 좋았다.(화보 7번) 1959년에 발굴된 무덤을 보면, 남녀의 성 역할은 아주 분명했다. 남자의 곁에는 활과 화살, 단도, 칼집이 있었고, 그의 아내의 곁에는 화장품통, 중국산 청동 거울, 빗, 바늘, 작은 천조각이 있었다. 칼자국이 남자의 귀에서 목까지 뻗어 있었는데, 이 상처로 인해 그는 사망했을 것이다. 아내의 몸에는 상처가 없었다. 이로 미루어 보아 그녀는 질식사한 것인데, 남편과 함께 매장하기 위해서 그랬을 것이다.

부부는 푸른 비단 홑겹을 같이 덮고 있었다. 비단에는 붉은색, 흰색,

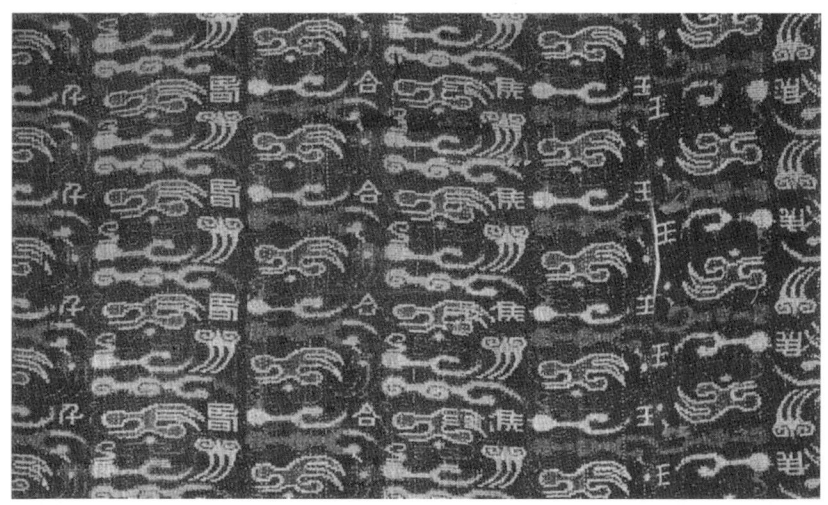

니아의 중국산 비단
솜씨 좋게 직조된 한자는 "왕과 왕후의 결혼으로 천만 년 수를 누리시고, 마땅히 아들 손자를 보시기를(王侯合昏千秋萬歲宜子孫)"이라는 뜻이다. 이 비단은 니아의 한 매장지에서 출토된 37점의 비단 유물 중 하나이다. 이 비단으로 인해 그 무덤은 실크로드에서 가장 중요한 발굴로 평가되었다.

갈색으로 춤추는 인물 패턴이 그려져 있었다. 시신은 한벌로 된 옷을 입고 있었다.

조금 나중의 무덤은 M8번으로, 마찬가지로 부부가 매장되어 있었고, 한자가 직조된 직물들과 임금왕(王)자가 새겨진 소박한 질그릇 하나가 들어 있었다.[44] M3번과 M8번 무덤 속의 직물에 왕(王)자나 군(君)자가 직조되어 있었던 것은, 이것이 중국 중앙에서 지역 왕에게 보내온 선물임을 나타낸다. 기원후 48년 이후 어느 시점부터 정절국은 선선국에 "병합"되었음을, 우리는 《후한서》를 통해 알고 있다.[45] 그래서 니아 유적지는 정절국의 수도였으므로, 보다 큰 선선국의 일부가 되었다.

같은 시기 영반(營盤) 유적(누란의 남서쪽)의 매장지는 니아의 매장지와 분명하게 차이가 난다. 왜냐하면 시신이 모직 옷을 입고 있으며, 비단이나 면은 없다.[46] 망자는 붉은색 모직 수의를 입고 있는데, 석류나무, 동물, 사람의 얼굴이 쌍으로 구성된 정교한 디자인이다. 벌거벗은 커룹(cherub, 성경에 등장하는 천사_역주)처럼 생긴 인물들이 칼과 올가미를 휘두르며 마치 전장에서 마주친 것처럼 대치하고 있다. 두 겹으로 직조된 이 직물도 이 지역에서 제작한 것으로 보기에는 너무 고난도의 기술이 들어가 있다. 아마도 서쪽으로 멀리 떨어진 박트리아에서 만들었을 것이다. 박트리아에서는 기원전 4세기 알렉산드로스의 군대가 그 지역에 소개해준 그리스-로마식 모티프를 변형해서 사용했다.[47]

고고학자들은 이렇게 고급스런 수의를 입고 있는 주인공이 누구인지 조사해 보았다. 신강고고연구소 전임 소장이었던 왕병화(王炳華)는 그가 좀더 작은 오아시스 왕국의 통치자였을 것으로 추정했다. 이 왕국은 공식 역사 기록에서도 확인되는데, 산국(山國, 문자 그대로 해석하면 산 위의 나라)이라고 한다. 산국의 남동쪽 국경이 선선국과 접해 있었다.[48]

니아의 M3번 무덤과 영반 무덤의 주인공이 실제로 그 지역의 왕이었는지는 모르겠지만(그럴 가능성은 여전히 충분히 남아 있다.) 어쨌든 그들은 지역 거주자들 중 가장 부유층에 속했던 사람들일 것이다. 그들의 무덤은 지역 경제를 생생하게 전해주고 있다. 그 지역 사람들은 망자와 함께 곡식(수수, 보리, 밀)과 과일(포도, 배, 복숭아, 석류)을 묻어주고 날짜도 적어 두었다. 완벽하게 요리된 양의 다리 한 짝도 넣어 두었다. 사후 세계에서 축제를 할 때 가장 중요한 물건이 될 것이다. 또한 사후 세계에서 입도록 수입품 직물로 만든 옷가지도 넣어 두었다.

대부분의 전문가들은 니아, 영반, 누란 유적에서 출토된 유물들이 2

영반 지역의 무덤
채색한 목관 속에 묻혀 있는 시신에는 흰색 마스크가 씌워져 있다. 대마를 겹겹이 붙여서 만든 것이다. 눈 위의 이마에는 네모난 금박을 붙였다. 시신과 함께 조그만 옷의 모형도 두 벌 넣어두었다.(사후 세계에서 입으라는 뜻일까?) 하나는 왼쪽 허리춤에, 그리고 다른 하나는 배에 넣어 두었다. 무덤 M15번. 1995년 발굴.

세기에서 4세기 사이의 것이라 추정하지만, 정확하게 언제인지는 확정하지 못했다. 이와 달리 누란에서 출토된 고문서들은 연대가 분명하다. 한자 문서든 카로슈티 문서든 모두 기원후 3세기 말에서 4세기 초 누란에 주둔했던 중국군 주둔지가 등장한다.

누란에서 발견된 한문 고문서는 대부분 263년에서 272년 사이의 것이다. 330년으로 밝혀진 사례도 몇몇 있다.[49] 이 때는 선선국이 니아에서 누란에 이르는 지역을 통치할 때였고, 한나라의 뒤를 이어 북중국에 기반을 둔 여러 왕조들이 일어날 때였다. 주로는 위나라(魏, 220~265)와 서진(西晉, 265~316)을 들 수 있는데, 이들이 누란에 주둔지를 운영했다. 누란에서는 카로슈티 문자 고문서가 약 50건 발견된 데 비해, 한문 고문서는 700건 이상 발견되었다. 모두 짧은 텍스트로(대개 10자를 넘지 않는다.) 목간이나 작은 종이 쪽지에 기록된 문서들이다.[50] 중국인들은 거래 내용을 종이에 기록해두는 경우가 자주 있었다. 군사 주둔지에서 근무하던 관리들은 종이보다는 목간을 사용하는 경향을 보였다. 이로써 정부 관리들이 본격적으로 종이를 사용하기 전에 민간에서 먼저 종이를 사용했음을 알 수 있다.[51]

한나라 때에도 그랬지만, 누란의 군사 주둔지가 후속 왕조에 소속됐을 때에도 마찬가지로 주둔지 근무자들은 군무에 나서지 않고 대기하는 동안 손수 농사를 지어야 했다. 군인들은 말이나 소와 같은 동물을 이용해서 쟁기를 끌어 땅을 갈았고, 그 땅에서 밀, 보리, 수수를 길렀다. 그들이 모두 중국인이었던 것은 아니다. 중국인들은 지역민들 중에서도 군인을 선발했다. 농사짓던 군인들은 농업기술을 소개해 주기도 했다. 대표적으로 물을 끌어오는 관개농법 같은 것이다. 그들은 동물이 끄는 쟁기를 사용했고, 삽이나 낫 같은 새로운 농기구도 전해주었다. 이런 유형의 금속 도구는 이 지역에서는 처음 사용되는 것들이었다.[52]

중국 정부의 규정에 의하면 병사 개인은 매일 1두 2승(1말 2되, 약 2.4L)의 곡식을 지급받아야 했다. 그러나 지역 관리들로서는 항상 규정에 맞게만 지급할 수는 없었다.[53] 남아 있는 고문서를 보건대, 병사들이 지은 농작물의 소출이 모자랄 때면 중국인 관리들은 지역 주민들에게 동전이나 채색 비단을 주고 추가로 곡물을 구입해야 했다. 누란의 주둔지에서는 감숙성 지역에 있던 무위(武威)나 돈황 동쪽에 있던 군부대에서 동전과 비단을 지원받았다. 이 때 사용된 비단은 긴 것과 짧은 것 두 종류가 있었다. 스타인이 1901년 누란에서 발굴한 바구니짜기 방식의 평직 비단(화보 5번)은 이처럼 고대에 화폐 대용으로 사용된 비단 중에서 남아 있는 유일한 사례이다.[54]

동전이나 채색 비단, 곡물 등 다양한 통화 유형들 사이의 교환 비율에 대해서도 많은 고문서에 기록이 남아 있다. 관리들은 비단을 주고 부하들에게 줄 곡식과 말을 구입했고, 병사들도 또한 비단으로 신발이나 옷을 샀다. 그들은 정기적으로 하나의 화폐 대용물에서 다른 화폐 대용품으로 환전을 하기도 했다.[55]

누란 고문서 중에는 상당히 큰 규모의 거래 내용이 적힌 것도 몇몇 있다. 330년의 기록인 목간에는 사마르칸트 지역에서 온 소그드 상인이 무언가(이 부분은 지워져서 알 수 없지만 아마도 곡물인 것 같다.)를 2만 피쿨(picul, 약 1/2 bushel, 20L)과 동전 200전을 관리에게 주었다고 기록되어 있다.[56] 뒷면에 중국인 관리의 인장이 찍혀 있기는 하지만, 소그드인이 지불을 왜 했는지에 대해서는 내용이 없다. 세금이었을 수도 있고, 중국인 주둔지에서 일정 기간 음식을 제공받은 대가일 수도 있다. 또 하나의 대규모 거래는 동물 319마리와 채색 비단 4,326필을 교환한 기록이다.[57] 이것도 역시 소그드 상인이 중국인 관리에게 지불한 것으로 나타났다. 스타인에 의해 발견된 두 편의 소그드어 문서 조각을 통해 우리는 당시 소그드인이 누란에서 활동했다는 사실을 알 수 있다.[58] 나중에 소그드인은 중국 군대 보급품 조달에 결정적인 역할을 한다. 그들이 누란에서 이미 4세기 초에 그러한 역할을 시작했을 가능성이 충분하다.

스타인과 헤딘이 누란에서 발견한 한문 고문서들은 단지 몇 군데 중점 지역에서 출토된 것들일 뿐이다.[59] 그럼에도 불구하고 이들 고문서들을 통해 확실히 추정할 수 있는 바는, 누란에서 주둔지 부대 차원에서나 병사 개인적으로, 곡물·비단·동전 등을 이용해서 곡물·말·옷감·신발 등을 현지민으로부터 구입했다는 것이다. 간단히 말하면, 경우에 따라 현물 경제 체제를 통해 중국군 주둔지에 토산품이 공급되었다. 오사카 교육대학(大阪敎育大學) 교수 이토 토시오(伊藤敏雄)는 전체 문서를 검토한 뒤 문서에 이윤 추구 관련 내용이 없다는 결론을 얻었다.[60] 상인이 등장하는 유일한 경우는 소그드 상인이 군대 장교들을 위해 일을 했다는 내용뿐이다. 그조차도 매우 단편적인 기록이 남아 있을 뿐이다.

니아와 누란에서 발굴된 고문서 중에서 카로슈티 문서는 한문 문서보다 훨씬 풍부한 내용을 담고 있다. 이들 고문서에서는 최하층 농민에서부터 통치자에 이르기까지 보다 폭넓은 계층의 사회상이 드러난다. 통치자가 아주 세속적인 일에서 주최자로 등장하기도 한다. 따라서 한문 문서에서는 볼 수 없는 실크로드의 일상생활을 엿볼 수 있는 것이다.

카로슈티 문서 가운데 어떤 것에는 현직 왕의 이름, 통치 연호 등이 나오고, 경우에 따라서는 선대 왕이나 후계자의 이름도 적혀 있다. 이와 같은 정보를 실마리로, 1920년 랩슨(Rapson)과 그의 동료들은 과거 어느 시기 90년 동안 통치를 맡았던 왕 5명의 목록을 작성했다. 그러나 그 90년이 정확히 어느 연대에 속하는지는 아무도 밝혀내지 못했다. 1940

년에 토마스 버로우(Thomas Burrow)는 모든 카로슈티 문서를 번역하는 데 성공했다. 문서의 의미는 모두 해석이 되었지만, 아직 정확한 년월일은 알 수 없다.

그 뒤, 1965년에, 존 브로우(John Brough)는 카로슈티 문서의 날짜를 밝힐 수 있는 열쇠를 찾았다고 발표했다. 중국식 호칭인 시종(侍從)이란 글자 그대로 해석하면 궁중 수행원이란 뜻인데, 카로슈티 문서의 지톰가(jitumgha)에 대응된다. 263년, 크로라이나의 왕 암고카(Amgoka)가 이 새로운 호칭을 처음 사용했다. 그는 중국의 서진(西晉) 왕조(265~316)로부터 이 호칭을 수여받은 것으로 추정된다. 서진 왕조는 하남성(河南省)의 낙양(洛陽)을 근거지로 하는 중국 왕조였다. 263년은 서진이 이전 왕조를 완전히 무너뜨리기 2년 전에 해당한다. 통치자의 호칭도 확연하게 바뀌었다. 외교 문서를 보면 왕의 호칭이 여러 단어로 길게 이어지다가 그 때부터는 눈에 띄게 짧아졌고, 지톰가(jitumgha)라는 단어가 포함되었다.[61]

263년은 왕 암고카의 재위 17년이었다. 이 연도가 비정되면 다른 왕들의 통치 연도는 계산만 해 보면 되는 일이 되었다. 브로우(Brough)가 처음 비정한 연대는 나중에 다른 왕들의 이름이 등장하는 카로슈티 문서들이 발견되면서 다소 확장되었다.[62] 모든 사람들이 브로우의 연대 비정에 동의하는 것은 아니지만, 일반적으로 카로슈티 문서가 3세기 중반에서 4세기 중반 사이의 어느 시기 20년간에 걸쳐 생산되었다는 점에 대해서는 이견이 없다. 이 연대는 누란의 한문 고문서들과 시기가 겹치는데, 그 고문서들의 연대는 263년에서 330년 사이다. 카로슈티 문서에 특별한 사건이 언급되지 않기 때문에 연대를 보다 세밀하게 확정하기는 어렵다.

현지인들이 고유의 문자를 보유하지 않았기 때문에 카로슈티 문자는 사람 이름을 기록하는 데에도 사용되었는데, 발음이 아주 생소한 이름들이다. 카로슈티 문서에 등장하는 약 1,000개의 고유명사와 150개의 차용어들을 보건대, 니아의 언어는 중국어가 아니었고, 간다라에서 온 피란민들이 사용했던 언어와도 확연하게 달랐다. 토마스 버로우는 1935년의 글에서 니아의 언어가 토하리어와 관련이 있다고 주장했다. 그러나 그의 주장을 받아들이는 이는 많지 않았고, 후속 연구를 촉발하지도 못했다.[63] 추측컨데 이주자들이 도착하기 전, 원주민들은 고유의 언어를 사용하고 있었지만 고유의 문자는 없었고, 그래서 그들은 카로슈티 문자를 받아들였을 것이다.

통치자들은 현지 언어에서 기원한 이름을 사용했다. 예를 들면 리이페야(Ly'ipeya)와 같은 식이다. 그러나 기록자들은 붓다세나(Buddhasena)와 같은 산스크리트어 기원의 이름을 사용했다. 붓다세나는 "붓다를 주인으로 섬기는 자"라는 뜻이다. 오늘날에도 그렇지만 이름만 가지고 어느 민족 출신인지를 판별하기는 어려운 경우가 많다. 이주민 부모들은 자녀들 이름을 이주해온 새로운 고향의 방식으로 짓는 경우가 많기 때문이다. 그럼에도 불구하고 실크로드 주변에 살았던 개인들을 특정할 수 있는 흔적은 그들의 이름뿐인 경우가 많다.

기술적으로 더 선진적이었던 간다라 사람들이 니아로 들어왔던 정황을 생각해 보면 그들이 니아 현지의 통치자를 무너뜨리고 자신의 왕국을 설립했을 것으로 추정해볼 수도 있다. 그러나 흥미롭게도, 통치자의 이름과 문서 작성자의 이름을 고려해 볼 때 문서 작성자는 간다라 사람이었고 통치자는 니아 현지인이었다. 인도 북부에서 넘어 온 이주민들은 한 번에 100명이 안 되는 숫자로 무리지어 넘어왔던 것으로 추정된다.

카로슈티 문서에는 인도 지역에서 이주민들이 처음 넘어올 당시 무슨 일이 있었는지는 기록이 없다. 나중에 통치자가 이주자를 받아들이는 관리에게 "우리 백성인 것처럼 그들을 돌봐야 한다."고 지시했던 내용은 있다. 또한 땅과 집과 씨앗을 주어서 "그들이 넉넉하고 충분하게 농사지을 수 있도록 하라."는 지시도 있었다.[64] 모든 피란민들이 그렇게 좋은 대접을 받았던 것은 아니었다. 어떤 사람들은 현지인들의 노예로 일하라는 명령을 받기도 했다. 이와 같은 이주자 처우 방식은 매우 중요하다. 왜냐하면 간다라에서 막 도착한 이주자들이 어떤 취급을 받았는지를 알려주기 때문이다.

피란민들은 니아 현지인들에게 글 쓰는 법과 문서 보관하는 법을 알려주었다. 그 문서들 중에서 처음으로 발견된 것은 스타인과 루스탐(Rustam)이라는 사람이 1906년에 발굴한 것이다. 스타인은 루스탐을 "1901년에 나와 함께 일했던 가장 믿을만한 오랜 친구"라고 말했다. 두 사람은 24번 건물의 8번 방을 다시 조사했다. 그 이유에 대해서 스타인은 이렇게 말했다.

처음 조사할 당시 나는 이미 벽 근처에 놓여 있는 진흙인지 회반죽 더미에 주목했었다. 바로 옆에는 문서판 뚜껑이 흩어져 있었다. 나는 그것을 건드리지 말고 그대로 두라고 지시했다. 이런 것들이 거기에 모여 있는 것이 우연히 그렇게 되었다고 생각하지는 않았다. 루스탐은 그 물건 더미와 벽 사이에서 잘 보존된, 쐐기 모양을 양쪽으로 덧붙인 형태의 문서판을 발굴했다. 보아하니 루스탐은 마치 우리집 강아지 "대쉬(Dash)"가 쥐구멍을 파헤치듯이, 손으로 바닥을 쉽게 파냈다. 무엇을 하는지 물어볼 새도 없이 루스탐은 이미 바닥 15센티미터 아래에서 완벽하게 네모난 문서판을 끄집어냈다. 진흙 봉인 두 개가 손상 없이 붙어 있었고, 문서는 열어보지 않은 상태였다. 바닥을 파낸 구멍이 커지자 벽과 그 아래쪽으로 빈 공간이 보였다. 그 안에는 정성껏 봉인을 한 비슷한 종류의 문서판들이 겹겹이 쌓여 있었다. 우리가 어느 작은 비밀 문서보관소를 찾아낸 것이 틀림없었다.[65]

스타인이 느끼기에, 이처럼 진흙 혹은 회반죽 더미가 있는 것으로 보아 원래 이 집 주인은 급하게 마을을 떠났고 돌아오지 않을 생각은 아니었던 것으로 추정되었다.

그곳 한 군데서만 거의 80건의 고문서를 발견했는데, 그 중 26건이 "이중으로 된 사각형 고문서판(double rectangular tablets)"이었다.[66] 스타인은 사각형 고문서판(rectangular tablet)이란 용어를 특정 형태의 고문서에 대해서만 사용했다. 모양이 얇은 서랍처럼 생겼는데, 윗판을 아랫판에 달린 홈을 따라 끼운 뒤, 두 판을 함께 끈으로 묶고 봉인을 한 것이다.

지방 관리들은 이러한 문서를 보관해 두었다가 필요할 때 다시 꺼내 보곤 했다. 한 사례를 들자면, 어떤 승려가 람쇼차(Ramshotsa)라는 이름의 남자에게 말 세 마리를 받고 토지를 팔았다. 20년 뒤 누군가 람쇼차의 땅을 침해해 분쟁이 발생했을 때, 관리들은 그 땅이 과연 람쇼차의 소유인지 확정해주기 전에 사각형 고문서판을 꺼내서 참조했다.[67] 모두

카로슈티 문서에서 동서양이 만나다
니아에서 발굴된 이 문서는 손상되지 않은 채로 살아남았다. 상판을 서랍처럼 아랫판 홈에 끼워 넣게 되어 있다. 그리고는 끈으로 홈을 따라 두 개의 판을 묶고 진흙으로 봉인을 한다. 봉인 중 왼쪽은 한자이고, 오른쪽은 서양인처럼 보이는 얼굴인데, 그리스 로마의 신상인 것으로 추정된다. 이는 간다라 지역의 봉인에서도 흔히 목격된다. 이러한 사각형 고문서판에는 양측의 거래 내용을 기록했다. 거래된 재산은 노예, 가축, 땅 등 다양했다. 덧붙여 거래를 기록하는 관리의 이름이 기록되어 있다.

합해서 200건이 넘는 사각형 고문서판이 니아에서 발굴되었다. 대부분은 내용 끝부분에 거래 약정을 어겼을 경우 양측의 당사자가 감당해야 할 벌칙 조항이 기록되어 있다. 그리고 다음과 같은 선언이 이어진다. 즉 문서의 "권위는 삶이 다할 때까지, 천 년 동안 유효하다."[68]

스타인은 서로 다른 문서의 형태가 문서 내용의 차이 때문일 거라는 추측을 했다. 두번째 유형의 문서판, 즉 "쐐기 모양 고문서판(wedge-shaped tablets)"은 왕의 명령서나 정책 결정 내용을 담고 있을 것으로 추정했다. 스타인은 이런 유형의 고문서를 거의 300건 가까이 발견했다. 쐐기 모양 고문서는 같은 크기의 쐐기 모양 나무 조각 두 개를 맞붙여 놓은 것으로, 한 조각의 길이는 18~35센티미터, 너비는 3~6센티미터였다. 두 조각을 맞붙인 뒤 함께 끈으로 묶고 봉인을 했다. 봉인에는 그리스 신들, 예컨대 아테네, 에로스, 헤라클레스 같은 신상이 찍혀 있었다. 이들은 간다라 지역 이주민들에게는 친숙한 신들이었을 것이다. 간다라 지역에서는 이미 수 세기 동안 그들을 숭배해왔기 때문이었다.[69] 고문서판의 겉면에는 문서 수신자의 이름이, 안에는 왕의 명령이 적혀 있었다. 그 중 대부분은 다음과 같은 문서식을 포함하고 있었다.

코즈보 탐자카(cozbo Tamzaka)에게 하명하노라.
폐하께서 쓰시고, 코즈보 탐자카에게 다음과 같이 지시하신다.[70]

이와 같은 공식 명령서는 크로라이나의 왕으로부터 지역 관리 중 가장 서열이 높은 관리, 즉 코즈보(cozbo)에게 내려진 것이다. 코즈보는 지방관(도지사)에 해당하는 위치였다.[71] 코즈보는 휘하 관료들의 도움을 받아 분쟁을 청취하고 판결을 내렸다.

이와 같은 쐐기 모양의 고문서가 카도타(Cadh'ota)의 코즈보에게 보내졌다. 카도타는 카로슈티 문서에서 니아에 속한 어느 지역의 명칭으로 나왔다. 왕은 코즈보에게 그곳의 어느 주민이 고발한 사건을 조사하도록 했다. 즉 인근 지역의 군인들이 그 주민의 소 두 마리를 훔쳐 가서 한 마리는 잡아먹고, 한 마리만 돌려줬다는 것이다. 왕의 명령서들은 주로 이와 같이 그 지역의 지극히 사소한 문제에 관련된 것이 많았다.

왕이 보다 급박한 명령을 내려야 할 때는 가죽에다가 명령을 적었다. 이러한 유형의 고문서는 남아 있는 것이 드물다. 니아에서 발견된 또 다른 유형의 고문서는 사적인 편지나 목록 등이었다. 일본 학자 아카마쓰 아키히코(赤松明彦)는 교토 대학에서 인도어를 가르치는 분인데,

그의 주장에 의하면 카로슈티 문서의 다양한 유형은 인도 북부 마우리야 왕조(약 320~185BCE)의 관료 시스템에서 나온 것이라 한다. 이는 《아르타 샤스트라(Arthashastra)》에 기록되어 있다.[72] 이 텍스트는 기원후 2세기에서 4세기 사이의 것으로 추정되는데 그 이전의 텍스트를 바탕으로 작성된 것이다.[73] 저자는 카우틸리야(Kautilya)로 추정되며 어떻게 통치를 해야 할지 규범을 담은 규정집이다. 왕이 신하들에게 문서로 명령을 내린다는 전제 하에, "훌륭한 칙령의 특징"과 나쁜 칙령의 "문제점"을 수록하고 있다. 또한 이 책에는 법의 원천으로서 다르마(dharma, 산스크리트어로 대개는 법과 관습에 따른 올바른 행동이라는 뜻으로 이해되지만 특별히 붓다의 가르침을 지칭할 때도 있음), 증거, 관습, 왕의 명령 등도 실려 있다. 왕의 명령은 다르마와 같기 때문에 이 책에서는 왕의 명령을 다른 법령의 기초로 간주하고 있다.

《아르타 샤스트라》의 목록에는 9가지 유형의 왕의 명령서(일부는 하위 유형)가 실려있는데, 니아 고문서와 일대일로 대응되지는 않는다. 그러나 상당한 공통점이 주목할 만하다. 니아에서 발견된 카로슈티 문서 중 상당수가 예를 들면 "조건을 포함한 명령"의 범주에 속하는 것으로 보인다. 즉 문서 수신자에게 "만약 보고서의 내용이 옳다면 다음과 같이 조치하라."는 식이다.[74] 이러한 유사성이 놀라운 일은 아니다. 기원후 2세기에서 4세기 사이 남아시아 관료 제도에 익숙했던 사람들이 《아르타 샤스트라》도 썼고, 카로슈티 문서도 작성했기 때문이다.

예전에 학자들은 인도어로 기록된 문서가 대량으로 발견된 것은 쿠샨 제국이 실제로 니아를 점령했던(공식 역사서에 나오는 것처럼 무력을 써서 니아를 정복했던) 증거로 보았다. 그러나 비교적 최근의 해석에 따르면 간다라 지역에서 온 이주민 집단이 이와 같은 문서 행정 시스템을 현지인들에게 소개했을 것으로 추정되며, 니아가 쿠샨 제국의 직접 지배 하에 들어갔던 것은 아니라고 한다.[75] 인도어가 아니라 현지어로 된 왕의 이름이 계속해서 발견됨으로써 이러한 이주민 가설이 뒷받침되었다.

이주민이나 현지인이나 비슷하게 농사를 지었고 목축을 했다. 그들은 동물, 러그, 곡식을 가축(말, 낙타, 소)이나 노예와 교환했다. 노예는 사회적으로 분명하게 구분되는 집단이었다. 노예와 일반인 중간쯤으로 입양아들이 있었다. 입양을 한 부모는 대가로 보통 말을 지급했는데, 이를 "우유값"이라고 불렀다. 비록 이렇게 대가를 지불하고 구입했지만, 일단 새로운 가족 집단에 들어오게 되면 기존의 가족과 동등하게 취급되었다. 그러나 우유값을 지불하지 않은 경우 입양된 아이는 노예 취급을 받았다.[76]

여성들도 전적으로 경제 체제에 참여했다. 상거래를 하거나 증인이 되는가 하면, 관리들에게 문제를 고발했고, 땅도 소유했다. 여성들은 아이를 입양할 수도, 입양 보낼 수도 있었다. 어떤 여인은 아들을 길러 입양을 보내고 우유값으로 낙타를 받았다. 그런데 입양한 아버지가 아들을 노예처럼 부리는 것을 보고는 아들을 다시 데려온 뒤 양아버지를 법정에 고소했다. 법정에서는 그녀의 주장을 받아들였지만 그래도 아들은 양아버지에게 돌려주도록 하고, 대신 양아버지는 이후로 소년을 노예가 아니라 아들처럼 대해야 한다고 명시했다.[77]

도시 거주민들은 크로라이나 왕에게 세금을 내야 했다. 그러나 체불이 되는 경우가 종종 있었다. 한 사례를 보면, 어느 지역 사람들이 석류, 옷감, 곡물, 소, 기(액상 버터), 자루, 바구니, 양, 포도주 등을 바쳤다. 이는 모두 체불된 세금을 변제하기 위한 것들이었다. 이 목록은 시민들이 굉장히 다양한 농산물과 그 지역의 수공예품을 세금으로 납부했음을 입증하는 충분한 증거가 된다.[78] 지불이나 부채가 곡물 단위로 기록된 것은 곡물이 화폐 기능을 했음을 나타내는 분명한 지표이다.[79]

크로라이나 왕국 내에서 동전이 거의 유통되지 않았다는 것은 니아의 경제가 부분적으로만 화폐 경제였음을 나타낸다. 크로라이나의 통치자들은 독자적으로 동전을 주조하지 않았고, 이웃한 호탄과 쿠샨 제국의 동전을 가져다 사용했다. 쿠샨 제국에서는 스테이터(혹은 스타테르, στατήρ)라고 하는 금화를 주조했다.(알렉산드로스 대왕의 군대가 기원전 4세기에 처음 간다라 지방에 소개한 것이다.) 청동으로 만든 스테이터가 호탄에서 조금 발견된 적이 있다. 호탄은 니아에서 서쪽으로 240킬로미터 떨어진 오아시스이다. 더불어 호탄에서는 스테이터를 모방하여 고유의 동전을 주조했다.(한 면에는 한자, 반대 면에는 카로슈티 문자가 적혀 있다.) 이것을 시노-카로슈티 코인(Sino-Kharoshthi coin)이라고 한다.[80] 다양한 동전이 니아에서 유통된 것으로 보아 오아시스 국가의 주요 무역 상대방은 호탄과 쿠샨 제국이었다. 가끔 로마라고 생각하는 사람도 있지만 그렇지 않다.

중앙의 수도에서 니아로 세금을 걷으러 온 사람들은 스테이터를 받아 갔지만, 항상 성공적이지는 못했다. 어느 지역에서 사람들이 낸 다양한 세금을 기록한 자료를 보면, 어느 관리가 특정 사례를 언급하고 있다. "언젠가 왕비께서 이곳에 오셨다. 왕비께서 금으로 된 스테이터를 요구하셨다. 그러나 금이 없었다. 스테이터 대신에 우리는 왕비에게 30길 길이의 카페트(tavastage)를 바쳤다."[81] 금화가 없으면 니아의 주민들은 때로는 동전으로 주조하지 않은 금을 그대로 바치기도 했다. 어떤 사람은 빚을 갚기 위해 금목걸이를 준 사례도 있다.[82] 다른 경우, 어떤 중국 사람이 수피족(Supis)으로부터 받은 노예에 대한 보상으로 스테이터 금화 두 닢과 드라크마(drachma) 은화 두 닢을 지불한 적이 있다. 수피족은 호탄 남쪽에서 온 침략자였다. 이 경우는 니아 지역에서 거래에 은화가 사용된 유일한 사례로서, 은화는 금화보다 더욱 적은 빈도로 사용되었음을 나타낸다.[83]

니아 주민들은 거래에 있어 불안정한 동전보다는 곡물이나 동물을 선호했다. 그곳에는 정치가 항상 불안정했고, 어떤 화폐라도 가치를 상실할 수 있었기 때문이다. 관리들은 기마민족의 공격이나 호탄 사람들의 약탈, 수피 같은 외부에서 온 도적떼를 거론하며 겁을 주었다. 수피족은 언제나 "위험한" 족속이라는 딱지가 붙었다. 약탈이 워낙 자주 일어났기 때문에 지역 관리들은 잃어버린 재산에 대한 소송을 접수하지 않으려 했다. 어느 공문서에서 왕은 이렇게 말했다. "호탄인들에 의해 왕국이 약탈당하기 전에 수립되거나 행해지던 법에 의거한 것은 소송의 대상이 될 수 없다."[84]

카로슈티 문서에 등장하는 중국인은 소수에 불과하다. 그들은 니아나 인근 마을에 살았던 사람들로서, 땅을 소유하거나 달아난 소를 획득했던 자들이었다.[85] 어느 왕실 공문서에서는 분명하게 중국인을 언급하고 있다. 왕은 쐐기형 공문서를 발행하여 다음과 같이 명령했다.

> 현재 중국에서 온 상인은 없다. 그래서 비단의 가격을 지금 조사할 수 없다. …… 중국에서 상인들이 돌아오면 비단의 가격을 조사할 것이다. 논란이 있다면 왕궁에서 내가 보는 앞에서 결정할 것이다.[86]

명백하게 이 공문에서는 중국인과의 거래에서 비단을 화폐로 사용한 내용이 언급되고 있으며, 그 비단의 가치에 대한 전문적인 견해를 구하고 있다. 그들은 중국인 상인들이 돌아오기를 기다려서야 비단 가격에 대한 소송을 제기할 수 있다. 여기서 언급된 것으로 보아 비단은 매우 빈번하게 지불 수단으로 사용되지는 않았음을 알 수 있다. 만약 그랬다면 그 가치를 모르지 않았을 것이기 때문이다.

통상 마을에 살지 않는 외부인들만 비단을 화폐 대용으로 사용했다. 한 사례에서, 어떤 사람이, 거의 틀림없이 관리였을 것으로 추정되는데, 중앙의 수도에서 다양한 비단 두루마리를 가지고 돌아왔는데, 그 중 하나를 "왕실의 비단(royal silk)"이라고 지칭했다.[87] 수도에서는 왕실의 법이나 사원의 규칙으로 특정 범죄에 대해 비단을 납부하고 속죄하라는 규정이 있었다. 니아의 시민들은 곡식, 러그, 동물 등을 화폐용 비단과 교환했다. 이처럼 다양한 통화 유형이 존재했다는 사실이 의미하는 바는, 누구라도 니아 시내에서 무언가를 사려면 어떤 통화 수단으로 지불할지를 결정해야 했다는 것이다. 동전으로 할지, 금덩어리로 할지, 비단으로 할지, 아니면 다른 물건으로 물물교환을 할지 선택해야 했다.

이처럼 불안정한 시기에조차 호탄과 크로라이나의 통치자들은 계속해서 외교 사절단을 파견하거나 맞아들였다. 이들 외교 사절단은 지역 통치자를 위한 선물을 가지고 왔다. 고문서에서 그 선물이 무엇이었는지는 분명하게 기록되어 있지 않지만, 아마도 M8번 무덤이나 M3번 무덤에서 발굴된 사치스런 비단이었을 가능성이 크다. 니아는 호탄에서 누란까지 가는 길에 머무는 곳 중의 하나였다. 외교관들에게는 교통 수단이 제공되었는데, 대체로는 낙타와 안내자였다. 더불어 음식, 고기, 술이 포함되는 지원도 주어졌다. 칼마다나(Calmadana, 현재 且末)에서 사카(Saca, Ändirlänggär)까지, 그리고 사카에서 니나(尼那, 니아에 속한 한 지역)까지, 사절단은 호위를 받을 수 있었다. 그러나 니아 왕국은 니아에서 호탄까지 가는 마지막 행로에서는 호위를 제공할 수 없었다.[88] 그곳에서는 사절단 스스로 알아서 경비를 지불하라는 왕의 명령이 있었다.

사절단 이외에 다른 여행자들도 호탄과 크로라이나 사이의 길을 따라 여행했다. 카로슈티 문서에서는 일정하게 "도망자"라는 표현이 나오는데, 난리를 피해 옮겨오거나 옮겨가는 사람들을 일컫는 말이다.[89] 도적에 대한 보고서를 보면, 기록에 잘 나오지 않는 이러한 여행자들이 어떤 물품을 가지고 다녔는지, 그리고 그 연장선상에서, 그처럼 불안정한 시기에 무엇이 가장 가치가 있는 물건이었는지도 알 수 있다. 도적에 의해 피해를 입은 어떤 사람은 "도망자" 신분이었는데, "거칠게 짠 직물 네 점, 모직물 세 점, 은 장신구 한 점, 2,500마샤(masha, 중국 동전으로 추정됨), 윗옷 두 벌, 솜스탐니(somstamni, 장신구의 일종임이 거의 분명함) 두 점, 혁대 두 점, 중국식 옷 세 벌을 빼앗겼다"고 보고했다.[90] 비록 "도망자" 신분이었지만, 그는 한 푼도 없이 피난을 와서 정부의 도움에 기대야 했던 피란민들보다는 분명 형편이 나았다.

또 다른 도적에 대한 보고서에서는 "진주 목걸이(mutilata) 7점, 거울, 채색 비단으로 만든 라스투가(lastuga), 수디(sudi) 귀걸이 각 1점"을 잃어버렸다고 하는 구체적인 품목이 등장한다. 대부분의 진주는 현재 스리랑카 지역산이다. 그곳에서 다이버들이 바다 속에 잠수해서 진주를 찾아냈다. 한편 거울과 채색 비단은 중국산이었다. 이 경우 체포된 도둑이 자백을 하기는 했지만, 자신도 그 물건들을 잃어버려 더 이상 가지고 있지 않으며 물건값으로 한 푼도 받지 못했다고 진술했다. 아니라고는 하지만, 물건을 모두 장물아비에게 넘겼음에 틀림 없다. 이 물건들은 모두 가지고 다닐 수 있고 쉽게 팔 수 있는 것들이었다.[91]

카로슈티 문서는 1천 점이 넘는다. 그러나 "상인"이라는 단어는 단한 차례 등장할 뿐이다.(비단 값을 아는 중국 상인이라는 대목에서)[92] 도둑에게 피해를 입은 사례도 몇몇 등장하는데, 그들은 상인은 아니었던 것 같다. 이것이 의미하는 바는, 3~4세기 실크로드에서 국제무역이 아주 드물었다는 사실이 아닐까? 발굴된 문서가 급히 숨겨져야 했던 특이한 상황을 감안하면, 애초에 문서 중에서 극소수만 살아남았을 것이다. 그러나 니아와 누란에서 발굴된 물건들은 우연히 한 차례 발굴된 것이 아니라 곳곳에서 무더기가 여러 차례 발굴된 것이다. 일부는 의도적으로 숨겼던 것들이고, 일부는 부주의로 잃어버렸던 것들이다. 이처럼 다양한 발굴 문서 가운데 오직 한 차례만 "상인"이라는 단어가 등장했다는 것은, 그리고 동전이 제한적으로 유통되었다는 것은, 3~4세기 이 지역에서는 실크로드 무역이 극소량이었음을 의미한다. 이 문서들에는 오늘날 파키스탄과 아프가니스탄에 해당하는 간다라 지역에서 온 이주민에 대해서 분명하게 언급되어 있다. 또한 그 지역의 왕이 이웃 왕국에 사절단을 파견한 내용도 있다. 그러나 사적인 거래에 대한 기록은 거의 없다.

사회집단의 측면에서 문서를 분석해 보면, 카로슈티 문서에는 3세기와 4세기 니아 지역에서 가장 중요한 집단이 잘 나타난다. 그 지역의 사람들은 땅을 경작하고 가축도 길렀으며, 코즈보와 기타 관리들의 공증 아래 재산을 거래하기도 했다. 다른 집단들, 즉 수피족 침략자들, 호탄에서 온 피란민들, 도망자들, 사절단들도 정착을 하게 되었고, 관료들은 이로부터 발생하는 여러 가지 분쟁을 해결하기 위해 노력했다. 간다라 지역에서 온 피란민들이 가져온 주요 변화라면, 목판 문서에 글을 쓰는 기술을 통해 관리들이 매우 다양한 문제들에 대한 분쟁이나 재산 거래를 기록할 수 있게 되었다는 점이다. 이들 거래에서 원거리 사치품 무역은 거의 찾아볼 수 없다. 문자 시스템과 더불어 피란민들은 붓다의 가르침도 가지고 왔다. 불교는 이 지역에서는 새로운 종교였고, 이후 동아시아에 막대한 영향을 미치게 된다. 3~4세기에 니아에 도착한 간다라 이주민들은 이미 불교 신자들이었고, 불교식 이름을 가진 사람들도 많았다.

고문서에는 불교 용어인 쉬라마나(shramana)가 등장하는데, 일반적으로 "승려"로 번역된다. 불교 율장에 따르면 모든 쉬라마나는 독신 생활을 고수해야 한다. 그러나 니아의 쉬라마나는 분명 그러지 않았다. 그들은 아내와 아이들과 함께 살았고, 우유값이라든가 입양된 아이의 지위에 관해 일반인들이 그랬던 것처럼 분쟁을 벌이기도 했다. 많은 불교도들이, 심지어 쉬라마나라고 불렸던 사람들조차 집에서 가족과 함께 살았다. 몇몇 불교도들은 별도의 공동체에서 생활하기도 했다. 어떤 왕령 문서에는 니아의 "승단"에서 지켜야 할 규칙이 언급되어 있는데, 중앙의 수도에 있는 "승단"에 의해 발행된 것이다. 여기서는 "사원의 책임자(viharavala)"로 나이가 가장 많은 두 사람을 지명했다. 새로운 규칙은 포살(布薩, upavasatha) 의례와 관련이 있다. 포살은 음력 초하루와 보름에 행하는데, 이 때 불교의 계율을 설명하는 순서가 포함된다. 비단으로 만든 사치스러운 옷은 의례에 입고 나와서도 안 되고, "아녀자"의 옷으로도 적당하지 못하다. 이러한 계율은 승단 조직의 구성원들은 집단 의례를 행할 때 불교도의 복장을 입어야 한다는 의미를 함축하고 있다.[93] 다른 고문서들을 보면 승단은 하나의 법률적 주체로서 재산 거래의 증인이 될 수 있었고 분쟁을 판결할 수 있었다.

니아의 불교와 관련된 많은 자료들은 대체로 24번 건물에서 나왔다. 루스탐이 발견한 문서보관소가 있던 곳이다. 굉장히 큰 건물로, 방이 열 개나 되고, 방 하나가 8×6미터 크기이며, 틀림없이 부유한 사람의 집이었다. 24번 건물에서 나온 4건의 고문서는 간다라 지역의 언어가 아니라 혼성 산스크리트어로 쓰여 있었다. 즉 고전 산스크리트 문법에 보다 세속적인 어휘들이 결합된 형태였다. 4건의 고문서에는 어떤 가르침을 암송하는 데 필요한 철자 목록이 포함되어 있다. 내용은 위대한 산스크리트어 서사시 《마하바라타》의 일부로서, 승려의 계율 목록인 프라티목샤(Prātimokṣa, 波羅提木叉)이다. 여기에는 길다란 목제 장식이 붙어 있는데, 관불의식을 행하는 자는 "외모가 아름답게" 되고 "몸에서 좋은 향내가 나는" 등 직접적인 이익뿐만 아니라, 모든 불교 가르침의 궁극적인 목적인 "삶과 죽음으로부터의 해탈"을 약속하는 내용이 들어 있다.[94]

틀림없이 불교 교단에 소속된 사람들은 관불의식과 같은 의례에 참여했을 것이다. 24번 건물의 커다란 거실과 추가로 9개의 방은 불교 신자들의 모임에 사용되었다. 그곳에서 거주하는 사람도 어느 정도는 있었을 테지만 다른 불교 신자들은 소박한 옷차림으로 의례에 참여한 뒤 의례가 끝나면 가족에게 돌아갔다.

카로슈티 문자로 된 흥미로운 편지 한 통이 많은 연구자들의 관심을 모았다. "마하야나(Mahayana, 대승불교)"라는 어휘가 등장하기 때문이었다. 산스크리트어로 마하야나는 큰 수레를 뜻한다. 대승불교 신자들은 하층민도 해탈에 이를 수 있다고 믿었다. 그들은 히나야나(Hinayana, 소승불교), 즉 작은 수레라는 비하적인 표현을 썼는데, 이전의 불교 가르침을 지칭하는 용어로, 소승에서는 해탈에 이를 수 있는 사람은 승단에 속한 사람으로 제한되었다. 불교사 연구자들은 최근에는 소승불교와 대승불교를 예전처럼 흑백논리로 구분하지 않는다.[95] 승려 개인은 일상적으로 암송하는 서약에 따라 스스로가 기존의 어느 종단에 속하는지를 결정했다. 이는 종파에 따라 조금 다른데, 그 중에서 사르바스티바다(sarvâsti-vāda, 說一切有部)와 다르마굽타카(Dharmaguptaka, 法藏部)가 3세기와 4세기 중앙아시아에서 가장 널리 퍼져 있었다. 기존 승단에 소속된 승려 중에서는 임명을 받은 사람만 대승불교를 공부할 수 있었고, 다른 승려들은 그럴 수 없었다. 결과적으로 대승불교의 가르침을 따르는 사람들과 그렇지 않은 사람들이 함께 살았던 것이다. 마하야나라는 어휘가 등장하는 편지는 다른 여느 편지들처럼 처음 몇 문장은 편지를 받는 사람을 칭송하는 어구로 시작된다. 이 편지의 수신자는 어느 지역의 코즈보로서 이름은 샤마세나(Shamasena)이다. "사람들과 신들의 사랑을 받으시며, 사람들과 신들의 존경을 받으시며, 드높은 명성으로 칭송을 받으시며, 마하야나(Mahayana)의 길에 들어서 무한한 선을 행하시는, 위대한 코즈보 샤마세나의 발 아래, 타수카(tasuca)는 …… 복종하옵고, 성스러운 육신의 건강을, 넘치도록, 측량할 수 없는 축원을 보내옵니다."

"마하야나의 길에 들어서서"라는 표현은 최소한 다른 두 편의 기록에서도 보인다. 하나는 엔데레(Endere)에 있는 3세기 중반 선선(鄯善) 왕

니아의 사각형 스투파
사진에 보이는 불교 스투파는 사각형 모양인데, 1990년대에 발굴되었다. 한 측면이 2m이며, 주변을 둘러 탑돌이를 할 수 있는 길이 1.1m~1.4m 폭으로 나 있다. 길에는 원래 그림 장식이 있었는데, 남아 있는 그림이 왼쪽 상단 바깥 벽에 보인다.

국의 왕을 칭송하는 문장이고, 다른 하나는 아프가니스탄 바미얀에서 발견된 4세기 문서에서 카니슈카(Kanishka)의 후계자인 쿠샨의 왕 후비슈카(Huvishka)를 칭송하는 내용이다.[96]

하지만 이러한 글귀가 나왔다고 해서 대승불교가 니아의 불교에 영향을 미쳤다고 확신할 수는 없다. 니아에서 대승불교 종단이 활동했음을 입증하는 유물도 나온 것이 없다.

분명 불탑신앙(탑을 숭상하는 신앙)은 니아 불교에서 중요한 논점이다. 간다라에서 건너 온 이주민들이 카라코룸 고속도로변에 그토록 많은 불탑 그림을 남겨두었기 때문이다. 가장 유명한 유적은 기초를 네모나게 하고 위를 사발 모양으로, 건초를 섞은 흙벽돌로 만든 불탑이다.(화보 6번) 주거지 한가운데에 조성된 이 불탑은 높이가 7미터이고, 기단부만 5.6미터이다. 오렐 스타인이 도착했을 때는 이미 도굴꾼들이 불탑 가운데 있는 방을 털어 간 뒤였고(방 안에는 불교 유물과 한때 불교도들에게 소중했던 물건들이 들어 있었다) 일부는 조금 무너져 있었다.

니아 유적에 있는 두번째 불탑은 네모난 모양으로, 5번 건물 근처에 있는데, 중국-일본 공동발굴단에 의해 발굴되었다. 이 불탑도 네모난 구조로 되어 있었다. 이는 실크로드 남로를 따라, 예컨대 호탄에서 강 상류쪽에 있는 케리야(Keriya) 등 다른 곳에서 발견된 불탑들과 비슷했다.[97] 불교 신자들은 시계 방향으로 탑 주위를 돌면서 신앙심을 표현했다. 니아의 불탑 주변에 그려진 그림들은 여러 붓다 개개인을 표현하고 있을 뿐 서사 구조를 갖추지는 않았다. 이는 케리야의 경우도 마찬가지다.

스타인은 훨씬 복잡한 구조의 불교 건축물들도 발견했다. 미란 유적지에는 사원이 있었는데, 동쪽으로 누란을 향해 가는 길 중간쯤에 위치해 있었다.[98] 카로슈티 문자와 브라흐미(Brahmi) 문자가 함께 사용된 것으로 보아 이 유적은 니아 유적보다 후대의 것으로, 기원후 400년 이후로 추정된다. 여기서도 불교도들은 둥근 불탑 주변을 돌았다. 탑 중앙의 기둥에는 불교 유물이 포함되어 있었고 벽에는 다양한 불교 장면이 그려져 있었다. 원형 건물의 지붕이 붕괴되어서 스타인과 동료들은 모래를 치우고서야 탑돌이 길을 찾을 수 있었는데, 그곳에는 아주 오래 전 불교도들이 남겨 둔 공물이 있었다.

미란 3번 유적(M3)에서 그들은 풍경화가 그려진 천을 발견했는데, 바탕재에다가 비단과 면으로 꽃을 그려둔 것이었다.(아마도 신도가 개인적으로 바친 것 같다.) 그리고 카로슈티 문자가 쓰여진 천조각도 발견했다. 시주한 사람의 친척들이 내내 건강하기를 기원하는 내용이었다. 스타인이 발견한 벽화는 특히 충격적이다. 벽의 하단 가운데 부분에는 날개가 달린 16명의 인물상이 그려져 있었는데, 얼굴은 분명 서양인처럼 보였다.(화보 5B) 그 위의 그림들은 지워져 있었지만 스타인은 그것이 붓다와 그의 제자들을 표현한 그림이라는 것을 알아보았다. 그림은 붓다의 일생에서 다양한 장면을 뽑아 서사 구조를 갖추고 있었다. 이러한 서사 구조는 니아에서 발견된 붓다의 개인적 초상보다는 후대에 나왔다. 약 60미터 떨어진 곳에서는 M3번 유적에서처럼 둥근 지붕이 있는 탑이 발견되었고, 탑을 둘러 그림이 그려진 탑돌이 길이 설치되어 있었다. M5번 유적에는 M3번 유적보다 더 많은 그림이 남아 있었다. 이 그림을 보고 스타인은 그것이 붓다의 일생을 그린 그림이라는 것을 알 수 있었다. 어린 왕자가 말을 타고 아버지의 왕궁을 떠나는 장면이었다. 화가는 자신의 이름 "티타(Tita)"를 가로슈티 문자로 남겨두었고, 얼마를 받았는지도 기록해 두었다. 언제나 서구의 영향을 재빨리 찾아내곤 했던 스타인은 티타가 로마의 화가 티투스(Titus)의 이름을 현지화한 것이라고 결론지었다. 과연 그 화가는 이방인의 이름을 가진 중앙아시아인이었고, 그림 속의 형상, 특히 물결 사이로 천사(cherub)들이 있는 하단의 띠는 로마 예술에서 차용한 모티프를 사용했다. 화가는 아마도 로마 제국의 동쪽 끝자락 시리아에서 온 사람이거나, 아니면 화본(畵本)을 따라 그렸을 것으로 추정된다.

크로라이나 왕국의 주민들은 사막 왕국의 혹독한 조건 속에서 생활을 유지하다가 5세기 어느 시점에 막을 내렸다. 남아 있는 고문서들은 그들이 왜 누란과 미란, 니아 유지를 버리고 떠났는지 알려주지 않는다. 케리야처럼 실크로드 남로의 어떤 지역에서는 사람들이 그곳을 떠났을 당시 주변의 자연환경이 악화된 흔적이 분명하게 나타나기도 한다. 그러나 니아에서는 고고학자들이 3~4세기의 것으로 추정되는 거대한 나무 화석들을 발견했으며, 그 중 일부는 잘라서 목재로 쓰기에 충분할 만큼 컸다.[99]

니아 유적지를 보면 주민들은 돌아올 생각을 하고 떠났던 것 같다. 곳곳에 상당량의 밀을 남겨 두었고, 문서도 정성껏 묻어두고 다시 찾기 쉽도록 구멍에 표식을 해 두었다. 그들은 그 지역을 떠나기 전에 미리 경고를 받았고, 짐을 숨겨둘 시간적 여유가 충분히 있었다. 스타인이 관찰한 결과 그들은 귀중품은 어떤 것도 남겨두지 않았다. 아마도 호탄 사람들이나 수피족의 침략 때문에 주민들이 일시적으로 피신했을 수도 있다. 그리고 그들은 영영 돌아오지 못했다.

종말이 언제였는지 우리에게 알려주는 자료는 모두 중국어 자료이다. 중국의 유명한 불교 승려이자 순례자였던 법현(法顯)이 글을 남겼다. 그는 401년에 크로라이나를 지나갔는데, 다음과 같은 간략한 언급이 들어 있다.

> 그 땅은 고르지 않고 척박하다. 평민들의 옷은 거칠기가 중국과 마찬가지다. 다만 그 옷을 털로 만든 것이 차이점이다. 그 나라의 왕은 불법을 숭상한다. 승려가 4천 명이 넘는 것 같다. 모두 소승불교를 공부한다. 여러 나라 출신의 속인이나 사문이 다 같이 천축의 법을 수행한다. 다만 정밀하고 거친 차이가 있을 뿐이다.[100]

그가 정확히 어느 도시를 방문했는지는 불분명하다. 왜냐하면 누란에서는 376년에 이미 사람들이 떠났기 때문이다. 그 해는 그 지역의 어느 왕조가 다른 왕조로 교체되던 해였다. 중국의 공식 역사서에서는 선선국에 대한 언급이 5세기 전반까지만 나온다. 당시는 북위(北魏)라고 하는 비-한족 이방인의 왕조가 서서히 북중국을 점령해가고 있을 때였다. 선선국은 450년에 북위에 투항했다. 그로부터 20년 뒤, 누란이라 불리던 고비 사막 북쪽의 중앙아시아 부족 연맹이 선선국을 정복했다.

5세기는 중앙아시아가 굉장히 혼란했던 시기였고 타클라마칸 사막을 건너는 교통로도 막혀버렸다. 기원후 500년 이후 중국 역사서에서는 더 이상 선선국을 목적지로 하는 내용이 나오지 않는다. 대부분의 여행객들은 타클라마칸 북방 루트를 이용하게 된다. 그 길이 바로 다음 장에서 다룰 주제이다.

CHAPTER 2

쿠차

— 실크로드 언어의 관문 —

●

수많은 민족들이 모여드는 땅 실크로드는 예로부터 언어 교류가 지속되던 지역이었다. 사전이나 교재 같은 현대적 교육방식이 개발되기 훨씬 전부터였다. 가장 헌신적인 교육자는 불교 신자들이었다. 그들은 불교의 세련된 가르침이 산스크리트어 원문 그대로 예비 신자들에게 전달되기를 원했다. 오아시스 쿠차(Kucha)는 타클라마칸 북로에서 번성했던 도시였다. 이곳의 주민들은 실크로드를 따라 여러 언어를 배울 수 있는 위치상 이점을 기꺼이 받아들였다. 그들의 원래 언어인 쿠차어(그림 2-1 참조) 또한 산스크리트어와 같은 어족인 인도유럽어족에 속했다. 쿠차(Kucha는 위구르식 발음이며, 중국어로는 龜玆: Kuche라고 한다.)는 자연스레 불교의 가르침이 중국으로 들어가는 관문이 되었다. 불교 스승들에게 오아시스는 여러 언어권에서 온 여행객들을 만날 수 있는 충분한 기회를 제공했다. 당시 쿠차는 실크로드 북로에서 가장 크고 번성했던 거주지로서, 투르판에 비견할 만했다.

쿠차 태생으로 가장 유명한 이는 쿠마라지바(Kumarajiva, 344-413, 鳩摩羅什)이다.[1] 그는 불교 경전을 산스크리트어에서 중국어로 본격적으로 번역했던 최초의 인물이다. 그의 번역은 불교라는 신종교가 이후 중국으로 퍼져 나가는 데 큰 도움이 되었다. 그는 무려 300종의 경전 번역을 주도했다. 그 중에서 가장 유명한 경전은 법화경(法華經, Lotus Surtra)이다.(Surtra는 산스크리트어로 불교 경전을 가리킨다.) 이후 여러 번역가들이 새로운 번역을 시도했지만 가독성 면에서 쿠마라지바의 번역을

실크로드 통행증
이 통행증에 사용된 언어는 쿠차어이며, 목판의 크기는 8.3cm x 4.4cm, 사용된 문자는 브라흐미 문자이다. 국경 검문소를 통과하는 단체를 검문하는 관리의 이름, 통행증을 발급한 관리의 이름, 통행증을 소지한 자의 이름이 적혀 있다. 100여 년 전부터 이와 같은 통행증이 발굴되곤 했는데, 대체로 함께 여행하는 사람들과 동물들의 목록이 적혀 있지만, 사진 속의 고문서에서는 그러한 내용이 빠져 있다. 이러한 통행증은 원래 홈이 파진 포플러 나무판에 먹으로 글씨를 썼으며 덮개를 덮고 끈으로 묶어 봉인을 했다. 그러나 훼손되지 않은 온전한 상태로 발견된 사례는 아직 없다.

능가했다는 평을 받은 이는 거의 없었고, 오늘날까지도 그의 번역서가 애용되고 있다.

쿠마라지바는 재능이 특별히 뛰어난 언어학자였다. 여느 쿠차 주민들처럼 쿠마라지바도 여러 중앙아시아 언어에 정통했다. 쿠차어, 중국어, 산스크리트어, 간다라어는 물론, 아마도 동부 토하리어(Agnean), 소그드어도 알았을 것이다. 쿠마라지바의 아버지는 간다라 출신으로 간다라어를 사용했다. 이는 앞에서 살펴본 니야의 이주민들과 마찬가지였다. 소그드어는 당시 사마르칸트 인근에서 주도적인 언어였고, 동부 토하리어는 언기(焉耆) 지역을 중심으로 실크로드 북로를 따라 퍼져 있었다. 언기는 쿠차에서 약 400킬로미터 거리에 있는데, 언기는 중국식 지명이고 위구르어로는 카라샤르(Karashar)라 한다. 쿠마라지바와 그의 동료들은 브라흐미 문자를 이용해서 쿠차어와 산스크리트어를 쓰고 읽었다. 그들은 또한 카로슈티 문자도 공부했을 것이다. 카로슈티 문자는 기원후 400년경까지 사용되었다.

이번 장에서는 세 개의 언어를 논의해 보고자 한다. 특히 소멸해버린 쿠차어와 동부 토하리어를 이해하기 위해 1892년 이래 투입되었던 막대한 연구에 주목할 것이다. 전세계의 학자들은 쿠차어를 번역하느라 거의 100년의 시간을 소비하였다. 이들은 쿠차어 해독뿐만 아니라 동부 토하리어가 쿠차어와 어떤 차이가 있는지도 연구했다. 동부 토하리어는 쿠차어와 같은 인도유럽어족에 속하면서 쿠차어와 매우 밀접하게 관련되어 있다. 이들의 노력은 매우 유용했던 것으로 드러났다.

쿠마라지바가 살아 있는 동안, 세계적으로 유명한 키질 석굴 조성 공사도 시작되었다. 키질 석굴은 쿠차 서쪽으로 67킬로미터 지점에 위치하고 있다. 이 석굴은 신강 지역에서 가장 인기 있는 관광지이며, 오늘날 자동차나 기차 혹은 비행기를 이용해서 쿠차나 코를라(Korla, 庫爾勒)까지 간 뒤 관광버스를 이용해 단체로 석굴이 있는 계곡까지 여행할 수 있다. 그러나 과거 100여 년 전에는 대개 보트를 타고 가야 했다. 타클라마칸 사막으로 흘러드는 수많은 강줄기를 거슬러 올라갔던 것이다. 가장 큰 강은 타림(Tarim) 강이다. 이 강은 사막의 북쪽 가장자리를 따라 흐르는 강으로, 이 강의 두 지류가 쿠차 근처를 흐르는 쿠차(Kucha) 강과 무자르트(Muzart) 강이다. 무자르트 강은 키질 석굴 바로 앞으로 지

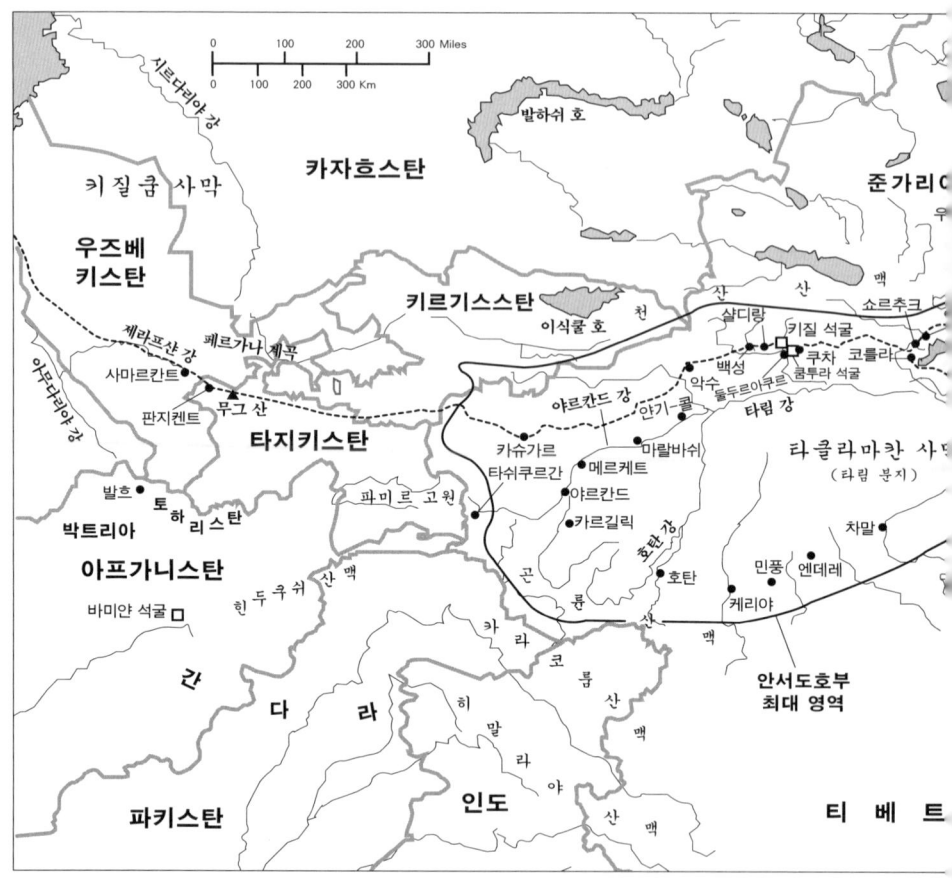

나간다. 현대 중국 북서부에서 많은 물을 필요로 하기 때문에 무자르트 강의 수량은 과거보다 현저히 줄어들었다. 오늘날 사막을 가로질러 배를 타고 그곳에 가려면 반드시 이른 봄에 가야 한다. 그 때가 강 수위가 가장 높기 때문이다. 한 세기 전에 이들 강에서는 강물이 얼어붙을 때를 제외하고는 사시사철 배를 운행할 수 있었다.

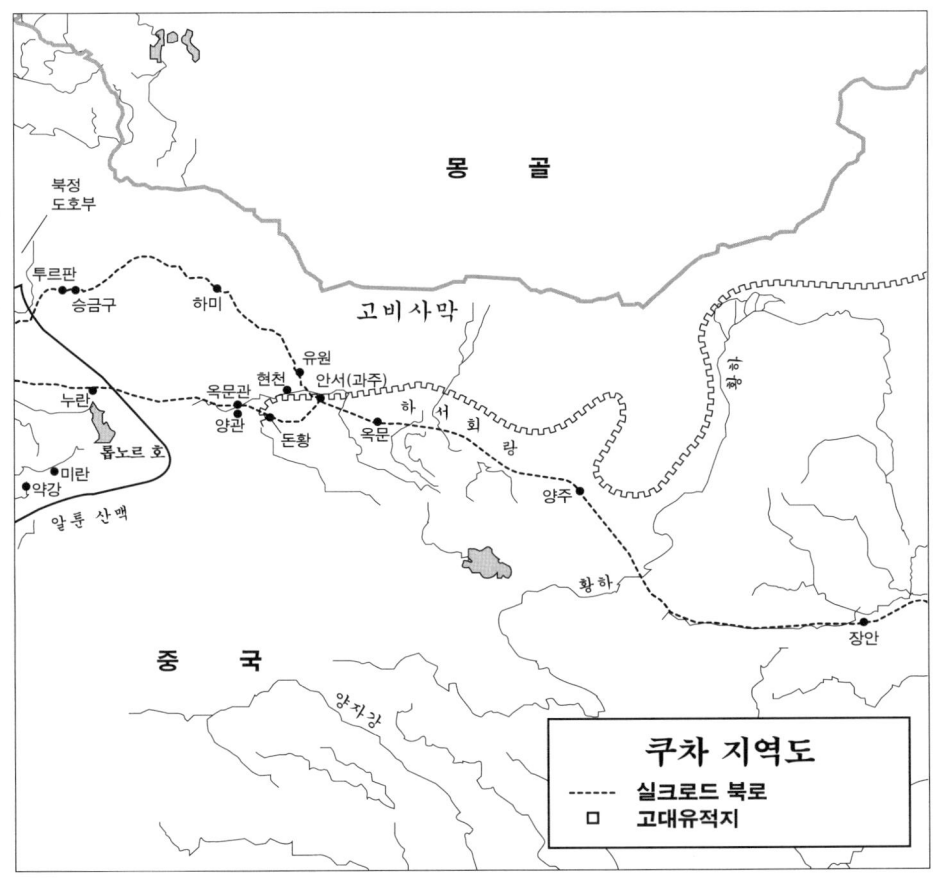

한 세기만에 쿠차 지역이 얼마나 드라마틱하게 변해버렸는지를 이해하려면 스웨덴 사람 스벤 헤딘(Sven Hedin)의 빼어난 글을 읽어볼 필요가 있다. 1899년 가을, 스벤 헤딘은 12미터 길이의 바지선 한 척을 구입했다. 물에 잠기는 선체의 높이는 30센티미터 남짓에 불과했다. 갑판에는 텐트와 검은색 천으로 만든 방, 요리를 하기 위한 진흙 화덕을 설

치했다. 마랄바쉬(Maralbashi, 오늘날 巴楚縣)에서 강폭이 좁아진다는 경고를 듣고는 바지선의 "절반 크기도 안 되는" 작은 배 한 척도 구입했다. 두 척의 배는 함께 여행에 나섰다.(화보 10번)

스벤 헤딘은 신강 지역의 서쪽 끄트머리인 야르칸드(Yarkand)에서 출발했다. 오늘날 카슈가르의 바로 동남쪽이다. 그는 출발 당시 상황을 생생하게 기록해 두었다. 1899년 9월 17일, 야르칸드의 라일락 부두에 서였다. "부두에서는 활기찬 장면이 연출되고 있었다. 목수들은 톱질과 망치질을 했고, 대장장이들은 담금질을 했으며, 코사크들(헤딘이 고용한 경호원)은 총괄 감독을 맡았다." 바로 그 날 헤딘이 기록한 바에 따르면 강폭은 134미터였고, 깊이는 3미터였다.²

6일 후, 헤딘은 야르칸드 강이 몇몇 지류로 갈라지는 지점에 도착했다. 각 지류마다 부두가 설치되어 있었다.

> 강바닥이 좁아졌다. 우리는 급류에 실려 맹렬한 속도로 떠내려갔다. 주위에서는 강물이 소용돌이치고 물거품이 일었다. 우리는 급속도로 떠내려갔다. 물길이 워낙 좁고, 굽이가 너무 급해서 배를 조종할 수가 없었다. 큰 배가 강기슭에 너무 세게 부딪히는 바람에 짐이 거의 튀어나갈 지경이었다. …… 가는 내내 강물이 소용돌이쳤다. 너무 빠른 속도로 달렸기 때문에 바지선이 강바닥에 부닥칠 때면 거의 뒤집힐 뻔했다.

갑자기 배가 멈추었다. 바지선이 진흙바닥에 처박힌 것이다. 바지선을 끌어 올리고 다시 출발하기 위해서 인력을 30명이나 고용해야 했다. 헤딘은 계속해서 강을 따라 북쪽으로 내려가 야르칸드 강이 악수 강을 만나는 지점을 향해 갔다. 북쪽에서 내려온 악수 강은 그곳에서 타림 강의 시작점이 된다. 헤딘은 계속해서 타클라마칸 사막을 가로질러 동쪽으로 배를 몰았다. 재미삼아 헤딘은 작은 배를 타고 갔고, 큰 바지선이 그 뒤를 따랐다. 강물은 세차게 흘러 초속 1미터 속도로 나아갔다. 그러나 갈수록 얼음 덩어리가 점점 커졌다. 마침내 82일 동안 거의 1,500킬로미터를 여행한 헤딘은 얀기-콜(Yangi-kol, 親湖)에서 종착을 선언했다. 오아시스 코를라에서 사흘을 더 나아간 지점이었다.[3] 헤딘은 앞서 여름에 출발했었는데, 쿠차까지 전체 경로를 주파할 수도 있었지만, 300킬로미터 남짓이나 못다 간 셈이다.

헤딘의 탐험은 유럽에서 큰 관심을 유발해서 영국, 프랑스, 독일 탐험대를 이끌어냈다. 독일에서는 곧이어 세 차례의 탐험대가 조직되었다. 말 그대로 푼돈을 조금 받아낸 세번째 탐험대장 르 콕(Albert von Le Coq)은 쿠차까지 북쪽으로 올라가기로 했고, 결국 1906년 키질 석굴에 도착했다. 중국에서 가장 아름다운 불교 유적을 발견했던 것이다. 강 언덕을 파낸 석굴 339동이 2킬로미터나 펼쳐져 있었다.[4] 작은 석굴도 있었지만 큰 석굴은 높이 11~13미터, 깊이 12~18미터나 되었다. 무자르트 강은 남쪽으로 7킬로미터를 흐른다. 석굴 맞은편에 있는 오아시스는 아름다운 자연 경관을 연출한다. 그곳에서는 가끔 뻐꾸기 소리가 들리는데 요즘 중국에서는 듣기 힘든 소리다.

키질 언덕은 역암질(conglomerate)로 되어 있어서 굴을 파기가 쉬운 편이다. 또한 굴이 단단하지 못해서 처음 굴을 팠던 사람들은 석굴 가운데 기둥을 설치하기도 했다. 수 세기가 지나면서 지진으로 유적에 손상이 가해졌고, 때로는 바깥쪽의 방이 무너져서 안쪽의 방들이 그대로 노출되기도 했다. 르 콕은 바르투스(Theodor Bartus) 및 그 동료들과 함께 경험했던 1906년의 지진을 이렇게 전해주고 있다.

갑작스레 천둥 같은 이상한 소리가 나는가 싶더니 수많은 바위가 우르르 굴러떨어졌다. …… 순간 ―모든 일이 순식간에 이루어졌다.― 바르투스와 일꾼들이 가파른 경사면을 미끄러져 내려오는 것을 보았고, 곧바로 나와 함께 있던 투르크족(위구르족) 행렬에서 비명소리가 터져나왔다. 나 또한 그들을 뒤따라 순식간에 평지로 내려왔다. 뒤에서는 거대한 바위 덩어리들이 쫓아와 맹렬한 속도로 무시무시하게 우리를 지나쳤지만 다친 사람은 하나도 없었다. 하필이면 그날, 왜 혹은 어떻게 일어난 일인지 도무지 이해할 수 없다.

나는 눈을 돌려 강을 바라보았다. 강물이 거칠게 요동치고 있었다. 거대한 물살이 강둑을 몰아쳤다. 건너편 계곡, 멀리 물줄기 끄트머리에서 갑자기 거대한 먼지 구름이 일어났다. 마치 강력한 기둥이 하늘로 솟아오르는 것 같았다. 동시에 땅이 흔들렸고, 마치 천둥 소리가 퍼져나가는 것처럼 메아리가 절벽에 부닥쳐 울려퍼졌다. 그제서야 우리는 지진이 일어났음을 알았다.[5]

석굴의 위태로운 상황에도 불구하고, 게다가 르 콕이 많은 벽화를 떼어 가기도 했지만, 여전히 그곳에는 많은 벽화가 남아 있어서 오늘날 관광객들도 그림을 볼 수 있다. 키질에 바로 인접한 몇몇 다른 유적지 석굴에도 벽화가 있다. 예를 들면 쿰투라(Kimtura) 천불동(千佛洞) 같은 경우 규모도 가장 크고 가볼 만한 곳이다.

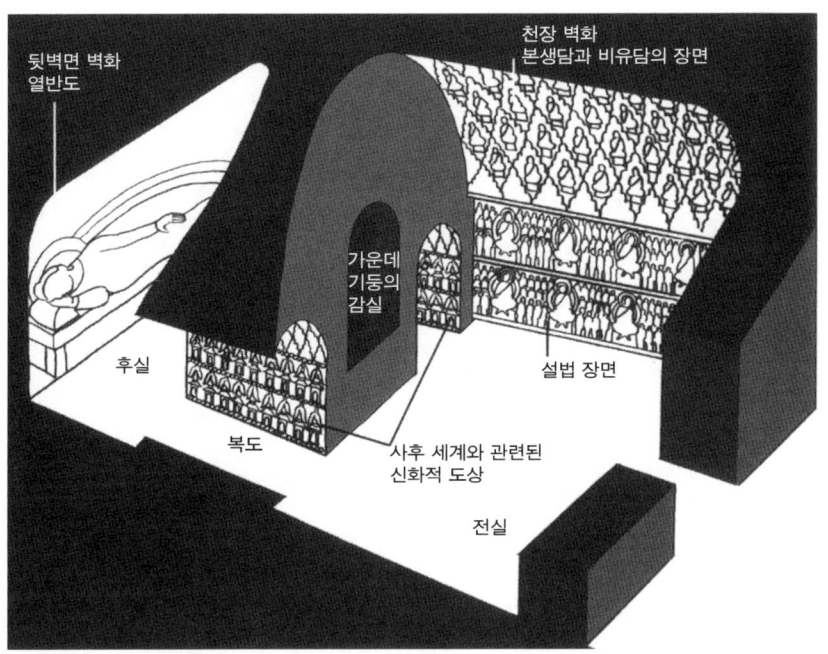

전형적인 키질 석굴의 구조도
키질에 있는 많은 석굴들은 원래 같은 구조로 되어 있었다. 방문객들은 먼저 전실을 통해 문을 열고 주실로 들어가게 된다. 가운데 기둥에는 불상이 모셔져 있다. 방문객들은 불상이 안치된 기둥을 돌며 예를 갖춘다. 기둥은 바위와 나뭇가지로 장식되어 있다. 이는 불교적 우주의 중심 수미산을 나타낸다. 장엄 재료를 꽂았던 구멍이 아직 남아 있는 경우가 많다. 제일 안쪽에 있는 벽면에 그려진 벽화는 부처님께서 돌아가실 당시 침상에 누워 있는 모습을 그렸다.

키질 석굴 대부분은 같은 구조로 되어 있다. 방은 하나이고 가운데 기둥으로 된 스투파가 있어서 신자들이 주위를 돌며 의례를 행할 수 있다. 니아나 미란의 스투파와 달리, 실크로드를 따라 보이는 기둥형 스투파에는 붓다와 관련된 그림이 그려져 있지 않다. 대신 기둥에 홈을 파서 불상을 안치했는데 지금은 대부분 소실되고 없다.

키질 제38굴의 조성 시기는 기원후 400년경으로 추정된다. 아마도

키질 석굴의 벽화
석굴 안의 둥근 천장에 그려진 벽화. 우표 모양의 마름모꼴 형태가 특징적이다. 현지의 화공들이 부처의 전생 이야기에 등장하는 장면을 그림으로 그렸다. 각각의 마름모는 본생담(자타카) 한 편의 주요 사건을 담고 있다. 이 그림들은 석굴을 방문한 손님에게 본생담 이야기를 재미있게 들려주는 데 도움이 되었다.

가장 이른 시기의 석굴임에 틀림이 없으며, 모든 석굴 중에서 시각적으로 가장 빼어난 석굴이기도 하다.[6] 제38굴의 안쪽 벽에는 죽음을 앞두고 침상에 누워 있는 붓다와, 붓다에게 경의를 표하러 찾아온 많은 나라의 왕들이 붓다를 경배하는 모습이 그려져 있다. 가운데 기둥에 서서 동굴 입구를 바라보면 문간에 미륵불이 보이는데, 미륵불은 미래의 이상 세계를 다스리는 부처님이다.

제38굴의 궁륭 가운데 천정을 따라 인도의 태양신, 달의 신, 바람의 신이 있고, 더불어 광배를 띤 불상 2구가 있으며, 불법을 수호한다는 머리 둘 달린 가루다가 있다. 양식 면에서 인도 스타일이 분명한 이들 벽화는 인도에서 온 화가들이 그렸거나, 아니면 인도에서 가져 온 화본(畵本)에 기초해서 그렸을 것이다. 르 콕은 그 그림들을 "프레스코" 벽화라고 했지만, 마른 벽면에 그린 그림이기 때문에 기법적으로 프레스코 기법은 아니다. 프레스코 기법이란 반건조 상태의 벽에 그림을 그리는 기법을 뜻한다. 석굴 조성 기술 자체가 인도에서 유래했는데, 봄베이 근교 아잔타에 있는 웅장한 석굴이나, 기타 초기 불교 유적을 본뜬 것이다. 제38굴의 가운데 굴곡면에는 마름모 모양이 줄지어 있는데, 도형의 가장자리가 우표처럼 울룩불룩하게 되어 있고, 도형끼리 거의 딱 맞게 맞물려 있다. 줄을 따라 아바다나(avadana) 이야기와 자타카(jataka) 이야기가 번갈아가며 나오는데, 모두 붓다의 전생 이야기를 담고 있다. 아바다나 이야기는 인과(원인과 결과) 이야기라고도 하는데, 붓다가 앉아 있고 옆에는 어떤 형상이 있다. 붓다에 관한 이러한 우화적인 이야기는 현세의 행동이 먼 내세에도 관련이 되어 오래도록 영향을 미친다는 점을 가르쳐 준다.

대체로 자타카 이야기들은 앞서 존재하던 인도의 민담을 재해석하여 불교의 가르침을 전하였다. 예를 들어 원숭이 왕 이야기는 왕의 정원에서 과일을 훔친 원숭이 무리에 대한 이야기이다. 왕의 친위대가 원숭이들을 몰아 넓은 강에 이르자, 우두머리 원숭이는 자신의 몸을 다리삼아 다른 원숭이들이 건너가도록 했다. 그리고 나서 자신은 강물에 빠져 죽었다. 불교의 설명에 따르면 이 전설은 붓다의 의지를 나타내는 이야기로서, 여기서는 우두머리 원숭이가 다른 이를 위하여 자신을 희생시킨 것이다.

또 하나의 자타카 이야기는 특히 상인들에게 들려주는 이야기인데, 여러 동굴에 그려져 있다. 500명의 상인이 밤에 여행을 하고 있었다. 그런데 너무 어두워져서 더 이상 앞을 볼 수 없게 되자 상단의 지도자(전생의 붓다)는 흰 펠트 천으로 팔을 감싸고 그것을 버터에 흠뻑 적셔서 횃불처럼 만든 뒤 불을 붙여 상인들의 길을 비춰주었다. 이 이야기 또한 붓다가 다른 사람들을 위해서 자신을 희생하는 이야기이다. 이러한 자타카 이야기를 들려주는 승려의 말에 귀기울인 신도로서는, 열반이란 오직 붓다나 몇몇 탁월한 승려들만이 이를 수 있는 경지로 이해했을 것이다. 이는 초기 불교도들에게 핵심적인 가르침이었다.

가장 규모가 큰 키질 석굴(No. 47)은 오늘날 텅 비어 있다. 높이 16.8미터에 달하는 이 동굴에는 원래 거대한 불상이 조성되어 있었다. 무자르트 강을 따라 이 곳으로 들어오는 여행객들은 멀리서도 그 불상을 볼 수 있었다. 이러한 거대 불상이 있는 석굴의 기원이 키질은 아니었다. 아프가니스탄의 바미얀 석굴 중에 이와 비슷한 거대 석상이 있었는데, 키질 석굴을 조성했던 사람들도 틀림없이 그것을 알고 있었을 것이다. 거대 석굴 양쪽으로 나무 기둥을 세웠던 구멍이 다섯 줄로 나 있는 것을 보면, 거대 불상 옆으로 보다 작은 불상들을 안치했던 불단이 있었음을 알 수 있다. 키질의 다른 석굴들에도 거대 불상이 있었지만 지금은 없다. 그곳을 방문했던 중국인 승려의 보고에 의하면, 두 분의 부처님을 모신 이불병좌상이 있었고, 각각의 높이가 중국식 도량형으로 90척(약 28m)에 달했는데, 도시의 서쪽 출입문 밖에 세워져 있었으며, 5년에 한 차례씩 경배의 예를 올리는 축제를 벌였다고 한다.[7]

그저 가벼운 마음으로 키질 석굴을 방문하는 오늘날의 여행객들에게도 석굴 벽면에 군데군데 지워진 상흔이 눈에 뜨일 것이다. 동아시아 미술의 세계적인 주요 컬렉션들은 청금석의 깊은 푸른빛과 공작석의 초록빛이 도는, 여전히 신선한 키질 회화 작품을 소장하고 있다. 그나마 1914년 1차 세계대전 당시 대부분이 소실되고 남은 것들이다. 독일인들이 베를린에 보유하고 있다가 소실된 작품들이 특히 많았다.

르 콕은 연약한 벽화를 떼어내는 새로운 기술을 개발하고는 자랑스레 다음과 같이 말했다.

> 프레스코 벽화를 잘라내는 과정은 대략 다음과 같다.
>
> 작품이 그려진 표면은 특수 처리가 되어 있다. 벽면에 진흙과 낙타의 똥, 짚, 식물 섬유질을 섞어 발랐다. 표면을 매끈하게 한 뒤 얇은 스투코(stucco)로 덧칠을 했다.
>
> 첫단계로는 날카로운 칼로 그림 주변을 포장 박스 크기에 맞도록 잘라내야 한다. 칼날이 표면층을 완전히 관통할 수 있도록 주의해야 한다. 수레에 실어서 옮길 박스는 커야 하고, 낙타에 실을 것은 조금 더 작아도 된다. 말에 실을 것은 더 작아야 한다. ……
>
> 그 다음 단계로는 곡괭이로 그림 옆 벽면에 구멍을 낸다. 톱질을 할

수 있는 공간을 확보하기 위해서이다. 앞에서 말했던 것처럼 발굴이 진행된 석굴 사원 중에는 햄머와 정으로 단단한 바위를 쪼개서 공간을 만들어야 했던 경우도 흔히 있었다. 다행히도 바위는 아주 부드러웠다.[8]

이와 같은 단계별 설명은 잔인한 결과를 초래했다. 누구나 쉽게 작품에 손상을 가해도 된다는 생각을 갖게 만들었기 때문이다. 르 콕의 동료 그륀베델(Albert Grünbedel)은 생각이 달랐다. 원한다면 유럽에서 복제품을 만들 수 있도록 석굴의 구조도를 그리고 정밀하게 측량을 하는 것이 맞다고 생각했다. 이런 의견은 당시에는 소수 의견에 불과했다.

제3차 탐험대가 도착한 지 1년이 지난 뒤 프랑스의 학자 폴 펠리오가 쿠차로 와서 8개월 동안 체류했다. 1907년이었다. 그는 현지어인 쿠차어로 된 중요한 문서를 다수 발견했다. 폴 펠리오도 한 달 동안 천산 산맥을 가로질러 북쪽으로 탐험에 나섰다. 그는 키질 북쪽으로 무자르트 강을 따라 가다가 타림 분지와 북방의 초원을 연결하는 두 개의 길을 발견했다.[9] 이 초원은 신강의 북쪽 절반(준가리아)과 오늘날 카자흐스탄에 걸쳐 있으며, 우즈베키스탄 옆에까지 이른다. 이 지역은 수 세기 동안 중국 왕조를 끊임없이 위협했던 유목민의 고향이었다.

쿠차가 위치상 중앙아시아 초원으로 가는 길에 있었기 때문에, 중국의 공식 역사 자료에는 일찍부터 쿠차가 등장한다. 기원전 2세기 말, 한 무제가 장군 이광리(李廣利)를 오늘날 우즈베키스탄에 위치했던 페르가나 왕국에 사신으로 보냈을 때, 이광리는 쿠차를 거쳐서 갔다.[10] 누란 왕국의 통치자도 그랬듯이 쿠차의 왕도 한나라뿐만 아니라 한나라와 적대관계에 있던 흉노와도 좋은 관계를 유지하려고 최선을 다했다. 흉노 연맹은 오늘날 몽골의 초원 지대를 장악하고 있었다. 기원전 176년에서 기원전 101년까지 쿠차의 왕은 흉노의 종주권을 인정한다는 의미로 왕자를 흉노에 볼모로 보냈다. 관습적으로 복속된 왕조에서는 왕세자를 볼모로 보내서 종주국의 언어를 배우고 관습을 익히도록 했다.

그러나 흉노의 세력이 약화되자 쿠차 왕국은 기원전 1세기에 한나라 쪽으로 동맹관계를 바꾸었다.[11] 쿠차의 왕과 왕비는 기원전 65년 한나라의 수도 장안으로 가서 1년 동안 머물렀다. 기원전 60년 한나라는 서역을 총괄할 서역도호부를 설치해서 중앙아시아 운영을 감독하도록 했다. 서역도호부는 북서쪽의 여러 오아시스 왕국들의 동향을 중앙 정부에 보고하는 기관이었다. 그렇게 보고된 정보가 공식 역사서에 기록되었다. 한나라의 공식 역사서에 의하면 쿠차의 인구는 81,317명으로, 타클라마칸 북로의 오아시스 도시 중에서 가장 규모가 컸다.[12] 한나라가 직접 그 지역을 통치했다는 자료는 거의 없다. 서역도호부는 오늘날의 윤대현(輪台縣) 책대아향(策大雅鄉)에 있었는데, 그곳에서 한나라 주거지 유적이 발굴되었다.[13] 기원전 46년에 쿠차는 이웃 오아시스 왕국인 야르칸드에 병합되었다.

중앙아시아의 여러 나라들이 끊임없이 주도권 쟁탈전을 벌였던 것을 보면 한나라는 다만 간헐적으로 주둔지를 통제하는 정도에 지나지 않았던 것으로 추정된다. 한나라의 장군 반초(班超)는 기원전 91년 서역도호로 임명되었고, 가까스로 쿠차에서 중국의 통제권을 회복하고 백씨(白氏) 가문을 왕좌에 앉힐 수 있었다. 그러나 20년도 못 되어, 기원전 107년 몇몇 오아시스 왕국이 중국의 통제에 반기를 들고 일어섰고, 중국은 다시 주둔지의 통제권을 잃어버렸다. 이 때부터 시작해서 이후 수 세기 동안 백씨 가문은, 때로는 자신의 힘으로, 때로는 외부 세력에 복종하며, 쿠차의 권력을 되찾고 통치를 계속했다.

4세기에 쿠마라지바가 태어났을 당시, 쿠차는 불교 연구의 중심지였다. 번역가들 중에는 성이 백씨인 인물들도 있었는데, 이들은 대부분 쿠차 왕가 출신으로 번역 사업에 참여한 이들이었다. 쿠차에서 발견된 가장 이른 시기의 불교 흔적은 기원후 3세기의 것이다.[14] 당시 많은 이들이 설일체유부에 속해 있었고, 소승 불교의 가르침을 따랐다.[15] 쿠차의 주민들은 인도에서 온 선교사들로부터 불교를 배웠다. 3~4세기는 인도의 영향이 최고조에 달했을 때였다. 쿠마라지바와 그의 부모가 인도와 중국을 여행했던 것을 생각해보면 그 영향이 어떠했는지 짐작할 수 있을 것이다.

쿠차는 나중에 번역가로 성장할 이들에게는 완벽한 환경을 제공했다. 오아시스 왕국은 간다라 지역과 긴밀하게 연결되어 있었다. 왜냐하면 타클라마칸 사막을 가로질러 흐르는 강들이 남쪽의 오아시스 야르칸드와 호탄으로 흘렀기 때문이다. 이곳으로부터 여행객들은 산길을 넘어 간다라로 갔다. 쿠마라지바의 아버지는 인도의 귀족 자제로 최고위급 재상의 아들이었다. 그는 불교 공부를 계속하기 위해 간다라를 떠나 쿠차로 왔다. 쿠차의 왕이 자신의 여동생과 결혼을 강요하자 쿠마라지바의 아버지는 마지못해 결혼에 동의했다. 이 결혼으로 태어난 아이가 쿠마라지바였다. 쿠마라지바는 간다라어를 사용하는 환경 속에서 자랐으며 모국어는 쿠차어였다.

쿠마라지바의 어머니는 독실한 불교 신자로 결혼 생활을 원치 않았다. 쿠마라지바가 7살이 되었을 때, 어머니는 승단에 들어가도록 허락

쿠마라지바 기념상
키질 석굴을 방문하는 관광객은 모두 거대한 쿠마라지바 기념상을 만나게 된다. 오늘날까지도 유명한 번역가를 기리는 기념상이다. 사실 쿠마라지바가 어떻게 생겼는지는 알 수 없다. 남아 있는 초상화가 하나도 없기 때문이다. 이 기념상은 순전히 상상력에 바탕하여 만들어졌다.

을 구했지만 남편이 허락하지 않았다. 어머니가 7일간 단식 투쟁을 하자 마침내 남편은 포기할 수밖에 없었고, 어머니는 쿠마라지바를 데리고 비구니 승단에 들어갔다. 쿠차는 인도 바깥 지역 중에서는 여성이 승단에 들어갈 수 있는 몇 안 되는 곳 가운데 하나였다. 어느 불교 문헌에 보면 쿠차에 있었던 4개의 비구니 승단이 나오는데, 각각 50명~170명의 비구니가 소속되어 있었다.[16]

쿠마라지바는 쿠차에서 공부한 뒤 어머니와 함께 간다라로 가서 소승불교 스승을 모시고 경전을 공부했다. 그 뒤 쿠마라지바는 현재 카슈가르 지역으로 옮겨 가서 대승불교 스승을 모시고 공부를 계속했다. 쿠마라지바는 나중에 쿠차로 돌아와 몇몇 승려들을 대승불교로 개종시키기도 했다. 후대의 불교 자료는 소승불교와 대승불교의 가르침을 엄격하게 구분하지만 쿠마라지바 당시에는 상황이 훨씬 더 유연했다. 젊은 이가 승단에 들어가면 어느 승려의 족보로 편입되는 서약을 해야 했다. 설일체유부와 같은 계보에 소속되더라도 그것으로 소승의 가르침을 따를지 대승의 가르침을 따를지를 결정하는 것은 아니었다. 쿠마라지바가 그랬던 것처럼 누구나 소승 경전으로 공부를 시작했다가 나중에 대승 경전을 공부할 수 있었다. 승려들은 어느 종파를 따르든 상관 없이 같은 사원 안에서 서로 함께 살았고, 그렇게 했다고 해서 특별히 드러나는 문제는 없었다.[17]

그러나 관습에 있어서는 소승과 대승의 가르침 사이에 약간의 차이가 분명 존재했다. 소승불교의 승려들은 일부러 자기가 먹으려고 죽인 짐승의 고기가 아닌 이상 고기를 먹을 수 있었지만, 대승불교의 승려들은 모든 육식을 거부했다. 후대의 어떤 여행자가 쿠차에서 승려들이 고기와 파, 부추(모두 대승불교에서는 금하는 식품이다.)를 먹는 것을 보고 쿠차에서는 소승불교가 우세하다는 결론을 내린 바 있다.[18]

384년, 쿠마라지바가 마흔 살 가량 되었을 때, 그의 고향 쿠차는 여광(呂光)이라는 이름의 장군에게 정복되었다. 당시 도시에 대한 묘사가 남아 있는데, 다음과 같다.

> 성벽은 세 겹으로 둘러싸여 있었는데, 광활하기가 장안과 같았다. 성 안에는 탑과 사원이 수천을 헤아렸다. 백씨 왕의 궁궐은 웅장하고 아름다워 마치 신의 거처처럼 우아했다. 호인(胡人)들은 사치스럽고 풍요로웠다. 그들의 집에는 포도주가 수천 곡(斛, 약 2000리터)이나 저장되어 있어서 십 년을 먹어도 다 못 먹을 정도였다. 군인들은 술에 이끌려 이집저집을 돌아다녔다.[19]

여광(呂光) 장군은 쿠차를 점령한 뒤 쿠마라지바에 대한 호감을 가지고 그를 수도인 양주(涼州, 현재 감숙성 무위)로 보냈다. 비록 쿠마라지바가 독신을 서약한 승려였지만, 장군이 생각하기에 쿠마라지바는 워낙 위대한 스승이라서 아이를 낳지 않으면 안 될 것 같았다. 그래서 장군은 쿠마라지바를 만취하게 한 뒤 몰래 젊은 여인을 잠자리에 들여보냈다. 이것이 쿠마라지바가 평생 세 번 계율을 어긴 일 중의 첫번째였다.

쿠마라지바는 그곳에서 또 다시 포로 신세가 되었고, 후진(後秦)이라 불리는 지역 왕조의 통치자 요흥(姚興)의 명령에 따라 401년에 오늘날 서안(西安)으로 압송되었다. 왕은 쿠마라지바가 법손(法孫)을 생산하기를 원해서 쿠마라지바가 사원 밖에서 여러 첩실들과 함께 살도록 했다.

세번째 이야기는 공식 역사서에 기록된 내용인데, 쿠마라지바가 스스로의 의지에 따라 여인을 요구했고, 그녀에게서 쌍둥이를 생산했다. 불교에서는 대체로 전기가 매우 작위적이기도 하고, 현재 남아 있는 쿠마라지바의 전기들이 내용상 서로 많은 차이가 있기 때문에 학자들은 이 세 가지 사건들이 모두 실제로 있었던 일인지 확신할 수 없다고 한다. 그러나 이러한 다양한 이야기들로부터 학자들이 추론하는 바는, 기원후 400년경의 일반인들에게 불교 승려가 독신 계율을 깨는 일이 그리 놀라운 일은 아니었다는 사실이다.[21]

쿠마라지바의 파계가 불교 스승으로서의 그의 탁월함을 깎아내리지는 않는다. 401년 쿠마라지바가 장안으로 왔을 때 후진의 왕 요흥은 그를 번역 사무실의 책임자로 임명했다. 413년 사망할 때까지 그는 그곳에서 번역을 지휘했다. 쿠마라지바의 불멸의 업적은 불교 텍스트를 산스크리트어에서 중국어로 번역한 일이었다.[22] 쿠마라지바의 번역 가운데 가장 유명한 텍스트는 《법화경》이다. 《법화경》은 대승 경전으로서, 이전의 소승의 가르침을 높이 치지 않는 대신 누구라도 《법화경》의 단 한 구절이라도 암송하면 구원을 받을 수 있다고 약속한다.[23] 그 이전에도 산스크리트어 원전이 중국어로 번역되지 않았던 것은 아니었지만, 대부분이 기계적으로 번역한 대목이 많아서 산스크리트어를 공부한 중국인이 아니면 이해하기가 어려웠다. 이전의 불경 번역은 대부분 같은 방식으로 이루어졌다. 대개는 인도에서 온 불교 스승이 경전을 암송하고 그 내용을 말로 설명하면 그의 제자들이 스승의 말을 중국어로 적었다. 이러한 번역 시스템은 많은 오류를 빚어냈다. 스승은 제자들이 기록한 것을 읽을 수 없었고, 그래서 제자들이 제대로 이해했는지 확인을 할

수가 없었다.[24]

번역본을 만드는 일은 특히 어려웠다. 중국어와 산스크리트어는 서로 다른 어족(language family)에 속하는 언어이기 때문이다. 산스크리트어는 다른 고대 인도유럽어들처럼 어미 변화가 매우 심하다. 동사와 명사는 문장 속에서의 기능에 따라 매우 다양한 변화형태를 가지고 있다. 중국티베트어족에 속하는 중국어는 문법적으로 훨씬 단순하다. 명사와 동사는 변이형이 없다. 그래서 문장의 의미는 단어의 나열 순서에 달려 있어 의미가 애매모호한 경우가 많다. 400년대 언어를 공부하는 학생들이 원했던 최고의 책은 같은 문장을 다른 언어로 나란히 적어둔 대역본이었다.

쿠마라지바의 가장 위대한 혁신은 번역 사무실에 있었다. 그곳에는 인도의 원전을 번역한 중국어 번역을 다시 검증하는 담당자가 포함되어 있었다. 그들의 번역 결과물은 쿠마라지바의 승인을 받았는데, 가독성이 뛰어난 것으로 유명하다. 산스크리트어를 모르는 중국인들도 번역본을 이해할 수 있었다. 문장이 너무 아름다워서 많은 중국인 독자들은 후대에 나온 보다 정확한 번역서보다 오히려 쿠마라지바의 번역본을 더 선호하는 경우가 많았다.

쿠마라지바와 동료 번역가들은 수천 종의 불교 경전을 중국 독자들이 읽기 쉽게 번역했다. 그들은 오늘날까지도 이용되고 있는 번역 시스템을 개발했다. 즉 외국어 단어에서 하나의 음절에 대응하는 하나의 한자를 지정했던 것이다. 이는 오늘날 중국어 발음 표기 체계인 병음 체계의 바탕이 되었다. 이에 따르면 코카콜라는 커코우컬러(可口可乐), 맥도날드는 마이당라오(麦当劳)로 표현된다. 쿠마라지바의 이름 한자 표기

(鳩摩羅什, 구마라슙)는 중세 중국어에서 쿠마라집(Kuw-ma-la-dzhip)과 유사하게 발음되었다.[25] 수 세기에 걸쳐 중국어 발음에 변화가 있었기 때문에 오늘날 그의 이름을 병음으로 표기하면 지우몰루오스(Jiu-mo-luo-shi)가 된다.[26]

이러한 작업(산스크리트어 원문의 의미를 더 잘 포착하기 위해 구어 요소를 도입하여 한자를 표기하는 일)은 중국어 자체에도 변화를 가져왔다. 펜실베니아 대학교 중국어 교수인 빅터 마이어(Victor Mair)의 연구에 따르면, 이 무렵 중국어 어휘는 35,000단어 정도가 확장되었다. 여기에는 "지혜(智慧, prajna)"와 같은 불교 용어는 물론 "찰나(刹那, moment)" 같은 일상 용어도 포함되어 있었다. 산스크리트어를 만난 중국인들은 또한 그들 자신의 언어인 중국어 음운을 더 잘 이해할 수 있게 되었다. 예를 들면 중국어를 배우는 학생들이 1학년 첫 날에 배우는 성조(聲調)에 대해서, 당시 중국인들은 자신이 사용하는 언어에 성조가 있다는 사실을 알아차리지 못했었다. 그들의 말 속에 내재되어 있는 성조의 속성을 체계적으로 이해하게 된 것은 바로 이 시기였다.[27]

쿠마라지바와 그의 동료들이 장안에서 작업을 하는 동안, 중앙아시아 전역에서 다른 번역가들도 산스크리트어 불경 원전을 현지어로 번역하는 장기간 프로젝트에 참여하고 있었다. 가장 중요한 현지어 중 하나가 쿠차어였다. 쿠차어는 인근 카라샤르(언기焉耆, 혹은 Agneau)에서 쓰이던 언어와 같은 언어에 속했지만 중요한 측면에서 서로 차이가 있었다. 분야를 막론하고 실크로드에 관한 연구가 언제나 그러했듯이, 결론에 도달하기까지 수도 없이 뒷걸음질치거나 옆길로 새거나 모순에 부닥쳐야 했다. 전세계의 학술 연구를 통해 꼬박 한 세기가 걸려서야 마침내 이들 두 언어의 관계를 밝혀낼 수 있었다.

오늘날 우리가 쿠차어라고 알고 있는 사라져버린 언어의 실마리는 1892년에 잡혔다. 그 해 카슈가르에 살고 있던 러시아 영사가 친숙한 브라흐미 문자로 기록된 고문서 하나를 사들였다. 학자들에게는 산스크리트어라고 알려져 있었지만 그것은 분명 산스크리트어가 아니었다. 학자들은 몇 년 동안 그 고문서의 의미 해독에 전전긍긍했다. 이후로 같은 언어가 기록된 고문서가 몇몇 더 발견되었음에도 불구하고 그것만 가지고는 연구 재료가 턱없이 부족했기 때문이다. 오늘날 남아 있는 고문서는 대부분 목판에 글이 써 있는 낱장 문서로, 모두 서로 다른 텍스트의 일부분이다. 상업 문서도 있고 행정 문서도 있다. 게다가 대부분에는 날짜 표지가 없다.

그런데 1908년 두 명의 독일인 학자 에밀 지그(Emil Sieg)와 빌헬름 지글링(Wilhelm Siegling)이 미지의 언어를 해독해냈다. 그들은 옛날 어느 학교에서 산스크리트어와 미지의 언어를 단어 대 단어로 학습했던 이중언어 문서를 이용했다. 그들이 가진 문서 중에는 그 미지의 언어의 이름이 무엇인지를 알려주는 문서가 없었다. 그래서 그들은 짤막한 간행 기록(刊記, colophone)을 근거로 이름을 붙였다.(간기刊記란 어떤 텍스트에서 각 장의 제목이나 전체 텍스트의 제목, 저자나 옮겨 쓴 사람의 이름을 적어놓은 간행기록을 뜻한다. 간기에는 텍스트를 옮겨 적은 날짜가 기록되기도 하고, 옮겨 적는 비용을 제공한 기부자의 이름이 적혀 있는 경우도 있다.)

불교 텍스트의 제목은 〈마이트레야사미티(Maitreyasamiti, 미륵보살을 만나다)〉였고, 간기는 위구르어 혹은 고대 투르크어로 적혀 있다. 위구르어는 투르크어의 일종으로, 현재 몽골에 속하는 초원 지역에 살던 사람들이 사용하던 언어였다. 위구르인들은 9세기 중반에 타림 분지로 이주해왔었다.[29] 간기에 의하면 그 텍스트는 "인도어"에서 "토그리(Twghry)어"로, 토그리어에서 다시 위구르어로 번역되었다.[30] 지그와 지글링의 결론에 따르면, "토그리어"는 미지의 언어에 대한 위구르식 명칭임에 틀림이 없었다. 〈마이트레야사미티〉 텍스트는 오직 위구르어와 새로 발견된 미지의 언어로만 존재했기 때문에, 그들은 매우 현명한 결론을 내린 것이다.

지그와 지글링은 논의를 계속 밀고 나갔다. 토그리어는 토하리어를 위구르식 철자법으로 적은 것이다. 토하리어는 토하로이(Τοχάριοι)의 언어로서, 토하로이는 고대 그리스인들에게 박트리아 지역(아프가니스탄), 오늘날 파키스탄에 있는 도시 발흐 주변에 사는 민족으로 알려져 있었다. 논의는 더욱 나아가 토하로이는 곧 월지(月氏, 月支)와 동일시되었다. 월지는 쿠샨 왕조를 수립한 민족들 중의 하나였다. 지그와 지글링은 중국의 전통적인 설명을 받아들여서 기원전 200년경 월지가 둘로 갈라져 소월지(小月氏)는 감숙성 지역으로, 대월지(大月氏)는 페르가나 계곡 지역으로 이주했다고 주장했다. 그러나 미지의 언어로 작성된 모든 문서들이 왜 유독 월지의 고향으로 추정되는 감숙성 지역이나 그들이 정착했던 페르가나 계곡 지역(현 우즈베키스탄)에서 멀리 떨어진 실크로드 북로에서만 발견되는지에 대해서는 지그와 지글링도 설명을 하지 못했다.[31]

이후 주석가들은 왕조사에 기록된 월지에 대한 내용과 최근의 고고학적 발굴 사이의 모순을 해소하려고 노력했다. 그 중의 한 의견에 따르면, 역사서에서는 월지의 고향이 돈황 지역이라고 나오지만, 사실은 그곳에만 한정되었던 것이 아니라 신강과 감숙 지역 전역에 걸쳐 있었다.[32] 다른 의견에 따르면, 월지가 감숙성 지역을 떠날 때는 토하리어를 사용했지만, 아프가니스탄 지역에 들어갔을 때는 이란어에 속하는 박트리아어를 사용하게 되었다고 한다.[33] 그러나 월지의 후손들이 니아에 도착했을 때, 그들은 또 다른 언어를 사용하고 있었다. 바로 간다라어로, 그것은 이란어가 아니라 인도어의 일종이었다. 이와 같은 모든 의견들은 중국 역사서에 나오는 월지의 이주와 토하리어라는 명칭의 정확성에 대해서 더 심각한 의문을 불러일으킬 뿐이었다.

1938년에 헤닝(Henning, W.B.)은 토그리에 대해서 보다 설득력 있는 새로운 설명을 제시했다. 그가 주목한 것은 "네 개의 토그리"(Four Twghry, 때로는 어미 y가 탈락됨)라는 어휘였다. 이 어휘는 소그드어, 중세 페르시아어, 위구르어 고문서 중에 겨우 몇 차례 등장했는데, 9세기 초에 쓰여진 것들이다.[34] "네 개의 토그리"라는 어휘는 쿠차를 제외한 북정(北庭, 위구르의 베슈발릭), 투르판, 언기 일대를 가리키는 말이다. 헤닝의 주장에 따르면 토그리어는 처음에 타클라마칸 사막 북쪽 변경에서, 동으로는 투르판과 북정에서 서로는 언기에 이르기까지 사용되었다. 그러다가 처음에는 투르판과 북정에서 사라지기 시작했고, 마침내 언기에서도 사라졌다. 궁극적으로 그곳에서 토그리어를 대체한 것은 위구르어였는데, 오늘날까지 신강 전지역에 걸쳐 사용되고 있다.[35] 헤닝의 주장은 일반론으로 받아들여지지는 못했지만 토그리어 고문서의 지리적 분포를 설명하는 데 큰 도움을 주었다.

사실 월지는 공식적으로는 박트리아어를 사용했다. 박트리아어는 이란어에 속하며 그리스 문자를 이용해서 표기했다.[36] 그렇다면 토하리어라는 명칭은 잘못된 것이다. 아프가니스탄의 토하리스탄 거주자들이 쿠차 지역에서 발견된 고문서에 적혀 있는 것과 같은 토하리어를 사용했다는 명백한 증거는 없다. 지그와 지글링이 토그리어와 아프가니스탄의 토하로이 민족을 결부시킨 것은 잘못이었음에도 불구하고, 미지의 언어에 붙여진 토하리어라는 명칭은 계속해서 유지되고 있다.

지그와 지글링은 남아 있는 문서들을 토하리어A와 토하리어B라고 하는 두 개의 방언으로 구분했다. 두 개의 언어는 모두 인도유럽어족에 속하는 언어들이다. 산스크리트어처럼 두 개의 언어는 모두 어미변화가 심한 언어들이다. 동사와 명사는 각 문장에서 담당하는 기능에 따라 어미 변화가 이루어진다. 토하리어A와 토하리어B는 공통 어휘가 많다. 이는 두 언어가 알려지지 않은 어떤 하나의 언어로부터 파생되어 나왔음을 의미한다.

유명한 미국의 언어학자 레인(Georgy Sherman Lane)의 주장에 의하면, 두 개의 언어는 워낙 차이가 심해서 각각 천여 년, 최소한 500년 이상 독자적으로 발전해 왔을 것으로 추정된다고 한다.[37] 토하리어A와 토하리어B는 사실상 꽤 다른 언어이다. 마치 현대 프랑스어와 스페인어의 차이와 같아서 한 언어 사용자가 다른 언어를 알아들을 수 없을 정도이다.[38]

이 두 개의 언어가 사용된 지역(타클라마칸 사막 북로)을 감안해 볼 때, 두 개의 토하리어가 모두 인접한 이란과 인도 지역에서 사용된 인도-이란어(인도유럽어의 일종)의 영향을 많이 받았음은 합리적으로 추론할 수 있다. 그러나 두 개의 토하리어는 사실상 이란어나 산스크리트어가 아니라 독일어, 그리스어, 라틴어, 켈트어와 공통점이 많다고 판명되었다.

아이다호 대학교 영문과 교수인 더글라스 아담스(Douglas Q. Adams)의 주장에 의하면, "토하리어와 독일어, 그리스어 등의 관계를 근거로 볼 때 토하리어를 지리적으로 원시 인도유럽어권에, 말하자면 게르만어(북쪽?)와 그리스어(남쪽?)의 사이 어디쯤에 위치시킬 수 있다."[39] 아담스의 매혹적인 논의에 따르면, 먼 옛날, 아마도 기원전 3000년에서 기원전 2000년 사이, 토하리어A와 토하리어B의 모체가 되는 어떤 언어가 원시인도유럽어에서 떨어져 나왔고, 그 시기는 게르만어 사용자와 그리스어 사용자가 원시인도유럽어 사용자로부터 분리되던 때였을 것으로 추정된다. 고대인의 이주에 대해서 우리는 거의 알지 못하기 때문에, 그리고 언어를 근거로 이주를 재구성하는 것은 아주 위험하기 때문에, 우리는 토하리어 사용자들이 타림 분지로 들어오기 전에 어디에서 왔다고 단정할 수는 없다. 그러나 토하리어A 및 토하리어B와 비슷한 또 다른 인도유럽어들이 중앙아시아에서 사용되었지만 남겨진 자료가 없을 뿐이라는 추정도 가능하다.

한 가지 분명한 결론은, 중앙아시아에 살았던 민족들은 언제나 이동을 했었다는 사실이다. 따라서 그 지역에서 사용되었던 언어는 결과적으로 자주 바뀌었을 것이다. 중국어 자료에는 수많은 민족들이 연이어서 이동한 사실이 기록되어 있다. 기원전 2세기에는 흉노의 팽창 때문에, 6세기에는 투르크(중국어 자료에서는 돌궐이라고 하는데, 현재 터키 투르크족의 선조이다.)의 번성 때문에, 그리고 9세기에는 위구르(투르크어족에 속하는 언어를 사용한다)의 신강 이주 때문에 벌어진 일들이었다.[40] 그보다 훨씬 이전에도 이와 유사한 민족 이동이 충분히 발생했을 수 있지만 기록이 남아 있지 않을 뿐이다. 중앙아시아에서는 언어의 연속성이 아니라 오히려 언어의 단절이 당연한 일이었다.

지그와 지글링 이후 언어학자들은 토하리어A(더 정확하게 말하면 아그니어Agnean)와 토하리어B(요즘은 쿠차어라고 함)라고 하는 두 언어의 관계를 보다 분명하게 밝혀냈다. 2007년 오스트리아 과학원의 학자 멜라니 말잔(Melanie Malzahn)은 아그니어로 작성된 모든 고문서를 조사했다. 모든 목판 고문서와 파편을 합쳐서 수를 세어보니 1,150건이었다.[41] 완전한 형태의 목판 고문서는 모두 합해서 50건을 넘지 못했다.[42]

아그니어 고문서 중에서 383건은 언기의 남서쪽 코를라 가는 길에 있는 쇼르츄크(Shorchuk, 七個星佛寺遺址)의 어느 문서고에서 발굴되었다.[43] 어느 문서에서도 언어의 명칭 그 자체가 기록된 것은 없었다. 그러나 대부분이 언기(산스크리트어로는 도시 이름이 아그니Agni) 근처에서 발견되었기 때문에 학자들은 이 언어를 아그니어(Agnean)라 칭한다. 이후로는 이 책에서도 아그니어로 지칭하기로 한다.[44] 남아 있는 고문서들을 실마리로 삼아 추론해 보건대, 언기(아그니)와 투르판 거주자들은 기원후 1세기경에는 아그니어를 썼을 것이다. 당시는 서쪽에 살던 이란어 사용자들이 불교의 가르침을 처음 전해주었을 무렵이다.

아그니어로 기록된 가장 긴 고문서는 연속되는 25장의 목판인데, 중간에 끊어진 부분이 분명하게 나타나지 않는다. 이는 대부분의 남아있는 다른 목판들과는 전혀 다른 경우이다. 내용은 본생담(jataka story)으로 줄거리가 클래식 발레의 〈코펠리아 이야기(Coppelia tale)〉와 거의 비슷하다. 왕자의 이름은 푸냐반(Punyavan)인데 산스크리트어로는 "장점을 가진 사람"이라는 뜻이다. 그는 왕위를 놓고 네 명의 형제들과 경쟁을 벌였다.(네 명의 이름은 각각 씩씩한 힘을 가진 자, 기술을 가진 자, 잘 생긴 자, 현명한 자이다.) 이 텍스트의 아그니어 버전은 산스크리트어 원본과도 다르고 후대 중국어나 티베트어 버전과도 다르다. 왕자들의 경쟁 내용은 분량이 총 17장 중에서 2장에 불과하다. 나머지 텍스트에는 각각의 왕자들의 특성을 묘사하는 긴 내용이 들어 있다.

현명한 왕자의 이야기에서, 젊은 화가가 어떤 장인이 만든 인형과 사랑에 빠진다. 장인이 인형을 만들어서 화가의 방에 밤새 놓아 두었던 것이다. 화가가 그녀(인형)에게 다가가자 인형은 조각조각 부서져 버렸고, 화가는 벽에 걸린 밧줄에 목을 매고 자살한다. 화가가 죽은 것을 알게 된 장인은 이웃 사람들과 관리를 불렀다. 사람들이 도착하자 장인은 화가가 매달려 있는 밧줄을 끊으려 했다. 그 순간 화가는 벽 속에서 뛰쳐나와 장인에게 말했다. "그림은 그림이고 화가는 화가입니다." 화가는 마치 자신이 목을 매서 죽은 것처럼 착시를 일으키는 그림을 그려두었고, 이는 사람 같은 인형을 만들어 자신을 속이려 한 짓이 얼마나 어리석었는지를 알려주고자 한 대답이었다.[45] 이 이야기는 청중들, 아마도 사원의 학생들에게 지혜의 장점을 가르쳐주는 것이었다.

독일인들이 투르판 바로 외곽에 있는 승금구(勝金口, Sängim)에서 발견한 고문서는 두 개의 토하리어의 서로 다른 쓰임새를 명백하게 설명해 준다. 텍스트는 아그니어로 쓰여 있고, 19개의 주석은 쿠차어, 두 개는 위구르어로 쓰여 있다. 레인(Lane)이 설명한 바와 같이, "아주 명백한 사실은 우리가 토하리어A(아그니어)로 쓰인 텍스트의 주석서를 연구하고 있다는 것이다. 누군가 새롭게 이주해 온 사람이 주석을 달았는데, 그가 사원에서 사용하던 언어는 최소한 토하리어B(쿠차어)였고, 그로서는 '옛날'에 쓰던 사원의 언어가 익숙하지 않았다. 그의 모국어는 아마도 투르크어(위구르어)였을 것이다."⁴⁶ 6세기에서 7세기와 8세기를 거치면서 아그니어는 오직 글로만 남게 되었고, 사원 내에서 불교 승려만이 사용하는 언어가 되었다. 사원 바깥에서 언기와 투르판에 살던 대부분의 사람들은 중국어와 위구르어를 사용하고 있었다.

쿠차어와 아그니어는 중요한 지점에서 서로 달랐다. 쿠차어에는 지역별 차이가 존재했다. 서로 다른 지역에서 오래도록 사용되면서 생겨난 차이들이었다. 뿐만 아니라 변화의 단계도 분명하게 나타났다. 즉 고대 쿠차어, 고전 쿠차어, 후기 쿠차어, 구어체 쿠차어가 있었다.⁴⁷ 1989년에 주도적인 토하리어 연구자였던 프랑스 학자 죠르쥬-쟝 피노(Jeorges-Jean Pineau)는 쿠차어 고문서가 모두 3,120점이라고 계산한 바 있다.⁴⁸ 그 뒤로 베를린에서 입수한 자료를 더해서 통계는 6,060점까지 올라갔다. 아직도 조사하지 못한 목판이 200점이 채 못 되게 남아 있다.⁴⁹

20세기 초 폴 펠리오는 이 중 2천여 점의 목판을 수집했다. 대부분은 쿠차 남쪽으로 20킬로미터 떨어진 둘두르 아쿠르(Duldur Aqur)에 있는 사원 인접 지역에서 나온 것들이었다.⁵⁰ 아그니어 텍스트와 달리 이들 텍스트에는 사용된 언어의 명칭이 나와 있었는데, 바로 쿠차어였다.⁵¹ 쿠차어는 보다 넓은 지역에서 사용되었고, 그 지역들은 모두 타클라마칸 북로를 따라 분포하고 있었다. 핵심 지역은 쿠차였다. 그러나 동쪽으로는 투르판까지 뻗어 있었고, 아그니어의 핵심 지역인 언기와도 지리적 범위가 겹쳤다.

중국어와 쿠차어 자료 중 상당수는 하나의 도서실에서 나왔다. 펠리오의 노트에 의하면, 도서실의 벽은 이미 무너진 채로 유물이 보존되어 있었는데, 나중에 불이 나서 문서들이 많이 훼손되었다. 펠리오가 한 장소에서 모든 문서를 발굴한 것은 아니었다. 종교 관련 문서는 사원 안에 있는 성소나 탑에서 발굴했고, 행정 관련 문서들은 사원 가장자리에서 찾았다.[52]

5세기 말에 이르면, 쿠차의 주민들은 쿠차어를 사용하고 있었는데, 당시 중앙아시아는 특히 유동적인 시대로 접어들었다. 다양한 민족 연맹체들이 주요 무역로를 두고 우열을 다투었기 때문이다. 개중에는 유연(柔然, 중국식 명칭. 혹은 예예芮芮, 유연蝚蠕으로도 일컬어짐. 유럽에서는 아바르Avars로 알려짐)과 에프탈(Ephthalites)도 포함되어 있었다. 아바르 연맹은 쿠차와 언기를 정복한 뒤 분열되었고, 곧이어 552년에는 투르크(Turks, 중국식으로는 돌궐突厥)가 이들을 대체하여 지역 통치자는 그대로 둔 채로 쿠차와 언기를 아우르는 새로운 맹주가 되었다. 552년 이후 투르크 연맹을 수립했던 지도자의 형제가 서방을 향한 군사 원정에 성공을 거듭해서 신강 지역의 일부와 흑해에 이르는 통로 지역을 정복했다. 두 형제는 마침내 두 개의 카간국으로 갈라져서, 연맹을 수립했던 지도자가 동부를, 그의 형제가 서부를 지배하는 동시에, 서부가 동부의 종주권을 인정했다. 시간이 지나면서 이들의 관계는 점점 형식적인 관계로 변했고, 580년에 이르러서는 동부 카간국과 서부 카간국이 분명하게 나뉘어지는 모양새가 되었다.[53] 서부 카간을 주군으로 인정한 쿠차의 통치자들은 그들에게 조공을 바쳤고, 요청이 있을 경우 군대를 보내기도 했다.

6세기에서 8세기에 이르기까지 백씨 가문은 계속해서 쿠차를 다스리며 왕좌를 유지했다. 이는 중국의 공식 역사서에서도 확인되는 바와 같다. 중국의 사료에서는 흔히 과거의 역사 기술을 그대로 따라 쓰기도 했지만, 어쨌든 쿠차 왕국이 부유했고 중국에 값비싼 진상품을 보냈다고 기록되어 있다. 위나라의 공식 역사서(魏書)는 551년~554년 사이에 작성되었는데, 쿠차 왕국에서 은화로 세금을 지불했다는 최초의 기록이 나타난다. "지역 주민들의 풍습은 아주 음란했다. 여자를 파는 시장을 두고, 남자들이 지불하는 돈을 관리들이 받았다." 같은 책에 특산물에 대한 기록도 있다. "그 나라의 북서쪽 산중에 기름 같은 것이 흘러 나와서 내를 이루어 얼마간 흐르다가 땅 속으로 들어간다. 마치 버터 기름 같은데, 냄새가 매우 지독하다. 이가 빠지고 없는 자가 먹으면 능히 다시 생겨나고 병든 자가 복용하면 모두 낫는다."[54] 오늘날 코를라(Korla)는 중국의 가장 중요한 석유 생산지 중의 하나이다.

북방 왕조의 공식 역사서은 약 1세기 이후에 작성되었는데, 이에 의하면 땅에 농사를 짓는 사람들은 세금으로 곡식을 바쳤고, 그 이외의 사람들은 은으로 세금을 냈다고 한다. 여기에는 쿠차의 다양한 생산품들이 기록되어 있다. 예를 들면 촘촘하게 짠 양탄자, 구리, 철, 납, 사슴 가죽(신발 제조용), 벽걸이 담요, 염화암모늄(금속 처리나 직물 염색에 필요한 주요 촉매), 염화구리, 웅황, 호분(화장품으로 쓰임), 안식향, 좋은 말, 들소 등이다.[55] 629년에 그 왕국을 방문했던 중국인 승려의 보고에 의하면, 그곳 사람들은 금화와 은화 및 작은 구리 동전을 사용하고 있었다.[56]

이들 사료에서는 한결같이 쿠차에서 은화가 사용되었다고 하지만, 오늘날까지 실제로 발굴된 것은 구리 동전뿐이다. 그 이유는 아마도 은화는 후대에 발굴한 누군가가 녹여서 써버렸기 때문일 가능성이 가장 크다. 펠리오는 동전 1,300개가 담겨 있는 토기를 발굴했는데, 그 중에서 1,105개가 현재 파리 국립도서관에 보관되어 있다. 그 중에는 한나라와 이후 3세기 한나라의 뒤를 이은 왕조에서 생산된 동전이 포함되어 있지만 당나라의 동전은 없다. 전시관 담당자 프랑스와 티에리(François Thierry)는 그 동전들이 3세기와 7세기 사이의 것이며 특히 6세기 혹은 7세기일 가능성이 크다고 평가했다.[57] 동전 주조 틀과 심지어 동전 주물 공장도 두 곳이나 발견된 것으로 보아 쿠차의 왕가 백씨 가문은 동전 주조에 필요한 모든 시설을 지역 내에 보유하고 있었음이 확인되었다.

쿠차어로 적혀 있는 회계장부들도 남아 있는데, 여기에는 지출 내역, 영수증, 불교 사원의 회계 내역 등이 적혀 있다. 이를 보면 사원에서도 동전이 사용되었음을 알 수 있다.[58] 이들 장부에는 행사 때 공연을 담당한 음악가들에게 지급된 설탕과 술의 비용이 적혀 있다. 뿐만 아니라 행사에 필요한 기름 같은 물품이나 곡식을 빻기 위해 방앗간에 지급한 내역도 있다.

사원에서는 돈뿐만 아니라 실제 물품도 받았다. 어떤 이는 승려와 사원에 종속되어 살거나 일하는 일꾼들에게 줄 식료품을 제공하기도 했다. 마을 주민들이 사원에 제공한 물품은 양이나 염소였는데, 때로는 이것으로 빚을 갚기도 했다. 쿠차어에는 양과 염소를 뜻하는 어휘가 풍부하다. 암놈인지 숫놈인지, 어린지 중년인지 늙었는지(문자 그대로 해석하면 "이빨이 큰 놈" 같은 표현이다. 동물이 다 자라면 가운데 앞니 영구치가 생긴다.) 등에 따라 구분된다.[59] 거래 내역 중에는 염소 두 마리와 보리 250파운드, 양 한 마리와 곡식 200파운드를 교환한 사례도 있다. 이 경우 보리와 곡물이 화폐 기능을 했고 동전에 대한 언급은 전혀 없다. 이들 회계장부에 기록된 상품들은 모두 오아시스 국가 내에서 생산된 것들이다. 이로 미루어 보면 그곳의 사원들은 원거리 교역에 참여하지 않고도 자체적으로 운영이 가능했음을 알 수 있다.

6세기에서 8세기까지 쿠차어는 사원의 회계나 왕의 명령서, 연대기를 기록한 역사 자료, 여행자들의 낙서, 사원에 헌납한 물품 기록 등에 공식적으로 사용된 살아 있는 언어였다. 더욱이 불교의 이야기를 서술하는 작가들도 쿠차어를 사용했다. 후대에 중국어 버전으로 기록될 때도 그러했지만, 이러한 불교 이야기에는 산문과 시가 번갈아서 등장한다. 시가 나오는 대목 앞에는 이 시들을 어떤 곡조로 노래해야 할지를 지칭하는 곡조의 명칭이 적혀 있다.[60] 부처의 탄생과 호화로운 어린 시절, 궁전을 떠나 인간의 고통을 발견하고 마침내 깨달음을 얻기까지 유명한 부처님의 일생 이야기가 문서에서는 세 단계 – 여기, 그 다음, 새로운 – 로 나뉘어 적혀 있다. 동일한 단계 구분이 키질 석굴(110호)과 쿰투라 석굴(34호)에서도 이야기를 그린 장면 아래 네모칸에 그림의 캡션으로 적혀 있다. 청중들에게 그림 속의 이야기를 들려 주던 사람은 아마도 그림을 가리키면서 "바로 여기가 …… 했던 곳입니다."라는 식으로 얘기를 했을 것이다.[61] 쿠차어는 아그니어가 대체로 소멸한 이후에도 널리 사용되었지만 기원후 800년 이후에는 쿠차어 또한 실질적인 사용에서는 멀어지고 말았다.[62]

어떤 쿠차어 고문서는 불교와는 전혀 상관 없는 훨씬 세속적인 교역에 관한 내용을 담고 있다. 펠리오가 발견하고 피노(Pinault)가 출간한 매혹적인 쿠차어 텍스트에는 쿠차로 들어오고 나가는 카라반의 교통 내역이 적혀 있다. 1907년에 그 지역의 어떤 사람이 펠리오에게 목판 6장을 가져다 주었다. 브라흐미 문자가 적혀 있는 문서였는데 양시구(羊屎溝) 가는 길[63]에서 다소 떨어져 있는 불교 사찰 유지에서 가져온 것이라고 했다. 그래서 펠리오는 샬디랑(Shaldirang) 근처의 세관으로 갔다. 세관은 당시에도 운영이 되고 있었다. 쿠차 북쪽 산간 지방에 있는 자그만 곳이었는데, 백성(白城)으로 가는 산길 가에 있었다. 망루 유지 사이 절벽 꼭대기에서 펠리오는 눈 속에 묻혀 있던 통행증 130점을 발견했다. 크기는 20센티미터 정도였다.

쿠차 왕실의 관리들은 카라반(대상 행렬)에 소속된 사람과 동물의 숫자를 기록한 뒤(사람을 먼저 기록하고 다음에 동물을 기록한다) 이러한 통행증을 발행해 주었다. 카라반이 운송하던 물품은 기록하지 않았다. 각 거점마다 카라반은 통행증을 제출하고 새로운 통행증을 발급받았다. 양시구에서 펠리오가 백여 점의 통행증을 발견할 수 있었던 것도 그 때문이었다.

쿠차 지역에서는 종이가 사원의 회계장부나 편지 등에 널리 사용되었음에도 불구하고 관리들은 포플라 나무로 만든 목판으로 통행증을 만들었다. 그것이 종이보다 저렴했다. 목판은 대체로 길이 10센티미터, 두께 5센티미터 정도였지만 크기는 아주 다양했다.(이 장 시작 부분의 도판 참조) 니아에서 발견된 카로슈티 문자가 기록된 목판과 마찬가지로 쿠차 문서도 두 개의 목판이 겹치도록 만들어졌다. 바깥의 목판이 안쪽의 목판(들)을 덮어서 내용이 겉으로 드러나지 않도록 했다. 덮힌 상태에서는 역참 관리의 이름만이 보였다.[64]

통행증의 크기는 다양했지만 내용은 다음과 같이 정해진 형식을 따랐다. 먼저 발행하는 관리의 이름을 적고, 그 다음에는 수령하는 관리의 이름과 주소, 인사말, 통행증을 발급받는 사람의 이름을 적었다. 구성원의 목록은 먼저 남자, 그 다음에 여자, 그리고 당나귀, 말, 양의 순으로 적었다. 숫자를 쓸 때 약자를 사용하지 않은 것은 공식 문서이기 때문이다. 문서의 마지막에는 다음과 같은 권고 문안을 적었다. "이들의 통행

[표 2.1] 쿠차 고문서에 나타난 카라반의 구성(641년~644년)

문서번호	남자	여자	당나귀	말	염소
1	20	-	3	1	-
2	-	-	-	-	4
3	2	-	-	-	-
5	10	-	-	5	1
12	-	-	-	3	-
15	-	-	-	3	-
16	4	-	-	-	2
21	3	-	15	-	-
25	5	1	-	-	-
30	6	10	4	-	-
31	-	-	-	-	5
33	32	-	-	7	-
35	3	-	12	-	-
37	2	-	2	-	-
44	3	-	-	4	-
50	8	-	-	17	-
64	-	X	X	3	-
79	-	-	-	-	2
80	40	-	-	-	-
95	-	-	10	10	-

출처: George-Jean Pinault, "Epigraphie koutcheenne: 1. laisser-passer de caravanes; 11. Grafites et inscriptions," in *Mission Paul Pelliot VIII. Sites divers de la region de Koutcha* (Paris: College de France, 1987), 78.

을 허가하시오. 구성원의 숫자가 목록을 초과할 경우 통행을 허가해서는 안 됩니다." 그리고 끝으로 왕의 재위 연도, 월, 일을 적고 증인의 확인 진술이 기록되었다. 이러한 문서들은 모두 641년에서 644년 사이의 것들로서, 쿠차의 왕 수바르나데바(Suvarnadeva, 재위 624~646) 말년에 해당한다. 이들 문서는 정부의 엄격한 통제 아래 작성된 것이고, 이에 따라 카라반은 허가된 장소에서 다음 목적지까지만 통행할 수 있었다.

피노(Pinault)는 통행증 관련 표를 제공했는데,[표 2-1] 각 카라반의 모든 사람과 동물의 목록을 작성했다. 13가지 사례에서 각 카라반에 속한 남성의 수를 추출했는데, 그 중 9개의 카라반에서 남성의 수는 10명이 채 못 되었고, 가장 큰 규모의 네 경우만 각각 10명, 20명, 32명, 40명이었다. 동물의 수가 가장 많은 경우는 말이 17마리였고, 사람은 남자 8명이었다. 통행증 제80번에 기록된 사람(남자)의 수는 40명이지만, 문서가 훼손되어서 동물의 수는 불분명하다. 오늘날에도 마찬가지지만, 신강 지역에서는 당나귀가 중요한 여행 수단이었다. 어떤 행렬은 사람과 당나귀만으로 구성된 경우도 있었다. 두 개의 통행증에는 동반하는 어린이들이 목록에 적혀 있고, 다른 두 개의 경우에는 "사원 종사자들"이 기록되어 있었다. 이들은 승려들의 규율을 담은 율장에서 승려들에게 금지한 일들을 승려 대신 수행하는 사람들이었다.[65] 어떤 행렬(통행증 제64번)은 대표자 1명만 남성이고 나머지는 모두 여성들로만 구성되어 있었다. 여성과 (당나귀의) 숫자는 판독이 불가능하다. 아마도 이 여성들은 공식 역사서에 언급된 바와 같이 쿠차의 여성을 파는 시장에서 팔기 위해 운송되었던 사람들일 것이다. 통행증에는 카라반이 어떤 물건을 운반했는지는 나오지 않지만, 적어도 쿠차의 왕이 쿠차에 들어오고 나가는 카라반을 긴밀하게 파악하고, 그들이 미리 정해진 행로를 제대로 준수하는지 점검했음을 알 수 있다.

이 문서들이 중요한 이유는 카라반의 규모를 알려주는 자료가 매우 드물기 때문이다.

629년경에 작성된 북주(北周, 557~581)의 공식 역사서(周書)에는 감숙성의 무위(武威)로 가는 카라반이 등장하는데, 중국인이 아닌 이방인 상인 240명이 600마리의 낙타를 이끌고 채색비단 1만 필을 운송했다고 한다.[66] 이는 수나라의 재통일 이전, 통행이 곤란했을 때의 일이다. 상인들은 안전을 도모하기 위하여 대규모 상단으로 움직였고 호위병을 고용하는 경우가 많았다. 쿠차어 통행증을 보면 7세기에는 카라반 여행이 안정화되었음을 알 수 있다. 여행이 안전했기 때문에 소규모로 움직일 수 있었던 것이다.

이처럼 다양한 자료들(중국의 역사서, 발굴된 동전, 쿠차어 고문서)은 번성했던 지역 경제를 나타내고 있다. 동전을 사용하는 화폐경제는 현물경제와 밀접하게 공존했다. 648년 당나라 군대가 쿠차를 점령했다. 백씨 가문 통치자들은 서투르크 카간국의 제후였다가 종주국을 당나라로 바꾸었다. 쿠차에는 안서4진(安西四鎭)의 본부가 주둔했다.(귀자龜玆도독부가 안서4진 중의 하나이기도 했다.) 이후 당나라의 통치가 꾸준히 이어지지는 못했다. 쿠차 이외에 호탄, 카슈가르, 언기에 도독부가 있었다.(679년에서 719년 사이에는 토크마크가 언기를 대신했다.)[67] 예전의 한나라 때와 마찬가지로 당나라도 서역에 주둔지를 설치했지만 한 가지 결정적인 차이가 있었다. 당나라는 서역에서도 중원 지역과 동일한 행정 체계를 유지했다. 쿠차의 행정구역은 중원 지역의 행정구역과 구조가 정확하게 일치했다.

중국의 쿠차 점령에 관해 알 수 있는 최고의 자료는 폴 펠리오가 발굴한 고문서이다. 펠리오는 쿠차 바로 남쪽의 둘두르 아쿠르 사원 유지에서 심하게 훼손된 고문서를 발견했다. 종이 파편 214건이었는데 불에 타서 심하게 훼손된 상태였고 한문이 적혀 있었다. 그 중 가장 시기가 올라가는 것은 당나라가 쿠차를 점령한지 50년이 지난 690년대로 편년되는데, 당시는 정치적으로 굉장히 혼란하던 시기였다. 7세기 말에 티베트 사람들은 강력한 팽창주의 제국을 수립했으며, 670년대에 당나라의 서역 통치에 도전하였다. 당나라는 692년이 되어서야 가까스로 서역에 대한 통제권을 회복할 수 있었다.[68] 그 뒤 중국에서는 50여 년의 안정기가 지나고, 반은 소그드 반은 투르크의 피를 이어받은 장군 안록산이 반란을 일으켜 나라가 거의 무너질 지경에 이르렀다. 용병을 고용하여 763년에 이르러서야 겨우 반란을 진압했다.

비록 당나라 세력이 현격히 약화되었고 당나라 군대도 중앙아시아에서 철수했지만, 안서도호부의 지휘 아래 유지되던 둔전은 그대로 쿠차에 남아 있었다. 766년에서 최소한 781년 사이, 곽흔(郭昕)이라는 중국인 관리가 쿠차에 남아 있던 안서도호부에서 최고위에 올랐지만, 장안에 있던 당나라 왕실과는 아무런 접촉이 없었다.[69] 781년에 곽흔은 사절단을 보내 당나라와 다시 연계를 맺었지만 도호부의 지위는 변함없이 유지하고 있었다. 티베트가 790년 쿠차를 점령했다. 그들이 남긴 고고학적 흔적은 아주 드물었다. 9세기 초부터 13세기 몽골이 쳐들어올 때까지는 위구르가 쿠차를 차지해서 세력을 유지했다.[70]

둘두르 아쿠르(Duldur Aqur)에서 발견된 한문 고문서의 연대는 아직 당나라가 번성하던 690년대부터 중국 세력이 최종적으로 쿠차에 대한 지배력을 상실했던 792년까지 이어진다.[71] 쿠차어로 된 종교적 텍스트나 사원의 회계장부와 달리 한문 자료에는 세속적인 일들만 기록되어 있다. 이는 쿠차에 주둔했던 중국 군인들이 작성한 문서인데, 집에 보내는 편지뿐만 아니라 무덤 속 망자의 공적을 기리는 내용도 있었다. 회개하는 의미에서 군인으로 복무하며 저질렀던 불교 계율을 벗어난 행위들을 적은 목록도 있었다. 술을 마시고, 고기를 먹고, 채식 서약을 어기고, 사원의 재산에 손상을 입히고, 생명체를 해롭게 한 일 등이었다.[72] 이러한 자료에는 다양한 활동들도 기록되어 있다. 사원에서 경전을 암송하는 승려들, 편지를 쓰는 여인들, 농사 계획의 규모, 도교 의례에 사용된 깃발의 갯수, 관리들의 행동에 대한 평가 등이었다.[73] 이들 문서의 내용을 보면 그곳에 어느 중국인 가정이 있었음을 알 수 있다. 아마도 둔전에 근무했던 중국인 군인이 식솔들을 데리고 살았던 집일 것이다.[74]

한문 자료에는 쿠차어 통행증과 마찬가지로 카라반의 이동이 기록되어 있다. 다양한 편지 발신자들이 카라반을 통해 편지를 전달했기 때문이다. 어떤 편지 발신자는, 틀림없이 여행 중이었던 것 같은데, 너무 급하게 편지를 쓰느라 썼던 문장을 또 쓰는 실수를 범했다. 쿠차로 돌아가는 중국인에게 시간에 맞추어 급하게 편지를 써야 했기 때문에 그렇게 서둘렀던 것이다.[75]

이들 문서에 등장하는 주요 교역 물품은 말이다. 자료에 의하면 중국인은 쿠차 북쪽의 유목민으로부터 말을 구입하고 그 대가로 철 1,000근(약 600kg)이나 직물 1,000필을 지불했다. 어떤 장부에 보면 정부 관료들에게 말을 제공하고 그 대가로 받은 곡물(콩, 밀, 보리)의 양이 적혀 있다.[76]

군사적 및 비-군사적 원거리 업무에서 군인들은 말을 이용했다. 우편 역참에서 이용하던 것과 같은 방식이었다.[77] 어떤 편지는 말 상인이 보내온 것인데, 말이 병이 들었다가 나중에 치유가 되었다는 내용이었다. 다른 자료에서 확인된 바에 의하면, 사마르칸트와 그 인근에서 이주해 온 사람들 혹은 그 후손들인 소그드인이 당나라 군대에 말을 공급하는 데 중요한 역할을 했다. 그리고 둘두르 아쿠르 자료에도 소그드인에 대한 희미한 흔적이 남아 있다.[78] 누란의 둔전에서 출토된 문서들처럼 이 문서들도 교역을 입증하는 자료들이다. 그러나 그것은 중국인 관료들이 필요한 것을 구입한 것으로 교역품은 대개는 말이었다. 이들 문서가 부분적으로만 남아 있고 해독이 어렵기는 하지만, 그래도 확인할 수 있는 것은 무엇보다도 정부의 지출로 교역이 이루어졌다는 사실이다.

둘두르 아쿠르 고문서에서 정부 주도의 교역은 한결같이 동전에 대한 언급을 동반하고 있다. 이들은 화폐경제를 기록하고 있다. 즉 누가 거래 건별로 얼마나 지불했는지를 적어둔 것이다. 어떤 이는 관직이 없는 사람인데, 노역을 면제받는 대가로 1,000냥의 세금을 냈고, 또 어떤 이는 1,500냥을 냈다. 채무자 목록에는 사람 이름과 갚은 금액이 적혀 있다. 예를 들면 4,800냥, 4,000냥(혹은 그 이상), 2,500냥 등등이다.[79] 고고학자들은 쿠차의 다른 유적지에서 11건의 중국어 계약서를 발굴했다. 돈을 빌리는 사람은 동전 2백냥씩 할부로 갚아나간다는 내용이었다.[80]

누가 이런 동전을 주조했을까? 그리고 그 이유는 무엇일까? 로마사를 연구하는 어떤 학자들은 동전의 생산자는 국가라고 주장한다. 군인들에게 급료를 지급해야 하기 때문이다. 이에 반대하는 학자들은, 시장이 존재하지 않는다면 군인들에게 동전은 무용지물일 것이라고 주장한다.[81] 당나라는 세금 징수 및 정부 지출에 세 가지 통화수단을 사용했다. 즉 동전과 곡물, 그리고 천(대개는 일정한 길이로 확정된 직물의 두루마리)이었다. 군인들에게 지급한 많은 급료가 쿠차 전역에서 동전의 충분한 공급을 가능하게 했던 것이다.

755년에는 안록산의 난 때문에 당나라가 쿠차에서 군대를 철수했고, 지역 내 동전의 유동성이 갑자기 마비되었다. 쿠차의 관료들은 이 문제에 대응하기 위하여 당나라 동전보다 품질은 좀 떨어지지만 자체적으로 동전을 주조했다. 개원(開元) 연간(713~741)의 동전을 이용해서 틀을 만들고 이후의 당나라 황제의 연호에 따라 두 글자를 바꿔 새겨 넣었다.(대력大曆: 766~779 , 건중建中: 780~783) 새로 새긴 글자는 원래 있던 글자(開元)보다는 다소 조잡하고 오류도 있었다. 이처럼 쿠차에서 만든 동전은 중앙 정부에서 만들지 않았음을 알 수 있는 부분들이 많았다. 때로는 가운데 구멍이 네모나지 않고 8각형으로 되어버렸다.(주조틀이 제대로 맞춰지지 않아서 발생한 오류이다.) 그리고 중국 내에서 사용하는 동전에 비해 구리빛이 더 붉었다. 이런 유형의 동전이 신강 지역에서 1,000여 개가 발견되었는데, 그 중 800개는 쿠차 지역에서 출토되었다. 중국 내에서 발견된 것은 단 두 개에 불과했다.[82] 틀림없이 이들 동전은 주로 신강 지역에서 유통되었다. 쿠차가 당나라에서 떨어져 나왔지만 지역 통치자는 여전히 자신의 군대에게 급료를 지급해야 했고, 그에 필요한 동전이 있어야 했다.

둘두르 아쿠르의 중국어 자료가 제한적이라는 점에 대해서는 부정할 수 없다. 모두 합해야 280점의 문서에 불과하고, 그 중 많은 수는 글자 몇 개가 적혀 있는 정도이지만, 이 자료들은 놀랄 만큼 다양한 행위들과 연관되어 있다. 이들 문서를 프랑스어로 번역한 역사학자 에릭 트롱베르(Éric Trombert)는 그 내용을 이렇게 요약했다. "(펠리오와 오타니가 수집한) 둘두르 아쿠르 중국어 자료의 특징 하나는 분명하게 확인되는 상업 문서가 없다는 점이다. 매매를 전제로 한 물품 목록도 없고, 양시구의 역참 근처에서 발견된 카라반의 통행증 같은 여행 문서도 없다. 대개 농민들 사이의 거래를 내용으로 하는 계약서 같은 것도 거의 없다."[83] 매우 다양한 행위들이 등장함에도 불구하고 상식적으로 실크로드 무역에 대해 가졌던 모습, 즉 상인들이 많은 짐을 싣고 먼 거리를 여행하는 장면 같은 것은 하나도 언급이 없다. 트롱베르의 생각에는 쿠차가 상업 중심지이기는 하지만, 그곳을 여행하는 상인들은 도시 안이나 오아시스 가에 머물렀을 뿐 둘두르 아쿠르에는 머물지 않았기 때문에 상업 관련 문서가 남아 있지 않은 것이다.

그러나 둘두르 아쿠르처럼, 혹은 그보다 많은 고문서가 발견된 실크로드 주변 유적지에서도 원거리 교역에 대한 문서는 발견되지 않았다. 이 책에서 언급되는 아그니어, 쿠차어, 중국어로 된 쿠차의 고문서 자료들은 분명 대부분이 파편적이고 훼손된 것들이다. 쿠차 지역에서 발견된 모든 중국어 및 쿠차어 자료들은 다 합쳐서 1,000건이 채 되지 않는다. 그 중에서 수백 건의 문서만이 읽고 판독할 수 있는 상태일 뿐이다. 쿠차에서 교역은 존재했다. 그러나 통행증에서 보이는 바와 같이, 정부 관료들은 교역을 긴밀하게 통제했다. 그리고 둘두르 아쿠르의 한문 고문서에서 보이는 바와 같이, 중국 군대의 말 수요가 교역의 주요 구성 요소였다. 700년대 말에 이르러 군사적 분쟁이 만연한 시기에도 지역 통치자는 계속해서 동전을 주조했다. 이는 교역이 군대와 얼마나 밀접하게 결부되어 있었는지를 알려주는 방증이다.

쿠차에서 남아 있는 자료들이 비록 부분적이기는 하지만, 실크로드 무역에 대한 상식적인 장면과는 다른 측면을 보여준다. 이들 자료에 의하면, 사적으로 구성된 상단이 원거리 무역을 하는 것이 아니라, 중국 군대가 실크로드 경제에 상당한 기여를 했음을 알려준다. 중국 군대가 중앙아시아에 주둔하고 있을 때, 화폐(동전, 곡물, 천의 형태로)가 지역에 유통되었다. 중국 군대가 철수하자 교역은 다시 소규모로 줄어들었고, 대개는 지역 내 여행객이나 보따리상인들에 의해 교역이 이루어졌다.

CHAPTER 3

투르판

― 중국과 이란 사이 ―

●

타클라마칸 사막 북로에 위치한 투르판은 중국 지역과 이란 지역을 이어주는 다리와 같다. 오늘날에도 투르판은 무언가 국제도시의 느낌이 있다. 도시의 구석구석에서는 길거리 행상에서 나안을 판다. 나안은 발효를 시킨 납작한 빵으로 중앙아시아와 북인도 지역에서 먹는 빵이다. 1990년대 중반 투르판에서 열린 학회에 참석했었는데, 그곳에서 노르웨이의 이란어 교수 한 분이 아침 식사 시간에 활기차게 참석자들과 인사를 나누면서, 1979년 혁명 이전 이란에 있을 때 이후 처음으로 시끄러운 원숭이 소리에 잠을 깼노라고 말씀하셨다. 도심에서는 위구르인과 중국인을 흔히 마주치게 된다. 바자르(중국인들도 "시장"을 뜻하는 중국어 대신 이 단어를 쓰는데, "바자얼"이라고 발음한다.)에서는 상인들이 러그, 보석이 박힌 번쩍거리는 칼을 팔고, 잠재적인 고객에게 언제나 차 한 잔을 대접한다.

역사적으로도 투르판의 인구 구성은 복합적이었다. 그 중에서도 중국 지역에서 온 이주민과 사마르칸트 주변 소그디아나에서 온 이주민의 비중이 가장 컸다. 기원후 220년 한나라가 멸망한 뒤 많은 수의 중국인들이 북서쪽으로 이주를 했다. 투르판과 쿠차는 타클라마칸 북로에서 가장 규모가 큰 정착지였다. 투르판의 중국인들은 이란의 음악을 들으며 소그드식 회전 춤을 추었다. 남녀가 비슷한 옷차림을 하고 격렬한 춤사위로 빙글빙글 돌면서 추는 춤이다.(화보 14번 참조) 소그드인의 입장에서는 투르판이 워낙 중국풍으로 느껴져서, 그들은 투르판을 차이나타운이라고 불렀다.[1]

재활용 종이로 만든 물건들, 아스타나 무덤 출토
오렐 스타인은 발굴 보고서 분량을 줄이기 위해서 한 지역에서 출토된 비슷한 유물들을 한 페이지로 몰아서 사진을 찍었다. 이 사진에서는 스타인이 투르판의 아스타나 무덤에서 발굴한, 종이로 만든 유물 몇 점이 보인다. 꽃무늬 장식 모자, 둘둘 말아놓은 깃발, 동전 꾸러미, 그리고 이러한 물품들 중 가장 전형적인 신발 등이다. 신발은 종이 문서를 잘라 바닥과 윗부분을 만들고 바늘로 꿰매어 붙인 다음 바깥에는 검은색으로 칠했다. 화살표는 신발 안에 남아 있는 글씨를 가리킨다. 이런 유물들을 해체해서 원래의 문서를 재구성해 봄으로써 고고학자들은 실크로드 주변의 일상생활에 대해서 많은 것을 알 수 있게 된다.

소그드인과 중국인이 워낙 많아지다 보니 그 수가 원주민보다 많아졌다. 원주민 중 일부는 원래 쿠차어를 썼었다. 투르판에서는 기원후 273년에 이미 한자를 사용하고 있었다. 오아시스에서 발굴된 고문서 중에서 시기가 가장 올라가는 것이 273년이다. 이들 고문서는 무덤 부장용으로 만든 신발이나 벨트, 모자, 옷 등에서 나왔다. 종이를 재활용해서 이런 물건을 만들었는데, 애초에 문서로 사용되었던 종이였다. 이들 자료는 특히 의미가 깊다. 우연히 남겨진 편집되지 않은 기록이기 때문이다. 이는 실크로드 최전성기 당시 생활의 편린을 보여주는 비견할 데 없는 자료이다.

500년 이후 타클라마칸 남로가 막히자, 많은 여행자들이 북로를 선택했고, 그 길은 투르판을 지나갔다. 그 길을 여행했던 여행객 중의 한 사람이 바로 현장(玄奘) 법사(약 596~664)였다. 그는 629년 인도에 가서 자신이 잘 이해하지 못한 몇몇 불경의 산스크리트어 원전을 공부하기로 마음먹었다.[2] 중국어 번역본으로 읽어서는 의미를 알 수 없는 불경들이었다. 하지만 때가 좋지 못했다. 당시는 신생 제국(당나라)에서 국외 여행을 금지할 때였다.

649년 중국으로 돌아온 뒤 현장 법사는 제자 혜립(慧立, 615~약675)에게 험난했던 여정을 자세히 설명했고, 그것을 글로 받아 적도록 했다.[3] 그래서 우리도 오늘날 현장 법사의 여정을 알 수 있게 되었다. 혜립에 의하면, 현장 법사는 하남성 낙양 인근에서 태어났고, 10대 때 출가하여 절에 들어갔다. 수나라가 멸망했던 해인 618년에 낙양을 떠났고, 처음에는 수도 장안에서, 그 뒤에는 사천에서 11년 동안 경전을 읽었다. 여행에 앞서 그는 불교 사원에서 쓰이는 산스크리트어와 불교 의례용

언어도 공부했다.[4]

돈황에서 투르판까지 550킬로미터를 여행하려면 요즈음도 밤새 기차를 타야 하고, 다시 차로 갈아탄 뒤 하루 종일 달려야 한다. 오늘날처럼 여행이 편리한 시대에는 과거 여행길에 수반되는 치명적인 위험을 짐작하기도 어렵다. 현장은 처음에 양주(涼州, 현 감숙성 무위武威)로 길을 잡았다. 그곳은 "파미르 동쪽의 여러 나라에서 모여든 상인과 승려들이 끊임없이 오가는" 매우 중요한 도시였다.[5] 무위는 당나라 안에서 마지막으로 거치는 주요 도시였다. 여기서부터는 카라반 행렬에 함께 섞여서 서쪽으로 가야 했다.

도시의 최고위 관리는 현장에게 중국을 떠나는 여행 계획을 취소하라고 했다. 그러나 그 지역의 어느 불교 스승이 현장을 도와주어 과주(瓜州)로 갈 수 있었다. 과주의 지방 관리는 현장을 체포하라는 황제의 명령서를 폐기해버리고 가능한 빨리 떠나라고 말해주었다.(현장은 돈황을 거치지 않고 근처의 과주를 지나 갔다.) 과주에서 현장은 하미로 갈 때 마주치게 될 장애물에 대한 이야기를 들었다.(하미는 중국 국경을 벗어나서 첫번째로 만나게 되는 주요 도시였다.) 바로 장이수(長離水)의 급류, 허가 받지 않은 여행객을 감시하는, 북쪽으로 연속되는 다섯 개의 감시탑, 마지막으로 막하연(莫賀延) 사막(고비 사막 서부) 등이었다. 1907년에 오렐 스타인이 현장의 발자취를 따라 가 본 결과 그 거리는 351킬로미터에 달했다.[6] 오렐 스타인은 혜립의 설명이 아주 정확하다는 사실을 깨달았다. 단 하나 예외가 있다면 혜립이 첫번째 감시탑과 네번째 감시탑 사이 걸어서 이틀 거리를 빼먹은 것뿐이었다. 아마도 효율적으로 설명을 이어가다 보니 그렇게 된 것이리라.

분명하게 표시된 길이 없기 때문에 현장은 자신을 하미까지 안내해 줄 석반타(石磐陀)라는 안내자를 고용했다. 안내자의 성씨인 석(石)씨는 그가 원래 케쉬(Kesh) 지역(혹은 Sharisabz, 우즈베키스탄의 사마르칸트 교외) 출신임을 뜻한다. 그리고 그의 이름 반타(磐陀)는 반다크(Vandak)의 음을 한자로 옮겨 적은 것이다. 반다크란 신에게 충성을 바치는 "하인"이라는 의미로, 소그드인에게는 흔한 이름이다.[7] 반다크는 젊은 승려 현장에게 나이든 소그드인을 소개시켜 주었는데, 그는 하미까지 15차례나 여행한 경험이 있었다. 반다크는 현장의 늙은 말과 소그드인의 말을 교환하자고 했다. 현장은 장안에서 들은 예언가의 이야기, 즉 자신이 야위고 붉은 색의 늙은 말을 탈 것이라는 예언을 떠올리고는 교환에 동의했다.

자정이 지나고 얼마간 있다가 반다크와 현장은 길을 떠났다. 그들은 장이수(長離水)를 따라 북쪽으로 가서 강을 건널 수 있는 좁은 여울에 이르렀다. 반다크는 벽오동 가지를 몇 개 꺾어 간단한 다리를 만들었고, 두 사람과 말이 함께 강 건너편 둑으로 건너갔다. 그곳에서 그들은 잠이 들었다. 한밤중에 현장은 반다크가 자신을 향해 칼을 들고 달려드는 것을 보았다. 악몽을 꾼 것일까? 현장은 관음보살에게 도움을 청하는 기도를 올렸고 위기를 넘겼다.

다음날 아침 반다크는 그만 돌아가야겠다고 말했다. "제 생각에 갈 길이 험하고도 멉니다. 물도 없고 풀도 없습니다. 감시탑 근처에 가야만 물이 있습니다. 밤에 그곳에 도착해야만 물을 훔칠 수 있고 또 그래야 계속 길을 갈 수 있습니다. 그러나 발각되면 죽음을 면치 못할 것입니다." 반다크와 현장은 서로 헤어지기로 했다. 현장은 그에게 말 한 마리를 선물로 주고 나서 홀로 사막을 가로질러 길을 떠났다.

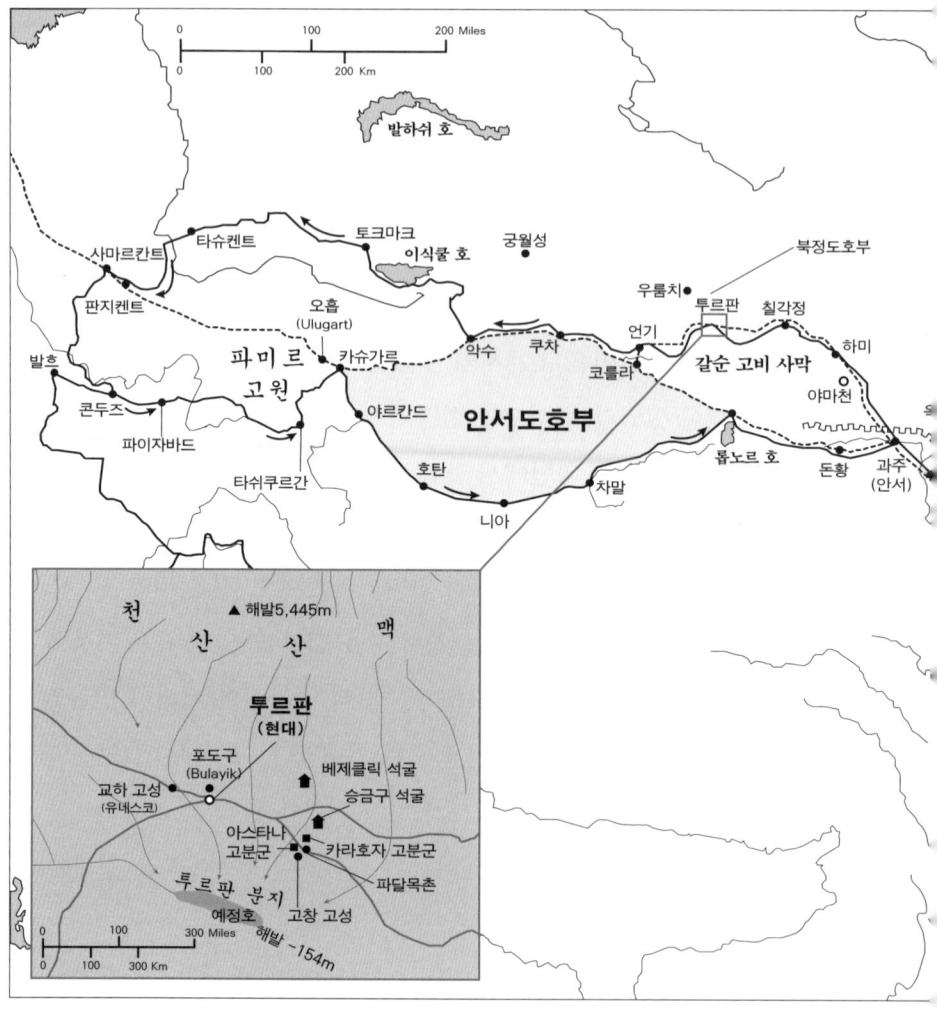

혜립은 홀로 길을 가는 스승 현장의 공포감을 생생하게 묘사했다. 말똥이나 혹은 길가다 죽은 여행자의 말라버린 뼈를 표지삼아 길을 가면서 현장은 환각과 신기루에 시달렸다. 수백 명의 군사들이 멀리서 끊

임없이 모습을 바꾸는 것도 보았다. 첫번째 감시탑에 도착했을 때 현장은 도랑에 숨어서 밤이 되길 기다렸다가 물을 저장하는 곳에 가서 목을 축이고 푸대에 물을 채웠다. 그 때 몇 개의 화살이 바람을 가르며 무릎

앞에 꽂혔다. 현장은 벌떡 일어서서 소리쳤다. "나는 수도 장안에서 온 승려요. 쏘지 마시오." 감시병은 문을 열어주었고 그곳 책임자는 현장이 안으로 들어와서 밤을 지낼 수 있도록 해 주었다. 책임자는 네번째 탑에 친척이 근무하는데 현장을 도울 수 있도록 해 주겠노라고 약속했다. 네번째 탑에서도 현장은 화살 세례를 받은 다음에 가까스로 자신이 누군지 밝힐 수 있었고, 감시병은 현장이 지나가도록 허락해 주었다. 감시탑 책임자는 현장에게 곧장 야마천(野馬泉)으로 가라고 일러주었다. 감시탑에서 약 50킬로미터 떨어진 곳으로 물이 있는 가장 가까운 곳이었다.

현장은 혼자서 계속 걸어갔지만 샘을 발견할 수 없었다. 중간에 물을 마시려고 물푸대를 꺼내다가 놓쳐서 물을 모두 쏟아버리고 말았다. 절망에 빠진 현장은 그러나 다시 걸음을 재촉하며 결심했다. "동쪽으로 되돌아가 살기보다는 죽더라도 서쪽으로 가다 죽을 것이다." 4일 밤과 5일 낮 동안 사막을 헤맨 끝에 현장은 다시 관음보살에게 기도를 올렸다. 그리고 말이 이끄는 데로 가서 샘을 발견했다. 현장은 탈수증을 회복하고 하미를 향해 나아갔다. 하미의 사찰에서 세 명의 중국인 승려가 현장을 맞아주었다. 마침내 중국을 벗어나 외국에 도착한 것이다.

불과 한 장(章)도 되지 않는 분량으로 현장이 장안을 떠나 투르판에 이르는 여정을 서술했는데, 이 내용은 오직 혜립의 글에서만 나온다. 혜립의 의도는 현장이 행했던 특이한 기적을 기록하는 것이었다. 성스러운 행적을 기록한 글들이 언제나 그러하듯이, 혜립 또한 스승의 신앙을 기록하기 위해 여행의 위험을 과장했다. 그러니 현대 독자의 눈으로 보자면 몇몇 세부 행적에 대해서는 의문을 가질 수밖에 없다. 어떤 중국인 관리가 체포 명령서를 그 대상자가 보는 앞에서 찢어버릴 수 있겠는가? 왜 현장은 자신에게 칼끝을 겨눈 자에게 자신의 말을 주고 자신은 가장 곤란한 방식인 도보로 여행을 했을까? 안내자도 없이 현장은 어떻게 사막에서 살아남을 수 있었을까? 아무리 불교 승려라고 해도, 두 개의 감시탑 책임자가 동시에 도망자에게 통과를 허락할 수 있었을까? 사막에서 4일 밤 5일 낮 동안 물 없이 생존이 가능했을까?(확인된 바에 의하면 1896년에 헤딘은 5일 밤 6일 낮 동안 물 없이 살아남았다.)[8]

혜립의 설명에 의하면, 현장은 스스로 제국의 국법을 어긴 것(출국 금지를 어기고 여행을 떠난 일) 같다. 심지어 현장은 애초부터 서투르크 카간을 직접 만나러 갈 의도가 있었을 수도 있다. 당시 서투르크는 중앙아시아를 두고 당나라와 주요 경쟁 관계에 놓여 있던 나라였다. 그래서 혜립은 말을 살짝 바꾸어 현장이 스스로 당나라를 떠났으나 서투르크 카간을 만나러 갈 생각을 하게 된 것은 중국을 벗어난 뒤였다고 함으로써 현장을 당나라에 대한 충심을 저버리지 않은 신하였다고 말한 것이다.[9]

현장이 길을 떠날 때의 상황이 어떠했든지 간에, 현장의 경험은 타클라마칸 북로를 여행했던 평범한 여행자들과는 현저하게 달랐다. 현장은 과주에서 투르판까지 혼자 걸어서 갔지만 다른 여행자들은 대부분 카라반에 속해서 갔다. 여행 금지 조치가 시행되지 않았을 때, 카라반은 국경에서 통행증을 신청해야 했다. 안내자가 사막 속에서 찾기 어려운 길을 더듬어 여행자들을 인도했고, 재난을 맞닥뜨린 사람들은 길가에 흩어진 뼈가 되었지만, 그렇지 않으면 살아서 여행을 마쳤다. 현장의 여정은 실크로드에서 투르판이 얼마나 중요한 위치에 있었는지 여실히 보여준다. 쿠차와 함께 투르판은 서역에서 가장 큰 도시였다.

혜립이 말했던 것처럼 일단 현장이 당나라를 떠나자 그의 운명도 바

꿰었다. 타클라마칸 북로에서 하미 다음의 오아시스인 투르판을 기반으로 하는 고창국의 왕 국문태(麴文泰)는 현장을 맞이하기 위해 사절을 보냈다. 승려와 그의 안내자는 어둠 속에서 길을 더듬어 한밤중에 궁궐에 도착했다. 왕과 왕의 수행원은 횃불을 들고 밖으로 나와 현장을 맞이했다. 왕과 현장은 밤이 이슥하도록 얘기를 나누었고, 다음날 아침 현장이 아직 잠들어 있을 때, 왕과 왕비는 현장의 방문 앞에서 기다리고 있었다. 현장에게 가장 일찍 아침 문안 인사를 올림으로써 그들의 신앙심을 보여주고자 한 것이었다. 그 뒤 현장은 사찰로 가서 열흘을 머물렀다가 다시 여행을 시작했다.

왕은 현장에게 이 나라에 머물러 달라고 설득했다.

고대 고창국 유지
투르판 근처에 있는 고창국 유지의 흙벽. 땅 위에 남아 있는 유적으로는 중국 전역에서 몇 안 되는 사례에 속한다. 현지에 가 보면 바닥에 굴을 판 흔적이 있는데 여름을 시원하게 나기 위해서였다. 파낸 흙이 쌓인 흙더미가 성벽 높이에 이른다. 흙으로 만든 감시탑이 다른 건물 위로 우뚝 서 있다. 현장 법사가 629년 배고픔에 시달리다가 이 두 탑 가운데 한 곳에서 설법을 했을 가능성이 다분하다.

스승님의 존함을 들었을 때부터 저의 몸과 마음은 기쁨으로 가득찼고, 저의 손과 발은 춤을 추었습니다. 간청하건대 이곳에 머물러 주십시오. 평생을 잘 모시겠습니다. 이 나라의 백성들에게 선생님의 제자가 되라고 명하겠습니다. 바라옵건대 여기서 제자들을 가르쳐 주십시오. 그리 많지는 않지만 수천 명은 될 것입니다.

현장은 왕의 제안을 사양했고, 두 사람의 논쟁은 이어졌다. 왕은 현장을 다시 중국으로 돌려보내겠다는 협박도 했다. 현장이 계속해서 떠나겠다고 고집을 부리자 왕은 그를 궁궐에 연금시키고 매일 직접 식사를 들고 갔다. 현장은 사흘 동안 먹을 것과 마실 것을 거부했다. 넷째 날이 되어서야 왕은 포기했다. 두 사람은 절충안을 가지고 타협을 했다. 현장은 투르판에서 한 달을 더 머무르고, 그 동안 현장은 《인왕경(仁王經)》이라는 경전을 가르칠 것이며, 왕은 여행에 도움이 될 선물을 주기로 했다.

한 달이 지난 뒤 왕은 새로 임명된 승려들과 25명의 행자로 하여금 현장을 수행하게 했고, 그들에게는 모두 마스크, 장갑, 신발, 양말을 제공했다. 또한 현장에게는 약 20년 동안의 여행에 충분할 만큼의 돈과 옷을 주었다. 황금 100근과 은화 3만 냥과 다마스크 및 비단 500필이었다. 금과 은화와 비단, 이는 모두 7세기 당시 실크로드에서 화폐로 사용되던 것들이었다. 더욱 소중한 선물은 왕의 편지 25통이었다. 서투르크 카간 및 24명의 제후왕에게 보내는 편지였다. 고창국의 왕 또한 제후왕의 하나로서 모두 카간에 복속되어 있었다.[10]

현장의 여정은 서투르크 카간과 그 연맹이 통제하는 영역 내에 있었다. 카간의 수도는 토크마크에 있었다. 현재는 키르기스스탄에 속하며,

이식쿨 호 북서쪽 끝에 위치한다. 고창국의 왕은 카간에게 수레 2대에 다마스크 비단 500필을 실어 보냈고, 맛있는 과일도 함께 보냈다. 과일은 아마도 말린 과일이었을 것이다. 고창국의 왕은 겨울에도 과일을 먹을 수 있도록 얼음창고를 보유하고 있었지만, 카간의 캠프까지 가는 긴 여행길에 과일이 신선하게 유지될 수는 없었다. 현장은 겨울에 투르판을 떠났다. 아마도 629년 12월이었을 것이다.[11]

투르판의 왕가는 502년부터 권력을 잡았다.[12] 민족적으로 중국인(한족)은 아니었겠지만, 국(麴)씨 가문의 왕은 중국식 이름을 사용한 경우가 많았다. 투르판의 원주민은 차사(車師)족으로, 후한서에 의하면 그들은 "펠트 천으로 만든 텐트에서 살았고 가축을 먹일 풀과 물을 찾아 계속해서 옮겨다녔으며, 농사에 대해서도 잘 알고 있었다."[13] 차사족 왕의 무덤은 네모난 구덩이에 시신을 묻고 원형 구덩이에 말을 묻은 것으로 보아 유목민의 방식이 분명했다.[14] 기원전 60년 흉노 연맹이 약해졌을 때 차사족 지역 군주는 한나라에 복속하게 되었다. 중국인들은 당시 교하(交河)에 둔전을 설치했고, 이후 다양한 중국 왕조들이 기원후 450년까지 대체로 종주권을 유지했다. 교하(交河)에서는 두 강줄기가 드라마틱하게 만난다. 여러 건물에 붙은 간판을 따라 관광객들은 유적지 사이로 걸어갈 수 있다. 유네스코에서 산책로를 포장해 두었다.[15]

중국인이 투르판을 통제하는 동안 수많은 중국 이주민들이 그곳으로 이주해 왔고, 원주민 중에서 중국어를 배운 사람들도 많았다. 3세기와 4세기에는 니아나 쿠차에서처럼 투르판에서도 동전이 거의 유통되지 않았다. 투르판에서 출토된 가장 시기가 이른 중국어 계약서는 273년의 것인데, 나무로 짠 관을 비단 20필과 교환한다고 되어 있다. 비단은 당시 투르판에서 화폐로 사용되었던 것이다.[16] 계약서에는 비단에서 불순물을 제거해야 한다고 명시되어 있다. 이는 비단실을 삶아서 정련을 해야 한다는 의미로, 그래야 염색이 보다 쉽게 된다. 투르판 주민들은 수 세기 동안 불순물이 제거된 비단을 교환수단으로 선호했고, 러그나 일정량의 곡식 또한 같은 용도로 사용되었다.

국씨 가문 통치자는 502년부터 권력을 차지했는데, 중국 문화를 수용하여 표준으로 삼았고, 많은 중국의 왕들이 그러했던 것처럼 그들도 불교를 후원했다. 관료 조직의 구조를 중국식으로 재편하면서 그들은 행정 용어로 중국어를 사용했고, 도성 출입문의 명칭을 중국식으로 지었다. 학생들은 학교에서 한문 고전과 중국 역사서를 배웠는데, 그들의 지역 언어로 번역해서 공부했다. 아마도 쿠차어 혹은 소그드어였을 것이다.[17]

640년 이후 당나라가 고창국과 싸워 승리하고 오아시스를 정복하자 투르판은 더욱더 중국화되었다. 고창국의 제10대 왕이자 마지막 왕인 국문태(麴文泰, 재위 620~640)는 현장을 맞이하여 대접했던 바로 그 사람이었다. 그는 중국에 겁을 먹고 스스로 무너졌으며 아들은 포로가 되었다. 중국인들은 오아시스에 직접 통치기구를 설치했다. 교하성은 중국인들의 본부가 되었고, 그곳에 안서도호부가 설치되었으며, 서역의 업무를 총괄했다.[18]

투르판이 300곳에 이르는 당나라의 행정단위 중의 하나가 되자 관리들은 토지를 재분배했다. 토지가 동일하게 분배되는 균전제가 실시되었는데, 이는 당나라 전역에서 시행되던 제도였다. 각 가정별로 3년에 한 번씩 등록을 해야 했다. 각 가정은 가장 아래 식솔들이 등록되었다.

모든 가족 구성원은 물론 누구라도 그 집에서 사는 사람은 같이 등록을 해야 했고, 세금이 부과되었다. 건장한 남성에게는 세 가지 유형의 세금이 부과되었다. 노역, 곡식, 천이었다. 목록에는 남자 이외에도 어린이, 늙은이, 장애인, 여자 등도 등록되었고, 이들은 세금이 낮거나 혹은 면제되었다.

등록된 각 가정의 가장이 건장한 남성인 경우 세금 납부에 대한 반대급부로 20무(畝)의 영업전(1.2헥타르, 사적 소유)과 80무(畝)의 공업전(4.8헥타르, 토지 사용권)이 주어졌다.[19] 영업전에서는 장기 투자(예를 들면 뽕나무 심기, 잎은 비단실을 자아내는 누에의 먹이가 됨), 3년마다 재분배되는 공업전에서는 일반적인 농사가 권장되었다.

640년 각 가정의 등록자 수를 조사한 결과 투르판에는 8,000가구에 37,700명이 거주했다.[20] (100년 뒤 가구 수는 11,647가구로 증가했다.)[21] 오아시스 지역에는 토지가 부족하기 때문에 등록대장에는 각 가정에 얼마나 지급이 되었는지(대체로 5무 즉 3헥타르 정도), 그리고 얼마나 더 지급되어야 하는지가 적혀 있다. 미지급 분량을 다 지급하려면 땅이 부족하다는 사실을 관리들은 알고 있었지만, 이런 식의 계산법은 당나라의 법률을 어떻게 준수하고 있었는지를 보여주는 것이다. 이처럼 지역 차원에서 융통성을 발휘함으로써 당나라 법률이 성공적으로 운영될 수 있었다. 관리들은 지역 조건에 맞게 모든 법령을 조정할 수 있었다.

투르판에 있던 당나라 관리들이 미지급된 땅이 얼마나 되는지를 기록해 두었음을 우리가 알 수 있는 이유는 투르판 사람들의 매장 풍습 때문이다. 그들은 망자에게 옷을 입히고 모자와 신발과 벨트를 만들어 주었는데, 모두 재활용 종이로 만들었다. 중국의 다른 지역에서도 이처럼 종이로 옷을 만들어 입히는 풍습이 있었지만 종이가 약해서 삭아버렸다.[22] 장례를 치르는 사람들은 종이가 사후세계로 올라갈 수 있는 성질을 지녔다고 믿었을 것이다. 왜냐하면 불교에서는 땅 위의 어딘가에 하늘 나라가 있다고 믿었기 때문이다. 투르판에서 발굴된 5세기 초의 신발 밑창에는 "일어나다"라는 뜻을 지닌 한 글자가 푸른색 잉크로 적혀 있었다.[23]

종이 가격이 비쌌기 때문에 투르판 사람들은 망자를 위한 옷을 만들 때 버려진 종이를 사용했다. 때로는 공문서를 이용하기도 했다. 중국의 공식 역사 기록에 따르면, 고창국의 관리들은 문제가 해결되면 문서를 버렸다. 유일하게 그들이 폐기하지 않는 문서는 호적 등록이었다. 640년 이후 투르판은 당나라의 지배 아래 들어갔고, 모든 고창국의 문서들은 쓸모가 없어졌다. 게다가 문서가 차지하는 공간을 최소화하기 위해서 당나라의 규정에 의하면 모든 문서는 3년 뒤에는 폐기되어야 했다.[24] 죽은 이를 위한 옷을 만드는 데 재활용된 종이에는 사적인 문서들, 예를 들면 편지, 계약서, 시, 처방전, 학교 연습장 등도 포함되어 있었다. 투르판 문서는 무덤 부장품에서 회수된 것으로 내용의 엄청난 다양성이 가장 매력적인 부분이다.

투르판의 건조한 기후 덕택에 종이나 천 같은 연약한 물건들도 잘 보존될 수 있었다. 오아시스는 특히 해발고도가 낮은 곳이었다. 이 지형이 형성된 때는 수백만 년 전 인도 아대륙이 유라시아 대륙에 충돌해서 히말라야 산맥이 생길 때였다. 투르판에서 가장 낮은 지점은 말라버린 아이딩(Aiding) 호수의 바닥으로 해발고도 -154미터이다. 이곳은 지구상에서 사해 다음 두번째로 낮은 지역이다. 투르판은 건조하고 덥다. 너무 더워서 중국인들은 때로 그곳을 불의 지방, 즉 화주(火州)라고 부르기도 한다. 여름 기온은 대체로 섭씨 60도에 이르러서 에어콘이 없이는 인간이 견디기 어렵지만(땅 속의 원주민 거주지는 시원하다.) 유명한 투르판 멜론과 포도를 위해서는 완벽한 기후이다. 투르판의 건조한 날씨 덕분에 종이문서뿐만 아니라 100구가 넘는 바짝 마른 인간의 시체와, 비단으로 만든 꽃도 남겨지게 되었다.(화보 1번 참조)

오렐 스타인이 고창국 성벽 바로 바깥에 있는 아스타나 무덤 지역을 방문했을 때는 1915년 1월 18일이었다. 이미 완전히 도굴이 된 뒤였다. 마시크(Mashik)라는 이름의 그 지역 도굴꾼은 스타인에게 자신과 자신의 아버지가 그 지역의 모든 무덤을 검토해 보았다고 확인해 주었다.

> 마시크는 무덤 발굴 전문 조수였다. 시신 찾는 일을 매우 오래 해온 경험이 있었던 그는 우리의 양심의 가책을 덜어주었다. 해골에서 턱뼈를 부러뜨리면 입안에 있던 얇은 금화가 발견되기도 했다. … 경험을 통해서 첫 번째로 배워야 할 것은 입속에 금화나 은화가 있을지를 구별해내는 것이라고 마시크는 주장했다. 그렇다고 그의 발굴 실적이 별로 신통치는 않았다.[25]

아스타나와 카라호자의 무덤 지역에서 스타인은 다양한 유물들을 발견했다. 마시크가 시신의 입에서 꺼낸 동전도 있었다. 그러나 스타인과 그를 따가랐던 고고학자들은 무덤 속에 얼마나 많은 문서가 들어있는지는 생각하지 못했었다.

오늘날 아스타나 무덤 지역은 관광객에게도 공개가 되고 있다. 관광객들은 계단을 통해 두 개의 무덤 속으로 들어가 볼 수 있고, 그 속의 벽화도 감상할 수 있다. 무덤의 웅장한 규모를 생각하면 굉장히 인상적인 곳이다. 동서로는 2.4킬로미터, 너비는 1.2킬로미터에 달하는 무덤이다. 역사학자들은 이 무덤에서 발굴된 문서를 통해 놀랄 만큼 많은 정보를 찾아냈다.

그 지역의 고고학자들은 아스타나 무덤이 비록 심하게 훼손되었지만 여전히 많은 유물을 간직하고 있다는 것을 알고 있었다. 그러나 1958년 이전에는 아무도 체계적인 발굴을 한 적이 없었다. 그 해는 공산당이 대약진운동을 시작했던 해였다. 중국의 경제를 영국 수준으로 끌어올리기 위한 대중적 운동이 바로 대약진운동이었다. 모든 농장, 모든 공장, 모든 노동 단위 등 누구든지 할당량에 맞추어 생산량을 늘려야 했다. 할당량은 대부분 너무 높게 잡아서 달성하기가 불가능했다. 중국 내 수많은 지역에서 집단 노동에 동원되느라 농사를 제대로 짓지 못해서 4,500만 명이 굶어죽는 끔찍한 결과를 초래했다.[26]

신강의 고고학자에게도 수천 점의 유물을 발굴하라는 할당량이 주어졌다.[27] 그들은 몇몇 장소에서 시험발굴을 해봤다. 역시 가장 생산적인 곳은 아스타나였다. 고고학자들이 땅을 파는 일꾼들에게 지급할 돈이 부족해지자 지역 책임자는 도로나 운하를 파는 사람들을 불러서 함께 땅을 파도록 했다. 노동자 인건비를 줄이기 위해서였다. 고고학자들은 더욱 많은 무덤을 발굴했다. 우룸치 박물관으로 유물을 운반했던 도로에 대해서 투르판 지역의 고고학자들은, 마치 사람들이 20세기 초 유럽 탐험가들이 낙타를 끌고 유물을 반출해갔던 일을 비난하듯이, 오늘날 똑 같은 논조로 비판한다. 고고학자들은 할당량을 채웠고 그곳의 유물 발굴은 1975년까지 이어졌다. 그 무렵에는 시끌벅적한 정치적 캠페인이 많았다. 특히 1966년에서 1976년 사이 문화대혁명 기간이 그러했다. 중점은 언제나 발굴된 유물이 몇 점인가 하는 문제였다. 따라서 보고서의 수준은 대체로 형편없었다.[28] 발간된 보고서만 놓고 보면 어느 유물이 어느 무덤에서 출토되었는지 확인할 수 없을 때가 많다.

유적지에서 출토된 문서들은 사정이 훨씬 나았다. 무한(武漢)대학교 역사학과 교수 당장유(唐長孺)의 안목에 힘입어 중앙정부에서는 일군의 학자들에게 지원을 해주었다. 학자들은 북경에서 만나서 유적지에서 출토된 고문서를 분석했다. 경우에 따라서는 재활용 종이로 만들어진 옷을 분해하기도 했고, 원래의 문서를 재구성해내기도 했다. 이렇게 재구성된 문서들은 현대 중국에서 사용하는 간체자로 옮겨적은 뒤 또렷한 사진과 함께 출판했다. 1959년 이래로 고고학자들은 아스타나와 카라호자에서 465기의 무덤을 발굴했는데, 그 중 205기의 무덤에서 고문서가 출토되었다.[29] 현재까지 2,000여 건의 고문서가 복원되었는데, 그 중에서 300건 이상이 계약서였다.[30]

273년부터 769년 사이, 즉 고문서에 등장하는 가장 이른 시기에서부터 가장 늦은 시기 사이에 실크로드에서 살았던 보통 사람들의 삶을 들여다 보는 데 있어서는 이 고문서들이 비견할 데 없는 통찰을 제공해준다. 고창국이 성립되기 이전 투르판의 여러 통치자들은 니야나 쿠차의 통치자와 마찬가지로 동일한 사절단 교환 체제에 참여하고 있었다. 477년으로 편년되는 어떤 고문서에는 각국의 사절단을 맞이하는 비용 목록이 적혀 있는데, 등장하는 나라가 중앙아시아의 누란(유럽에서는 아바르Avars로 알려짐), 타림 분지 남쪽 끄트머리의 카르갈릭 왕국, 중국 남경에 수도를 두고 있던 송나라(420~479), 북인도의 우디아나 왕국, 그리고 남인도의 어느 왕국으로 추정되는 "브라만의 나라" 등이 있다.[31]

이러한 독특한 사절단 목록을 보면 투르판 왕국이 외교관계를 유지했던 이웃 나라들을 알 수 있다. 그러나 이들 중 누가 가장 중요한 교역 파트너였는지는 분명하지 않다. 투르판에서 출토된 다른 동전과 고문서를 보면 언제나 틀림없이 나타나는 패턴이 있다. 즉 이란 지역, 특히 사마르칸트 주변의 이란 동부 지역(로마가 아니라)이 독립 고창국의 가장 중요한 무역 파트너였고, 640년 당나라에 복속된 뒤에는 중국의 당나라가 그를 대신하였다.

300년대에 이미 투르판 주민들은 서부 이란 지역을 근거지로 하는 사산 제국이 주조한 은화를 사용하고 있었다. 순도가 높기로 유명한 사산 제국의 은화(순도 85%에서 90% 사이)는 분명하게 구분이 된다.[32] 은화의 표면에는 통치자의 얼굴이 새겨져 있는데, 특징적인 왕관과 중세 페르시아어로 새겨진 이름을 알아볼 수가 있고, 뒷면에는 두 사람이 횃불을 향해 있는데, 이는 사산 제국의 국가 종교인 조로아스터교를 나타낸다.(화보 4B 참조) 시기가 이른 사산 제국의 은화는 중국 곳곳에서 발견되는데, 시기는 4세기까지 편년된다. 고창국의 쓰레기더미에서는 사산 제국의 은화가 뭉텅이로 발견된 바 있다. 이들 초기 동전은 가치가 거의 없었음을 알 수 있는데, 왜냐하면 널리 유통되지 못했기 때문이다.[33] 제한적으로 사용되었음을 확인할 수 있는 근거는 바로 투르판에서 출토된 4세기 고문서이다. 거기에는 지불 수단으로 비단이 기록되어 있다.

은화를 분명하게 언급하는 최초의 문서는 무덤 속에 들어간 물품들을 기록한 내용인데, 543년의 것이다. 목록에는 은화 100냥, 금화 100

낭, 100,009,000 큐빗(1큐빗은 약 3미터)의 "하늘길 비단"이 등장한다.[34] 이러한 무덤 부장품들을 가지고 그곳에서 은화가 주조되었다고 확정할 수는 없지만, 당시 중국의 동전은 구리를 재료로 만들어지고 있었고, 은화라면 사산조 은화가 틀림없다. 비단이나 동전의 수량이 과장된 것은 실제가 아니라 모조품이 부장되었음을 의미한다.

실제 은화를 언급하는 가장 이른 시기의 문서는 계약서인데, 584년의 것이다. 토지 1무(畝)를 임대하고 그 대가로 은화 5냥을 준다는 내용이다. 비슷한 내용의 계약서들이 677년의 것까지 발견된다. 땅이나, 나무나, 수레나, 집을 임대하기 위해서 사람들은 은화를 지불했다. 그리고 땅을 사거나 지역 봉화대에서 봉화를 올릴 사람을 고용하거나 세금을 낼 때도 은화를 사용했다.[35] 은화 사용을 확인해주는 근거로는 중국어로 된 계약서뿐만 아니라 소그드어 고문서도 남아 있다. 이 소그드어 계약서는 아스타나에서 출토되었는데, 639년에 어떤 여자 노예를 "매우 순도 높은" 은화 120냥에 판다는 내용이 기록되어 있다.[36]

고문서의 기록들이 가리키는 바는 투르판 주민들이 500년대 후반에서 600년대 후반까지 은화를 사용했다는 사실이다. 고고학자들은 130점의 사산 제국의 은화를 고창국 유적지에서 발굴해냈고, 아스타나 무덤에서도 30점을 찾아냈다. 후자는 스타인의 조수 마시크가 시신의 턱을 비틀어 끄집어낸 것이다.[37] 사산 제국의 은화는 640년 중국이 이 지역을 정복한 뒤에도 유통되었고, 심지어 651년 이슬람 군대의 침략으로 사산 제국이 멸망한 뒤 정복자가 아랍 정부에서 주조된 아랍-사산 은화로 바꾸었을 때에도 사용되었다. 아랍-사산 은화는 이전의 은화와 마찬가지로 무게가 4그램이었고, 사산 제국 황제의 초상 대신에 아랍 통치

자의 얼굴을 새겼으며, 표면에는 아랍 문자를 새겨넣었다.[38]

약 1,300점 가량의 사산 제국 은화가 중국에서 발굴되었다. 대부분은 신강 지역에서 나왔다.[39] 현재 오흡현(烏恰縣, 위구르어로는 Ulugart)은 투르판 서쪽으로 멀리 카슈가르 교외의 작은 도로변에 있는데, 그곳에서 고고학자들은 중국에서 가장 많은 수량의 은화를 발굴했다. 1959년 도로 확장 공사를 위해서 다이너마이트를 터뜨렸더니 은화 947점이 발굴되었다. 녹아서 서로 달라붙은 경우가 많았고, 그 옆에는 13개의 금괴가 바위틈에 숨겨져 있었다. 그 언덕은 투르판에서 서투르크의 수도로 가는 주요 도로에서 가까운 곳이었다. 서투르크의 수도는 이식쿨 호 바로 북서쪽 오늘날 키르기스스탄에 있었다. 발굴 지점은 언덕 비탈이었는데 멀리 떨어진 외진 곳이었다. 아마도 누군가(상인? 사절단? 도둑?)가 돈을 안전하게 보관하려고 숨겨두었다가 다시 찾아가지 못한 것 같았다.[40] 은화 947닢에는 사산 제국의 은화와 아랍-사산 은화가 뒤섞여 있었다. 아랍-사산 은화가 있는 것으로 보아 보물 구덩이의 연대는 사산 제국이 칼리프의 군대에 멸망했던 651년 이후일 것이다. 사산 제국 은화의 중국식 복제품이 구덩이에서 발굴된 은화의 4분의 1 정도인 것을 보면 서역 사람들에게는 사산 제국 은화의 가치가 여전히 인정되고 있었음을 알 수 있다.[41]

7세기 후반에 은화 947닢의 구매력은 어느 정도였을까? 673년에 사망한 고리대금업자 좌동희(佐憧憙)라는 이의 무덤에서 발견된 문서에 약간의 실마리가 있다. 그 무덤에는 그의 하인이 그에게 보낸 편지가 접어진 채로 들어 있다. 편지의 내용은 사망 시점보다 6년 앞선 673년에 은화 500냥을 도둑맞은 일에 대해서 하인이 자신의 책임을 부정하는 내용이다. 하인은 다른 많은 중국인들처럼 지하 세계의 법정에서 산 자와 죽은 자 사이에 정의로운 판결을 내려 줄 것으로 믿고 있었다. 그의 편지를 통해서 당시 그 지역의 부자라면 일정 시기 동안 은화 500냥을 보유할 수 있었음을 알 수 있다.

고리대금업자 좌동희의 무덤에는 15건의 계약서가 함께 묻혀 있었다. 주로 소규모로 돈을 빌려준 내용이었다. 대출 규모는 은화 10닢에서 40닢 사이, 혹은 비단 3필에서 30필 사이였다. 정부 규정에 의하면 큰 규모의 거래, 예컨대 노예나 가축의 매매에는 비단을 사용하고 그보다 작은 규모의 거래에서는 동전을 사용해야 했다. 동전 수급 부족이 흔히 발생했기 때문일 것이다. 이러한 규정에 따라 고리대금업자 좌동희는 661년에 소녀 노예를 비단 6필을 주고 매매했고, 668년에 건초 90더미를 살 때는 은화 450닢을 지불했다. 여덟 건의 계약서는 비단 혹은 은화 대출 관련이고, 다섯 건의 계약서는 토지 임대 관련이다. 그에게 돈을 빌렸던 적이 있는 사람이 또 빌려간 경우도 최소한 한 건 이상이 포함되어 있다. 그의 무덤에서 발굴된 계약서들은 투르판에서 발견된 다른 수많은 고문서들과 달리 재활용된 것이 아닌 원본 그대로이다. 아마도 좌동희가 살아 생전에 채권을 회수하지 못해서 사후에라도 회수할 수 있기를 바랐던 듯하다.[42]

그의 무덤에 부장된 계약서들은 일관되게 이자를 매월 10퍼센트에서 15퍼센트 사이로 규정하고 있다. 이러한 이자율은 당시의 관행에 비하면 상당히 높은 수준이다. 당나라 법률에서는 이자율을 월 6퍼센트 이하로 제한했다.[43] 다양한 이유로 빚을 지게 된 사람들은 다시 빚을 갚기 위해서 고리대금업자에게 와서 돈을 빌렸다. 우리는 그들에게 무슨 일이 있었는지 알 수 없지만, 분명한 것은 그들이 빚을 다 갚지 못했다는 것이다. 왜냐하면 고리대금업자들은 대개 채권을 모두 회수하면 계약서를 파기하기 때문이다.

투르판 사람들이 은화를 사용하는 동안 중앙아시아 사람들은 동전을 사용했다. 그들은 기원전 2세기부터 오수전(五銖錢)이라는 동전을 사용해왔다. 화폐의 분포는 분명하게 나뉘어졌다. 투르판과 서역은 은화, 중국은 동전이었다. 이는 중국이 오아시스를 점령했던 640년 이후에도 지속되었다. 700년경 어느 즈음엔가 투르판 사람들은 동전을 사용하기 시작했고, 흔히 1,000닢 단위로 줄에 꿰어 사용했기 때문에 관(貫)이라고 불렀다. 은화가 언급되는 가장 늦은 시기의 아스타나 고문서는 692년의 세금 영수증인데, 은화와 동전의 교환가치를 기록해 두었다. 즉 은화 2닢은 동전 64닢과 맞먹었다.[44]

6세기와 7세기 투르판에서 은화를 사용했다는 사실은, 실크로드의 최번성기, 당나라가 엄청난 군사력을 북서부에 주둔시켰을 당시, 중국의 주요 무역 파트너는 로마가 아니라 이란 지역이었다는 사실에 근거를 더해준다. 로마의 공화정 시기(기원전 507년-기원전 27년) 및 그 이후 왕정 시기(기원전 27년-기원후 330년에)에 주조된 금화가 아직까지는 중국에서 단 하나도 발견되지 않았다는 사실을 기억할 필요가 있다. 영하회족자치구(寧夏回族自治區)의 주도적인 고고학자 라풍(羅豐) 교수의 철저한 조사 결과, 중국에서 발견된 비잔틴 제국의 금화 솔리두스(단 2개가 발견되었음) 중 시기가 앞서는 것은 테오도시우스 2세(409-450) 재위 시기에 주조된 것으로, 6세기 초에 매장되었으며, 시기가 늦은 것은 8세기 중반에 매장되었다.[45]

비잔틴 제국의 금화는 사산 제국의 은화와 시기가 겹치고, 양자가 함께 발견되는 경우가 많다. 중국에서는 은화에 비해 금화가 발굴되는 경우가 극히 드물었다. 금화 11닢는 신강 지역에서, 37닢는 중원 지역에서 합계 48닢이 발굴되었다.(이에 비해 은화는 1,300닢이 발견되었다.)[46] 발굴된 금화는 모두 솔리두스 금화였다. 이 금화는 콘스탄티누스 황제(재위 306-337) 시기에 주조된 것으로 1/72 로만 파운드(4.55그램)의 금을 함유하고 있다. 표면에는 비잔틴 제국 황제의 초상이 있고 뒷면에는 십자가나 그리스도상이 있다.[47] 무슬림 군대가 사산 제국을 무너뜨린 뒤 비잔틴 제국의 상당 지역을 점령했을 때, 이슬람에서 주조한 금화는 기독교적 요소를 모두 제거해 버렸다. 은화에서 조로아스터교 요소를 삭제했던 것과 같은 조치였다.

세밀하게 조사해 본 결과 비잔틴 제국 금화 중 상당수가 모조품으로 밝혀졌다.[48] 때로는 원래 금화보다 무게가 덜 나가거나 황제 초상의 모양이 틀린 경우도 있고, 문자가 잘못 새겨진 경우도 있다.[49] 가운데 구멍이 뚫린 경우가 많은데, 이는 그 금화가 옷에 부착된 적이 있음을 뜻한다. 아마도 부적으로 사용되었던 것으로 추정된다.(화보 4A 참조.)

중국에서 금화가 한꺼번에 가장 많이 발견된 경우는 5닢이었다. 이는 1닢씩 발견되는 경우에 비하면 극히 드문 일이었다.[50] 오흡현(烏恰縣)과 투르판에서 발굴된 은화 구덩이와 비견할 만한 측면은 고고학자들이 보기에 하나도 없었다. 오히려 비잔틴 제국의 금화는 의례 차원에서 사용되었고, 실제 화폐로는 사용되지 않았다. 투르판뿐만 아니라 중원 지역에서도 마찬가지였다.[51] 아스타나 고문서 중에서 금화의 교환가치를 기록한 내용은 전혀 없다. 그리고 무덤에서 발굴된 경우 대체로 부적으로 사용되었다. 오흡현의 은화 구덩이에서는 은화 947닢과 금괴 13덩이가 나왔는데, 이는 기본적인 패턴을 보여주는 것이다. 즉 은은 동전 형태, 금은 금괴 형태로 유통되었던 것이다.

은화가 널리 사용되었던 것은 투르판이 이란 지역과 중국 지역의 가운데에 위치하고 있었기 때문이다. 실크로드 무역 기간 중에 많은 이방인 이주자들이 투르판으로 들어왔지만, 사마르칸트에서 온 소그드인보다 많은 경우는 없었다. 소그드인들은 4세기, 5세기, 6세기에 걸쳐 투르판에 정착했고, 그 빈도수는 651년 사산 제국이 멸망한 뒤, 그리고 712년 이슬람이 사마르칸트를 점령한 뒤 급격하게 늘어나 전성기를 이루었다.

소그드인들은 유명한 상인들이었지만, 투르판에 거주하던 소그드인들은 다양한 직업을 가졌다. 땅을 경작하는 농부도 있었고, 군인으로 복무하거나 여관을 운영하거나 그림을 그리거나 가죽을 손질하거나 철기를 판매하기도 했다.[52] 지방 관료들은 고창국 소속이거나 당나라 소속이거나 관계 없이 각 가정의 등록 인원을 조사했을 뿐, 그들이 소그드인인지 아닌지는 기록하지 않았다. 결과적으로 현대 학자들은 가족의 성씨나 구성원의 이름을 가지고 소그드인 여부를 가려낼 수밖에 없다. 중국인들은 인반적으로 소그드인이 "아홉 개의 보석으로 성씨를 삼는다."고 했지만, 대부분의 소그드인들은 일곱 개의 중국 성씨 가운데 하나를 사용했다. 사마르칸트에서 온 사람은 강(康), 부하라 출신은 안(安), 제라프산 강 이북의 카부단 출신은 조(曹), 사마르칸트와 부하라 사이 쿠샤니아 출신은 하(何), 제라프산 강 동남쪽이나 판지켄트 출신은 미(米), 오늘날 샤리샤브즈인 케쉬 출신은 사(史), 오늘날 타슈켄트인 차쉬(Chach)

출신은 석(石)이었다.[53] 최근 소그드어를 연구하는 두 명의 일본인 학자 요시다 유타카(吉田 豊)와 카게야마 에츠코(影山悅子)는 한자로 음을 표기한 소그드어 이름 중에서 45개의 원래 이름을 찾아냈다.[54] 투르판으로 이주해온 소그드인 이주민 가운데 이 이름을 사용하는 경우가 많았고, 대를 이어 살면서는 중국식으로 아이 이름을 짓는 경우가 많았다.(미국 이민자들이 미국식으로 아이 이름을 짓는 것과 같은 경우이다.)

투르판으로 이주해온 소그드인들은 이름뿐만 아니라 장례 풍습도 점차로 바꾸어 나갔다. 즉 그들의 원래 풍습에다가 중국식 풍습을 덧붙인 것이다.[55] 조로아스터교 신자들은 인간의 육신이 순수한 땅을 더럽힌다고 생각했기 때문에, 전통적으로는 시신을 노출시켜 탈골이 되도록 한 뒤 깨끗한 뼈만 납골함에 안치했다. 투르판에서 발굴된 납골함은 두 개이다.[56] 조로아스터교 신자들은 주요 신격, 즉 나무, 바위, 산의 신, 바람의 신, 그리고 최고의 신 아후라 마즈다에게 동물 희생을 바쳤다.[57] 소그드인 공동체의 정치 종교적 지도자였을 것으로 추정되는 살보(薩寶, Sabao)라는 직책의 남성이 이러한 희생 의례를 집전했다.[58]

투르판에 살았던 많은 소그드인들이 중국식 장례 풍습에 적응했다. 예를 들면 사후 세계에서 시종 노릇을 할 인형을 무덤에 함께 묻기도 했다.[59] 최근 고창 시 북동쪽 파달목촌(巴達木村, Badamu)에 있는 무덤을 발굴해보니, 80기가 넘는 소그드인 무덤이 발견되었는데, 중국식 묘비에 적힌 이름으로 이를 밝혀낼 수 있었다.[60] 이처럼 이름을 통해서, 예를 들면 호적 등록에 적혀 있는 가족 구성원의 이름을 통해서나 혹은 다른 자료들을 통해서 여러 다양한 문서에 등장하는 소그드인들을 찾아낼 수가 있다.[61]

600년 전후 어느 시기 고창국의 관리가 상인 48명의 이름과 그들이 매매한 물품에 따라 부과된 세금을 적어두었다.[62] 당시에는 세금을 칭가전(稱價錢, 저울값)이라고 했다. 상품의 무게를 잰 다음 세금은 은화로 부과되었다. 매우 심도 깊게 연구된 이 고문서는 10개의 신발 밑창으로 살아남았다. 원래는 4개의 서로 다른 등록대장에서 뜯겨진 것이다. 7세기 초 어느 해 1년 동안에 작성된 개별적인 거래 내용의 단편들이지만, 실크로드 무역에서 생필품 거래에 대해서는 가장 풍부한 정보를 제공해주는 독특한 자료이다. 이들 고문서는 아스타나 무덤에서 발굴된 문서 파편이 주는 기쁨과 절망을 단적으로 보여준다. 그 고문서들은 다른 어떤 유물보다도 더 많은 정보를 제공해주지만, 애초에 어떤 문서에서 잘라진 부분(신발을 만들기 위해 잘라낸 것이니까)이라서 온전하지 못한 문서라는 아쉬움이 남는다.

그렇기는 하지만 이러한 기록들은 실크로드 무역에서 소그드인이 맡았던 주도적인 역할을 충분히 잘 보여준다. 어떤 상품의 판매자 혹은 구매자로 등록된 48명의 이름 가운데 41명이 소그드인이었다.[63] 저울값 기록은 상대적으로 빈도수가 낮은 거래를 나타낸다. 매 주마다 이런 거래는 단지 몇 건만 이루어졌고, 세금이 없는 주는 훨씬 더 많았다.[64]

관리들은 매일매일 있었던 모든 거래를 기록했고, 한 달에 두 번 거두어들인 세금을 집계했다. 세율은 은 2근에 은화 2냥(무게는 8그램)으로 1퍼센트가 채 못 되었다. 학자들은 600년대에 한 근의 무게가 얼마인지는 알아내지 못했다. 예전에는 약 200그램이었고, 새로운 기준으로는 600그램이었다. 아마도 200그램이 옳겠지만 확실하지 않기 때문에 다음의 표에서는 근(斤)과 냥(兩)— 1근은 16냥—을 원래 문서에 나오는대

로 적었다.[65]

저울값 등록 대장에는 한 해 동안 있었던 37건의 거래가 기록되어 있다. 놋쇠[鍮石], 의약품, 구리, 강황, 생설탕 거래가 한 번씩 있었고, 금, 은, 비단 실, 향료(향香이라는 단어는 조미료, 향수, 의약품 등에 두루 사용됨), 염화암모늄 등 다른 상품들은 좀 더 자주 거래되었다. 목록에서 염화암모늄이라는 낯선 상품이 하나 있다. 이것은 염색할 때 촉매로 쓰이고 금속을 보다 낮은 온도에서 녹일 때도 쓰인다. 이들 고문서에는 염화암모늄이 6차례 등장하는데, 수량은 적게는 11근에서 많게는 251근이다. 이와 유사하게 향료도 적은 양과 많은 양의 거래가 다 나타나는데, 적게는 33근, 많게는 800근이 거래되었다. 단일 거래로는 최대 규모이다. 금은 예상했던 대로 적은 수량이 거래되었는데, 1/4근에서 2/1근 남짓이었다. 은도 가장 많이 거래된 경우라도 8근을 넘지 않았다. 놀랍게도 이들 고문서에는 비단이 등장하지 않는다. 너비와 길이에 따라 가치가 결정되어 있었기 때문에 굳이 무게에 따라 세금(저울값)을 매기지 않아서 그랬는지도 모르겠다.[66]

저울값 등록 대장은 상인의 모든 물품이 아니라 오직 개별 거래만 기록했다. 등록된 거래 중에서 가장 큰 규모는 800근이었는데, 그만큼을 운반하려면 동물 몇 마리에 나누어 실어야 한다.[67] 우리는 법정 진술서 속에서도 이러한 규모의 무역을 발견할 수 있다. 서문에서 언급했던 중국인 상인과 그의 사업상 파트너의 동생 사이의 소송에서였다.[68] 고소인의 중국식 이름은 조록산(曹祿山)이었다. 이는 분명 소그드인의 이름이다. 조씨는 소그드인이 성씨로 사용했던 아홉 개의 보석 이름 가운데 하나이다. 록산(祿山)은 "Rokhshan"의 음을 한자로 옮겨 적은 것으로, 소그드어로 이 이름은 밝은, 빛, 빛나는 등의 뜻이며, 페르시아어에서 파생된 이름 록사나(Roxana)와 같은 계열이다.

동생은 중국인 상인에게 빚을 갚으라는 소를 제기했고, 이에 따라 670년경 어느날 당나라의 법정이 개최되었다. 640년 당나라가 투르판을 점령한 이후로 투르판에서도 적용되는 당나라의 계약에 관한 법을 중국 상인이 위반했다고 소그드인 동생이 주장했던 것이다. 동생은 사망한 형의 상속자로서, 275필의 비단에 대한 채권을 보유하고 있었다. 그는 투르판에서 소를 제기했는데, 670년에서 692년까지 투르판에는 안서도호부의 본부가 있었다.

형이 사망할 당시, 형과 형의 중국인 파트너는 여느 상인들처럼 당나라의 수도 장안에 집이 있었고, 사업상 일이 있을 때는 멀리 서역까지 여행을 했다. 형은 중국인 파트너를 궁월성(弓月城, 오늘날 중국과 카자흐스탄 경계에서 가까운 신강 Almaligh)에서 만나 비단 275필을 빌려주었다. 이는 여러 마리의 동물에 나누어 실어야 할 양이었다. 두 사람은 언어가 통하지 않았기 때문에 통역을 거쳐서 의사소통을 했다.

이 소송의 경우에서 알 수 있듯이, 평직 비단(염색을 하지 않고 단순히 바구니짜기 기법으로 짠 비단)은 당나라에서 동전과 함께 화폐로 사용되었다. 비단은 동전에 비해 장점이 많았다. 동전의 가치는 넓은 폭으로 유동적인 반면 비단 가격은 안정적이었다. 비단의 크기는 3세기에서 10세기까지 놀라울 만큼 변화가 없었는데, 폭은 1자 8치(약 56cm)였고, 길이는 40자(12m)였다.[69] 또한 비단은 동전보다 가벼웠다. 동전 1,000개 한 꾸러미(一貫)는 무게가 4킬로그램이었다.[70]

비단을 빌려준 뒤 그 소그드인은 낙타 2마리, 소 4마리, 당나귀 1마

[표 3-1] 칭가전 수입 장부. 투르판 근처 지점, 기원후 600년경. 1년간.

상품	무게	판매자성씨 (민족 추정)	구매자 성씨 (민족 추정)	날짜	세금
은	2근	曹(소그드)	何(소그드)	1월 1일	2닢
은	2근5냥	曹(소그드)	康(소그드)	1월 1일	2닢
금	9.5냥	翟(高車)	누락	1월 2일	누락
은	5근2냥	何(소그드)	安(소그드)	1월 3일	5닢
향료	572근	翟(高車)	누락	1월 3일	누락
놋쇠	30+근	누락	누락	1월 3일	누락
약품	144근	康(소그드)	寧(중국)	1월 5일	누락
비단 생사	50근	누락	康(소그드)	누락	7.5닢
금	10냥	누락	康(소그드)	누락	
누락	5근	누락	누락	누락	70닢
누락	누락	누락	누락	누락	42닢
염화암모늄	172근	安(소그드)	康(소그드)	1월 15일	누락
향료	252근	康(소그드)	康, 何(소그드)	누락	누락
염화암모늄	50근	曹(소그드)	安(소그드)	1월 22일	누락
구리	41근	曹, 何(소그드)	安(소그드)	1월 22일	누락
은	8근1냥	翟(高車)	何(소그드)	누락	누락
금	8.5냥	(何)(소그드)	供勤(투르크)	누락	2[닢]
누락	누락	누락	安(소그드)	누락	14닢
누락	71근	누락	何(소그드)	3월	누락
강황	87근	康(소그드)	車(車師)	[3월]	1닢
금	9냥	曹(소그드)	何(소그드)	3월 24일	2닢
향료	362근	射蜜畔陀(소그드)	康(소그드)	3월 24일	15닢
염화암모늄	241근	射蜜畔陀(소그드)	康(소그드)	3월 24일	
염화암모늄	11근	白(高昌)	康(소그드)	3월 25일	누락
은	2근1냥	康(소그드)	何(소그드)	4월 5일	누락
비단 생사	10근	康(소그드)	康(소그드)	4월 5일	1닢

상품	무게	판매자성씨 (민족 추정)	구매자 성씨 (민족 추정)	날짜	세금
누락	누락	누락	누락	누락	17닢
누락	누락	누락	누락	누락	1닢
은	2근	누락	何(소그드)	[4월]	2닢
향료	800근	누락	누락	[4월]	누락
설탕	31근	누락	누락	[4월]	22닢
비단 생사	80근	何(소그드)	康, 何(소그드)	[4월]	8닢
비단 생사	60근	車(車師)	白(高昌)	5월 2일	3닢
비단 생사	누락	車(車師)	누락	5월 12일	1.5닢
염화암모늄	251근	康(소그드)	石(소그드)	6월 5일	6닢
향료	172근	누락	何(소그드)	누락	4닢
누락	누락	康(소그드)	누락	7월 16일	누락
누락	누락	曹(소그드)	누락	7월 22일	누락
누락	누락	누락	누락	누락	8닢
누락	누락	安(소그드)	누락	7월 25일	누락
금	4냥	康(소그드)	車(車師)	8월 4일	[0.5닢]
향료	92근	누락	康(소그드)	8월 4일	2닢
누락	누락	曹(소그드)	누락	9월 5일	누락
금	누락	康(소그드)	曹(소그드)	10월 19일	4닢
향료	650+근	康(소그드)	康(소그드)	12월 27일	21닢
염화암모늄	210근	누락	누락	4월 5일	
향료	52근	누락	누락	누락	1닢
향료	33근	安(소그드)	安(소그드)	누락	8닢

리를 끌고 남쪽의 쿠차로 갔다. 그는 7마리의 동물에 짐을 나누어 싣고 갔는데, 그의 짐에는 비단, 활과 화살, 그릇, 안장 등이 포함되어 있었다. 그 소그드인은 쿠차까지 가지 못했다. 재판에 등장했던 한 증인의 말에 따르면 강도가 나타나 그 소그드인을 죽이고 물건을 훔쳐갔다. 그 소그드인의 동생은 차용증 원본을 가지고 있지 않았지만, 차용증에 서명을 했던 두 명의 소그드인 증인을 법정에 제시할 수 있었다. 당나라의 법에 따르면 구두 증언만으로도 원래 계약의 증거로 충분했다. 중국 법정은 소그드인의 동생의 손을 들어주었고 중국인이 패소했다. 법정은 그 중국인에게 빚을 갚으라고 명령했다.

사망한 소그드인은 7마리의 짐 운반용 동물에 짐을 싣고 여행을 했다. 남아 있는 투르판 출토 통행증을 보면 다른 카라반도 거의 같은 규모였음을 알 수 있다. 니야나 쿠차에서 발굴된 같은 종류의 문서들에서도 마찬가지지만, 이러한 통행증에는 각 카라반에 소속된 구성원(사람과 동물 모두) 목록과 출발지와 목적지, 그들이 허락받은 방문지가 모두 적혀 있다. 여행자들은 여행을 시작할 때 자신의 최종 목적지, 중간 기착지, 동행하는 사람과 동물이 모두 적혀 있는 통행증을 신청해야 했다. 또한 새로운 행정구역으로 들어갈 때마다 여행자는 동행하는 사람과 동물을 확인하는 문서를 발급받아야 했다.

모든 경비 초소에서는, 지방행정구역 내에서나 경계에서나, 지방관이 모든 사람(대표 여행자의 친척, 작인作人 혹은 노예로 구분했다.), 짐을 운반하는 동물이 모두 정당하게 주인에게 속한 것인지를 점검했다. 당나라의 법에서는 빚을 갚지 못해 노예가 되는 것을 금지했다. 오직 부모가 노예일 경우, 그리고 정부에 등록된 계약에 의거해서 매매되는 경우에만 노예로 인정되었다. 매매는 등록여부를 분명히 제시할 수 있는 시장에서 이루어져야 했다.[71] 당나라의 법은 동물에게도 마찬가지로 엄격하게 적용되었다. 당나귀나 말, 낙타, 소를 동반하는 여행자는 반드시 동물 매매확인서를 경비초소에 제시해야 했다. 쿠차의 관리들처럼 투르판의 관리들도 카라반이 운반하는 물품은 기록하지 않았다. 그러나 통행증에는 카라반의 규모가 기록되어 있다. 대개는 사람 4~5명과 동물 10마리 정도였다.[72]

이름이 석염전(石染典)이라는 어떤 상인은 여러 장의 고문서에 등장한다. 소그드어로 하면 제마트-얀(Zhemat-yan)인데, 의미는 "제마트 신의 가호를"이라는 뜻이다. 그의 이름이 여러 문서에 등장하기 때문에 732년, 733년, 그리고 정부에 체포되었을 때 그가 어떤 경로로 움직였는지를 추적해볼 수 있다. 석염전의 집이 투르판에 등록되어 있었기 때문에 석염전은 과주를 출발하여 돈황을 거쳐 하미에 이르는 통행증을 발급받았다. 그리고 줄곧 서쪽으로 갔는데, 현장 법사와 유사한 경로를 거쳤다. 남아있는 문서에는 과주에서 돈황에 이르기까지 그 사이에 네 군데에서 관리로부터 확인을 받은 사실이 기록되어 있다. 카라반은 3월 19일에 두 차례, 그리고 20일에 한 차례, 다시 25일에 한 차례 점검을 받았다.[73] 처음 여행에서 석염전은 두 명의 작인과 한 명의 노예와 말 10마리를 이끌고 갔다. 그러나 돌아오는 길에는 말 한 마리와(비단 18필을 주고 샀다) 노새 한 마리가 늘었다.[74] 그가 합법적으로 동물을 거래했다는 매매확인서를 가지고 있었기 때문에 통과 허가를 받을 수 있었다. 소규모 무역상이었던 석염전은 자신의 물품을 10마리의 말에 실었고, 수익을 내기 위해 때때로 동물을 한 마리씩 사고팔기도 했다.

여행자가 제대로 된 서류를 소지하지 않으면 관리들은 통과를 시키지 않았다. 733년에 장안에 살던 왕봉선(王奉仙)이라는 자가 쿠차에서 군역을 마치고 돌아왔다. 그는 새로운 통행증을 신청했는데, 정해진 여행 경로를 벗어났기 때문이다. 그의 말에 따르면 그에게 동전 3천냥을 빚진 빚쟁이를 잡기 위해서였다. 지역의 관리는 그가 여행 허가를 받지 않은 도시를 여행했다는 이유로 그를 체포했다. 그는 몸에 병이 나서 어쩔 수가 없었다고 설명했고, 주변 사람들이 증인이 되어 주어서 그는 다시 통행증을 받을 수 있었다.[75] 투르판의 통행증에는 니야나 쿠차에서와 마찬가지로 모든 여행자가 당국의 엄격한 감시 속에서 여행해야 하며 공식적인 허락 없이는 정해진 여행 경로를 벗어나서는 안 된다고 명시되어 있다.

카라반이 새로 도착하는 도시의 검문소를 지나면 여관 주인을 만날 수 있었다. 여관에는 그들이 이용할 수 있는 상점이 있었고, 그들의 병을 돌봐줄 의사와 매춘부도 있었다. 오늘날도 그렇지만 마찬가지로 매춘부에 대해서는 거의 자료가 남아있지 않다.[76] 카라반은 그들이 방문하는 도시마다 빼놓지 않고 시장에 들렀다. 당나라의 법에는 시장 담당 관리에 대한 규정이 있었다. 담당관은 열흘마다 한 번씩 시장을 점검하고 거래되는 모든 상품의 세 가지 가격(최고가, 중간가, 최저가)을 기록해야 했다.[77] 그러한 등록대장이 낱장 121장으로 남아 있는데, 시기는 743년이며 투르판에서 가장 큰 시장의 기록이다. 어떤 대목은 날짜가 어느 달 14일, 또 어떤 대목은 28일이라고 적혀 있어서, 관리가 서로 다른 경우로부터 자료를 모아서 종합한 것임을 알 수 있다.[78] 중국의 시장은 줄로 구획이 나누어져 있어서, 같은 줄에서는 서로 관련되는 상품들을 팔았

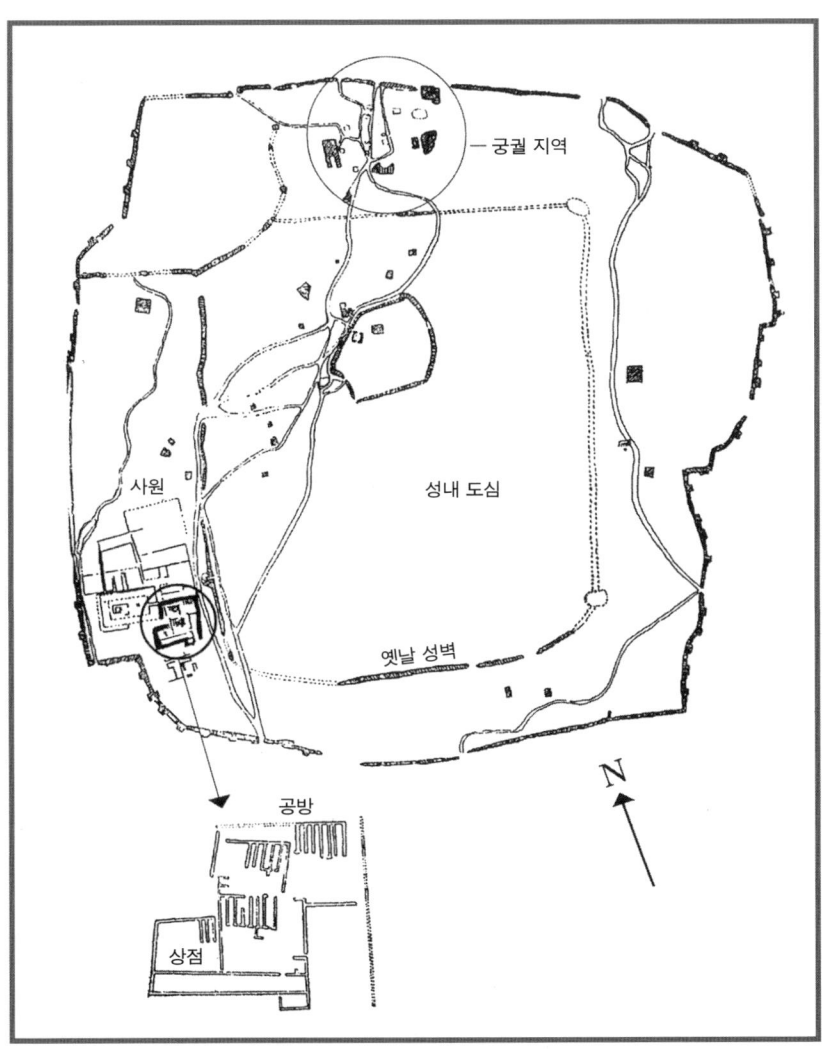

고창 고성 지도

고고학자들이 고창 고성 유적에서 도로와 건물 유적을 면밀히 조사한 끝에 도심 내 구획들을 확인할 수 있었다. 당나라 관리들은 고창 고성 내부를 별도의 구획으로 나누었다. 당시 중원 지역 도시들과 같은 방식이었다. 이렇게 나누어진 구획은 위구르 통치 하에서도 그대로 사용되었다. 상업 구역은 도시의 남서쪽에 있었는데, 장인들이 물건을 만들어서 판매하는 상점이 있었다. 관리들은 다양한 상점들을 일정한 그룹으로 나눈 뒤 시장 안에서 각각 고유의 구획을 지정해 주었다. 그리고 정기적으로 시장을 방문해서 가격을 기록했다.

다. 투르판의 등록 대장에는 350종 이상의 상품들이 10개의 줄로 나누어져 판매된 기록이 있다.

등록대장이 많은 정보를 주기는 하지만, 그것으로 시장의 모든 것을 알 수 있는 것은 아니다. 최고가-중간가-최저가(예를 들면 6-5-4)를 적어 놓은 것을 보면 형식적이라는 의심이 들기도 하는데, 예를 들면 가축의 가격은 연령이나 건강상태와 상관 없이 일괄적으로 표기되어 있다. 게다가 판매 수량은 적혀있지 않고 같은 상품을 판매하는 상인이 몇이나 되었는지도 나와 있지 않다.

오늘날 중국의 모든 시장에서와 마찬가지로, 투르판의 시장에서는 매우 다양한 상품들을 판매했다. 밀가루와 곡물뿐만 아니라 양파나 부추 같은 채소도 팔았다. 기타 생활용품들, 예를 들면 냄비나 주전자도 팔았고, 가축들, 예컨대 말, 낙타, 소도 팔았다. 심지어 사람의 똥도 살 수 있었는데, 거름용으로 수레 1대에 은화 25/22/20닢이었다.

시장에는 이란 지역에서 들여온 다양한 상품들도 눈에 띄었다. 이들 중 상당수는 칭가전(저울값) 기록과 목록이 겹친다. 염화암모늄, 향료, 설탕, 놋쇠 등이다. 시장 등록대장에는 70가지 서로 다른 약재도 기록되어 있다. 수입품은 대체로 작고 가벼운 것이었다. 왜냐하면 먼 거리에서 운반해 와야 했기 때문이다. 그러나 꽤 큰 물건들도 없지는 않았는데, 놋쇠로 상감을 한 고급 강철검의 가격이 은화 2,500/2,000/1,800닢이었다. 이와 함께 수입품이 아닌 현지 생산 칼도 판매되었는데, 훨씬 저렴한 가격으로 은화 90/80/70닢이었다. 서쪽에서 온 물건 중에 제일 큰 것은 동물이었다. 거세된 터키산 말과 페르시아 낙타가 바로 그것인데, 투르판까지 도보 운송이 가능했을 것이며, 그곳에 주둔하고 있던 당나라 군대에서 수요가 있었을 것이다. 말은 한 마리당 비단 20/18/16필이었고, 낙타는 비단 33/30/27필이었다.[79] 비단은 여러 상점에서 각각 특색 있는 상품을 팔았는데, 사천, 하남 등 중원 지역에서 생산된 것이었고, 군인들에게 급료로 지급되던 세금용 비단이 바로 이것이었다.

등록대장에 기록되어 있는 그 시장은 동물 열 마리에서 스무 마리 정도를 이끄는 소규모 카라반을 통해 물품을 공급받았다. 비슷한 수준의 장사를 기록해둔 문서가 칭가전(저울값) 문서와 통행증, 즉 과소(過所) 문서이다. 중앙아시아 경제에서 가장 중요한 선수는 당나라 정부였다.(실크로드에 대한 막연한 이미지와 실제는 다르다.) 당나라는 630년부터 서투르크 정복전을 시작했는데, 군사 행동을 지원하기 위해 당나라 정부는 서역에 돈을 쏟아부었다. 전쟁 비용을 대기 위해서 당나라는 중원 지역에서 직물을 모아들였고, 그것을 무위(武威)나 진주(秦州, 오늘날 진안秦安)으로 가져갔으며, 감숙성 지역으로도 가져갔고, 그곳에서 더 멀리 서쪽 국경 근처로 운반했다.[80] 이처럼 중원 지역에서 세금으로 징발되었던 비단이 신강에서 발굴된 사례가 20건이 넘는다.[81]

640년 당나라가 서투르크 정복에 성공한 직후 투르판에 주둔했던 당나라 군사의 수는 수천 명을 넘었을 것이다. 당나라 군대라고는 하지만 군사들의 상당수는 중국인이 아니라 현지인이었다.[82] 670년에서 692년까지 당나라는 티베트에게 쿠차를 포함해서 북서쪽 영토를 빼앗겼는데, 그 결과 8세기 군사 비용이 전례없이 증대하였다. 두우(735-812)는 최초로 제도를 거의 포괄하는 백과사전을 썼는데, 국경 방어 비용이 713년에는 200만 관, 741년에는 1,000만 관, 755년에는 1,400~1,500만 관이 필요했다고 기록했다. 당나라의 관리들은 회계상 수치의 불일치를 제거하기 위해 비용 단위를 관(貫, 동전 1,000개의 꾸러미), 석(石, 곡식 한 가마 단위, 약 80kg), 필(匹, 비단을 세는 단위)로 통합해서 사용했다.[83]

　이러한 수치를 놓고 보면 당나라의 국비 지출 규모는 엄청났다. 투르판 고문서에 나타난 개별 거래에서 매매대금은 매우 소규모였다. 그러나 730년대와 740년대 중앙 정부는 서역 국경 수비를 맡고 있는 네 곳(하미, 투르판, 북정北庭, 쿠차)의 사령부에 매년 90만 필의 비단을 보냈다. 742년 약 5만 명의 당나라 군사가 투르판에 주둔했지만, 지역 주민으로부터 거두어들인 세금은 군대 지출 비용의 9퍼센트밖에 되지 않았다.[84] 당나라 정부는 막대한 양의 보조금을 군대에 투입할 수밖에 없었다. 그 비용은 비단으로 지불되었고 그 비단은 실크로드 오아시스 경제 속으로 들어갔다.

　이러한 당나라 중앙 정부의 막대한 지출은 몇 년 후 안록산의 난과 함께 갑자기 멈추어버렸다. 반란으로 인해 당나라는 중앙아시아에서 철수할 수밖에 없었고, 왕조 자체가 거의 무너질 지경이었다. 반란의 지도자 안록산은 소그드인 아버지와 투르크인 어머니 사이에서 태어났다. 처음에는 중국 군대에 말을 공급하는 일을 했는데, 나중에는 장군이 되었고, 서로 다른 세 곳의 군사 지휘권을 가졌다.[85](그의 이름 록산祿山은 소그드어 "Rokhshan"의 음을 한자로 옮겨 적은 것이다.) 당나라의 황제 현종(재위 712-756)은 휘하의 군사들이 반란군에 합류할까 두려워서 부하들의 요구를 들어주었다. 즉 안록산과 염문이 떠돌던 후궁 양귀비를 목졸라 죽였고, 아들 숙종에게 황제 자리를 물려주었다. 숙종은 756년에서 762년까지 재위하였다. 755년 당시 중원 지역의 상당 부분을 반란군이 점령한 상태였기 때문에 당나라의 세금 수입은 755년 이후 급락하였고 북서부 지역 군대에 지급하는 비용 지출을 중단할 수밖에 없었다.[86] 당나라 황제는 어쩔 수 없이 위구르 용병을 동원해서 반란에 맞섰다. 763년이 되어서야 훨씬 쇠약해진 당나라는 겨우 반란을 잠재울 수 있었다.

당나라가 반역자로부터 통치권을 회수하는 동안 위구르 용병들은 762년 낙양을 점령했다. 그곳에서 나중에 투르판에 크게 영향을 미치게 될 운명적인 만남이 이루어졌다. 50년 뒤 투르판은 위구르의 지배 하에 들어갔다. 위구르의 지도자는 소그드인 스승을 만났는데, 그 스승은 마니교의 기본 교리를 가르쳐 주었다.[87] 마니교는 이란에서 시작된 예언자 마니(Mani, 약 210-276)의 종교로서, 우주를 지배하기 위하여 빛의 세력과 어둠의 세력이 끊임없이 투쟁을 벌인다고 가르친다. 위구르 카간은 마니교를 민족의 공식 종교로 받아들이고 자신의 결정을 세 개의 언어(소그드어, 위구르어, 중국어)로 새긴 비석을 세웠다.[88] 이는 마니교를 공식 종교로 선포한 세계사상 최초이자 유일한 사례이다.

티베트 제국은 반란 당시 당나라의 약점을 파고들었다. 780년대에 티베트 군대는 감숙성 지역으로 들어왔고, 786년에 투르판 바로 북쪽에 있는 북정(北庭, 베슈발리크)도호부를 점령했고, 792년에는 투르판도 점령했다. 803년에는 위구르가 티베트로부터 투르판을 빼앗았다. 몽골 지역에 있던 위구르는 키르기즈에 의해 840년에 무너졌는데, 이들 중 일부가 투르판으로 철수했다. 투르판에서는 866년에서 872년 사이 위구르 카간국이라고 하는 새로운 나라가 세워져서 수도를 고창에 두었다.[89] 두번째 위구르 카간국은 감주(甘州) 동쪽에 근거지를 두었다.

위구르의 통치 하에서도 투르판 주민들은 계속해서 토지나 노예, 동물 거래 계약을 기록으로 남겼다. 하지만 한문이 아니라 위구르어를 사용했다.⁹⁰ 투르판에서 출토된 13세기에서 14세기의 위구르어 계약서를 보면 지역 경제가 대체로 물물교환 단계로 회귀했음을 알 수 있다. 사람들은 동물이나 땅을 매매할 때 곡식이나 천의 단위로 가격을 기록했는데, 여기서는 면이 비단을 대신했다.

위구르어 문서에는 그 지역 공동체의 종교적인 측면이 많이 드러난다. 당나라 통치 하에서 투르판 주민들은 토착신뿐만 아니라 불교, 도교, 조로아스터교 신격을 숭배했다. 위구르 통치 하에서는 두 개의 새로운 종교가 더해졌다. 바로 기독교와 마니교였다.

기독교의 흔적은 20세기 초 두번째 독일탐험대에 의해 밝혀졌다. 고창의 동쪽 성벽 바깥에서 고고학자들은 조그만 기독교 교회를 발굴했는데, 그곳에서 발견된 벽화에는 종려주일(부활절 직전 일요일) 예배 모습이 그려져 있었다. 투르판 북쪽에 있는 포도구(葡萄溝) 유적지에서는 시리아어, 소그드어, 중세 페르시아어, 근대 페르시아어, 위구르어로 된 기독교 문서가 출토되었다. 심지어 성경의 시편을 먼저 그리스어로 적고 그 다음 소그드어로 번역한 문서도 발견되었다. 예배에서는 시리아어가 주된 언어였지만 시편과 찬송가 모음집에는 제목이 소그드어로 되어 있다. 이러한 소그드어 제목은 포도구의 기독교 신자들이 주로 소그드인이었음을 보여주는 것인데, 소그드어 텍스트 안에 투르크어 이름과 언어적 양상들이 드러나는 것으로 보아 그들이 점차 소그드어를 포기하고 위구르어를 선호하게 되었음을 알 수 있다. 이들 문서의 연대는 정확하지 않다. 아마도 9세기와 10세기로 추정되는데, 당시 투르판은 위구르 카간국의 수도였다.⁹¹

중앙아시아의 대부분 기독교 신자들처럼 투르판의 기독교 신자들도

베제클릭에서 발견된 마니교 벽화
하늘 세계의 생명나무에 열매가 주렁주렁 달려 있고, 세 줄기가 서 있다. 베제클릭 제38굴에서 발견된 이 벽화의 주제는 생명나무이다. 그림의 크기는 높이 1.5m, 너비 2.4m로서 남아있는 마니교 예술작품 가운데 세계 최대 규모이다. 기도하는 사람들은 위구르어 사용자들이다. 나무 아래에 후원자의 이름이 적혀 있다. 후원자는 수호신의 가호를 빌었다. 여성 후원자는 특이한 새머리 장식을 쓰고 나무 오른쪽에서 무릎을 꿇고 있다. 그녀의 뒤에는 두 수호신이 서 있고, 그녀의 뒤로 세 사람이 무릎을 꿇고 앉아 있다. 맞은편에는 남편의 모습이 보이는데 부분적으로 지워졌지만 비슷한 머리장식을 쓰고 있다. 이 모사본은 1931년에 제작되었는데, 당시 이미 벽화가 심각하게 손상된 상태였다.

네스토리우스파 기독교에 소속되어 있었다. 네스토리우스파 기독교는 메소포타미아 지역에 근거지를 두고 있었고, 예배를 드릴 때의 언어는 아람어의 방언인 시리아어를 사용했다. 네스토리우스파 기독교의 가르침에 따르면, 그리스도는 두 가지 본성을 가지는데, 하나는 신성이며 하나는 인성이다. 나아가 마리아는 인간 예수의 어머니이며 신성 예수의 어머니는 아니라고 가르친다. 그들의 반대파에서는 그들을 때때로 네스토리우스파라고 하여 네스토리우스(약 381-약451)와 결부시킨다. 네스토리우스는 428년에서 431년까지 콘스탄티노플에서 시리아의 대주교로 있다가 교회로부터 파문을 당한 인물이다. 네스토리우스파 기독교 소속 신도들은 스스로를 네스토리우스파로 인정하지 않는다.[92]

위구르 카간이 마니교로 개종한 다음 위구르의 공식 종교는 마니교가 되었다. 125행에 달하는 어떤 규정문에는 마니교 사원이 어떻게 운영되어야 하는지 기록되어 있다. 아마도 9세기의 것으로 추정된다. 규정문을 발행한 곳이 투르판의 위구르 정부인지 사원의 지도부인지는 명확하지 않지만, 사원 관리들이 토지와 포도밭과 사원의 상점을 감독해야 한다고 명시되어 있다. 소제목 중에 예를 들면 "선출" 같은 어휘는 마니교에서 특징적인 단어지만, 내용상 사원의 업무 구조는 불교 사원과 매우 닮아 있다. 독립적인 노동자가 토지를 갈고 사원 거주자들에게 곡식과 의복을 제공하도록 되어 있다. 사원의 성직자는 제례를 주관하고 신도들의 영적인 삶을 책임지며, 신도들은 성직자들에게 채식 음식을 제공할 임무를 진다. 성직자들은 채식을 해서 육신의 빛을 증가시켜야 한다.[93]

독일의 고고학자 르 콕(Albert von Le coq)은 쿠차에서 활동했는데, 위구르 통치 시기의 마니교 사원 도서관 두 곳을 발굴하면서 매우 흥미로운 문서들을 발견했다. 마니교 찬가를 기록한 텍스트들이 많이 남아 있었다. 그 중 일부는 예배 언어로 파르티아어를 사용했는데, 그것은 기원후 1000년까지 투르판의 지역 언어였다. 이러한 찬가들의 내용은 어둠의 세력에 대한 빛의 세력의 승리를 축하하는 내용이 많다.

모든 빛의 편에 선 존재는 정당하게 [선택을] 받았으며, 많은 고난을 참고 견뎌왔던 심판자들은 위대한 아버지와 함께 즐거워할 것이다. …… 그들이 위대한 아버지와 함께 싸웠기 때문이며, 그들이 헛되이 뽐내던 어둠의 편에 선 자들을 극복하고 물리쳤기 때문이다.[94]

이와 같은 찬가들로부터 학자들은 마니교의 주요 교리를 추출해낼 수 있었다. 발굴된 자료가 없었더라면 그 교리를 알아낼 수 없었을 것이다. 왜냐하면 마니교 텍스트는 전세계 어디에서도 남아 있는 것이 거의 없기 때문이다.

르 콕이 발굴해낸 텍스트 중에 몇몇에는 아름다운 그림이 그려져 있다. 그러나 물에 젖어서 훼손이 워낙 심해 페이지들이 들러붙어버리는 바람에 분리해낼 수가 없었다. 그 중에 한 쪽이 베를린의 인도미술관에 남아 있다. 네 명의 독일 탐험가들이 가져온 유물이 모두 이곳에 있었는데, 2차 세계대전 당시 폭격으로 이 한 장만 살아남은 것이다. 남아있는 페이지의 그림은 베마(Bema) 축제 장면인데, 그 축제는 마니교에서 연중 가장 중요한 축제이다. 장면 속에는 성직자 혹은 선택받은 자가 찬가를 부르며 큰 소리로 마니의 가르침을 읽어주고 있고, 음식을 먹고 있다. (화보 11A 참조)[95]

마니교는 위구르 카간국의 공식 종교였지만 투르판 현지에서 남아 있는 마니교 예술 작품은 거의 없다. 오직 하나 남아있는 것이 베제클릭의 동굴 벽화인데, 그것이 틀림없는 마니교의 작품이라는 데에는 모든 학자들이 동의하는 바다.[96] 벽화는 1931년에 촬영된(109쪽 참조) 이후 심각하게 훼손되어서 관리인들은 관광객에게 좀처럼 보여주지 않는다.

투르판과 그 주변 동굴 유적지에서 마니교 예술품은 왜 그리 살아남은 것이 없을까? 기원후 1000년 무렵 어느 시점에 위구르 카간국의 통치자들은 더이상 마니교를 지원하지 않고 불교를 후원하기 시작했다.[97] 베제클릭의 제38번 석굴을 포함해서 투르판에 남아 있는 몇몇 석굴이 그러한 변화를 증언해주고 있다. 동굴 벽면을 세밀하게 조사한 결과 벽면에는 두 개의 층위가 발견되었는데, 흔히 불교 층위가 안쪽의 마니교 층위(잘 보이지 않는 경우도 많다.)에 덧씌워져 있다. 위구르 왕실에서 불교를 지원하기로 결정함으로써 새로운 시대가 도래했고, 그 속에서는 오직 하나의 종교만이 용납되었던 것이다.

1209년에 몽골이 투르판의 위구르 카간국을 정복했지만 위구르의 카간은 자리를 그대로 유지할 수 있었다. 1275년에 위구르는 쿠빌라이 칸을 지지했다. 1283년에 쿠빌라이의 반대편에서 위구르 카간국을 정복하자 위구르 왕실은 도망쳐 감숙성 지역에 정착했다. 14세기에 농민 반란으로 중국의 몽골 통치가 무너지고 명나라가 수립되었지만, 투르판은 중국에 복속되지 않고 몽골의 지배 아래 머물러 있었고, 나중에는 몽골의 차가타이 계열에 복속되었다. 1383년 무슬림이었던 히즈르 호자(Xidir Khoja, 재위 1389-1399)가 투르판을 정복했고, 주민들을 이슬람으로 개종하도록 했다. 그 후 이슬람은 오늘날까지 그 지역의 주된 종교이다.[98] 1756년 청나라의 침략을 받을 때까지 투르판은 독립을 유지했다.[99]

투르판의 역사는 분명하게 세 단계로 나뉘어진다. 즉 640년 당나라에 정복되기 이전, 당나라 지배 시기(640-755), 그리고 803년 이후 오아시스를 중심으로 한 위구르 카간국 성립 이후이다. 중국의 지배를 받기 이전과 이후 모두 그 지역의 경제는 대체로 자족적이었다. 지역간 이동에 대한 기록의 대부분은 사절단에 대한 것이거나 아니면 도망자에 대한 기록이다. 실크로드 무역의 최전성기는 당나라 군대가 이 지역에 등장했을 때였다.(그로 인해서 최전성기가 초래되었기 때문이다.) 당나라 정부는 엄청난 양의 비단과 동전을 지역 경제에 투입했다. 그 결과 가난한 농민들조차 높은 이자를 내고 대출을 받기에 이르렀다. 그러나 755년 이후 중국 군대가 철수해버리자 지역 경제는 현물경제로(Subsistence economy)로 되돌아갔다. 다음 장에서 자세히 보겠지만, 당나라 정부의 소비 패턴에 대한 정보가 다른 오아시스에도 많이 남아 있는데(특히 돈황 지역), 대체적인 패턴은 분명하다. 실크로드 교역은 대체로 중국 정부 지출의 부산물이었을 뿐, 흔히들 생각해왔던 것처럼 상인의 사적인 원거리 무역이 아니었다.

CHAPTER 4

사마르칸트

― 실크로드의 상인 소그드인의 고향 ―

사마르칸트로 보내는 편지

우편 주머니 속에는 접은 종이 8장이 들어 있었는데, 위 사진은 그 중 하나이다. 이 편지는 낱장의 종이에 글을 적은 뒤 여러 번 접어서 조그만 비단주머니에 넣고 겉에다가 "사마르칸트로 보냄"이라고 적혀 있었다. 함께 발견된 편지들은 313년에서 314년 사이에 작성된 것들로 실크로드 무역에 관해서는 남아있는 고문서 중에서 가장 중요한 유물이다. 왜냐하면 작성자가 정부 관리가 아니라 상인 등 개인이 사적으로 쓴 편지이기 때문이다.

630년 중국의 승려 현장 법사는 투르판에서 출발하여 가장 많은 여행객들이 이용하는 길을 따라 서쪽으로 갔다. 쿠차에 들렀다가 천산산맥을 거쳐 서투르크 카간을 방문했던 것이다. 카간은 현재 키르기스스탄에 속하는 이식쿨 호 북서쪽 끄트머리 즈음에 주재하고 있었다. 그리고 나서 현장 법사는 현재 우스베키스탄에 속하는 사마르칸트로 갔다. 여행객들은 사마르칸트에서 서쪽으로 시리아까지 갈 수 있었고, 타클라마칸 사막의 오아시스로 되돌아 오거나, 아니면 남쪽으로 인도까지 갈 수도 있었다. 당시 사마르칸트는 소그드인의 중심 도시였다. 그들은 이란계 민족으로 실크로드 무역에서 워낙 중요한 역할을 담당했기 때문에 당나라 시기 규모와 영향력 면에서 가장 큰 이주민 집단을 이루었다.[1] 소그드인들은 소그드어라고 불리는 중세이란어(middle Irannian)를 사용했다. 멀리 타지키스탄 근처 야그노브(Yaghnob) 지역에서는 아직도 이 언어가 사용되고 있다.(맞은편의 소그드어 문서 참조)

사마르칸트에서 현장 법사는 이란 문화권으로 진입했다. 이란 문화권의 언어나 종교적 수행 방식이나 관습은 중국 문화 못지않게 오래되고 지성적인 면모를 갖추었지만, 중국 문화와는 근본적으로 달랐다. 오늘날 여행자가 현장 법사의 발자취를 따라간다면, 중국과 구소련 사이의 독특한 국경선을 목격하게 될 것이다. 중국인들은 이 길을 농담삼아 "스틸로드(Steel Road)"라고 하는데, 이 위험천만한 고속도로에는 뒤집어진 트럭과 쇳조각들이 널부러져 있다. 해체된 구소련의 공장에서 중국으로 반출되던 것들이다.

7세기의 여행길은 정말로 위험했다. 현장 법사는 눈이 녹을 동안 두 달을 기다렸다가 쿠차를 떠나 천산산맥을 향했다. 쿠차의 왕이 준 낙타, 말, 호위병과 함께였다. 그런데 이틀을 여행한 뒤 2,000명이나 되는 돌궐족 기마 도적떼를 만났다. 현장 법사의 제자 혜립의 설명에 따르면, 그들은 현장 법사의 물건을 빼앗지는 않았다. 앞서 약탈한 물건들을 서로 나누느라 너무 바빴기 때문이다.

그리고 나서 현장 법사 일행은 하늘높은 천산산맥에 도달했는데, 그 중에서도 특히 준산(凌山)은 현장 법사에게 인상적이었다.

> 그 산은 매우 험준해서 끝이 하늘에 닿아 있다. 개벽 이래 눈과 얼음이 쌓여 덩어리를 이루고 봄여름에도 녹지 않은 채 엉겨붙어서 아득히 구름과 닿아있다. 쳐다보면 눈부시게 희어서 끝이 어딘지 알 수 없다. 산 비탈로 난 길에 떨어진 얼음덩어리가 어떤 것은 높이가 백 척(尺)이고, 어떤 것은 길이가 몇 장(丈, 1장≒3m)이나 되어서 좁은 길은 험난하고 걸어 오르기가 어렵다.

여정은 극도로 험난했다. 혜립의 말을 더 들어보자.

> 이에 더하여 눈바람이 이리저리 몰아치니, 비록 가죽옷을 겹쳐 입었어도 찬기운을 막아낼 수 없었다. 잠을 자거나 음식을 먹으려 해도 머무를 만한 마른 땅이 없었다. 그러니 냄비를 걸어놓고 요리를 하고, 얼음 위에 자리를 깔고 누울 수밖에 없었다.

7일을 걸은 뒤에야 현장 법사 일행 중 살아남은 사람들은 마침내 산을 벗어날 수 있었다. 10명 중에 서너 명은 추위와 배고픔 때문에 죽었고, 말이나 소 중에서 손실은 이보다 훨씬 더 많았다.[2]

이들의 생존율은 지나치게 낮았다. 글에는 나오지 않지만 현장 법사 일행이 눈사태를 만났던 것은 아닌지 의문이 들 정도이다.[3] 극도로 건조한 기후 탓에 천산산맥에서 얼음은 산꼭대기 부분, 즉 교목한계선 이상에서만 형성되고, 그 바로 아래에는 모래와 흙먼지층이 형성되어 있다. 그래서 얼음 덩어리가 부서지게 되면 눈사태가 아니라 흙사태가 일어나는데, 그야말로 무시무시한 산사태가 된다. 현장 법사 일행이 산사태 피해를 입었는지는 알 수 없지만, 어쨌든 이곳은 인도로 가는 현장 법사의 전체 여정 가운데 가장 험난한 곳이었음에 틀림없다.

천산산맥을 건넌 뒤 현장 법사 일행은 키르기스스탄의 이식쿨 호에 도착했다. 이식쿨이란 투르크어로 "뜨거운 호수"란 뜻이다. 이 호수에는 온천이 나기 때문에 얼지 않는다. 중국인들은 이식쿨 호를 열해(熱海, 뜨거운 바다)라고 불렀다.[5] 현재 토크마크(Tokmak)라는 도시 가까이의 악베쉼(Akbeshim) 유적지는 호수 서쪽 끄트머리 근처에 있는데, 현장은 그곳에서 서투르크의 카간을 만났다. 그는 초록색 비단 옷을 입고 열 길이나 되는 비단 터번을 두르고 긴 머리를 등뒤로 늘어뜨렸다.[6]

630년 당시 카간은 투르크 연맹의 맹주였다. 투르판에서 페르시아까지 모든 영토가 그들의 땅이었다. 카간이 모든 영토를 직접 통치하지는 않고 지역 군주 노릇을 했다. 투르판이나 쿠차, 사마르칸트의 통치자도 마찬가지였다. 그러나 그들은 카간에게 조공을 바쳤고, 카간의 요청이 있으면 군대를 보냈으며, 카간의 명령에 복종했다. 고창국의 왕이 그랬던 것처럼 카간 또한 며칠 동안이나 현장 법사를 설득했다. 인도에 가지 말고 토크마크에 머물러 달라는 것이었다. 현장 법사가 동의하지 않자 카간은 마침내 포기하고 현장 법사에게 통역사와 여행비용으로 비단 50필을 주었다. 그리고 여러 군주들에게 현장 법사를 대군주로 예우하라는 편지를 써 주었다. 현장 법사 일행은 토크마크에서 서쪽으로 길을 떠났다. 그들은 아름다운 초원이 있는 야산을 지나고 황량한 키질 쿰 사막을 거쳐 마침내 사마르칸트에 도착했다.

《대당서역기》에서 현장 법사는 서역의 여러 나라에 대하여 자세한 기록을 남겼다. 물론 소그드인에 대해서도 기본적인 사항들을 남겼다.[7] 소그드인들은 한자를 쓰지 않았다. 대신 그들은 약 20개의 철자를 다양하게 조합해서 광범위한 어휘를 기록했다. 그들은 단순한 옷을 입었는데, 모직과 펠트로 만든 것이었다. 남자들은 천으로 머리를 둘렀고 앞이마의 맨살이 드러나도록 머리카락을 깎았다. 이러한 모습은 중국인 관찰자에게는 매우 충격적이었다. 중국인들은 머리카락을 신체의 일부로 간주했고, 부모님으로부터 물려받은 선물이라고 해서 잘라서는 안 된다고 생각했기 때문이다.

현장 법사의 목소리는 소그드인에 대한 중국인의 대체적인 입장을 대변하고 있다. "그들의 관습은 신뢰할 수 없다. 그들은 거짓말을 자주 하고 남을 잘 속인다. 돈을 심하게 밝히며 이익을 구하는 데에는 아비와 아들이 닮았다."[8] 당나라 공식 역사서를 취합했던 역사가들도 이러한 선입견에 공감해서 소그드인이 어떻게 아이를 상인으로 기르는지를 서술하였다. "아들이 태어나면 입과 손에 꿀을 바른다. 아이가 성장해서 입으로는 달콤한 말을 하고 손에 들어온 돈은 꿀에 달라붙어서 떨어지

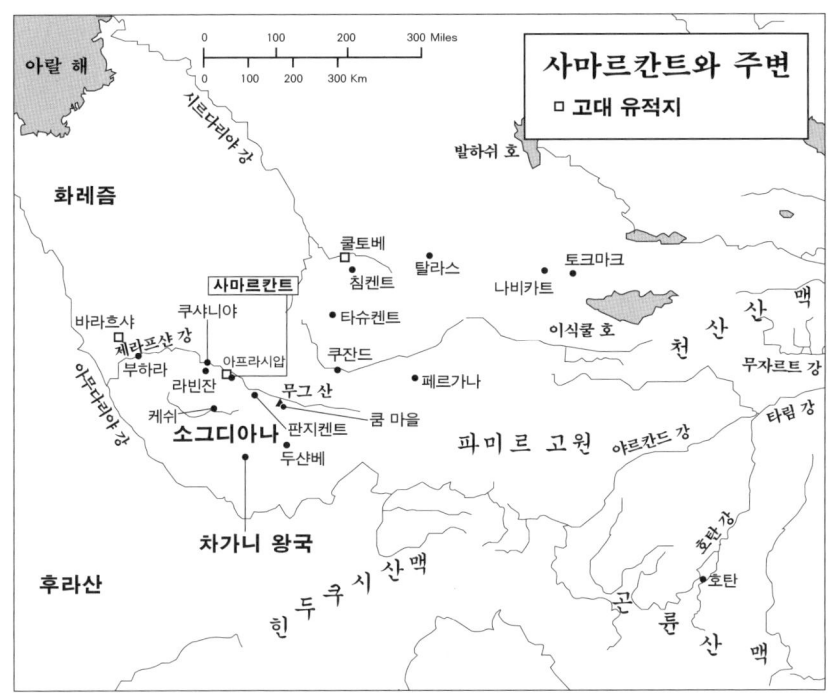

지 않도록 한다는 의미이다. …… 그들은 무역에 능하며 이익을 좋아한 다. 나이 스물이 되면 외국으로 떠난다. 이익이 있는 곳이라면 어디든지 간다."⁹

    불행하게도 이러한 고정관념을 바로잡을 만한 소그드어로 된 자료가 남아있는 것이 거의 없다. 사마르칸트와 그 주변의 기후는 타클라마칸 사막처럼 건조하지 않고 토양은 훨씬 산성이 강하다. 게다가 많은 자료가 8세기 초 이슬람의 사마르칸트 정복 이후 파괴되었다. 단지 두 덩이의 소그드어 고문서가 남아 있을 뿐이다. 첫번째는 4세기 초의 자료인 소그드어로 쓰여진 8통의 "옛날" 편지로, 오렐 스타인이 돈황 근교에서 발굴한 것이다. 두번째는 은신처로 사용되었던 요새에서 나온 100건 가까이 되는 고문서로, 8세기 초의 문서인데, 1930년대에 사마르칸트 근교에서 발굴되었다. 이외에 소그드어 자료라고 하면 은그릇에 새겨지거나 천에 직조된 글씨, 그림의 캡션, 투르판에서 발굴된 여러 종교적 텍스트에 산재해 있는 문구 정도가 전부라서 소그드인의 역사에 대한 정보는 거의 담고 있지 않다.[10]

고고학적 자료로 사마르칸트 주거지의 가장 오래된 층위에서 발굴된 소그드인의 첫번째 흔적은 기원전 7세기로 편년된다. 이로부터 몇 세기 뒤, 알렉산드로스 대왕의 전기 작가들이 마라칸다(Marakanda, 사마르칸트의 그리스식 명칭) 주민들의 맹렬한 저항을 언급한 글들이 있다. 그들은 결국에는 알렉산드로스에게 항복을 하게 된다. 알렉산드로스가 사망한 뒤 다양한 왕국들이 권력을 나누어 가졌는데, 오늘날 타슈켄트에 기반을 둔 연맹 왕국이 상당 기간 동안 사마르칸트를 지배했다.[11]

최근까지도 학자들은 1907년에 오렐 스타인이 돈황 근처에서 발굴한 우편 가방에서 나온 편지가 가장 오래된 소그드어 자료라고 믿고 있었다. 그러나 1996년에서 2006년 사이 고고학자들은 카자흐스탄 남부의 쿨토베(Kultove, 아리스 강변의 침켄트 근처) 유적에서 구운 벽돌 조각 10점이 발굴되었는데, 거기에 소그드 문자가 새겨져 있었다. 이들 자료를 면밀하게 검토한 결과, 세계적인 중앙아시아 이란어 전문가 심스-윌리엄스(Nicholas Sims-Williams) 교수는 이들 자료의 연대가 우편 가방보다 앞선다고 결론을 내렸다. 그 성벽을 쌓을 당시 최소한 네 개의 소그드인 도시국가가 존재했지만, 자료가 워낙 파편적이라서 그로부터 많은 정보를 추출해낼 수는 없었다.[12]

오렐 스타인이 발굴한 소그드어 편지 8통은 거의 온전한 상태라서 훨씬 많은 정보를 담고 있다. 스타인은 돈황 북서쪽 90킬로미터 지점에서 우편 가방을 발굴했다. 그 중의 한 편지에는 사마르칸트 주민의 주소가 적혀 있었고, 이로 보아 편지가 분실될 당시 그 편지 가방은 사마르칸트로 배송되는 중이었음을 알 수 있다. 1907년에 스타인 발굴팀 중 한 사람이 감시 초소를 발굴하던 중 편지를 발견했다. 감시 초소는 중국 여러 왕조에서 국경 수비를 위해 건설했던 것으로 서로 약 3.2킬로미터 거리로 떨어져 있었다. 감시 초소의 높이는 6미터나 혹은 그보다 더 높았고, 경비병들의 주거용 건물이 소규모로 부속되어 있는 경우가 많았다.[13] 그 중 어느 한 탑에서(스타인은 이 탑의 번호를 T.XII.A라고 붙였다. T는 Dunhuang의 다른 표기인 Tun-huang의 약자) 스타인은 특별한 것이 없다고 생각하고, 본인이 다른 탑을 조사하고 돌아올 동안 통로를 청소해 두라고 지시했다. 그가 돌아왔을 때 작업자 한 사람이 무언가를 찾았다며 보여주었다. 채색비단도 있었고, 나무로 된 상자, 기원전 1세기 초의 한문 고문서들, 기원후 400년 이전으로 편년되는 카로슈티 문자가 적힌 비단 조각이었다. 그리고 나란히 놓여 있는 조그만 두루마리도 있었다. 그 속에는 반듯하게 접힌 편지가 들어 있었는데, 분명 서구식 문자로 적혀 있었다."[14] 그 문자는 아람어와 비슷했다. 스타인은 누란에서 발굴했던 비슷한 사례를 기억해냈다. 그 낯선 문자는 소그드 문자로 판명되었다.

여덟 통의 편지는 해독하기도 어렵고 여러 단어가 소실되기도 했지만 특히 많은 의미를 담고 있는 유물이었다. 세계적으로도 몇 안 되는 소그드어 전문가들이 각 문장의 의미에 대해서 계속 논의를 거쳤다. 한 세기 내내 고심을 거듭했지만, 심지어 지금까지도 어떤 대목은 석연치 않다. 온전한 상태로 남아 있던 편지 5통 중 4통은 영어로 번역이 되었다.[15] 스타인의 발굴 방식은 당시로서는 선진적이었지만 완벽하지는 않았다. 편지를 발굴했던 작업자는 무너진 감시탑의 어느 층위에서 유물을 발굴했는지를 기록해두지 않았다. 편지에 날짜가 적혀있지 않기 때문에 이는 심각한 문제였다.

결정적으로 어느 편지 한 장에서 편지 작성 시점에 대한 실마리가 잡혔다. "그리고 그들이 말하기를 마지막 황제께서 낙양을 떠나 달아났다고 합니다. 왜냐하면 배고픔과 화재가 궁궐과 도시에 닥쳐왔기 때문입니다. 낙양은 더 이상 존재하지 않습니다. 업성(鄴城, 河南 彰德府)도 더 이상 존재하지 않습니다."[16] 역사적으로 낙양이 약탈당한 때는 190년, 311년과 535년이었다. 대부분의 소그드어 학자들은 편지에 등장하는 사건은 311년이며, 편지는 313년 혹은 314년에 작성된 것으로 결론지었다.[17] 편지를 쓴 사람은 낙양을 공격한 군대가 "훈족"이라고 언급했다. 더욱이 그 지도자가 석륵(石勒, 274-333)이라고 했다. 그는 흉노 연맹에 소속된 어느 민족[羯族]의 일원이었다. 이는 또한 300년대 말에 유럽을 침공했던 중앙아시아의 훈족과 흉노를 연결하는 주요 근거 중의 하나가 되기도 한다.[18]

8통의 편지는 봉해져 있지 않았지만 "두루마리로 꼼꼼하게 말려 있었다."고 스타인은 전한다. 두루마리의 크기는 길이 9-13센티미터, 지름 2.5-3센티미터였다. 편지의 발신지는 각각 중국의 서로 다른 도시들이었지만, 편지지의 크기는 비슷했다. 대략 39-42센티미터×24-25센티미터였는데, 이로 보아 각자가 어떤 표준화된 종이를 사용했을 수도 있다. 종이가 중국에서 널리 사용된 시기가 3세기 무렵인 것을 감안하면 상당히 빠르게 발전했다고도 할 수 있겠다. 3통의 편지는 개별적으로 비단 주머니에 들어 있었다. 네번째 편지도 비단 주머니에 들어 있었는데, 아마포(린넨)로 비단 주머니를 한 번 더 감쌌다. 겉에는 "사마르칸트로"라고 적혀 있었지만 반송 주소는 없었다. 다른 편지에는 받을 사람의 주소가 적혀 있지 않았다. 아마도 전달하는 사람이 누구에게 전달해야 할지를 알고 있었을 것이다. 1번과 3번 편지는 돈황에 살고 있는 어떤 여인이 어머니와 남편에게 보낸 편지였는데, 그들은 누란에서 살았던 것 같다. 5번 편지는 무위에서 보낸 것이었다.

편지를 통해 알 수 있는 바, 4세기 초에는 이미 소그드인 공동체가 낙양, 장안, 난주, 무위, 주천(酒泉), 돈황 등지에서 형성되어 있었다. 두번째 편지에는 40명의 소그드인 정착민이 사는 어떤 곳과 사마르칸트 출신의 100명의 "자유민"이 사는 곳에 대한 언급이 있다.(아쉽게도 그 두 장소의 명칭은 판독이 불가능하다.) 낙양의 정착촌에는 소그드인과 인도인이 모두 포함되어 있었다. 소그드인 공동체가 어느 정도 규모에 이르면(아마도 40명), 그들은 배화교 사원을 지었다. 그리고 살보(薩寶, Sabao)라는 직책의 남성이 종교 의례를 담당했다. 즉 제단에 불을 올리고, 조로아스터교 축제를 주관하며, 지도자로서 분쟁에 대한 판결을 내렸다.

이란의 조로아스터교는 유일신교로 진화해 왔다. 거기서 아후라 마즈다는 최고의 신격이었다. 그러나 소그디아나에서 배화교도들은 아후라 마즈다를 포함한 여러 신격을 섬겼다.[19] 조로아스터교 가르침에서는 중국식 매장 풍습이나 불교식 화장을 모두 금지했다. 이 둘은 모두 오염에 해당하기 때문이다. 매장은 땅을 오염시키고 화장은 불을 오염시킨다. 그 대신 조로아스터교도들은 시신을 노출시켜서 동물들이 살을 깨끗이 먹도록 두었다가 그 뼈를 토기에 담아 납골당에 안치했다.

미우나이(Miwnay)는 돈황에서 1번과 3번 편지를 썼던 여인인데, 남편에게 버림을 받고 남편의 빚을 대신 지고 있었다. 그녀가 도움을 요청했던 사람들의 목록은 이방의 소그드인 사회를 묘사하는 타임캡슐과 같다. 미우나이는 처음에 관리에게(분명히 세금을 거두는 관료였음), 그리고 남편의 친척에게, 세번째로 사업상 관련된 남자에게 찾아갔다. 모두 도움을 거절했다. 그것은 그녀 남편의 의무이며 자신들과는 상관 없다는 이유였다. 마지막으로 그녀는 "사원의 승려"에게 찾아갔다. 그는 낙타 한 마리와 안내할 남자 한 사람을 주겠노라고 약속했다.

미우나이는 남편에게 보내는 편지에서 자신의 분노를 강하게 피력했다. "나는 당신의 명령에 따랐고 돈황으로 왔으며 우리 어머니나 오빠들의 말은 듣지 않았어요. 내가 당신의 말을 들어줬을 때 틀림없이 신들이 노하셨을 거예요! 당신의 아내가 되느니 차라리 개나 돼지의 아내가 되는 편이 낫겠어요!"[20] 그녀의 딸이 편지에 덧붙인 글에는 가난을 이기지 못한 두 여인이 형편이 어려워져서 양을 돌보는 일을 하기에까지 이르렀다고 한다. 3년 동안 돈황을 떠나지 못했던 미우나이에게 카라반을 따라 떠날 수 있는 기회가 다섯 차례나 있었지만 그들에게 지불할 돈이 없었다. 여행에 필요한 돈은 은화 20닢이었다.

학자들 사이에서도 당시 은화 한 닢의 가치가 얼마나 되었는지는 확실하지 않다. 당시 유통되었던 일반적인 은화처럼 그곳에서도 한 닢의 무게는 12그램이었을까? 아니면 사마르칸트에서 유통되었던 훨씬 가벼운 6그램짜리 은화였을까?(이는 실크로드 연구가 직면하고 있는 많은 수수께끼 중의 하나이다.)

낙양성 함락을 보고했던 상인은 미우나이보다 훨씬 더 부유한 사람이었다. 그는 사마르칸트에 충분한 재산을 가지고 있었다. 자신이 돌보는 고아들을 돕기 위해서 상인들에게 일을 시키고, 그의 재산 중에서 "1,000 혹은 2,000 스테이터를 지불하라"고 결재를 할 능력이 있는 사람이었다. 그가 사마르칸트에 있는 자신의 상관에게 보낸 편지에서, 감숙성 주천과 무위에서 고용한 여러 사람들에 대한 이야기를 썼다. 그의 편지에는 회사에 소속된 세 계층이 언급된다. 우두머리(사마르칸트에 있는 아버지와 아들), 대리인(편지를 쓴 사람, 직물 노동자를 고용하고 네트워크를 관리함), 그리고 직물 노동자들이다.

두번째 편지에도 당시 거래되었던 생필품에 대한 언급이 있다. 예를 들면 모직 천과 린넨 등이다. 대리인은 돈황으로 사향 32베시클(vesicle, 모종의 가치 단위)을 보냈다고 보고했다. 사향은 사향노루의 향주머니에서 추출한 물질로서 향수나 정착액으로 쓰인다. 소그드인에 대한 선도적인 연구자 에티엔 드 라 베시에르(Étienne de La Vaissière)에 따르면 편지에서 언급된 사향의 무게는 0.8킬로그램으로 추정된다. 순수 사향으로는 엄청난 양이다.[21] 두번째 편지에서도 모직 천과 린넨이 언급되지만, 수량은 적혀 있지 않다.

다섯번째 편지에는 상대적으로 가까운 지역인 고장(姑臧)과 돈황 사이의 교역이 언급되는데, 카라반의 지도자에게 보내는 편지이다. 여기서 언급되는 금액은 훨씬 적다. 편지를 보내는 사람은 그가 받아야 할 은화 20닢 가운데 4닢반만 받았다고 주장한다. 고장에서 어딘가 다른 행선지(누란으로 추정됨. 거리는 약 1,400km)로 카라반을 통해 보낸 물품 목록이

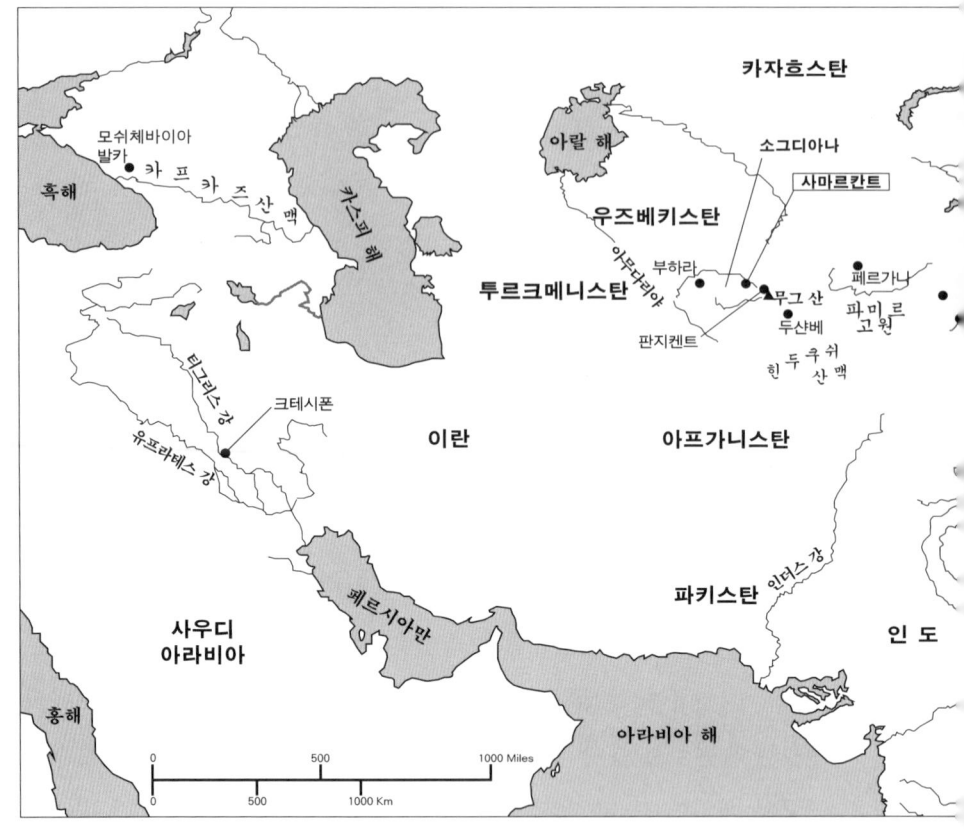

나오는데, "흰 것"(백연白鉛, 즉 백색 납 성분을 기초로 하는 화장품으로 추정됨), 후추, 은, 리스크(rysk, 어떤 물건인지 알 수 없음) 등이다. 어떤 물건들은 굉장히 먼 거리를 이동했다. 후추(5번 편지)와 캠퍼(6번 편지)는 오직 남아시아 혹은 인도에서만 구할 수 있는 물건이었고, 사향(2번 편지)은 티베트 국경과 감숙성 지역에서만 나는 물건이었다. 6번째 편지에서 훼손되지 않은 부분에서만 보자면, 발신자는 수신자에게 "누에에서 추출된 무언가"를 사라고 요구하고 있는데, 아마도 비단 천이나 생사를 뜻하는 것 같다. 만약

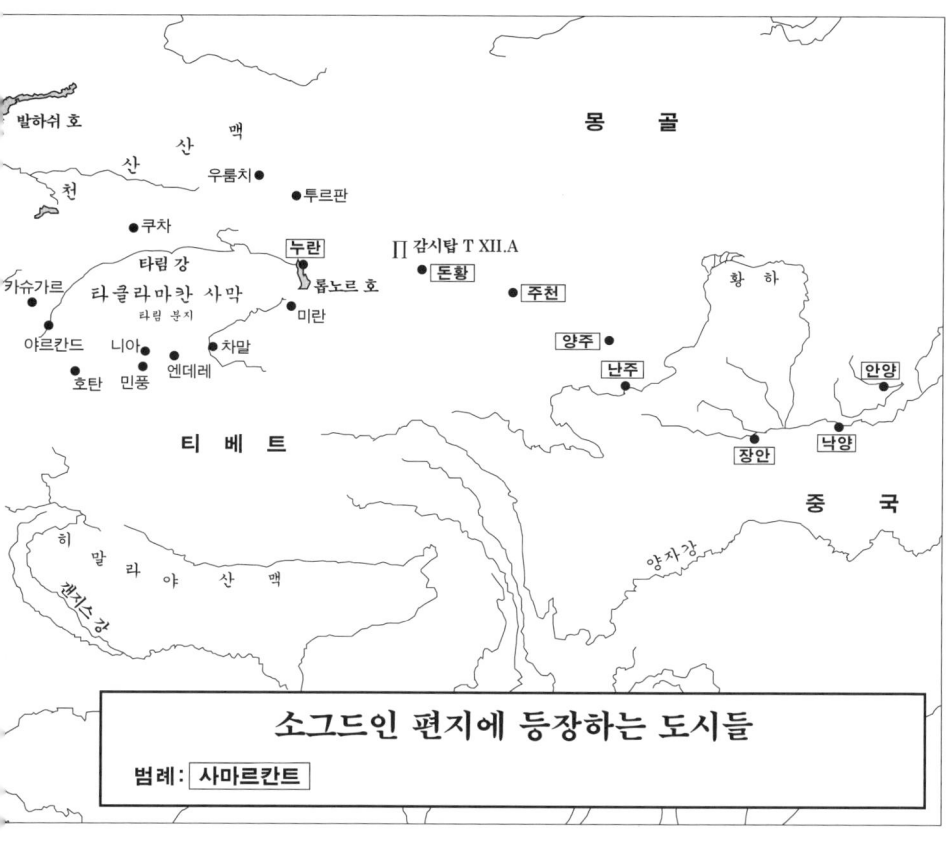

그것을 구할 수 없으면 수신자는 대신 캠퍼를 구입해야 한다. 이 경우가 소그드어 편지들 중에서 유일하게 비단이 언급된 대목이다.[22] 소그드어 편지에서 언급된 수량이 명확하지는 않지만, 대부분의 학자들은 수량이 대체로 1.5킬로그램 내지 40킬로그램 사이로 그리 많지 않았던 것으로 추정하고 있다.[23] 이는 실크로드 무역이 제한된 범위 내에서 이루어졌음을 의미한다. 어떤 학자들은 이를 "소규모(petty)" 무역이라고 부른다.[24]

소그드인의 옛날 편지가 의미있는 이유는 그것이 실크로드 고문서 중에서 무역을 관장하거나 세금을 거두는 관리들이 아니라 상인들에 의해 작성된 유일한 사례이기 때문이다. 이들 편지에서 산재해 있던 소그드인 집단이 드러난다. 그들은 상인으로, 농부로, 심지어 농노로 평화롭게 살았고, 어떤 왕조가 무너지고 다른 왕조로 교체되는 과정에서 중국이 혼란에 빠졌을 때에도 그들은 상업과 원거리 무역에 종사했다.

다음 세기에 소그드인은 그들의 언어를 유지했지만 옷과 헤어스타일은 바꾸었다. 새로운 유목민 지배자에게 순응하기 위해서였다. 훈, 키다리트, 에프탈, 투르크 등이 사마르칸트를 지배한 적이 있었고, 때로는 사산 제국의 도움을 받았다. 제국의 수도는 크테시폰에 있었는데, 오늘날 바그다드 근처이다. 509년 사마르칸트는 에프탈에게 정복되었다. 에프탈은 이란과 투르크 연맹체로 경우에 따라 백훈족(White Huns)으로도 불렸으며 아프가니스탄 북부에 살았다.[25] 이후 560년경 사산 제국은 새롭게 수립된 투르크 연맹과 힘을 합쳐 에프탈을 무너뜨렸다.[26] 565년 이후 사마르칸트는 서투르크의 지배 하에 들어갔다. 그래서 현장 법사가 토크마크에서 카간을 만난 후에 사마르칸트로 여행을 계속했던 것이다. 투르크는 8세기에 자신의 문자를 개발하기는 했지만 소그드 문자를 쓰는 경우도 많았고, 투르크와 소그드인은 문화적으로도 가까운 사이였다.

이처럼 정치적으로 잦은 변화의 시기를 거쳐 오는 동안 소그드인은 점차 사마르칸트와 부하라 바깥으로 확산되어 나갔다. 5세기 및 그 이후, 소그드인은 제라프샨(Zerafshan) 강 근처 새로운 정착지를 설계할 때 소그드 스타일의 건물과 관개시설을 건설했다. 5세기에는 경제 성장이 가속화되었고 6세기와 7세기에 이르러 소그디아나는 중앙아시아에서 가장 부유한 지역이 되었다. 이를 증명하듯이 보다 큰 집과 더욱 공들인

회화 작품이 판지켄트에서 고고학자들에 의해 발굴되었다.[27]

판지켄트는 타지키스탄의 사마르칸트 동쪽으로 60킬로미터 거리에 위치한다. 그곳은 실크로드에서 가장 중요한 고고학 유적지 가운데 하나이다. 뻬쩨르부르그에 있는 에르미타쥬 박물관 소속의 구 소련과 현재 러시아 고고학자들이 처음으로 1947년에 발굴을 시작해서 지금까지도 매년 여름에 발굴을 계속하고 있다.[28] 중국 지역의 여러 발굴 현장과 달리 여기서 고고학자들은 개별 무덤을 파헤치는 것이 아니라 소규모 도시 전체를 집 한 채씩, 구덩이 하나씩 조심스레 발굴을 진행해 나가고 있다.

판지켄트에서 진행된 발굴 현황은 6-7헥타르로서, 소규모 도시의 절반 정도에 해당한다. 도시는 5세기 어느 시점에 건설되었는데 7세기에 최대 규모로 성장했다. 722년에 아랍 군대에 의해 무너졌다가 얼마 지나지 않은 740년대에 회복되었다. 그 뒤 770년에서 780년 사이에 완전히 소멸되고 말았다.[29] 5,000 - 7,000명 사이의 인구가 그곳에서 살았고, 성벽이 둘러쳐져 있었는데, 건축 연대는 5세기까지 올라간다. 그 도시에는 주요 도로와 골목길, 상점들이 있었고, 두 개의 사원이 있었다. 사원 한 곳에는 배화교 제단이 있었고, 다른 한 곳에는 최소한 10종류 이상의 신격을 나타내는 그림이 있었다.[30] 이 사원에는 입구가 나누어진 방이 하나 있었는데, 인도의 신 시바(Shiva)의 조각상을 모신 곳이었다. 시바는 황소의 등에 올라타 삼지창을 든 모습이었다. 시바가 든 삼지창과 곧추선 성기는 인도의 원형 그대로였지만 신발은 소그드식이었다.

곡식을 파는 가게와 기타 상점들은 판지켄트에 소매점이 존재했음을 보여준다. 페르시아와 소그디아나 어디에서나 페르시아어로 "카라반세라이(caravanserai)"라고 불렸던 카라반을 위한 숙소 건물이 있었다. 그러나 판지켄트에서는 카라반세라이 유지가 발굴되지 않았다. 그럼에도 불구하고 현대의 역사학자들은 카라반세라이가 바로 이 지역에서 유래했다고 믿고 있다. 지리학자 이븐 아우칼(Ibn Ḥawqal)은 어떤 거대한 건물 폐허를 설명했다. 그 건물에서는 최대 200명의 여행객과 동행하는 동물들에게 음식과 잠자리를 제공했다고 한다.[31] 판지켄트에는 카라반을 수용할 수 있을 만큼 충분히 널찍한 마당을 보유한 집이 몇몇 있었다. 그리고 소그드어로 호텔을 뜻하는 팀(tym)이라는 어휘는 중국어의 여관(dian, 店)에서 빌려온 말이다.[32]

판지켄트는 사마르칸트와 중국을 잇는 길에 위치했기 때문에 카라반은 이곳을 지나가지 않을 수 없었다. 그 길은 화염산을 거쳐가는 길이었다. 화염산은 오늘날 타지키스탄과 중국 사이에 있는 천산산맥에 있는데, 염화암모늄의 주요 생산지이다.[33] 그러나 판지켄트에서 발견된 유물 중에 카라반 무역으로 반입된 것으로 추정할 만한 것은 거의 없다. 7세기로 편년되는 조그만 유리 그릇이 하나 중요한 예외가 될 뿐이다. 그 지역에서 유리가 생산되기 시작한 때는 8세기 중반이었다.[34]

교역에 대한 더 많은 증거는 도시에서 발굴된 수천 개의 동전에 있다. 대다수의 동전은 잔돈으로 버려진 것이거나 시장에서 잘못 흘린 것들이다. 은화는 사산 제국의 것으로 여기서도 6세기에 유통되었는데 규모는 비교적 크지 않았다. 지역에서 주조된 동전으로 가장 시기가 올라가는 것은 7세기 후반의 것이다. 중앙 정부에서 지역 내 동전 제작을 허용했던 것은 분명하다. 7세기는 소그디아나와 중국이 굉장히 빈번하게 접촉할 때였다. 판지켄트의 주민들은 중국 동전과 같은 모양의 동전(동글고 가운데 네모난 구멍이 있는)을 사용했다. 그 중에 어떤 것은 한자가 새겨진 것도 있었고 아닌 것도 있었다.

투르판에서와 마찬가지로 판지켄트에서는 때로는 금화가 사용되기도 했다. 1947년에서 1995년 사이 고고학자들은 비잔틴 제국의 금화를 발굴했다. 2개는 순수 금화였고, 6개는 극도로 얇은 모조품이었다. 그 중 5개가 집 안에서 나온 것으로 보아 금화나 모조품 모두 실제 유통이 되던 화폐였을 것이다.[35]

모조품 금화는 무덤 부장품으로도 사용되었다. 금화 중의 2개(어쩌면 3개)가 나우스(naus) 안에서 발견되었다. 나우스란 소그드인들이 죽은 자를 위한 집으로 지은 건물인데, 작고 네모난 건물이며, 진흙 벽돌로 짓는다. 보통은 같은 가족 구성원들이 그곳에 안치된다. 나우스 안에 뼈를 담은 납골함을 안치하는 것이다.[36] 조로아스터교 텍스트에는 나우스 건물에 대한 언급이 없다. 이는 사마르칸트에서 4세기말과 5세기에 처음 나타나는 사례로, 이란 중앙 지역에서는 발견되지 않는다.

조로아스터교 무덤 납골함, 사마르칸트 출토

진흙으로 만든 납골함. 사마르칸트 교외의 몰라 쿠르간(Molla Kurgan)이라는 마을에서 발견되었다. 시신을 탈육한 뒤 뼈를 보관하는 곳이다. 납골함의 뚜껑에는 두 여인이 속이 비치는 옷을 입고 춤을 추는 모습이 그려져 있다. 사마르칸트 지역에 여성 사제가 존재했다는 근거는 없기 때문에 이를 장례식 참석자로 볼 수도 있고, 아니면 사후 세계에서 죽은 사람을 영접하는 아름다운 여인일 수도 있다. 아랫부분에는 불의 제단을 두 명의 조로아스터교 사제가 호위하고 있다. 이들은 불의 열기를 가리는 마스크를 쓰고 있다. 머리카락이나 살이 손상되는 것을 막기 위해 머리에도 무언가를 쓰고 있다.

몇몇 납골함에서 보이는 모티프들을 분석해 보면, 그 바탕에 놓여 있는 신앙은 아후라 마즈다가 심판의 날에 죽은 자의 뼈를 가지고 그를 되살려 낸다는 믿음이다.[37] 망자와 함께 동전이 부장된 것은 금화나 혹은 금화 모조품이 망자에게 소용이 있을 것이라고 생각했음을 보여준다. 이러한 관습이 부유층에게만 국한된 것 같지는 않다. 이런 금화를 부장한 어느 무덤의 주인은 짐꾼이었다.[38]

죽은 자가 모두 조로아스터교 납골함에 안치되는 것은 아니었다. 판지켄트의 어느 무덤에서는 온전한 시신 전체가 발굴되었는데, 기독교식으로 매장된 것이 분명하다. 어떤 시신은 구리로 만든 십자가를 걸고 있었다.[39] 시리아어로 글쓰기 연습을 한 유물도 발견되었는데, 아마도 소그드인 학생이 네스토리우스파 기독교 의례에 사용되는 언어를 공부하며 옮겨적은 자료일 것이다.[40]

지금까지 발굴된 집은 130채 정도이다. 일반인의 주택도 있고 부유층의 주택도 있다.[41] 규모가 큰 주택에는 모두 배화교 제단을 설치한 방이 따로 있었다. 가족들의 기도실이었다. 규모가 작은 집에는 이동식 배화교 제단을 거실에 두었다. 종교화나 기도하는 사람들의 그림에서도 이런 모습이 나오는데, 참여자는 주로 가족들이다. 도시 전역에 폭넓게 산재해 있는 배화교 제단을 볼 때 도시 주민의 대다수가 조로아스터교 신자였음을 알 수 있다. 하지만 소그드인은 다른 종교적 신앙에 대해서도 열린 자세를 가지고 있었다.

다른 소그드인의 집에는 가정에서 섬기는 신격이 따로 있었고, 그 신의 그림을 거실 벽에 걸어두기도 했다. 이러한 신격들은 다양한 조형물로 나타나는데 누구를 지칭하는지 알 수 없는 경우도 많다. 그래도 나

판지켄트의 거리 모습
도시에서 가장 부유한 사람들은 큰 홀이 있는 복층 건물에서 살았다. 홀은 100명이 앉을 수 있는 규모였고, 벽에는 그림과 화려한 조각으로 장식되었다.(4) 집 가까이에 가게와 공방과(7) 대장간이(8) 있었다. 가난한 사람들은 조그만 집에서 살았다. 주로 2층 건물이었고 방도 작았으며 장식용 그림도 조그만했다.(9) 직원들은 제품을 만들거나 부자들이 그 물품을 판매하는 가게 점원으로 일했다.

나(Nana)는 분명한데, 원래 메소포타미아에서 숭배되던 여신이다. 이 도시에서도 나나를 섬기는 사람이 많았다.[42] 낙타 위에 앉아 있거나 혹은 조그만 낙타 인형을 들고 있는 신격은 여행자들이 섬겼던 신일 것이다.[43] 어느 집 주인은 별도의 방에 부처의 모습을 그린 그림을 모셔두기도 했다. 승리의 신이나 나나처럼 큰 그림은 아니었지만, 이 그림은 주인이 비-소그드 신격을 기꺼이 받아들였음을 보여준다.[44]

가장 부자의 주택에는 그림이 천장에서부터 마루까지 이어져서 그려져 있는데, 여러 층위로 나누어져 있다. 출입구 정면 벽 상단에는 거대한 신격의 초상화가 걸려있고 그 아래에 후원자(집 주인)의 초상화가 걸려 있다. 중간 부분 높이 약 1미터 정도에는 다른 나라의 유명한 옛이

판지켄트의 응접실

판지켄트에서 부유한 집에는 대부분 커다란 응접실이 있었다. 그림에서 보이는 것처럼 응접실에는 높은 기둥과 신격을 그린 그림이 있었다. 이 가족은 원래 메소포타미아 지역의 신격인 나나(Nana)를 숭배했다. 판지켄트의 다른 집에는 물론 다른 신격들의 그림도 있었다. 여신상 뒤로 여러 층이 나뉘어져 있는데, 이와 같이 수평 구도로 나뉘어진 벽화는 판지켄트의 전형적인 유형이다.

야기 그림을 그려 두었다. 이란의 서사시 루스탐, 이솝 우화, 판차탄트라에 나오는 인도 이야기 등이 등장한다. 아랫부분 약 50센티미터 높이에 이야기꾼이 이야기를 들려주는 것처럼 어떤 이야기의 줄거리가 연속 장면으로 배치되어 있다. 각 장면의 크기는 책의 한 페이지 정도인데, 이로 보아 책에 실린 삽화를 베껴 그린 것임을 알 수 있다.[45]

판지켄트의 주민들이 여러 다양한 주제의 그림을 제작했지만 거의 대부분의 그림에서 상업 행위는 드러나지 않는다. 고고학자들은 화려한 축제 그림이 있는 어떤 집을 상인의 집이라고 특정했는데, 시장 바로 옆에 있는 집이었다. 잔치에 참여한 손님들이 귀족이 아니라 상인이라는 유일한 지표는 손님들의 허리띠에 매달려 있는 검은 가방이다. 일반적인 경우에는 그 위치에 칼을 달고 있다.[46]

사마르칸트 아프라시압 유적지의 거대한 벽화에도 상인은 등장하지 않는다. 이 벽화는 사마르칸트의 정치적인 상황을 소개해주는 그림이다. 아프라시압 벽화는 내용이 현실적이라는 점에서 판지켄트에서 보이는 전설이나 신격을 그린 벽화와는 성격이 다르다. 아프라시압 벽화는 660년에서 661년 사이에 그려진 것으로 소그드의 왕 바르후만(Varkhuman)이 재위하던 시기였다. 그의 이름은 중국의 역사서에도 등장하는데, 당나라의 고종 황제(高宗, 649-683)가 그를 소그디아나 총독으로 임명한 바 있다. 631년에 소그디아나의 전임 왕도 중국과의 외교적 화친을 위해 이와 비슷한 요청을 했지만 당 태종은 그곳이 너무 멀고 문제가 생겨도 군대를 보낼 수 없다며 거절했었다.[47]

현재 아프라시압 역사 박물관에 소장되어 있는 이들 벽화는 신규 도로 공사 와중에 중장비로 밀어버려서 천장이 파손된 뒤에야 1965년 가

소그드인이 생각하는 세계
외교 사절을 그린 사마르칸트의 아프라시압 벽화. 원래는 42명의 인물상이 그려져 있었다. 모두 주요 세력을 대표하는 인물들이다. 위의 개념도는 현재 남아있는 부분은 흰 바탕에, 추정 재구성한 부분은 회색 바탕에 그렸다. 서쪽 벽은 소그드인이 살고 있는 세계를 반영하고 있다. 소그드인과 인접한 현재 남부 우즈베키스탄과 타슈켄트에서 온 사절에서부터 멀리 중국과 한국에서 온 사신들도 있다.

까스로 살아남았다. 아프라시압 벽화의 높이는 2미터 길이는 107미터 이상이며, 귀족 가문의 부유한 집에서 사각형 방에 네 벽면을 채웠던 그림이다. 네 개의 벽면 중에서 세 개의 벽면 상단은 중장비에 의해 파손되었기 때문에 고고학자들은 애초의 정확한 벽화 높이를 알지 못한다.[48]

아프라시압 벽화는 세밀한 연구가 필요하다. 왜냐하면 소그드인이 세계를 어떻게 인식했는지를 보여주기 때문이다.[49] 거위와 여인을 포함한 몇 개의 서로 다른 도상들에는 검은색으로 조그맣게 소그드 문자가 적혀 있는데, 이를 해독해본 결과 그들의 주인이 바르후만이라는 의미였다. 그 집 주인과 바르후만은 아마도 서로 아는 사이였을 것이다. 심각하게 훼손된 동쪽 벽면을 통해서 벽화가 있는 방에 들어갈 수 있는데, 그곳에는 인도식 장면이 그려져 있지만 자세한 내용은 알 수 없다.[50]

훼손된 동쪽 벽으로 방에 들어서면 정면의 서쪽 벽에는 여러 나라에서 온 외교관과 외교 사절들이 그려져 있다. 그들이 행진하는 모습이 인상적이다. 이 장면 위에 그려져 있던 인물은 중장비에 날아가버리고 없다. 서쪽 벽면의 왼쪽에는 머리가 없는 인물이 있고, 왼쪽에서 두번째 인물이 입고 있는 옷에는 소그드어로 길게 글이 적혀 있다. 벽화에서 유일하게 긴 문장으로 적혀 있는 글인데, 차가니(Chagani)에서 온 사절이 바르후만에게 신임장을 제출하는 내용이다. 차가니는 사마르칸트 남쪽의 오늘날 우즈베키스탄 데나우 시 근처에 있던 작은 왕국이다.

> 바르후만 왕께서 그[외교관]에게 다가가자 그는 입을 열어 [말하였다.] "저는 푸카르자트(Pukarzate)입니다. 차가니의 대사입니다. 저는 챠가니의 군주 투란타쉬(Turantash)께서 보내어 이곳 사마르칸트의 폐하께 왔습니다. 폐하를 존경하옵는 마음으로 [현재] 이곳에 있습니다. 저로서는 아무런 의혹이 없습니다. 사마르칸트의 신들에 대해서는 물론 사마르칸트의 글에 대해서도 저는 잘 알고 있습니다. 그리고 저는 폐하께 어떠한 해도 끼치지 않을 것입니다. 폐하께 행운이 있기를 기원합니다."
> 그리고 바르후만 우나쉬(Varkhuman Unash) 왕께서 [그로부터] 떠났다. 그리고 [나서] 차쉬(Chach)의 대사가 입을 열었다.[51]

이 글은 외교 관례의 일부를 보여주고 있다. 아마도 차쉬(Chach, 현 타슈켄트)의 외교 사절의 말이 뒤에 이어졌을 것이다. 차가니 외교관은 사마르칸트의 글과 신에 대해서 알고 있다고 주장했다. 지금은 차가니 사람의 말만 보이지만, 처음에는 모든 외교 사절의 말이 모두 벽화 곳곳에 적혀 있었을 것이다.

여기서 화가는 사마르칸트를 중심으로 하는 세계 질서를 보여주고자 했음이 분명하다. 다섯 명의 중국인은 전형적인 중국식 검은 모자와 중국식 옷을 입고 가운데 서서 비단 두루마리, 비단 실 타래, 누에고치를 들고 있다. 중국의 외교 사절은 다른 외교 사절과 다른 면모를 보이고는 있지만, 현실적으로 사마르칸트의 왕이 군사적으로 중국에 의존했음에도 불구하고, 중국 사절단도 다른 외교 사절들처럼 선물을 가지고 왔다. 다른 외교 사절보다 중국 외교 사절은 더 의미가 크다. 왜냐하면 그들은 화면 구성상 가장 가운데 위치하고 있기 때문이다. 상단 좌측으로 앉아 있는 네 사람은 길게 땋은 머리를 하고 칼을 차고 있는 것으로 보아 투르크족이며, 아마도 용병일 것으로 추정된다.

그림의 오른쪽 구석에는 나무로 된 틀이 있고, 그곳에 두 개의 깃발이 세로로 걸려 있으며, 앞에는 북이 받치고 있는데, 북에는 괴물의 얼굴이 생동감 있게 그려져 있다. 깃털을 머리에 꽂고 손을 소매에 넣은 자세로 서 있는 두 사람은 한국인이다. 아마도 고구려인일 가능성이 높다. 고구려는 668년까지 지속되었다.[52] 이들 모습은 당시 중국 회화에 등장하는 인물과 너무 닮아 있어서 사실상 그들이 실생활을 보고 그린 것이 아니라 중국의 모델을 기초로 해서 그림을 그렸을 가능성이 높다.[53] (고구려인 앞의 사람들은) 왼쪽을 향해 서서 앞을 바라보고 있는데, 그들의 소박한 옷차림과 머리 장식은 다른 외교 사절들의 옷차림과 대비가 된다. 한 사람은 팔에 동물 가죽을 들고 있다. 이들 산악지대 사람들은 통역가의 말에 귀기울이고 있고, 통역가는 손을 들어 허공을 가리키고 있다.[54]

북쪽 벽화에서도 중국인의 중요성은 분명하게 드러난다. 벽화에는 중국 여인이 배를 타고 있는 장면과 사냥을 하는 장면이 등장한다.[55] 황후의 배 오른쪽에는 활발한 사냥 장면이 있는데, 거기서 중국인 사냥꾼이 활을 쏘아 표범을 잡는다. 오른쪽에 지나치게 크게 그려진 인물은 분명 중국 황제이다. 소그드 예술 기법상 신격과 군주만이 과장된 크기로 그려지기 때문이다.[56]

남쪽 벽화에는 희생물(거위 네 마리)을 바치는 조로아스터교 의례 장면이 그려져 있다. 여기서 두 명의 조로아스터교 고위 성직자가 낙타의 등에 타고 곤봉을 들고 간다. 그들이 끄는 말은 얼굴에 마스크를 씌웠다. 이러한 얼굴 마스크는 팔레비어(Pahlavi, 사산조 페르시아 언어)로 파담(padam)이라고 하는 것인데 코와 입을 가려서 제단에 침이 튀는 것을 방지하는 용도로 쓰였다. 이 행렬은 나우르즈(Nauruzu) 축제일 가능성이 아주 크다. 사마르칸트 북서쪽에 있는 호레즘 출신의 천문학자 알 비루니(Al-Biruni)가 쓴 글에 이 축제에 대한 내용이 있다.[57] (나우르즈 축제는 이슬람의 축제가 아니지만 오늘날에도 중앙아시아 전역과 카프카즈 지역, 심지어 이란 지역에서도 주요 명절이다.) 이슬람이 이 도시를 점령한 뒤 몇 세기가 지난 기원후 1000년에 쓴 알 비루니의 책에는, 페르시아의 왕이 신하들을 이끌고 와서 엿새 동안 다가오는 봄을 축하하는 의례를 행했고, 소그드인들은 여름에 같은 축제를 벌였다는 기록이 있다. 남쪽 벽화는 북쪽 벽화와 같은 구성이지만 행렬에서 지워진 인물들이 있다. 중국 황제의 맞은편에는 흰 코끼리가 그려져 있는데, 아마도 사마르칸트의 왕비를 태우고 있었을 테지만 왕비는 지워져서 보이지 않는다. 행렬 뒤에 말을 타고 가는 사람이 바로 사마르칸트의 왕 바르후만이다.

아프라시압 벽화는 외부 세계와의 관계, 특히 외교 관계를 보여주는 지극히 소중한 자료이다. 이들 외교관들은 무역 비슷한 행동을 보여주고 있다. 즉 비단 천이나 비단 생사와 같은 사실상의 생필품을 선물했다. 7세기 중엽에 바르후만은 중국-투르크 연맹에 소속된 민족들의 모습을 그린 것이다.[58] 화가들은 그림 속의 위치상 중국인을 존중함으로써 소그드인과 가장 중요한 동맹국으로서의 역할에 걸맞게 표현했다.

그러나 사마르칸트 및 전체 중앙아시아의 정치적 향배는 머지않아 격심한 변동을 겪어야할 참이었다. 632년 무함마드가 사망한 뒤 아랍은 라시둔(정통) 칼리프와 뒤이어 우마이야드 칼리프(661-750)의 지휘 아래 북아프리카, 스페인 남부, 그리고 이란을 정복했다. 651년 사산 제국을 무너뜨린 뒤 이슬람은 중앙아시아를 거쳐 계속해서 동쪽으로 진출하여 사마르칸트를 목표로 삼았다. 아랍은 671년에 처음으로 사마르칸트에 도착했고, 681년 아랍 통치자가 이 지역에서 겨울을 지냈다.[59] 705년에서 715년 사이 아랍의 장군 쿠타이바 이븐 무슬림은 소그디아나를 원정했으며 712년에 사마르칸트를 정복했다.

중국의 서역이 아니라 소그디아나 현지에서 발견된 소그드어 문서 중에는 이 시기에 속하는 것이 가장 많다. 1993년 소련의 고고학자들은 특이한 유적지를 발굴했다. 유적지는 타지키스탄의 사마르칸트에서 동쪽으로 120킬로미터 떨어져 있는 무그(Mugh) 산에 있었는데,[60] 수백 건의 고문서들이 쏟아져 나왔다. 이들 고문서는 정복자가 아니라 정복당한 사람들의 입장에서 이슬람 정복 사건을 기술한 독특한 자료이다. 어떤 통치자가 투르크 및 중국과 체결한 절망적인 협정, 최후까지 이슬람 군대를 막으려 여타 지역 군주들이 구축했던 방어선에 대한 내용이 들어 있다. 이들 자료를 보면 이슬람의 중앙아시아 정복이 느리고 불확실하게 진행되었으며, 중국의 당나라가 8세기 초 이 지역에서 뚜렷한 정치적 역할을 하지 못했음을 알 수 있다.

무그 산 고문서는 외국의 탐험대가 아니라 그 지역 사람들이 발굴한 것이다. 짜르 재위 시절 유적지에서 약 6킬로미터 거리에 있는 쿰(Kum) 마을 주민들은 산꼭대기에 모종의 보물이 있다는 것을 알게 되었다. 1932년 봄 목동들 몇몇이 그곳을 방문했다. 그들은 주위에 구덩이를 파고 가죽에 글이 적혀 있는 고문서 몇 건을 찾아냈다. 고문서는 다시 땅에 묻어두고 그 중에서 가장 온전한 형태의 것 하나를 들고 마을로 돌아왔다.[61] 그 지역 공산당 비서 압둘라미드 풀로티(Abdulhamid Puloti)는 타슈켄트에서 역사학을 전공했던 사람인데, 발굴에 대한 소문을 듣고는 마을 사람들에게 고문서를 찾는 일을 도와주면 돌아와서 경찰을 시켜주겠다고 약속했다. 풀로티가 그 마을 사람의 집에 찾아가자, 주인은 벽과 문간 사이 움푹한 곳으로 가서 고문서 한 장을 꺼내왔다. 풀로티는 상관에게 이를 알렸고, 그 상관은 다시 이를 문화부에 보고했다. 그 고문서는 나중에 1.I라는 번호가 부여되었는데, 당시 타지키스탄의 수도 두샨베로 보내졌다.[62] 타지키스탄의 공산당 제1서기 후세노프(D. Husejnov)는 이 고문서를 압수했고, 1993년 그가 숙청되자 고문서도 사라져 버리고 말았다.[63]

여러 아시아의 민족들처럼 소그드인들도 해당 통치자의 재위 연대로 문서에 날짜를 기록했다. 무그 산 고문서는 대부분 그들의 군주 데바스티치(Devashtich, 전문적으로 로마자 표기를 하자면 Dēwāštīč) 재위 1년에서 14년 사이의 것들이다. 그러나 데바스티치의 재위 연도가 언제인지 알려져 있지 않기 때문에 학자들은 문서의 정확한 연대를 확정하지 못했다. 다만 한문(중국어) 고문서 중 하나의 연대가 706년이라서 나머지 고문서들도 8세기 초의 것으로 추정될 따름이다.[64] 무그 산 발굴 고문서 97건 가운데 92건이 소그드어로 쓰여 있고, 3건은 한문(중국어), 1건은 아랍어, 1건은 아직 해독되지 않은 룬 문자로 기록되어 있다.[65]

유일한 아랍어 문서에는 다른 문서의 연대를 밝힐 열쇠가 들어 있다. 소련의 위대한 아랍어학자 크라코프스키(I. Y. Kratchkovsky, 1883-1951)는 일기에서 이렇게 설명했다.[66] 편지를 보건대, 데바스티치는 후라산의 아랍 총독 알자라(al-Jarrah)에게 완벽한 아랍어로 편지를 보냈다. 이는 데바스티치가 아랍인 문서작성자를 고용했음을 의미한다. 데바스티치는 자신을 마울라(mawla), 즉 총독의 손님으로 자칭하면서, 총독의 호위를 위해 예전 사마르칸트를 통치했던 타르순(Tarxun)의 두 아들을 보내겠다는 제안을 했다.[67] 크라코프스키는 이 편지를 읽으면서 위대한 역사학자 알-타바리(al-Tabari)가 디바시니(Divashni)라는 이름의 사마르칸트 토착 귀족(diqhan)에 대해 썼던 글을 기억해냈다. 디바시니는 721년에서 722년 사이 아랍 정복에 저항을 했던 인물이다.[68] 디바시니(Divashni)는 디바스티(Divashti)를 기록하면서 철자를 잘못 적은 것이고, 디바스티는 데바스티치를 아랍어로 옮겨 적을 때 쓸 수 있는 몇 가지 표기법 중의 하나라는 사실을 크라코프스키는 알아냈다. 그의 결정적인 연구 덕분에 무그 산 고문서가 709년에서 722년 사이의 것임을 밝혀낼 수 있었다.

문서가 발견되었다는 소식을 들은 레닌그라드의 사회과학 아카데미에서는 타지키스탄으로 탐험대를 파견했다. 대표는 프라이만(A. A. Freiman, 1879-1968)이 맡았다. 그는 소련의 대표적인 소그드어 학자였다. 1933년 11월에 2주 동안 프라이만은 사회과학 아카데미의 발굴팀을 이

무그 산 요새 유적지
타지키스탄의 무그(mugh) 산은 가장 높은 봉우리가 해발 1,500m인 조그마한 산으로 우즈베키스탄 국경 바로 건너편에 있다. 3면이 물로 둘러싸여 있는 천연의 요새이다. 700년대 초 무슬림 군대의 침략을 피해 100여 가구가 이곳에 피난했다.

끌고 발굴을 진행했다.[69] 그곳은 요새로는 최적지였다. 쿰(Kum) 강과 제라프샨(Zerafshan) 강이 삼면을 둘러싸고 있었고, 요새를 더욱 강화하기 위하여 내벽과 외벽이 쌓여 있었다.

요새에는 흙으로 만든 물 저장용 항아리 몇 개밖에 없었다. 마을 사람들이 약 500미터 거리에 있는 개울에서 물을 떠주어야만 요새 안에서 거주가 가능했음을 알 수 있다. 군부대가 숙영하기에는 너무 작은 규모의 건물이라서 성채는 아마도 왕과 몇몇 가족 및 하인들만 거주하도록 설계된 것으로 추정된다. 그러나 필요한 경우 큰 방과 마당에 수백 가구가 함께 임시적으로 거주할 수도 있었을 것이다.

유적지에서 발굴된 유물을 검토한 뒤 고고학자들은 방 다섯 개짜리 소규모 요새에서 각 방의 용도를 파악할 수 있었다. 네 개의 네모난 방은 길이 17.3미터였고, 너비는 1.8-2.2미터 사이였다. 천장은 바닥에서 1.7미터밖에 되지 않았다. 건물이 사치스럽지는 않았다. 방에는 남쪽에서만 빛이 들어오게 되어 있었다. 남쪽 벽에만 창문이 나 있었기 때문이다. 남쪽 벽은 이미 남아 있지 않았다.

그곳에는 귀중품이 거의 하나도 남아있지 않았다. 발굴자들로서는 놀랄 만한 일이었다. 테라스는 뼛조각, 진흙, 천조각이 50센티미터 두께로 쌓여 있는 쓰레기통이었다. 1번 방은 1미터 두께로 잡동사니가 쌓여 있었는데, 동물의 분비물과 황토흙 진흙이 겹겹이 쌓여 9개의 층위를 이루고 있었다. 이로 보아 요새가 사용된 기간은 9년에서 10년 사이였음을 알 수 있다. 나무 조각도 뒤섞여 있어서 발굴팀은 1번방이 목공실로 사용되었고, 겨울에는 외양간으로 사용되었을 것이라 결론지었다. 2번 방은 부엌이었다. 가재도구가 많이 나왔는데, 진흙 항아리, 접시 조각, 갈대 바구니, 흙으로 만든 조그만 컵, 콩이나 보리 등과 함께 불을 지핀 흔적도 있었다. 3번 방은 거의 텅 비어 있었다. 작은 유리병 몇 개와 머리 빗는 빗이 전부여서 고고학자들은 이곳을 창고라고 추정했다. 4번 방에서는 진흙 항아리, 여러 가재도구들, 동전 세 닢(하나는 은화), 금속 화살촉, 천조각, 허리띠 버클 등이 나왔다. 이들은 모두 2층에서 나온 것인데, 2층은 거의 무너져서 1층 꼭대기에 쌓여 있었다.[70]

북쪽에 있는 4번 방 구석에는 커다란 진흙 항아리 하나가 놓여 있었다. 그 주변에는 글씨가 적혀 있는 버드나무 가지 23개가 흩어져 있었는데, 마치 항아리 뚜껑을 열다가 떨어뜨린 것 같았다. 이들 나뭇가지는 주인을 모시는 시종이 생활비 지출 내역을 적어 둔 것으로, 나름대로 간

단한 장부였다.[71] 종이나 가죽이 아니라 나뭇가지가 필기 재료로 사용된 이유는 가격이 저렴하고 손쉽게 이용할 수 있었기 때문이다.

　나뭇가지 기록에는 날짜별로 포도주와 밀이 얼마나 소비되었는지, 어떤 손님들이 왔는지가 적혀 있었다. 따라서 이 장부는 당시 지역 경제의 면모를 보여주는 것이다. 인근 마을에서 사람들이 곡식을 몇 수레 싣고 요새로 와서 주군에게 바쳤다는 내용이 적힌 경우가 몇몇 있었는데, 아마도 일종의 세금이었을 것으로 추정된다. 그리고 나뭇가지 장부에는 마을 사람들이 주군으로부터 곡식을 받아 간 것도 적혀 있다. 동물을 기르는 일은 주요 경제 활동이었다. 사람들은 양과 염소를 길렀고, 동물 가죽으로 옷을 지어 입었으며, 때로는 50벌이나 되었지만 대개는 몇 벌 정도였다. 나뭇가지 문서 중에서 어떤 것(A17)에는 다양한 지출 목록이 적혀 있다. 말 한 마리에 200디르햄, 지붕을 잇는 데 100디르햄, 조로아스터교 성직자에게는 50디르햄, 의사와 와인 공급자에게 합쳐서 15디르햄, 새해 맞이 저녁 식사로 먹은 소고기는 11디르햄, 문서 작성 대가로 8디르햄, 종이, 비단, 버터 값으로 8디르햄, 처형 집행자에게 5디르햄 등이다. 학자들은 사마르칸트에서 어떤 화폐가 유통되었는지 잘 알지 못한다. 디르햄은 당시 아랍권 전역에서 주로 유통되던 은화의 단위였다. 사산 제국의 은화를 대체한 것이 이것이었다. 버드나뭇가지 장부에 등장하는 모든 물품은, 중국에서 생산되었던 종이와 비단을 제외하면, 거의 전부가 그 지역 토산품이었다. 그래서 소그드인의 경제 활동은 최소한 이러한 전쟁 시기에는 대체로 물물교환 경제가 아니었을까 하는 추측이 든다.

　나뭇가지 장부와 더불어 유적지에서는 종이와 가죽에 적힌 거의 60

건에 가까운 고문서가 발견되었다. 처음에는 2층에 보관되어 있었는데 2번과 3번 방의 천정이 무너지면서 그 잔해 속에 뒤섞여 흩어져 있었다.[72] 가죽에 적힌 문서가 발견된 세번째 장소는 양치기 소년들이 묻어둔 바구니 속이었다.

이들 97건의 고문서 중에는 반듯하게 자른 가죽에 기록한 3건의 계약서가 포함되어 있었다. 이를 통해 당시 복잡했던 법률적 양상들을 엿볼 수 있다.

가죽을 필사 재료로 다루기가 쉽지 않았을 것 같지만, 아랍어권 전역에서 가죽이 사용되었고,(유럽에서는 같은 시기 같은 양가죽으로 만든 양피지를 사용했다.) 능숙한 필사자라면 그 위에 세부 계약 사항들을 기록할 수 있었다. 무그 산 고문서 중에서 가장 길고, 따라서 가장 많은 정보를 담고 있는 문서는 바로 혼인서약서 및 "신부의 기록"이라는 제목이 붙은 그 부속 문서인데, 혹 사본일 수도 있다. 그 내용은 신랑이 처갓집에 대해 이행해야 할 의무사항을 재확인하는 것이었다. 이 두 문서는 모두 폴로티가 상관에게 전해준 상자 속에 들어 있었다.[73]

혼인서약서와 신부의 기록은 타르쿤(Tarkhun) 왕 재위 10년, 즉 710년에 작성되었다. 두 문서를 합쳐서 모두 90행에 달하는 내용이 두 장의 가죽에 적혀 있다. 가죽의 크기는 약 가로 21센티미터, 세로 15.5센티미터이다. 이들 고문서는 소그드인 여인 챠트(Chat)를 후견인 체르(Cher, 오늘날 카자흐스탄 세미레체 지역에 있던 소그드인의 도시 나비카트의 통치자)로부터 새신랑 옷-테긴(Ot-tegin)에게 넘겨주는 조건을 명확하게 기록하고 있다. 새신랑은 이름으로 볼 때 틀림없이 투르크족이다. 그녀의 아버지 이름이 나오기는 하지만 이 계약에서 특별한 역할은 없는 것으로 보아 챠트는 체르의 보호 아래 있었던 것 같다.

이슬람 이전 시대의 계약서에서 드러나는 당시 사회의 엄격한 상호주의는 충격적이다. 남편은 일정한 상황에 따라 혼인관계를 끝낼 수 있었지만, 아내 또한 같은 상황에서 그렇게 할 수 있었다. 소그드어 계약서에는 법률적인 용어가 많이 등장하는데, 결혼에 있어서 남편과 아내의 권리 조항은 항목의 수가 동일하다.[74] 계약서는 남편이 제공해야 할 의무로부터 시작한다. 남편은 음식과 옷과 장신구를 제공해야 한다. 아내는 "자신의 집에서 체면을 유지해야 하는 부인이기" 때문이다. 그것이 귀한 남자가 귀한 여인, 즉 그의 아내를 대접하는 방식이다. 한편 여자는 "언제나 남편의 안위를 신경써야 하고 아내에게 합당한 남편의 명령에 복종해야 한다. 그것이 귀한 여인이 귀한 남자, 즉 자신의 남편을 대접하는 방식이다."[75]

이후 계약서에서는 일이 잘못되었을 때 어떻게 할 것인가에 대한 요지를 서술하고 있다. 이는 오늘날의 혼인전 계약서와 매우 흡사하다. 만약 남편이 "또 다른 아내나 첩실을 맞아들이거나 [그의 아내] 챠트(Chat)가 좋아하지 않는 다른 여인과 관계를 유지할 경우," 남편은 아내에게 "서른 개의 물품에 해당하는 벌금을 내야 하고, 덴(Den) 유형의 순정 디르햄을" 지급할 것을 약속한다. 만약에 그가 혼인관계를 끝내기로 결심한다면 그는 그렇게 할 수 있다. 그러나 그는 아내에게 음식을 제공해야 하고, 아내의 지참금을 돌려주어야 하며, 결혼할 때 아내가 남편에게 선물한 모든 것을 돌려주어야 한다. 남편이든 아내든 그 이외의 어떠한 보상도 책임질 필요가 없다. 그러면 남편은 다시 결혼할 자유를 얻는다. 특히 아내 또한 결혼을 끝낼 자격이 있다. 그러나 남편에게서 받은 모든 선물을 돌려준 뒤라야 한다. 아내는 남편에게서 받은 돈뿐만 아니라 자신의 재산을 그대로 유지할 수 있다. 혼인관계가 종료되면 양측 누구라도 상대방의 죄에 대해서 책임이 없을 것이며, 오직 잘못을 범한 자가 대가를 치루어야 한다.

계약서에서는 소그드 사회의 유동성에 대해서도 확인이 된다. 남편 혹은 아내가 "노예 혹은 인질이 되거나 감옥에 갇히거나 누군가에게 종속된다면" 그/그녀의 예전 배우자에게는 책임이 없다. 분명히 그 사회에서 어떤 사람들은 다른 사람들에 비해서 부유했다. 그리고 30디르햄의 벌금을 무는 계약서에 서명한 사람들은 부유한 사람들에 속했다. 그러나 그들에게는 현실적인 위험도 없지 않았다. 그들 또한 부유하지 못한 사람들처럼 노예로 전락할 수 있었던 것이다.

아내의 글에서 남편의 의무 조항은 이와 같은 식으로 반복된다. 그러나 몇 가지 새로운 이유가 추가된다. 옷-테긴의 진술은 다음과 같은 문구로 시작된다. "그리고 미트라(Mithra) 신의 이름으로 맹세합니다. 나는 그녀를 팔아넘기지 않을 것이며 그녀를 저당물로 잡히지도 않겠습니다."[76] 미트라는 진실과 계약의 수호신으로서 조로아스터교의 3대 주요 신 가운데 하나이며 지위는 아후라 마즈다 바로 아래의 신격이다. 보통 "신"이라고 하면 아후라 마즈다를 일컫는다. 옷-테긴은 만약 어느 일방의 주장에 의해 혼인관계가 파탄날 경우 챠트(Chat)를 후견인에게 돌려보내겠다고 약속한다. 덧붙여 만약 "누군가, 아군이든 적군이든 그녀를 잡아가거나 억류할 경우," 그는 즉시 그녀를 구해올 것을 약속한다. 또한 혼인관계가 파탄이 난 뒤 그녀를 안전하게 체르(Cher) 가문에 데려오지 못할 경우 현금 100디르햄을 지불할 것을 약속한다. 만약 그가 제

때 지불을 하지 못하면 지불하지 못한 금액의 20퍼센트를 지체상금으로 물어야 한다. 이 문서의 상당 부분은 후견인이 지불을 받는 절차를 명시해 둔 내용이다. 예를 들어 문서에는 후견인이 확인을 요청할 수 있는 보증인의 이름이 적혀 있다. 모든 사람이 계약을 감시하는 데 참여하며, 계약은 "예식장"에서 증인이 보는 앞에서 서명된다.

무그 산에서 나온 다른 두 건의 계약서는, 한 건은 분쇄기 대여에 관한 내용이며(B-4), 다른 한 건은 묘터 매매에 관한 내용인데(B-8), 전체적인 구조는 혼인계약서와 대체로 비슷하다. 두 건 모두 날짜가 적혀 있고(왕의 재위 연도, 월, 일), 계약 당사자의 이름과 거래되는 물품의 내용, 거래 조건, 그리고 증인과 기록자의 이름이 적혀 있다.

데바스티치가 지정한 어떤 사람에게 세 대의 분쇄기를 대여하는 계약서는 연간 임대료를 460포대로 정했다.[77] 버드나뭇가지 문서에서처럼, 이 계약서에서도 지불 수단은 현금이 아닌 현물이었는데, 이 경우 밀가루였다. 그러나 이 계약서는 단순한 임대 계약을 넘어서는 것이었다. 43행에 이르는 계약서로서 복잡한 법적 장치들이 포함되어 있었다. 임대한 사람이 왕에게 지불을 해야 하는 기간과 지불을 못할 경우 초래될 결과에 대한 규정이었다.

세번째 계약서는 25디르햄에 묘터를 매매하는 내용이었다.[78] 계약서 내용에 따르면, 두 아들이 진흙으로 "에스카세(eskase)"를 지을 땅을 두 명의 형제로부터 빌린다. 이는 분쟁을 겪는 두 가문 사이에 화해를 나타내는 것일 수도 있다. 땅을 빌려주는 형제의 가문과 형제들이 두려워하는 적대 가문은 그들의 장례식을 방해할 지도 모른다. 조로아스터교 의례에서는 시신을 먼저 야외에 있는 어떤 구조물에 가져다 둔다. 현대의 조로아스터 교도들은 그 건물을 침묵의 탑이라고 부른다. 그곳에서 동물들이 시신의 살점을 뜯어먹을 수 있다. 그리고 나서 깨끗해진 뼈를 우물 속에 안치한다. 이 계약서에서는 이를 에스카세라고 했다.[79] 그러나 소그디아나 지역에서는 이처럼 매장을 위한 우물이 아직까지는 발견된 적이 없기 때문에, 계약서에 등장하는 에스카세라는 어휘는 판지켄트에서 발견된 것처럼 시신의 유골을 안치하는 나우스(naus)라는 건물을 지칭하는 것이라고 주장하는 사람들도 있다.[80]

무그 산 계약서들을 보면 요새에 보관되었던 고문서가 통치자 데바스티치의 개인적인 기록물에 한정되지 않았음을 알 수 있다. 어떤 문서들, 즉 그의 방앗간 임대료를 정해놓은 경우는 분명히 데바스티치에 관련되는 기록이다. 그러나 투르크인과 소그드인의 결혼에 관한 복잡한 내용이 들어있는 문서나, 혹은 묘지 임대에 관련된 문서를 데바스트치는 왜 보관하고 있었던 걸까?

새신부 챠트(Chat)를 포함해서 무그 산 지역 주민들이 법적으로 중요한 문서를 안전하게 보관하기 위해, 아마도 요새가 최후를 맞기 직전 은신처로 쓰였을 때 가져다 두었을 가능성은 충분히 있다. 아랍의 위협이 제거된 뒤 문서를 되찾아가려 했을 것이다. 그러나 무그 산의 문서는 1932년 목동들에 의해 발견될 때까지 아무도 손대지 않은 채로 남아 있었다. 그렇다면 무그 산 요새에는 통치자 데바스티치의 문서만 있었던 것이 아니라 그보다 지위가 낮은 지방 군장들의 문서도 숨겨져 있었던 것으로 보인다.

알-타바리의 상세한 연대기와 무그 산 출토 문서의 정보를 같이 놓고 보면, 무그 산 요새가 점령될 당시의 사건을 재구성해 낼 수 있다.[81]

연대기 기록에 의하면 새로운 아랍 총독의 별명은 "귀부인"이었는데, 720년 가을에서 722년 봄까지 소그드인과 전쟁을 벌였다. 소그드인들은 튀르게쉬(Türgesh, 突騎施)라는 민족과 연맹을 체결했는데, 그들은 원래 서투르크에 복속되었던 민족이지만 715년에서 740년 사이 서투르크의 일부 영역을 차지했었다.[82] 721년 당시는 데바스티치가 판지켄트를 지배한 지 14년이 되는 해였고, 공식적으로 "수그드(Sughd)의 왕, 사마르칸트의 군주"라는 지위에 올랐다.[83]

데바스티치는 사마르칸트의 마지막 통치자 타르순(Tarxun)의 후계자를 자처했다. 타르순은 709년에 쿠타이바(Qutayba)에게 항복했다. 하지만 뒤이은 각지의 반란으로 인해 타르순은 710년에 자살을 했거나 아니면 처형되었을 수도 있다. 구락(Ghurak)이라는 인물이 그의 뒤를 이었다. 쿠타이바는 타르순의 죽음을 복수한다는 명분으로 712년에 다시 도시를 공격해서 점령했다. 구락이 항복하자 쿠타이바는 일시불로 200만 디르햄을 지불하고 이후 매년 20만 디르햄을 바치라는 협정에 서명을 했다.[84] 쿠타이바와 몇몇 지방 군장들은 구락(Ghurak)을 타르순의 후계자로 받아들였다. 그러나 사마르칸트 서남부 지역에서는 이를 인정하지 않고 데바스티치를 지지했다. 10여 년 동안 두 명의 라이벌이 공존했는데, 이 시대에 대해서는 잘 알려지지 않았다.

719년 데바스티치는 후라산의 아랍 총독에게 존경을 표하는 편지를 보내 복종을 맹세했다. 그러나 721년 여름 데바스티치는 아랍을 무너뜨릴 수 있는 기회가 왔다고 판단했다. 당시 데바스티치는 사마르칸트 남서쪽 12-16킬로미터 거리에 있는 카흐사르(Khakhsar)의 군주 아프순(Afshun)에게 편지를 써서(문서번호 V-17), "투르크와 중국에서 대규모 군대가 오고 있다."고 알렸다. 과연 투르케쉬, 중국, 페르가나의 왕이 동방에서 이슬람에 대항하는 연맹을 체결했다. 무그 산 고문서는 이 사건에 중국이 개입했음을 증명하는 유일한 증거이다. 또 다른 편지(문서번호 V-18)에는 "중국인 페이지"라는 말이 언급되어 있다.(여기서 페이지page가 뜻하는 바는 밝혀지지 않았다.) "중국인"이라는 단어는 아마도 인종은 중국인이지만 서역에 있던 사람들을 가리키는 말이며, 장안에 있던 중앙 정부의 군대가 온다는 말이라고 확신할 수는 없다.[85]

문서에 의하면 그 이듬해, 즉 722년으로 추정되는 때에는 상황이 완전히 뒤바뀌었다. 어떤 보고에 의하면 투르크는 어디에서도 보이지 않았고, 또 다른 보고(아마도 역참의 대표자)에서는 페르가나에 있는 쿠잔드(Khujand)가 무슬림 군대에 정복되고 14,000명이 포로로 잡힌 사건이 등장한다.[86] 연대기 작가 알-타바리에 의하면 소그드인은 두 부류로 나뉘었다. 둘 중 규모가 큰 쪽은 최소한 5,000명 이상이었는데, 페르가나로 갔지만 들어갈 수 없었고, 무슬림 군대가 그들을 학살했다.[87] 훨씬 규모가 작았던 다른 그룹은 100여 가구 정도로 추정되는데, 데바스티치를 호위하며 무그 산 요새로 도망쳤다.[88]

아랍 군대의 마지막 학살이 진행되는 동안 큐모가 큰 부류에 속했던 소그드인 상인들만이 몸값을 지불하고 안전을 보장받을 수 있었다. 세금은 중앙아시아 피정복민의 가장 큰 관심사였다. 그들은 이슬람으로 개종하여 무슬림 우대권을 부여받음으로써 무거운 세금을 피하고자 했다. 그러나 8세기 동안 칼리프 왕국은 모든 수입을 전쟁에 쏟아부어야 했기 때문에 이슬람 통치자는 개종한 모든 이에게 무슬림 우대권을 부여하지는 않았다. 결과적으로 많은 소그드인들이 투르크 지역이나 중국 지역으로 달아났다.

데바스티치와 그를 따르던 무리들은 약 100명의 남성과 그 가족들로 구성되었다. 그들은 무그 산 요새(알-타바리의 글에서는 압가르Abghar라 했다.)로 올라갔다.[89] 그들은 소규모 병력을 요새 밖으로 보내 무슬림 군대와 싸웠는데 마침내 무슬림 군대는 요새까지 쳐들어와 은신처를 점령했다. 그 뒤 데바스티치는 사이드 알-하라쉬(Said al-Harash)에게 목숨을 구걸했다. 사이드 알 하라쉬는 처음에는 그의 요청을 들어주었다. 요새에 있던 100가구의 사람들은 요새의 보물을 바치고 풀려났다. 알 타바리에 의하면 아랍의 장군은 그 보물들을 경매에 부쳤고, 이슬람 율법에 따라 그 중 다섯 개는 나라에 바쳤다. 소련 고고학자들이 1933년 요새를 발굴했을 때 요새가 텅 비어 있었던 이유는 바로 그 때문이었다. 값이 나갈 만한 것은 모두 사라졌다. 종이나 가죽에 작성된 문서는 별로 주목을 받지 않아서 누락되었음에 틀림없다.

아랍의 장군은 처음에는 데바스티치의 안전을 보장했지만 나중에 말을 바꿨다. 알-타바리는 데바스티치의 끔찍한 최후를 글로 남겼다. 아랍의 장군은 "알-디와시니(al-Diwashini, 즉 데바스티치)를 죽여서 [조로아스터교의] 무덤 건물[나우스]에 매달아 두었다. 시신을 옮기면 라빈잔(Rabinjan) 주민들에게 벌금 100디나르를 부과하겠다고 했다. …… 장군은 알-디와시니의 머리를 잘라 이라크로 보냈고 그의 왼손을 잘라 토하리스탄에 있는 술라이만 아비 알-사리(Sulayman b. Abi al-Sari)에게 보냈다."[90] 처형 방식을 보건대 데바스티치는 중요한 인물이었다. 데바스티치는 소그드인 저항군을 대표했기 때문에 아랍 장군은 그의 시신을 절단하는 극단적인 조치를 취했다.[91] (장군은 이후 그토록 잔인한 처형을 집행했다는 이유로 장군의 지위를 잃었다.)

　　데바스티치의 죽음은 이슬람의 사마르칸트 점령에서 일부를 차지하는 작은 하나의 사건에 불과했다. 불과 몇십 년 사이에 무슬림 군대는 이 지역을 장악했다. 그리고 시간이 지나면서 페르시아어가 소그드어를, 이슬람교가 조로아스터교를 대체했다. 751년 탈라스 전투에서 무슬림 군대는 중국 군대를 크게 이겼다. 유목민 카를루크가 배신하고 이슬람의 편에 섰기 때문이다. 4년 뒤 당나라의 안록산 장군이 반란을 일으키자 당나라는 반란 진압을 위해 중앙아시아로부터 병력을 철수할 수밖에 없었다. 연속해서 일어난 이 두 사건(데바스티치의 처형과 안록산의 반란)이 의미하는 바는, 8세기 중엽 이후 소그디아나에서 도시 사마르칸트와 그 주변 지역은 더이상 동쪽으로 중국을 쳐다보지 않게 되었음을 의미한다. 소그디아나의 이슬람화로 인해 중국 내에서 살던 소그드인은 많은 수가 그대로 중국에 눌러앉게 되었다.

　　무그 산 고문서는 중앙아시아의 이슬람화나 종이 만드는 기술의 보급보다 시기적으로 앞선다. 무그 산 고문서를 작성하는 데 사용된 재료들을 감안할 때, 지역 군장들이 중국산 종이를 구입하기 위해 기꺼이 돈을 지출했음을 알 수 있다. 중국산 종이는 오래 가고 쓰기도 편했기 때문이다. 그러나 중앙아시아 주민들은 여전히 중요한 문서를 작성할 때는 가죽을 사용했다. 크라츠코프스키가 해독한 유일한 아랍어 문서가 바로 그 사례이다. 그리고 집안 가계 장부처럼 훨씬 덜 중요한 문서를 작성할 때는 버드나무 가지를 사용했다.

　　무그 산에서 장거리 무역의 근거가 될 만한 물품은 거기서 발견된 중국산 종이밖에 없었다. 한문으로 기록된 문서 3건은 8조각으로 찢어져 있는데, 모두가 애초에 중국에서도 재활용되었던 것들이다. 무그 산에서 실제로 한문을 기록했던 사람은 하나도 없었다. 이들 고문서 중의 하나는 처음에는 감숙성 무위에서 사용된 공문서였다. 그곳은 실크로드의 중국 방면, 즉 돈황 동쪽에서는 가장 번성한 도시였다. 그 공문서가 사용된 뒤 버려졌다가 다시 재활용 종이로 팔렸다.(뒷면은 아직 비어 있어서 거기에 글을 쓸 수가 있었다.) 실크로드에서 무역에 종사하던 어떤 사람이 그 종이를 가지고 서쪽으로 3,600킬로미터나 떨어져 있는 무그 산까지 왔던 것이다.[92]

8세기와 9세기에 중국 종이는 중앙아시아 깊숙이까지, 멀리는 카프카즈 산맥의 모쉬체바이아 발카(Moshchevaia Balka, 문자 그대로 해석하면 미이라 혹은 유골의 계곡) 유적지까지도 들어와 있었다. 그 유적지는 현재까지는 중국산 종이가 발견된 유적지 가운데 가장 멀리 떨어져 있는 곳이다. 21세기 초 발굴자들이 종이 두루마리 몇 개를 발굴했는데, 거기에는 한문이 적혀 있었다. 그 중에서 가장 온전한 문서는 15센티미터 X 8센티미터 크기였는데, 문서가 작성된 날짜가 적혀 있었고 다양한 지출 금액이 적혀 있었다.(2,000냥, 800냥 하는 식으로) 아주 파편적이기는 하지만 지출장부임에는 틀림없었다.[93] 그 유적지에서는 다른 물건들도 출토되었는데, 모두 중국산이 분명한 물건들이었다. 불상과 말을 탄 기사(왕궁을 떠나기 전의 싯다르타가 아닐까?)가 그려진 비단 조각, 불경이 적힌 종이 쪼가리, 종이반죽으로 만든 편지봉투 파편 같은 것들이었다. 이러한 물건들은 분명히 8세기와 9세기 사이 어느 시점에 중국의 종이와 비단에 그려진 그림이 카프카즈 지역까지 도달했음을 보여준다. 심지어 중국인 상인이 직접 거기까지 왔을 가능성도 있다.[94]

8세기에 중앙아시아 사람들은 종이 만드는 법을 배우게 되었다. 어느 아랍인의 설명에 의하면 751년 탈라스 전투에서 압바스 칼리프 왕국이 중국에 대해 월등한 승리를 거두었고 전쟁 포로를 바그다드까지 데려 갔는데, 포로 중 일부가 종이 만드는 법을 아랍인들에게 전해주었다고 한다.[95]

기술 전파에 대한 다른 전설도 있는데, 그렇게 믿을 만하지는 않다.[96] 제지 기술은 따라하기가 그렇게 어렵지 않다. 중원 지역으로부터 기술이 서서히 퍼져 나가서 8세기에 이르러 중앙아시아까지 전파되었다. 800년 이후 이슬람 세계에서 주요 필기 재료로 종이는 점차 가죽을 대체하였다. 종이는 가죽에 비해 여러 가지 장점이 있다. 비용이 싸고 빨리 만들 수 있다. 쓰기에도 가죽이나 파피루스보다 훨씬 편하다. 게다가 파피루스는 이집트에서만 자란다. 종이가 기독교 권역인 유럽으로 들어온 것은 스페인과 시칠리아의 이슬람권 항구를 거쳐 11세기 말에서 12세기 초에 이르러서였다.

의문의 여지 없이 중국에서 발명된 종이가 전파되면(비단과는 달리) 그 사회의 변화를 초래했다. 비단은 전근대 사회에서 그 비중이 얼마나 컸던지 간에, 어쨌든 주로는 옷을 해 입거나 혹은 장식 목적으로 사용되었다. 비단이 없으면 다른 직물이 쉽게 비단을 대체할 수 있었다. 중앙아시아에서는 주로 면직물이 그러했다. 이와 달리 종이는 뚜렷한 획기를 긋는다. 값싼 종이가 소개되자 책은 귀중품에서 누구나 가질 수 있는 일상품이 되었고, 이에 따라 교육 수준 또한 높아졌다. 양피지나 가죽과는 달리 종이는 잉크를 흡수하기 때문에 인쇄에도 사용될 수가 있었다. 세계적으로 주요 인쇄 혁명(중국의 목판이든 유럽의 활자든)은 종이 없이는 일어날 수 없는 일이었다.

여러 분야의 학자들이 판지켄트에서 출토된 문서와 아프라시압 벽화와 무그 산 문서를 가지고 고대 소그드 문자를 연구했다. 여기에는 무역에 대한 내용이 놀라울 정도로 거의 없었다. 소그드어 옛날 편지에는 그 편지를 쓴 사람이 상인일지라도 대부분 소규모 거래만이 언급되었다. 마찬가지로 판지켄트 출토 유물 중에서도 무역으로 거래된 물품은 거의 없었고, 도시의 건물 벽화에도 상인이나 실제 상행위를 나타내는 그림이 거의 없었다. 사마르칸트 발굴에 참여한 경험이 풍부했던 프랑스의 고고학자 프란츠 그르네(Frantz Grenet)는 이러한 상황을 다음과 같이 명쾌하게 요약했다. 아프라시압 벽화를 볼 때 "소그드의 그림 전체에서 단 하나의 카라반도 발견되지 않았고, 중국 황후가 탄 놀잇배를 제외하면 단 한 척의 배도 없었다."[97] 판지켄트에서 130채가 넘는 주택 건물에서 많은 벽화가 발견되었지만 그 중에서 사업상 거래 장면은 없었다. 마찬가지로 무그 산 문서도 비단과 종이를 제외하면 모두가 지역 토산품이었다. 비단과 종이를 만드는 기술이 중국으로부터 서쪽으로 전파되어 무그 산 직전까지 와 있었던 때였다.

우리가 확보한 증거만으로 보자면, 분명한 것은 실크로드의 상업은 대체로 지역 내 교역이었고, 짧은 거리 안에서 행상들이 담당했던 일이었다. 비단이나 종이 같은 물건을 만드는 기술이나, 조로아스터교 혹은 이후의 이슬람 같은 종교는 이주자들과 함께 이동했다. 이주자들이 새롭게 정착하는 곳마다 고향의 기술과 고향의 종교를 가지고 왔던 것이다.

CHAPTER 5

장안

― 실크로드의 국제 터미널 ―

예상치 못한 곳에서 나타난 고문서

사진을 자세히 보면 손목에서 삐져나온 종이가 보일 것이다. 무덤에 부장된 이 인형은 투르판에서 출토되었고 시기는 600년대의 것이다. 버려진 종이를 말아서 팔을 만들고 다시 접어서 모양을 잡았다. 인형에 수증기를 쪼여서 다양한 종류의 고문서를 분리해 냈는데, 그 중에는 전당포 영수증도 있다. 아래 사진에서 보듯이 먹으로 큼직하게 숫자 7 모양의 사선을 그어 취소 표시를 했다. 영수증에는 도시 장안의 어떤 구역 명칭이 언급되는데, 이것이 인형 제조 장소를 알려주는 결정적인 단서가 되었다.

●

중국에서는 고고학적으로 다른 어떤 곳보다 더 매력적인 도시가 바로 오늘날 서안이다. 유명한 진시황 병마용이 도시에서 불과 1시간 거리에 있다. 실크로드는 이 도시에 많은 유적을 남겨주었다. 여러 이방인 소수민족이 이 도시에서 살았다. 당나라 시기 내내 그러했다. 당시 이 도시는 장안(長安)이라고 불렸다. 맞은편의 우아한 인형은 중국식 요소와 소그드식 요소가 결합된 의상을 입고 있는데, 장안에서 제작된 인형이다. 장안은 워낙 규모가 커서 오늘날의 도시 서안이 당시의 규모를 넘어서 확장된지 불과 10년밖에 되지 않는다. 인구가 1천만이 넘었으니 중국 북서부에서 가장 큰 도시였음에 틀림이 없다.

장안은 10개 왕조의 수도였다. 아마도 장안 사람들은 손님들에게 식사를 대접할 때 종종 그 얘기를 들려줬을 것이다. 10개 왕조 중에서 7개 왕조는 기간이 짧았고 장안 인접 지역만 통치했을 뿐이다. 3개의 주요 왕조는 통일된 중국 전체를 통치했으며, 그 수도를 장안으로 정했다. 바로 전한(前漢, 기원전 206-기원후 9), 수(隋, 589-617), 그리고 당(唐, 618-907)이었다. 장안은 정치의 중심지면서 동시에 현장 법사처럼 서역으로 떠나는 사람들에게는 출발지였다. 현장 법사는 장안을 출발하기 전 장안의 서시(西市)를 방문했다. 그곳에 소그드인 집단거주지가 있었다. 그래서 중국의 다른 어느 곳에서보다 그곳의 주민들에게서 좋은 조언을 들을 수 있었다.

이 내륙 도시는 중국에서 바다를 통해 서역으로 가는 사람들의 출발지이기도 했다. 이들 해상 여행객들은 먼저 육로를 통해(황하는 배가 다닐 수 없는 강이었다.) 양자강의 여러 항구로 가거나 아니면 해안으로 바로 나가기도 했다. 이들 항구에서 그들은 기원후 1500년까지 가장 많은 사람들이 이용했던 항로를 따라 운항되는 배에 올랐다. 이 항로는 중국 해안의 항구로부터 동남아시아, 인도, 아랍 세계와 아프리카 동부 해안까지 연결되었다.[1]

장안은 기원 이후부터 1000년대까지 천 년 동안 육로를 통해서나 바다를 통해서 들어오는 여행객들을 맞아들였다. 그 시기가 실크로드의 전성기였다. 기원후 220년 한나라가 멸망한 뒤부터 589년 수나라가 중국을 재통일하기 전까지, 여러 유목 왕조들이 중국 곳곳을 차지해서 그토록 오랜 기간 통일이 이루어지지 않았다. 북방에는 북위(北魏, 386-534)가 가장 오래 유지된 왕조였고, 북제(北齊, 550-577)와 북주(北周, 557-581)라는 짧은 왕조가 그 뒤를 이었다.

오늘날 서안에는 수많은 과거의 흔적이 남아 있다. 중국의 법에 따르면 중장비로 땅을 파다가 유물을 발견할 때마다 매번 고고학 기관에 보고를 하도록 되어 있다. 이는 서안에서는 흔히 일어나는 일이다. 해마다 고고학자들은 서안에서 한나라나 당나라 시대의 무덤 수백 기를 발굴하곤 한다.[2] 북주 시기 고위 관료의 무덤이 오늘날 서안의 북쪽 교외에 위치해 있었다. 육로를 통한 이주의 새로운 증거들이 최근 소그드인 무덤 발굴을 통해서 나왔다. 그들은 6세기 말에서 7세기 초에 장안을 비롯한 중국 북부 도시로 이주해온 사람들이었다.

특히 두 기의 소그드인 무덤이 발굴 당시부터 많은 관심을 불러 일으켰다. 2001년에 발굴된 안가(安伽, 579년 사망)의 무덤과 2004년에 발굴된

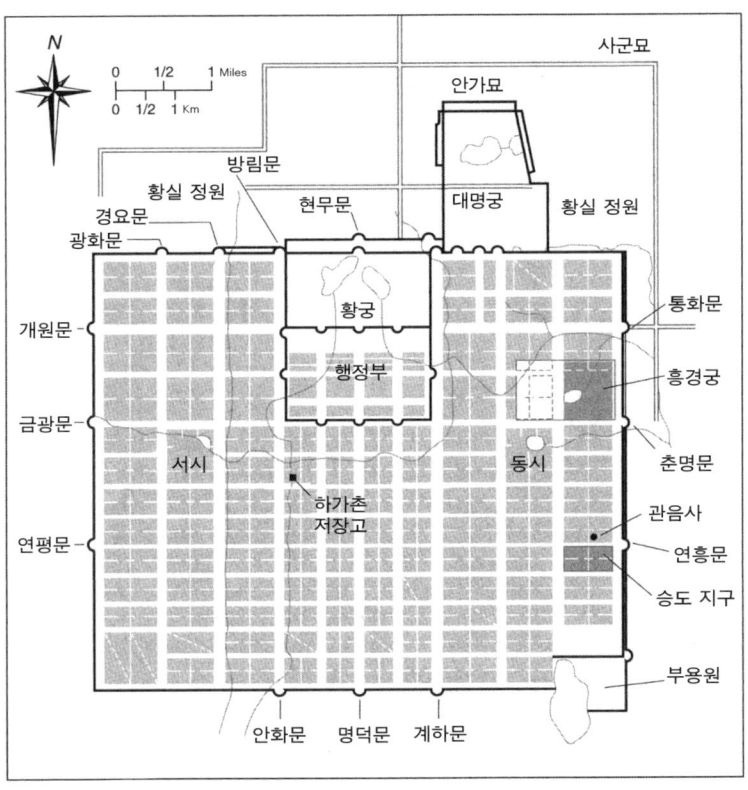

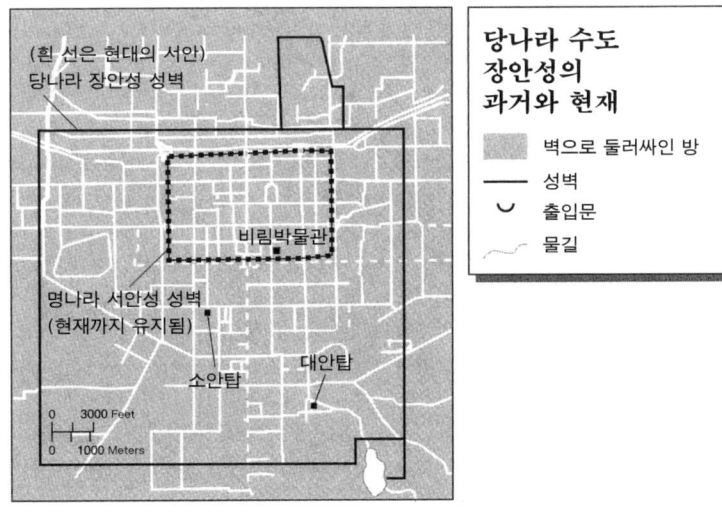

CHAPTER 5 - 장안

사군(史君, Wirkak)의 무덤이었다. 2005년 가을 서안의 고고학자들은 어느 인도인의 무덤을 발굴하기도 했다. 이 도시에 묻힌 최초의 인도인이었다. 묘비에 의하면 그는 브라만(婆羅門種)이었다. 이는 그가 인도에서 왔음을 뜻하는데, 반드시 상위 카스트 계급은 아닐 수도 있었다. 중국식 이름은 이탄(李誕)이었다.[3] 소그드인의 무덤은 중국의 다른 도시에서도 발견되었다. 고원(固原), 영하(寧夏), 태원(太元), 산서(山西) 등지였다.[4]

이러한 무덤은 대체로 소그드인의 것으로, 이주민들이 어떻게 중국으로 왔는지, 그들이 중국의 문화적 관습에 어떻게 순응했는지(혹은 중국문화를 변용했는지)를 보여준다. 소그디아나의 전통적인 장례 풍습은 망자의 시신을 노출시켰다가 탈육이 된 뒤 납골함이나 혹은 지상의 나우스(Naus)라는 구조물 속에 안치해 두는 것이었지만, 서안에서 발견된 소그드인의 무덤은 중국식이었다. 무덤방까지 연결되는 통로가 설치되어 있었고, 한문으로 망자의 간략한 전기를 기록해둔 비석을 세우는 경우도 종종 있었다.

그러나 이러한 무덤들은 분명히 소그드적인 요소도 지니고 있다. 소그드인의 무덤에는 중국식이라면 관을 놓을 자리에 침대처럼 만든 돌을 두었고, 집 모양을 돌로 깎아 넣어두었다. 어떤 경우 망자의 유물들이 돌 침대나 돌 집 속에 들어 있는데, 그렇지 않은 경우도 많았다.(특히 안가安伽의 경우)[5] 납골함과 마찬가지로 돌 집은 외부가 장식되어 있었다. 이와 대조적으로 돌 침대는 안쪽으로 장식이 되어 있다. 마치 납골함을 안팎으로 뒤집어 놓은 모양이다.[6] 돌 침대에는 망자의 생전 모습을 보여주는 장면이 그려져 있는데, 이는 납골함과 다른 점이다. 소그드의 전통 납골함 미술에서는 생전 모습이 주제가 되는 경우는 없다. 돌 침대의 그림은 지극히 현실적인 장면으로, 망자의 생활을 명확하게 그려두었다. 현세의 일을 그린 것일 수도 있고 사후 세계를 그린 것일 수도 있다.

안가(安伽)의 무덤은 2001년 고고학 발굴 가운데 최고의 발견 10위 안에 들었다고 한다. 소그드인의 무덤 중에서는 유일하게 고고학자들이 발굴하기 이전에 손을 댄 흔적이 없었다. 중국에 있는 무덤 대다수는 발굴에 앞서 도굴된 적이 있으며, 그것도 여러 차례 도굴된 경우가 많다. 안가(安伽)의 무덤은 널길의 길이가 8.1미터에 달한다.(화보 15번 참조) 문 밖에는 망자를 위한 비석이 서 있다. 전형적인 중국식 비석으로 텍스트가 세로로 새겨져 있고 바닥에는 네모난 기단이 있으며 위에는 지붕 모양 가첨석이 있는데, 모두 돌로 만든 것이다. 중국의 매장 풍습을 따라 안가(安伽)의 유물을 관 속에 넣고, 관은 돌 침대 위에 올려 두었다. 그러나 뼈는 무덤방 문밖 바닥에 흩어져 있었다. 중국식이라면 돌 침대 안에다가 넣어야 했지만 그렇게 하지 않았다. 안가(安伽)의 장례 풍습은 어떤 식으로도 설명이 불가능하다. 조로아스터교 방식도 아니고 유교의 관습도 이런 식을 허용하지는 않는다. 비석 근처의 모든 것은 벽을 포함해서 모두 불에 탄 흔적이 있다. 어디선가 불이 났던 것 같다.[7]

비석에 의하면 안가(安伽)는 부하라(현 우즈베키스탄)의 소그드인 가문의 후손인데, 그 가문이 양주(涼州)로 이주했다고 한다. 양주는 오늘날 무위(武威)로 감숙성의 중요한 도시이다. 장안에서 돈황으로 가는 길에 있으며 현장 법사도 이곳을 들른 바 있다.[8] 안가(安伽)는 537년에 태어났다. 아버지는 소그드인이었고 어머니는 아마도 무위 현지의 중국인이었을 것이다.[9] 비석에는 그의 아버지가 두 차례 관직을 수행했다고 하지만, 그 중 하나는 사천(四川, 眉州)에서 맡았던 관직으로, 무위와 사천 사이의 먼 거리를 생각하면 가능성이 적은 일이다. 훨씬 가능성이 높은 해석은, 그의 아들이 성공했기 때문에 그러한 관직이 사후에 명예직으로 주어졌을 가능성이다.[10] 안가는 꽤나 성공했던 인물이다. 처음에는 동주(同州, 오늘날 陝西 大荔, 서안 북쪽)의 살보(薩保)로 일했는데, 살보로서 오를 수 있는 최고위까지 올랐다.[11]

소그드인 공동체의 수장을 지명하기 시작했던 때는 북위 왕조(386-534)가 중원을 통치할 때부터였다. 소그드인들은 그들로서는 외국어인 중국식 관직 명칭을 받아들여 사용했다. 결과적으로 살보는 새로운 의미를 가지게 되었는데, 즉 중국에서 지명한 외국인 공동체의 주민을 관리하는 직책을 뜻하게 되었다. 안가는 북주로부터 살보 직책을 부여받았다. 안가가 62세로 사망했던 579년 당시에는 북주 왕조가 장안 지역을 장악하고 있었다. 안가의 무덤에는 중국식 모티프와 소그드식 모티프가 결합되어 있다. 무덤방 문 위의 그림은 조로아스터교 양식으로 세 마리의 낙타가 등에 불을 모시는 제단을 지고 있다. 이는 소그드의 승리의 신을 나타낸다.[12]

무덤방 크기는 가로세로가 각각 3.66미터이고 높이가 3.3미터이다. 방 안에는 돌로 만든 단이 설치되어 있고, 단의 측면과 윗면에는 돌판이 부탁되어 있다. 먼저 돌판에 부조를 새기고 그 다음에 인물, 건물, 나무 등을 붉은색, 검정색, 흰색 안료로 색칠한 뒤 바탕색은 금색 물감으로 채웠다. 모두 12개의 장면으로 구성되어 있다.(왼쪽과 오른쪽 측면에 각 3개 장면, 윗면에 6개 장면이 있다.)[13] 뒷벽 가운데에는 통통한 모습을 한 무덤 주인 안가가 앉아 있고 그 옆에는 한 여인이 있는데, 아마도 아내인 듯 하다. 중국식 옷을 입고 있으며, 중국식 주택 건물 안에 앉아 있는데 그 앞

소그드인 지도자의 중국식 무덤
안가(安伽)의 무덤 입구 문 위의 그림은 중국식과 소그드식 모티프를 솜씨 좋게 결합시켰다. 사제의 머리와 몸통은 사람이고 다리와 발톱은 새의 모습을 하고 있다. 얼굴에는 방화 마스크를 쓰고 있는데 그릇과 꽃병이 놓인 탁자를 향해 서 있다. 그는 조로아스터교의 신 스로쉬(Srosh)를 나타낸다. 수탉과 관련된다. 그는 영혼이 이승에서 저승으로 가는 다리를 건널 때 도움을 준다. 그리고 저승에서는 재판관 역할을 맡기도 한다. 오른쪽 아래의 인물은 흰 모자를 쓰고 콧수염을 길렀는데, 무덤 주인공인 살보 안가이다.

에는 다리가 그려져 있다. 중국에서 발견되는 소그드식 무덤 속 침대와 주택 그림은 거의 언제나 소그드식 돌기 문양과 남녀가 잔치에서 춤을 추는 장면이 들어 있다. 안가의 무덤 속 침대에는 춤추는 장면이 세 번 나온다.(화보 14번 참조)

안가의 무덤 속 그림에서는 상업 행위가 전혀는 아닐지라도 거의 보이지 않는다. 윗면 석판에는 짐을 싣고 있는 낙타가 보이지만, 내용을 보면 상업적이라기보다는 외교 관련 장면으로 해석된다. 같은 석판에서 안가는 텐트 속에서 투르크 지도자와 대화를 나누고 있다.[14] 낙타가 무역 상품을 싣고 있더라도 그것은 협상이 끝난 뒤 교환할 용도의 선물일 것이다. 이는 앞에서 설명한 것처럼 사절단이 주도한 무역과 관련된 관행이었다. 사마르칸트의 아프라시압 궁전 벽화에서 보이던 외교 사절과 선물이 이런 관행을 보여주는 가장 뚜렷한 사례이다.

두번째 소그드인 무덤은 2003년에 안가의 무덤에서 동쪽으로 2.2킬로미터 떨어진 곳에서 발견되었다. 안가의 무덤 못지않게 매력적인 무덤이었다.[15] 망자의 이름은 위르칵(Wirkak)이었다. 이는 "늑대"를 뜻하는 소그드어에서 유래한 이름이다. 그의 중국인 성씨는 사씨(史氏)였는데, 중국식 이름이 적혀야 할 칸은 빈 칸으로 남아 있어서 중국식 이름은 알 수 없다. 안가의 무덤과 마찬가지로 위르칵의 무덤도 중국식 널길을 통해 무덤방으로 들어가게 되어 있었다. 안가의 무덤에는 돌로 만든 침대가 놓여 있었던 반면 위르칵의 무덤에서는 돌로 만든 집이 들어 있었다. 길이 2.46미터, 너비 1.55미터, 높이 1.58미터에 달하는 돌집의 벽면에는 여러 장면의 그림이 그려져 있었다. 무덤은 모래로 가득했고 천정은 무너져 있었다. 고고학자들은 무덤 속에서 이 돌집 말고는 아무런 유물도 발견하지 못했다.

위르칵의 비석은 돌집 출입문 위에 서 있었는데, 이는 특이한 위치였다. 더욱 특이한 것은 그의 비석이 두 가지 언어로 기록된 점이다. 오른쪽은 소그드어로, 왼쪽은 한문으로 기록되었다.[16] 두 텍스트는 내용이 겹치는데, 모두 위르칵의 일생에서 사실을 기록한 것이다. 그러나 한 텍스트를 다른 텍스트가 번역한 것은 아니었다. 비문을 쓴 사람은 두 언어에 모두 능숙한 사람은 아니었다. 양쪽 텍스트 모두 위르칵이 579년에 사망했고 아내도 같은 해 죽었다고 기록하고 있다. 아들은 셋이고,

무위와 감숙에서 살보를 지냈다. 안가도 그곳에서 살보를 지낸 바 있다. 소그드어 텍스트는 다음과 같은 문구로 끝을 맺었다. "돌로 만든 이 무덤[즉 신의 집]은 브레슈만반다크(Vreshmanvandak)와 제마트반다크(Zhematvandak)와 프로트반다크(Protvantak 혹은 Parotvandak)가 부모님을 위해 지었다." 여기서 말하는 "신의 집"이란 무덤 속에 있는 집 모양의 석관(石棺)을 지칭함은 두말 할 나위가 없다.[17]

돌집에는 지붕과 바닥이 있고, 앞에는 문이 두 개, 창문이 두 개 달려 있다. 안가의 무덤 출입문 위에 있던 그림과 비슷하게, 창문 아래에서 새 모양의 성직자가 불을 향해 몸을 숙이고 있다. 뿐만 아니라 이 돌집의 모티프는 안가 무덤의 모티프와 매우 비슷하다. 잔치, 사냥, 텐트 속에서 망자가 다른 민족과 대화를 나누는 모습 등이 그러하다. 어떤 도상은 도저히 내용을 알 수 없다. 예를 들면 북벽의 왼쪽 끄트머리에 있는 수행자는 누구일까? 노자일까? 브라만일까? 소그드인들은 다른 종교의 신격도 배제하지 않았기 때문에 이 도상이 무엇이라고 단정기는 어렵다.

동쪽 벽면에는 망자의 영혼이 친바트(Chinwad) 다리를 건너가는 장면이 나온다. 굉장히 주목을 끄는 이 장면은 조로아스터교에서 말하는 죽은 자의 운명을 상세하게 그려 둔 것인데, 소그디아나 혹은 조로아스터교의 본고장인 이란의 그림보다 훨씬 더 자세하다.

모든 모티프들, 예컨대 왕관을 쓴 날개 달린 말, 날개 달린 악사들, 왕관을 쓴 사람의 뒤로 흩날리는 장식(이란 미술에서 군주를 묘사하는 전통적인 방식)은 위르칵과 그의 아내가 낙원으로 들어가는 모습을 그린 것이다. 이 그림에서 다양한 요소들을 특정하기 위해서 돌에 새겨진 석관과 조로아스터교 텍스트를 비교해보면 내용이 일치함을 알 수 있다. 그 텍

저승으로 건너가는 위험한 다리
이 장면은 사군(위르칵)의 무덤 안에 있는 돌로 만든 집에 그려진 그림이다. 오른쪽 아래에 조로아스터교 사제 두 사람이 방화 마스크를 쓰고 다리를 향해 서 있다. 이곳에서 그들은 망자의 영혼을 사후 세계로 보내는 의식을 집전하고 있다. 왼쪽에는 위르칵과 그의 아내가 행렬을 이끌고 있는데, 행렬에는 두 아이(부모보다 먼저 죽은 아이들일까?), 동물, 말 두 마리, 짐을 실은 낙타가 다리를 건너고 있다. 다리 아래 물에서는 괴물이 이빨을 드러내고 있는데 위르칵과 그의 아내는 행렬이 이를 피해 안전하게 지나가도록 이끌고 있다. 조로아스터교의 가르침에 따르면 오직 진실을 말하고 올바르게 행동한 자들만이 안전하게 다리를 건너갈 수 있다. 그렇지 않은 사람들은 다리가 면도날처럼 좁아져 결국 다리 아래 죽음의 나락으로 떨어지게 된다.

스트는 9세기 유물인데, 이는 6세기 말에 중국에서 거주했던 소그드인들이 그러한 텍스트에 친숙했음을 뜻한다. 이는 매우 중요한 발견이다. 왜냐하면 그 때까지 중국에서는 조로아스터교 텍스트가 유통된 적이 없었기 때문이다.[18]

안가와 위르칵은 모두 579년에 사망했다. 그 해는 북주가 멸망했던 때로 정치적 격변기였다. 북주의 통치자는 578년에 자신의 후계자와 어느 장군의 딸을 결혼시켰다. 그 후계자는 581년에 왕위를 이었지만 금새 사망했고, 어린 아들에게 왕위를 물려주었다. 처음에는 소년의 외할아버지가 섭정을 맡았지만, 그는 같은 해에 권력을 차지하고 수나라를 세웠다. 이후 8년 동안 그의 군대는 중국 전역을 정복해 나갔고 점차 영토를 넓혀 589년 통일 제국을 수립할 수 있었다.

수나라의 첫 수도는 양주(揚州)로 중원 지역의 해안에서 가까운 도시였다. 그러나 582년 수나라는 수도를 장안으로 옮겼다. 장안은 이전에도 강력했던 여러 왕조의 수도였다. 그는 북주 시기 도시의 남쪽과 동쪽 지역에 완전히 새로운 계획 도시를 건설했다.(북주 당시의 도시 위치는 전한前漢 때와 같았다.) 수나라의 설립자는 604년 수명이 다해 사망할 때까지 거의 30년을 통치했다. 그의 아들이 후계를 이어서 수 차례에 걸쳐 고구려를 공격했지만 정복에 실패했다. 중국인들은 엄청난 손실을 감내해야 했다. 어느 장군이 황제를 몰아내고 618년에 당나라를 세웠다.[19] 약간의 기간을 제외하면 당나라에서도 장안은 계속해서 수도로 남아 있었다.

새로운 계획 도시가 완공되었을 때, 성벽의 높이는 4.6미터였고, 길이는 동서 9.5킬로미터, 남북 8.4킬로미터였으며, 사각형으로 벽이 둘러쳐진 면적이 80제곱킬로미터에 달했다. 도시 가운데로 넓은 중심 도로가 놓였다. 폭은 155미터였는데, 오늘날 고속도로로 치면 45차선에 해당한다.[20] 도시는 109개 구역으로 나뉘어졌는데, 각 구역을 방(坊)이라 불렀다. 각 구역에는 높은 담장이 둘러쳐져 있었다. 도시 관리자는 매일 밤 출입문을 닫고 야간 통행을 엄격하게 금했다. 도시 북쪽으로 사각형 구역 바깥에 궁궐과 행정부 및 군부 등 모든 정부 사무실이 있었다. 관료들과 왕실 가족들만 그 구역에 들어갈 수 있었다. 관료들과 궁인들은 대개 도시의 동쪽편에서 살았다. 그들에게는 정원이 딸린 넓은 집이 제공되었기 때문에 동편의 인구밀도가 상대적으로 낮았다. 평민들은 대부분 서편에서 살았다.

시장이 두 곳에 있었는데, 하나는 서시(西市)라 했고 다른 하나는 동시(東市)라 했다. 각각 1제곱킬로미터 정도의 면적을 차지했다.[21] 시장 주변으로는 폭 120미터 도로가 둘러 있어서 사람들과 수레가 통행할 수 있었다. 시장 안에는 더 많은 도로들이 있었다. 두 곳의 시장에는 모두 도심 구역과 마찬가지로 담장이 둘러쳐져 있었고, 출입문에는 경비가 엄격했다. 총 9등급 중에서 5등급 이상의 관료들은 시장에 들어갈 수 없었다. 왜냐하면 태종을 위해 복무하던 관료들이 편성한 법률에 따르면 상업은 지저분한 일로 간주되었기 때문이다. 당나라의 법률에서는 시장을 통제하는 관리들만 예외로 두었는데, 그들은 상품의 무게를 측정하고 매 10일 간격으로 가격을 조사해서 세금을 부과했다.[22] 시장 감독들은 가축과 노예 상인들에게 통행증을 발급해 주었다. 국경을 건너갈 때 항상 제시해야 했던 바로 그 통행증이다. 시장은 정오에 문을 열었다가 해가 지기 두 시간 전에 문을 닫았고, 관리들은 이를 확인해야 했다.[23]

동시(東市)는 국산품에, 서시는 수입품에 특화된 경향이 있었다. 많은 수입품들이 낙타 행렬의 등에 실려 왔다. 같은 종류의 상품을 파는 상점들은 한 골목에 몰려 있었다. 전문화된 그 골목을 행(行)이라 불렀다.[오늘날에도 중국어로 전문가를 내행(內行, 안쪽 줄), 비전문가를 외행(外行, 바깥줄)이라 부른다.] 동시에는 220개의 서로 다른 상점 그룹이 있었는데, 그곳에서 판매했던 물품 중에는 중국산 붓, 상아로 만든 제품, 천, 고기, 술, 인쇄물 등이 있었다. 서시(西市)에는 유라시아 전역에서 수입된 식재료는 물론 말의 굴레나 안장 같은 가죽 제품, 귀금속과 보석 등이 판매되었다. 시장에는 상품이 가득 쌓여 있었다. 843년에 화재가 났을 때 동시의 12개 행에서 4천 명이 사망한 적도 있었다.[24]

시장을 방문한 손님들은 식당이나 술집이나 음식 가판대, 사창가 등을 이용할 수 있었고, 행상들은 창고에 물건을 보관할 수 있었으며, 은행과 비슷한 기관에 돈을 맡겨둘 수도 있었고, 여관에서 숙박도 할 수 있었다. 어떤 여관에는 방이 스무 칸이나 되었다. 3장에서 보았던 소그드 상인 조록산(曹祿山)과 중국 상인 이소근(李紹謹)의 소송은 중국 법정이 중국인과 이방인의 분쟁을 어떻게 처리했는지 잘 보여주고 있다. 그들은 모두 중국의 법을 적용받았다. 당나라의 법률에 따르면, 같은 나라 출신 이방인이 서로에게 해를 끼쳤을 경우 그들은 모국의 법을 적용받는다. 그러나 국적이 다른 이방인끼리 분쟁이 발생하면 중국 법을 따라야 했다.[25] 앞에서 보았던 소송은 수도에 살던 두 사람이 서북 지역으로 사업차 여행을 떠났던 경우였다.

많은 여행객이 당나라 수도 장안을 방문했다. 당나라의 공식 역사서에 의하면 장안의 시민은 30만 가구 96만 명이었다.[26] 백만 명의 인구 중에서 대다수는 중국인이었겠지만, 상당수 이방인도 함께 살고 있었다. 이방인들은 주로는 서시 근처에 몰려 살았다.[27] 이들은 정부의 정책에 따라 장안에 정착한 경우도 있었다. 631년 동투르크가 당나라에 정복되자 거의 1만 가구가 장안으로 이주하라는 명을 받았다. 이들 가구 중 상당수는 투르크에 복속되었던 소그드인이었다.[28] 여러 중앙아시아 왕국들이 당나라 군대에 점령당했을 때, 그들은 왕자를 볼모로 장안에 보내야 했다. 이들로 인해 장안의 외국인 수는 더 늘어났다. 아마도 가장 유명한 피란민은 사산 제국 황제의 후손들일 것이다. 그들은 651년 무슬림에 의해 수도 크테시폰(체시폰)이 점령되자 이란으로부터 달아났다. 사산 제국의 마지막 황제 야즈데게르드(Yazdegerd) 3세는 전쟁 중에 죽었지만 그의 아들 페로즈(Peroz)와 손자 나르세(Narseh)는 둘 다 영원히 도시를 떠났다.[29]

이들 이민자들은 자신의 종교적 관습과 함께 이주해 왔다. 최소한 5곳, 아마도 6곳의 조로아스터교 사원이 장안에 있었고, 그 중 4곳은 서시 근처에 있었다.[30] 기독교 교회도 하나 있었는데, 네스토리우스파 기독교와 맥이 닿아 있는 교회였다. 역시 서시 바로 북쪽에 위치해 있었다. 오늘날 서안의 비림 박물관에는 중국 전역에서 발견된 수많은 비석들이 모여 있다. 그 중에는 네스토리우스파 기독교 교인의 비석이 흔히 보이는데, 이를 보면 당나라 치하의 기독교 역사를 알 수 있다.[31]

이들 비문에 의하면 장안에 도착했던 최초의 기독교인은 아라감(阿羅憾, 아브라함)이라는 사람이었다. 635년에 셀레우키아-크테시폰(Seleucia-Ctesiphon, 오늘날 이라크)에 있던 주교가 그를 중국으로 파견했다. 그는 중국에서 최초로 네스토리우스파 기독교의 교두보를 설립하였다.[32] 이 교회의 설립과 고향 이란을 떠나온 페르시아인들의 대규모 이주는 동전의 양면과 같은 것이었다. 그들은 당시 무슬림 군대를 피해 중국과 동쪽 어딘가로 피난을 떠나야 했다. 70명의 이름이 시리아어 발음을 한자로 옮겨 적은 형태로, 교회 조직 체계상 직급과 함께 비문 끝에 적혀 있다. 그 중에서 어떤 이름, 예컨대 "예수의 희망" 같은 경우는 틀림없이 기독교인이다. "달의 신 마" 같은 경우는 원래 조로아스터교에서 유래한 이름이지만 메소포타미아 지역에서 흔히 쓰이던 이름이었다. 각각의 이름은 한자로 음을 옮겨 적었다. 명단에 나오는 70명의 이름 중

당나라 수도 장안에 있는 기독교의 흔적
정방형의 십자가는 네스토리우스파 기독교에서 일반적으로 사용되던 십자가였다. 그러한 십자가로 머리장식이 된 이 비석은 781년에 새겨졌다. 1625년에 발견되어 중국 관리들이 예수회 선교사들에게 탁본을 보여주자 예수회 선교사들은 본인들이 중국을 방문한 최초의 선교사가 아니라는 사실을 알고 뛸듯이 기뻐하였다. 선교사들은 탁본을 유럽으로 보냈고 1670년대에 한문 및 시리아어 부분이 번역되었다.

대부분이 중국인이 아닌 이방인으로 추정된다.

    네스토리우스파 기독교는 중국 내 몇몇 주요 도시에 교회를 설립했다. 아마도 장안(長安), 낙양(洛陽), 광주(廣州) 말고도 몇 군데 더 있었을 것이다. 네스토리우스파 기독교 구성원들은 대개 이란인과 소그드인이었다. 그들은 7세기와 8세기에 당나라 정부의 지원을 받았다. 그러나 845년 당나라의 황제가 불교를 금지하면서 기독교도 함께 금지되었다. 불교는 끝내 살아남았지만 네스토리우스파 기독교는 그렇지 못했다.

오늘날 서안에는 이들뿐만 아니라 다른 종교의 흔적도 찾아볼 수 없다. 실제로 당나라 전성기의 장안에 건립되었던 건물 중에 오늘날 서안의 지상에 남아 있는 건물은 거의 없다. 방문객들은 드넓은 도로의 잔해를 보며 영광의 헛됨을 느낄 것이다. 매우 거대한 성벽도 볼 수 있지만,(성벽이 워낙 두꺼워서 성벽 위에서 자전거나 골프 카트를 탈 수 있을 정도이다.) 그것은 명나라(1368-1644) 때의 것일 뿐 당나라의 것이 아니다. 현재 남아 있는 유일한 당나라 건축물은 두 개의 전탑뿐이다. 바로 대안탑과 소안탑이 그것이다. 당 태종은 현장 법사가 인도에서 가져온 책을 보관하기 위해 대안탑을 건립했다. 현장은 그곳에서 번역 팀을 이끌기도 했다.

지나가버린 이 도시의 영광을 다시 맛볼 수 있는 희망은 오직 땅 속의 무덤뿐이다. 실크로드의 다른 유적지들과 달리 서안의 기후는 타클라마칸 사막보다 습하기 때문에 매장된 종이는 분해되어 버리고 만다. 그러나 종이를 재활용한 덕분에 장안의 어느 전당포 영수증 덩어리가 살아남았다. 이 매력적인 유물은 투르판 아스타나 무덤에서 발굴된 인형의 팔 속에 들어 있었다. 문서에서 언급되는 몇 군데 지명은 당나라의 수도에서만 사용되던 것이었고, 그래서 다른 지명들도 대부분 장안일 것으로 추정된다.

당나라 수도에서 활동하던 어떤 장인이 전당포에서 쓰고 버린 종이 쪼가리를 모아서 인형을 만들었고, 그 뒤 그 인형이 아스타나에서 어떤 부부의 무덤에 부장품으로 묻히게 된 것이다.[33] 남편은 633년에 죽었다.

중국이 그 지역을 점령했던 640년 이전이었다. 아내는 50년도 더 지난 뒤인 689년에 죽었다. 인형이 입고 있는 세련된 비단 옷과 공들여 만든 머리 모양 등을 보면(화보 8번 참조) 그것이 수도 장안의 공방에서 만들어 졌음직한 느낌이 든다. 문서에서 언급되는 지명으로 보건대 전당포 영수증은 시기가 662년 관음사(觀音寺)가 이름을 바꾼 뒤이며, 689년 아내가 합장되기 전의 것이다.

버려진 전당포 문서를 보면 장안의 주민들이 어떻게 수익을 만들어 냈는지 알 수 있다. 각각의 종이 쪽지에는 다음과 같은 항목들이 동일하게 적혀 있다. 저당잡힌 물건, 채무자의 이름, 날짜(월과 일, 연도는 없음), 빌린 금액, 갚은 금액, 주소, 채무자의 나이(경우에 따라). 전표에는 29명의 이름 목록이 있는데, 직업이 적혀 있는 경우는 두 명뿐이다. 한 명은 염색하는 사람이고 다른 한 명은 비녀 만드는 사람이다. 저당잡힌 물건을 돌려주게 되면 전당포 직원은 전표 위에다 사선을 그어서(숫자 7 모양으로) 거래가 완료되었다는 표시를 했다. 이것은 중국에서 발견된 역사상 가장 오래된 전표이다. 거의 모든 거래에서 저당잡힌 물건은 옷이거나(때로는 비단옷이고 때로는 그냥 옷이다.) 아니면 천이다.(당나라 때에는 천도 일종의 화폐 기능을 했다.) 그리고 일정 금액의 동전을 빌렸는데, 대체로 100냥 정도였다. 옷이나 천이 아닌 경우는 두 건뿐이었다. 한 경우에는 구리 거울을 맡기고 동전 70냥을 빌렸고, 다른 경우에는 진주 반지 4개를 맡기고 동전 150냥을 빌렸다. 채무자들은 매달 5퍼센트에 해당하는 이자를 지불했다. 이는 당나라 법률에서 정한 범위 내에 들어가는 이자율이었다.(같은 시기 투르판에서 돈을 빌린 사람들에 비해서는 훨씬 낮은 이자율이었다.)

두번째 기록물도 인형의 일부로 보존된 것이다. 이 기록을 보면 관음사(觀音寺) 근처에 있었던 전당포에 드나들었던 사람들이 상대적으로 쉽게 돈을 구했음을 알 수 있다. 이 목록에는 608건의 거래가 적혀 있는데, 대출 규모가 훨씬 작았다. 장안 시민들은 "의약품, 천, 콩, 밀기울" 등으로 지불을 했다. 거래 중 4분의 1이 여자 손님이었다. 유교식 이상형으로는 여인이 언제나 집안에 머물러야 한다고 했지만, 이 목록을 보면 장안의 여인들이 집밖을 돌아다녔음을 알 수 있다.[34]

또 하나 놀라운 발견은, 당시 수도 장안의 사회 계층 중에서 반대편에 있었던, 즉 거주민 중에서 최고 부자에 대한 것이다. 1970년 문화혁명 기간 중에 서안의 고고학자들은 도시 남쪽 변두리에 있던 하가촌(何家村)에서 토기 두 점(높이 64cm)과 은항아리 하나(높이 25cm)를 발굴했다.[35] 땅속 0.9미터 깊이에 각각 0.9미터 떨어진 거리에 묻혀 있었다. 발굴 당시는 관료들을 위한 휴게 건물을 짓는 중이었다. 현재 정부 관리를 위한 호스텔이 들어서 있고 별다른 표식은 없다. 세 개의 항아리에는 수천 점의 유물이 들어 있었다. 금과 은으로 만든 공예품도 있었고, 보석과 귀금속, 의약품, 특이한 동전 등을 수집해놓은 것이었다. 이러한 수집품이 책이나 천 같은 연약한 물건들이었다면 남아있지 못했을 것이다. 하가촌의 보물은 중국에서 발견된 가장 큰 보물 저장고로서 최고로 진귀한 물건과 가장 아름다운 실크로드 공예품을 담고 있었다.

주인이 누구인지를 알려주는 자료는 남아 있는 것이 없다. 보물 저장고의 주인은 난리가 끝나면 돌아올 생각이었을 것으로 추정될 뿐이다. 어떤 난리였을까? 반란? 약탈? 자연재해? 아직은 아무도 모를 일이다. 보물 저장고는 서시에서 동쪽으로 약 1킬로미터, 동시에서 서쪽으로 3킬로미터 떨어진 구역에 묻혀 있었다. 보물 저장고의 연대를 알 수 있는 열쇠는 은괴 몇 개에서 나왔는데, 세금납부용이라는 표지가 붙어 있었다. 780년 이전 당나라 백성들은 세 가지 유형의 세금, 즉 조(組, 곡식), 용(庸, 노동력), 조(調, 직물)를 납부하도록 되어 있었다. 그러나 지방에 따라 다른 상품으로 대체될 수도 있었다. 네 개의 둥근 은괴는 지름이 약 10센티미터이고 무게가 400그램 이상이다. 은괴에는 조잡한 글자가 새겨져 있는데, 광동 지방의 하위 행정구역에 납부한 세금을 뜻하는 글자였다. 하나는 722년, 나머지 세 개는 731년의 것이다. 새겨진 글자의 내용은 은괴의 정확한 무게 및 무게를 측정했던 관리의 이름이다.

관리들이 이러한 은괴를 받은 뒤 녹여서 더 큰 덩어리를 만들었다. 큰 것은 무게가 8킬로그램이 넘기도 한다. 그리고 은을 받은 상점(예를 들면 동시東市 모모 상점), 무게, 무게를 측정한 관리의 이름을 먹으로 적어 둔다.[36] 중앙정부 관리들은 지방에서 보내온 은괴를 바로 녹여서 덩어리로 만들었기 때문에, 은괴가 포함된 보물 저장고는 은괴에 표시된 가장 늦은 시기인 731년에서 그리 오래 되지 않은 시기에 묻혔던 것 같다. 보물 저장고에 들어 있는 정교한 금그릇과 은그릇에도 비슷한 표지가 있다. 언제나 먹 글씨로 무게 및 납부한 상점이 적혀 있다. 정부의 관리는 세금으로 거둔 은을 세 단계로 나누어 저장했다. 처음에 여러 지방에서 은을 납부하면 은괴를 만든다. 그 다음 은괴를 중앙 정부로 보내면 녹여서 큰 덩어리로 만든다. 마지막으로는 세공을 해서 금그릇이나 은그릇을 만든다.

46개의 서로 다른 은그릇은 약을 담는 그릇으로 사용되었다. 여기에도 무게와 내용물의 등급이 적혀 있다. "종유석 상상(上上) 등급" 혹은 "종유석 중상(中上) 등급" 등 다양한 등급의 종유석 가루가 2킬로그램 넘

〔표 5-1〕 하가촌 출토 유물 목록

금(金)		은(銀)		화폐	
그릇(碗)	3	그릇(碗)	55	춘추(即墨刀)	1
잔(杯)	5	깊은 접시(碟)	53	전국(鏟幣)	1
약상자(藥盒)	3	얕은 접시(盤)	6	전한	4
대야(盆洗器)	2	잔(杯)	12	왕망	11
비녀(簪)	10	약상자(藥盒)	46	육조	2
팔찌(釧)	2	대야(盆洗器)	12	고창(吉利)	1
용 모형 (赤金走龍)	12	등갓(燈斗?)	1	비잔틴솔리두스 (헤라클리우스)	1
빗등(梳脊)	1	은병	4	사산조드라크마 (쿠스로우 2세)	1
금조각(金箔)	4388	향로	1	일본 (和同開珍)	5
금가루(麩金)	126	훈구(薰球)	1	당(은화) (開元通寶)	421
		상자(方盒)	1	당(금화) (開元通寶)	30
		자물쇠(鎖)	23		
		은기유구 (銀器流口)	1		
마노 잔 (鑲金牛首瑪瑙杯)	1	백마노 마구	55	일산화납	1
마노 잔 (瑪瑙羽觴)	1	백옥 허리띠 장식	53	광물류 가루 (모두 포장지에 명칭 기록됨 종유석 가루, 금가루 포함)	15종
마노 약절구 (瑪瑙臼)	1	사파이어	6		
옥 절구공이 (玉杵)	1	루비	12		
백옥 잔 (白玉刻花羽觴)	1	녹마노	46		
옥 덩어리(方玉)	1	황옥	12		

금(金)		은(銀)		화폐
수정 잔 (水晶杯)	1	백옥 황금 허리띠 장식	1	
유리 그릇 (玻璃碗)	1	산호	4	
의례용 허리띠	9	호박	1	

게 보물 저장고에 들어 있었다. 당나라 의학서에 의하면 매일 종유석 가루 40그램씩 100일 혹은 200일을 복용하면 신경을 안정시키고 원기를 돋군다고 한다. 금가루 126그램도 아마 의학적 용도가 있었을 것이다. 일산화납 덩어리도 있었는데, 연고에 섞어 바르면 찢어지거나 상처난 데 효과가 있다고 한다.[37]

실크로드나 당나라 시기 장안 유물을 전시하는 박물관에서는 하가촌의 금그릇이나 은그릇을 자주 볼 수 있다. 이들 유물에는 이란적 요소와 중국적 요소가 특히 아름답게 조화를 이루고 있다.[38] 판지켄트의 소그드인 도시에 남아있는 그림이나 중국에서 발견된 소그드인 무덤 석판을 보면, 소그드 미술은 흔히 소그드인의 생활 장면, 예컨대 사냥이나 잔치 장면을 그리고, 그 뒤에 주로 소그드인 말고 다른 사회의 장면을 그려 붙였다. 대체로는 중국인 사회였다.

금속으로 만든 잔이나 그릇을 보고 그것이 어디서 누가 만든 것인지 말하기는 어렵다. 하지만 기술사를 전공한 역사학자들은 전통 소그드식 모양에 중국식 모티프가 없는 것은 소그디아나에서 만들어서 중국으로 수입된 것으로(중국에서 발견된 경우), 반면 소그드식 원형을 벗어난 용기

하가촌 보물 저장고에서 발견된 은잔
은도금 잔. 높이 5.1cm, 직경 9.1cm. 분명한 소그드 양식이 몇몇 눈에 띈다. 8등분한 잔의 모양, 사슴이 그려진 메달에 붙어 있는 둥근 손잡이, 바닥 둘레의 진주 장식 등이다. 잔의 외부에는 사마르칸트의 아프라시압 북벽에서와 마찬가지로 활달한 사냥 장면과 중국식 복장을 한 여인의 초상이 번갈아가며 등장한다. 사냥 장면은 이란 궁정 예술 전통 그대로이다. 여인은 옷을 입거나 악기를 연주하는 등 일상생활을 하는 모습이다.

들은 장안에서 소그드인 혹은 중국인 기술자가 만든 것으로 간주하는 경향이 있다. 이런 식으로 보자면 하가촌에서 출토된 그릇 중에 명백하게 소그드식은 거의 없고 중국식 그릇들이 많다.

보물 주인은 수입품을 다른 보물과 분리해서 손잡이가 달린 은항아리에 담아 묻었다. 항아리 뚜껑에는 물품 목록이 적혀 있다.[39] 수정으로 만든 그릇 모양 장식품은 크기가 높이 2.5센티미터, 지름 3.8센티미터이며 8개의 돌출부가 있다. 이는 특징적인 소그드 양식의 공예품이다. 수정은 자연에서 채취하는 것이지만 순정품은 유리처럼 생겼다. 유리와 수정의 주요 성분은 모두 실리카(규소)인데, 수정을 녹여서 유리를 만들 수 있다. 그러나 섭씨 1,700도 이상으로 가열해야 하기 때문에 전근대 공방에서는 도저히 접근할 수 없는 온도였다. 보물 저장고에는 수정 그릇 장식품 이외에도 유리 그릇이 있었는데, 서양에서 수입한 물건임에 틀림이 없다. 중국에서는 고대로부터 불투명유리를 만들 수 있었지만, 투명유리를 생산한 것은 훨씬 후대의 일이었다.[40] 역사적으로 대부분의 유리는 모래, 석회석, 탄산나트륨을 녹여서 만들었다.

    은항아리에서 나온 또 다른 중요한 물품은 보석이었다. 모두 당나라 어디에서도 채굴할 수 없는 것으로, 사파이어 7개, 루비 2개, 황옥 1개, 마노 6개 등이었다. 가장 큰 보석은 황옥이었는데, 무게가 119그램(596캐럿)이었다. 가장 작은 것은 루비였는데 2.5그램(12.5캐럿)이었다. 루비와 사파이어는 버마, 스리랑카, 태국, 카슈미르, 인도 등지에서 생산되었다. 황옥도 버마, 스리랑카뿐만 아니라 일본과 러시아의 우랄 지방에서도 생산되었다. 하가촌에서 출토된 특이한 황록색 마노는 인도산으로 판명되었다.[41] 아름다운 뿔모양 잔은 적갈색 마노인 홍옥수로 만든 것인데, 간다라나 혹은 아프가니스탄의 토하리스탄 지역에서 만들어진 것으로 추정된다.[42]

    보물 저장고의 구성품들은 수입품 몇 점을 제외하면 대부분 중국산 그릇들로 이루어져 있다. 이는 실크로드 무역의 대체적인 패턴과 일치한다. 원거리 무역품은 상대적으로 희귀했고, 대체로 값비싼 보석처럼 크기가 작고 가볍고 운반하기 쉬운 것들이었다. 무슬림 군대가 더 많은 영토를 차지함에 따라 이주민의 수도 증가했다. 그들 속에는 숙련된 금속 기술자들도 포함되어 있었다. 그들은 중국으로 들어와서 정착지를 장안으로 선택했다. 이미 많은 이방인들이 장안에 살고 있었기 때문이다. 소그드인 금속 기술자들은 중국에 정착한 다음에도 금속 용기들을 만들었다. 그들이 고향에서 만들었던 것과 비슷했지만 똑같지는 않았다. 그들이 중국식 모티프를 많이 배워서 새로운 손님의 요구를 덧붙임에 따라 그들은 더욱 혼합 양상이 뚜렷한 제품을 만들었다. 중국식과 이란식 요소가 혼합된 잔이 그 좋은 사례이다.

투르크-소그드 혼혈의 장군 안록산이 반란을 일으키기 전, 중국 황제가 안록산에게 준 선물 목록에는 하가촌 보물과 같은 것들이 많이 포함되어 있었다. 이란식 은제 물병, 부분 도금 은그릇, 마노 접시, 옥 벨트, 산호, 진주, 향료, 금과 은 상자에 든 의약품 등이다. 그에 대한 보답으로 장군이 황제에게 바친 선물은 이란식 병, 금과 은으로 만든 접시 등이었다.[43] 이러한 선물 목록으로 보건대 하가촌 보물은 장안 사회에서 최상위 계급, 즉 황제나 최고위 궁정 관리들의 물품이었을 것이다.

하가촌에 묻혔던 보물 중에서 가장 설명하기 어려운 품목은 동전 478닢이다. 그 중 6닢는 분명히 중국이 아닌 다른 나라의 동전이었다. 은화 1닢는 사산 제국의 황제 쿠스로우(Khusrau) 2세(재위 590-628) 당시 주조된 것이고, 다섯 닢의 은화는 일본에서 주조된 것으로, 연대는 708년~715년이다. 금화도 7닢이 있었는데, 분명 비잔틴 제국의 황제 헤라클리우스(Heraclius, 재위 610-640) 당시의 금화였다. 그러나 중국에서 발견된 수많은 비잔틴 금화와 마찬가지로, 이것도 중국에서 만든 모조품일 뿐 실제 비잔틴 금화는 아니었다. 마찬가지로 특이한 것은 중국의 옛날 동전 20닢이었다. 가장 시기가 올라가는 것은 기원전 500년의 것으로, 중국 최초의 화폐이며, 모양은 삽과 칼의 형태이다. 또한 한나라(기원전 206-기원후 220) 때의 동전과 당나라가 중국을 통일하기 전 분열 시기의 동전도 있었다. 가장 많은 수의 동전은 개원 연호(713년-741년)가 찍혀 있는 451닢의 동전이었다. 개원 연간의 동전은, 구리로 만든 것은 당시 널리 유통되었던 것이고, 은이나 금으로 만들어진 것은 분명 황제가 잔치 때 나누어주기 위해 만든 것이었다.(이러한 잔치가 713년에도 있었다고 공식 역사서에 기록되어 있다.)[44] 이처럼 외국의 동전, 역사적으로 오랜 과거의 동전, 당시 유통되던 동전이 모두 포함되어 있는 것으로 보아, 어느 수집가가 개인적으로 모아둔 것이 아니었을까 하는 생각이 들기도 한다.[45]

하가촌 보물의 다양한 구성을 어떻게 하면 가장 잘 설명할 수 있을까? 어떤 물품들, 예컨대 의약품이나 동전 같은 경우를 보면 이 보물이 개인 소유였던 것 같기도 하고, 다른 물건들, 특히 세금으로 납부한 은괴 같은 물품까지 종합해서 고려해 보면 그것이 정부 재물 창고에서 나온 것 같기도 하다. 모든 물품에는 무게와 무게를 측정한 관리의 이름이 적혀 있는데, 이 또한 출처가 정부의 창고일 가능성을 높여준다. 동전은 개인 수집가의 소유였을 가능성이 있다. 그러나 당나라 시기에 동전을 수집했던 다른 사례가 발견된 적은 없다. 어느 정부 기관에서 동전을 주조하기 위해 참고자료로 보관했던 것일 수도 있다. 전근대 시기 중국에서는 요즈음처럼 사유재산과 정부재산이 엄격하게 구분되지 않았다. 보물을 묻을 당시 아마도 동전 주조 업무에 관련되었던 정부 관리가 정부의 재물에다가 개인 재산을 덧붙여 묻어둔 것일 수도 있다.

장안에서 어느 누군가가 이런 특별한 보물 저장고를 묻었던 시기는 언제였을까? 150여 년 간 안정적으로 유지되던 당나라를 흔들어놓은 최초의 강력했던 반란은 755년에 일어났다. 안록산은 당나라 현종을 거역하는 반란군을 이끌었다. 안록산과 반란군은 낙양을 점령한 뒤 755년에 장안을 점령했다. 황제는 아름다운 후궁 양귀비를 데리고 수도를 떠나 도망칠 수밖에 없었다. 사천으로 가는 길에 황제의 친위대는 황제가 양귀비를 죽이지 않으면 폭동을 일으키겠다고 위협했고, 황제는 그녀를 목졸라 죽이라는 명령을 내렸다. 그리고 황제의 자리는 아들에게 물려주었다.

새로운 황제에게는 반란군에 대적할 군대가 부족했다. 그래서 세금을 걷을 수 있는 징세권을 지방 통치자들에게 위임했고 그 대가로 지방에서는 황제가 필요로 하는 군대를 제공해 주었다. 이후 7년 동안 반란군과 당나라 군대의 전쟁은 계속되었다. 안록산이 757년 암살되었고 그의 아래에 있던 2인자도 761년에 암살되었지만 반란군은 여전히 강력한 힘을 발휘하고 있었다. 당나라 황제는 위구르 카간에게 도움을 요청했고, 위구르 카간의 군대가 763년에 반란군을 제압했다.[46] 이에 대한 보상으로 위구르인들은 당나라의 수도 장안을 약탈해도 좋다는 허락을 받았다. 그들은 마음껏 도시를 유린했다.

당나라의 군대가 마침내 제국을 다시 통제할 수 있게 되자 당나라는 소그드인에 대한 조치를 취했다. 반란 세력이라는 오명을 뒤집어 씌운 것이다. 당나라에서는 "평화"를 뜻하는 "안(安)"이라는 글자를 모든 곳에서 지웠다. 수도의 모든 출입문과 거리에서 "안"이라는 글자는 다른 글자로 대체되었다. 소그드인이든 아니든 성씨에서 "안(安)"자를 썼던 사람은 다른 성씨로 바꾸어야 했다.[47] 반란을 기록으로 남긴 어느 책에서는 고구려 출신 장군 고국인(高鞠仁)이 반란군으로부터 북경을 되찾은 뒤 "호인(胡人, 이란어족, 여기서는 소그드인을 지칭)을 죽인 자에게는 크게 상을 내리겠다는 명을 내렸다. 이에 따라 갈호(羯胡, 호의 하위 범주로 안록산이 갈호에 속함. 북중국에 살던 민족으로 추정됨)는 모두 죽었다. 어린 아이들은 공중으로 던져서 창으로 찔러 죽였다. 코가 커서 소그드인처럼 보이는 사람들 중에 실수로 죽은 사람도 매우 많다."[48]

소그드인을 희생물로 지목한 일은 실크로드 역사상 처음이었고, 동시에 오욕의 역사를 남겼다. 이전의 왕조들은 사원을 폐쇄하거나 비구와 비구니를 세속으로 돌려보내는 명을 내린 경우는 있었지만, 거대한 중국 사회에 소속된 소수민족을 이런 식으로 희생시킨 적은 없었다. 소그드인에 대한 학살에 가까운 공격이 소그드인이 사는 곳이면 어디에서나 일어났던 것은 아니다. 그러나 장안에서는 새로운 배척의 분위기가 무르익고 있었다. 그렇지만 장안에 살던 많은 이방인들은 중국을 떠나지 않았다. 위험을 무릅쓰고 이슬람이 점령한 소그디아나 중앙아시아로 되돌아가기보다는 중국 안에서 자리를 옮겨 현 하북성 북경 남쪽 지역에 자리를 잡았다.

반란이 최종적으로 진압되었다고 해서 수도 장안의 고난이 끝나고 평화가 찾아오지는 않았다. 763년 말 새롭게 티베트를 통일한 티베트 제국의 군대가 장안을 공격했고, 2주일 동안 도시를 약탈한 뒤 퇴각했다. 이후로 20년 동안 이런 일이 반복되었다. 당나라 군대는 티베트 세력에 대적할 힘이 없었다. 티베트는 위구르와 함께 당나라의 뒤를 이어 아시아의 군사적 맹주 노릇을 했다.

티베트는 780년대에 감숙성 지역, 790년대에 쿠차 지역을 차지했고, 당나라의 수입은 더욱 줄어들었다. 787년 감숙성 지역을 잃어버리자 승상 이필(李泌)은 예산 감축안을 제안했다. 수도 장안에 거주하던 모든 외교 사절들에게 지급되던 교부금을 삭감한 것이다. 그는 "많은 중앙아시아 사람들이 장기거주를 했고, 어떤 경우는 40년이 넘도록 머물렀으며, 모두 결혼을 했고, 땅과 집을 팔아 투자를 해서 이자 수익을 올렸으며, 고향으로 돌아갈 생각이 조금도 없음을 알고 있었다."[49] 승상이 계산한 바로는 외교 사절의 수가 4천 명에 달했고 대부분이 소그드인이었다. 안록산의 난 이후에 많은 이방인들이 도망치거나 자신의 출신을 숨겼음에도 불구하고 이토록 많은 수가 남았다는 것은 놀랄 만한 일이다.

소설 속에는 763년 이후 장안에 남아 있었던 이들 소그드인들, 특히 부유한 상인들의 삶이 기록되어 있다. 전기소설(傳奇小說)이라고 하는 짧은 이야기가 9세기 초에 전성기를 맞았다.[50] 여러 작가들이 소그드인들을 같은 모습으로 묘사했다. 이야기 속에 등장하는 소그드인들은 지나치게 관대했으며 상품, 특히 보석을 감별하는 안목이 뛰어났다. 그들은 원래 귀한 가문에서 태어났지만 고향에서 추방되어 중국에서 살아남기 위해 하찮은 직업에 종사하는 인물로 등장한다.

안록산의 난이 일어난 그 다음해 장안에서 시작되는 이야기에서,[51] 부유한 중국인 가문의 어떤 젊은이가 해변에서 특이한 바위를 하나 발견한다. "반은 바다색이고, 반은 붉은색이며, 깊게 줄무늬가 나 있었다." 그는 서른 명의 외국 상인이 참석하는 연례 회합에 참석할 기회를 얻었다. "가장 진귀한 보석을 가진 사람이 모자를 쓰고 상석에 앉아 있었다. 다른 사람들은 그의 아래에 앉았다." 젊은이는 그들이 서로 재산을 비교하는 것을 지켜보았다. 한 상인은 네 개의 아름다운 진주를 가지고 있었다. 한 개의 지름이 1인치 이상이었다. 다른 상인도 상품을 꺼내놓았는데, 대부분이 진주였다. 젊은이는 모여있는 상인들 앞에 자신이 발견한 돌을 보여주었다. 상인들은 즉시 일어서서 젊은이를 상석으로 모셨다. 젊은이가 동전 1백만 관이라고 값을 부르자, 상인들이 말했다. "당신은 어찌하여 우리의 보물을 모욕하려 하십니까?" 그리고는 1천만 관을 지급하겠다고 고집을 부렸다. 알고보니 그것은 40년 전에 잃어버린 어느 나라의 보물이었다. 그들은 그 돌을 "보물의 어머니"라고 불렀다. 왜냐하면 그들의 왕이 그 보석을 해변에 두고 저녁에 기도를 하고 돌아갔다가 다음날 아침에 와 보면 똑 같은 종류의 보석들이 그 주위를 둘러싸고 놓여 있었기 때문이다. 이 보석의 신비로운 힘은 전기소설(傳奇小說) 장르의 성격에 꼭 맞았다. 그러나 이야기의 배경은 현실을 담고 있다. 서른 명 가량의 소그드인 상인이 당나라의 수도에서 연례 회합을 했던 것은 사실이었다.

이란의 부유한 상인들은 상투적으로 여러 문학 장르에 등장해서 법적인 판단의 모델이 된다. 당나라 시기, 특히 755년 이후 과거 시험을 보는 젊은이들이 계속해서 늘어났다. 그들은 이러한 문학 장르의 잠재적인 소비자였다. 실제로 법적인 소송에 기반한 것은 아니었지만, 이러한 판결 사례는 저자의 추론 능력을 보여주는 예화로서 언급되었던 것이다.

장안에 살고 있는 두 명의 소그드인 형제의 판결이 바로 그러한 사례이다.[52] 형은 워낙 부자여서 그의 정원, 연못, 집, 가구, 남녀 하인들은 왕자나 귀족에 버금갔다. 한편 그의 동생은 너무 가난해서 다른 부유한 소그드인 상인에게 옷을 맡기고 빌려온 돈도 못 갚을 지경이었다. 소그드인 상인은 동생을 대신해서 빚을 갚지 않는 형을 법정으로 데리고 갔다. 형은 동생에게 굶어죽지 않도록 가축을 주어야 한다는 완벽한 판결이 내려졌다.

기이한 이야기와 재판 이야기는 강력한 고정관념이 존재했음을 보고하고 있다. 당나라의 작가들은 소그드인 상인을 굉장히 부자라고 생각했다. 왜냐하면 그들이 귀금속 무역을 했기 때문이다. 소그드 상인이 취급했던 귀금속은 값이 비싸고 가볍다는 두 가지 장점을 동시에 가지고 있었다. 그러나 그러한 고정관념이 있었다고 해서 그것이 곧 사실이 될 수는 없다. 실크로드 무역이 워낙 번성해서 장안에 살던 수천 명에 달하는 소그드인이 모두 부자가 되었다고 결론내릴 수는 없는 것이다. 당나라 시기 도시에 정착했던 수천 명의 소그드인 중에서 상인들은 오히려 소수에 그쳤다.[53] 외교 사절, 군대에 복무하는 군속, 피란민, 농부, 대장장이, 군인 등도 대규모로 넘어왔다.

843년 황제는 지속되는 외국인 혐오감에 상응하는 조치를 취했다. 845년에 불교, 조로아스터교, 기독교를 금지했고 그로부터 2년 뒤 마니교를 금지했다. 황제가 표방한 목적은 동전을 주조할 비용을 충당시키는 것이었다. 그래서 동상과 종을 녹이라고 명했다. 더불어 관료들은 장안과 낙양에서 몇몇 불교 사원을 제외하고는 모든 종교의 재산을 몰수했다. 847년 황제가 사망한 뒤 그의 후계자는 불교에 대한 금지는 철회했지만 다른 종교에 대해서는 변동이 없었다.

이러한 조치는 새롭게 힘을 얻은 토호들에게 왕실이 북서부의 많은 토지를 양도할 무렵에 발령된 것이었다. 토호들은 주로 전직 장군으로서 자신의 군대를 운영하고 있었고 왕실에 내는 세금을 점점 거부하기 시작했다. 750년대 타클라마칸 오아시스 도시에서 중국 군대가 철수한 뒤 육로는 점차 쇠락해 갔고, 반면에 바닷길 여행이 주도권을 잡게 되었다.⁵⁴ 바다를 통한 여행은 위험하기는 했지만 그 이전에도 없지 않았던 일이다. 배로 여행하는 사람들도 많은 수가 장안에서 여행을 시작했다.

고대로부터 동남아시아 주민들은 배를 이용해서 남중국해와 서부 태평양을 여행했다. 오랜 시간에 걸쳐 그들은 다양한 해로를 연결해서 보다 긴 해로를 만들어 갔다. 기원후 첫 세기에 항해가들은 최소한 몬순 기후를 어떻게 이용해야 하는지, 중국에서 인도까지 항해하기 위해서 말라카 해협을 어떻게 통과해야 하는지 알고 있었다. 그러나 바람이 바뀌기를 기다리려면 스리비자야(Srivijaya, 오늘날 인도네시아 수마트라 섬에 있는 팔렘방)에서 몇 달을 기다려야 했다.⁵⁵

법현(法顯) 스님(350년-414년 활동)은 인도와 중국 사이 바닷길 여행이 얼마나 어려운지에 대해서 생생한 증언을 남겼다. 현장 법사보다 2세기 앞선 인물이었던 그는 현장 법사와 같은 동기에 의해서 인도로 가고자 했다. 중국에서는 구할 수 없는 원전 텍스트를 연구하기 위해 그는 장안에서 호탄을 거쳐 인도로 갔다. 갠지스 강 가에 있는 주요 불교 사원에서 6년을 공부한 뒤 그는 탐루크(Tamluk) 항에서 배를 타고 스리랑카로 갔다. 항구는 벵골 만 서쪽 캘커타 남쪽의 후글리(Hoogly) 강 입구에 있었다.⁵⁶

2주간의 항해 끝에 스리랑카에 도착한 뒤 법현 스님은 그것이 기나긴 바닷길 여행에서 손쉬운 첫걸음에 불과했음을 깨달았다.

스리랑카로 가는 2주간의 항해는 순조로웠다. 기나긴 항해 중에 유일하게 순조로운 구간이었다. 스리랑카에서 법현 스님은 옥과 보석으로 만든 불상을 보러 갔다. 불상의 높이는 6미터에 달했다. 법현 스님이 사원에 머무르는 동안, 아마도 중국인으로 추정되는 어떤 상인이 하얀

색 비단 부채를 시주했다. 스님은 문득 자신이 향수병과 눈물바람을 극복했음을 깨달았다.[57] 스님은 2년을 더 스리랑카에 머물렀다. 그곳에는 "많은 학자들, 존경할 만한 스님들, 살보들, 상인들이 있었다."[58] 소그드인의 편지 제5번에서 소그드인들도 살보라는 어휘를 사용했다. 그것은 소그드인의 공동체 지도자를 뜻하는 말이었다. 여기서 법현 스님은 소그드인 살보와 중국인 상인을 구별하고 있다.

법현 스님은 중국으로 가는 길을 선택할 때 왜 육로가 아니라 바닷길을 택했는지 이유는 밝히지 않았다. 다만 탐루크나 스리랑카에서 출발하면 바다로 가는 편이 더 빠르고 비용도 적었다. 수마트라에서 법현 스님은 200명을 태우고 가는 "대형 상선"이 지나가는 것을 보았다. 큰 배에는 작은 배가 묶여 있었는데, 위급시 구명용으로 쓰기 위한 것이었다.[59] 3일 후 큰 바람이(아마도 태풍이었던 듯하다.) 불어닥쳐 13일 동안 수그러들지 않았다. 작은 배에 타고 있던 사람들은 큰 배와 연결된 밧줄을 끊었다. 큰 배에 물이 새자 상인들은 생명의 위협을 느끼고 짐을 바다로 던지기 시작했다. 법현 스님은 그토록 어렵게 구한 불교 경전을 버리고 싶지 않았다. 스님은 관음보살에게 기도를 올렸다. 관음보살은 자비와 보호의 신이었다. 스님의 말에 따르면 관음보살이 기도에 응답해 주었다. 폭풍이 잦아들자 큰 배는 어떤 섬에 정박했다. 그곳에서 선원들은 구멍난 배를 수리하고 수마트라로 나아갈 수 있었다.

법현 스님은 수마트라에서 5개월을 머무른 후 다른 배를 탔다. 처음에 탔던 배처럼 큰 배였다. 탑승인원 200명에 50일치 식량을 싣고 광주(廣州)로 가는 배였다. 이번 구간은 스리랑카에서 수마트라로 가는 구간보다 훨씬 더 험난했다. 한 달 이상을 바다 위에서 보냈고, "검은 바람이 일고 폭우가 쏟아졌다." 법현 스님은 또다시 관음보살에게 기도를 올렸다. 인도인 여행자들의 생각은 달랐다. 그들은 중국인 승려 때문에 폭풍이 몰아친다고 생각해서 스님을 어떤 섬에 홀로 남겨두고 떠나기로 했다. 법현 스님은 이들 인도인 여행자들을 "브라만"이라고 했다. 중국어로 인도인을 지칭하는 말이었다. 스님은 처음에 돈을 지불했던 사람에게 중재를 부탁했다. 그도 불교 신자였는데, 그는 스님을 버려두고 가면 중국 황제가 여행자들에게 벌을 내릴 것이라고 협박했다. 인도인들은 법현 스님을 버리고 떠나지 못하고 망설이다가 결국 계속해서 데리고 가기로 했다.

계속해서 흐린 날씨 탓에 배는 정해진 항로로 운항할 수 없었다. 당시에는 콤파스를 사용하지 않았기 때문에 선원들은 해와 달과 별을 보고 항로를 맞춰나갔다. 비가 내리거나 구름이 많은 날에는 항로를 바로 잡을 방법이 없었다. 그들은 운항에 걸리는 시간을 50일로 알고 있었다. 그러나 선원들은 방향을 잡지 못했다. 배는 계속해서 바다 위에 떠 있었고, 음식과 물은 급격히 줄어들었다. 바다에서 70일을 항해한 뒤(예정보다 20일을 넘겼다.) 선원들은 여행객에게 물 2되를 지급하고 바닷물로 요리를 하기 시작했다. 육지가 나타나지 않자 항로를 다시 북서쪽으로 바꾸었다. 11일을 더 가서 마침내 육지에 도달할 수 있었다. 해변의 나무들을 보고서 여행자들은 중국 어디쯤에 도착했음을 알았다. 그들은 법현 스님에게 여기가 어딘지 물어보라고 시켰다. 법현 스님은 배로 돌아와 배가 산동반도 남쪽 해안에 도달했음을 알렸다. 처음 목적지였던 광주보다 1,600킬로미터나 더 북쪽으로 올라왔던 것이다. 법현 스님의 여행은 기원후 1000년 이전의 바닷길 여행이 얼마나 위험했는지를 생생

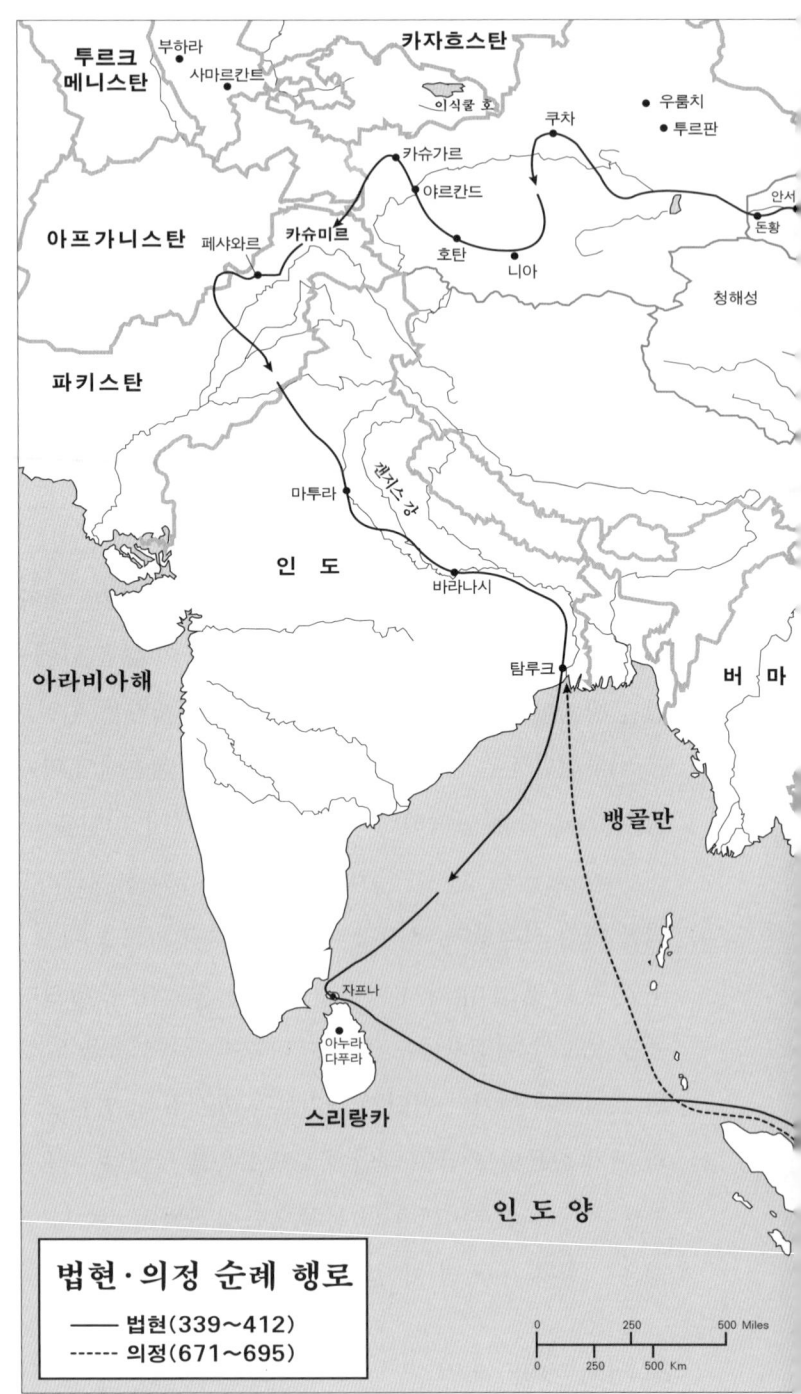

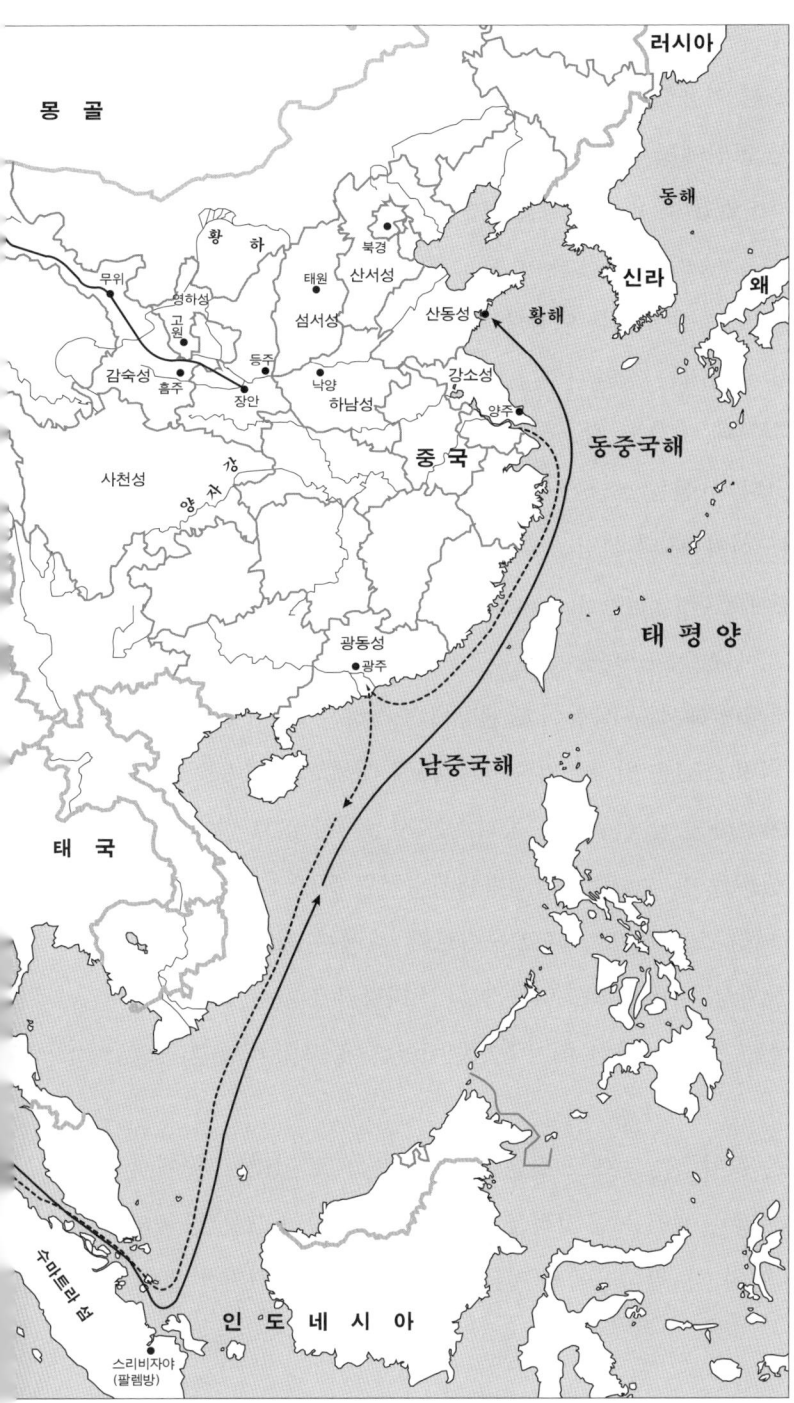

하게 보여준다. 중국인들은 기원후 1000년이 되어서야 비로소 해로를 찾는 데 콤파스를 이용했다.(지상에서는 이미 천여 년 전부터 사용하고 있었던 것이다.)[60] 이 모든 고난에도 불구하고 법현 스님의 바닷길 여정은 육로 여정에 비해 3년이 짧았다. 육로를 이용하면 6년이 걸렸다.

7세기 말 불교 승려 의정(義淨)이 불교 경전을 구하기 위해 인도로 갔을 때도 가고 오는 길에 배를 이용했다. 법현 스님과 마찬가지로 의정 스님도 여행의 출발지는 장안이었다. 의정 스님은 장안에서 항구도시 양주(揚州)로 갔는데, 오늘날 강소성(江蘇省)이다. 그곳에서 스님은 황제의 사신을 만났다. 사신은 스님이 광주로 가는 비용을 제공했다. 광주에서 스님은 "페르시아 배"의 선장을 찾아갔다. 그 배는 수마트라 섬의 팔렘방으로 가는 배였다.(그 배는 아마도 페르시아인 선원이나 선장을 고용했거나 아니면 단순히 겉모양이 페르시아 스타일이었을 것이다.)

671년 말에 출발해서 두 사람이 팔렘방에 도착하는 데 20일이 채 걸리지 않았다. 의정 스님은 밤하늘의 항성(恒星)에 대해 기록해 두었는데, 이 때까지도 여전히 중국 선원들은 콤파스를 사용하지 않고 별에 의존해서 항해를 했음을 알 수 있다. 팔렘방에서 6개월 동안 산스크리트어를 공부한 뒤 의정 스님은 배를 타고 수마트라 섬 북부 해안을 따라 가다가 중간 기착지 없이 바로 인도양을 건너 스리랑카로 가서 오늘날 캘커타 근처 탐루크 항에 도착한 때가 673년이었다. 중국을 떠난 지 1년이 조금 넘었다.

의정 스님은 돌아오는 길에도 같은 길로 팔렘방으로 왔다. 그곳에서 머무르면서 더 많은 경전을 옮겨적을 생각이었다. 689년 그는 중국의 후원자에게 종이와 먹, 필사자에게 지급할 돈을 요청하는 편지를 썼다.

스님은 편지를 보내기 위해 항구로 와서 어떤 배에 올랐다. 그런데 "마침 그 때 항해하기 좋은 바람이 불어오자 선원들은 돛을 높이 올렸다." 스님은 하는 수 없이 광주로 되돌아오고 말았다.61 스님의 갑작스런 여행은 운항이 얼마나 용이해졌는지를 알려준다. 의정 스님은 자신이 광주로 오게 된 것이 단순히 업식에 따른 것이라고 말했다. 그러나 그의 경험은 법현 스님이 여행한 이후 400년 동안 바닷길 여행이 얼마나 발달했는지를 보여주고 있다. 팰렘방에서 광주로 가는 배는 중간에 내리는 사람이 없는 직통이었다. 심지어 실수로 배에 탄 사람조차 내리는 일은 없었다.

의정 스님은 광주에 도착하자 팔렘방으로 돌아가고 싶다고 했다. 스님의 동료들은 인도 유학을 원하는 다른 스님을 소개해 주었다. 의정 스님이 도착한 그 해 계절풍의 방향이 바뀌기를 기다렸다가 두 스님은 다시 수마트라 섬으로 갔다. 의정 스님이 남겨둔 책을 되찾기 위해서였다. 의정 스님은 그곳에서 695년까지 머물렀다가 마지막으로 또다시 배를 타고 중국으로 돌아왔다.

팔렘방과 광주 사이의 항로는 워낙 안정화되어 있어서 의정 스님은 평생 세 번이나 그 항로를 이용했고, 다른 사람들도 그 항로를 이용했다. 의정 스님은 중국으로 돌아온 뒤 인도를 여행했던 스님 56명의 전기를 썼다. 그 중 47명은 중국인이었고, 한 명은 소그드인이었으며, 8명은 한국의 신라인이었다. 56명 중에서 21명은 육로를 이용했고 30명은 바다를 이용했다. 의정 스님의 기록에 나오는 규모는 과장되었을 수도 있다. 왜냐하면 바다를 여행하거나 팔렘방에 머무르는 동안 전해들은 이름을 기록으로 남겼기 때문이다. 그러나 스님의 기록으로 보아 600년대 후반에 바닷길 여행이 활성화되었던 것만은 분명하다.

바닷길은 그 중요성이 점점 더 커져갔다. 9세기에 중국의 항구로 오는 많은 사람들은 아랍인이었다. 그들은 이라크의 항구 특히 바스라에서 온 사람들이었다. 그들의 여정은 도합 5개월이 걸렸다.[62] 아랍어로 남겨진 중국에 대한 기록은 851년의 것도 있다. 이름을 알 수 없는 어떤 저자가 개인적으로 중국을 방문했던 사람들로부터 들은 말을 모아 기록해둔 것이다.[63] 그 기록에 의하면, 이라크에서 출발한 사람들이 중국으로 들어갈 수 있는 주요 항구는 광주였는데, 광주에 있는 중국인 관리는 모든 외국 상인의 화물을 점검하고 30퍼센트의 세금을 부과했으며, 6개월 뒤에 화물을 돌려주었다. 중국 상인들은 상아, 구리 주형틀, 거북 껍데기 등을 구입했고 동전을 지급했다. 그리고 그들이 판매했던 물품은 "금, 은, 진주, 비단, 매우 풍성한 음식물"이었다. 그리고 "품질이 뛰어난 초록빛 흙으로 만든 그릇을 팔았는데, 유리병처럼 매끄러워서 속을 들여다보면 물빛이 보였다." 그것은 바로 도자기였다.[64] 육로로 중국에 들어갈 때와 마찬가지로 관리들은 통행증을 요구했다. 모든 상인들은 중국에 도착하기 전의 여정을 정확하게 보고해야 했다. 그 글의 저자는 중국에 대해서 특히 호의적이었다. 그는 중국의 법률 시스템이 심지어 이방인에게까지 공정했다고 기록했다. 그리고 중국의 파산 처리법에 대해서 상당히 길게 기록했다.

916년에 아부 자이드(Abu Zayd)라는 지리학자가 이 기록을 모두 옮겨 적은 뒤 그 속편을 덧붙였다. 그는 전반적으로 과거의 기록이 정확하다고 평했다. 그리고 덧붙여 "의심할 바 없이 믿음직한 사람"이 교정을 도와주었다고 언급했다. 아부 자이드의 기록에 의하면 그에게 정보를 준 사람은 "그 때 [851년 이전의 어느 해] 이후 중국에서 있었던 일은 상당히 다른 면모를 보였고, 중국으로 가는 길이 왜 끊어졌는지, 나라가 어떻게 폐허가 되었는지 이유를 설명하자면, 여러 측면이 있겠지만, 관습이 많이 무너졌고, 제국이 분열되었기 때문"이라고 했다. 그는 상세한 설명을 덧붙였다. 877년에 광주에서 반란이 일어났다. 과거시험을 준비하던 선비 황소(黃巢)라는 사람이 일으킨 반란이었다. 반란으로 인해 "중국인 100명뿐만 아니라 도시로 피난을 갔던 무슬림, 유대인, 조로아스터교도 2,000명"이 죽었다.[65] 이 장면에 대해서는 의심의 여지가 많다. 다른 아랍어 자료에 의하면 광주에서 20만 명이 살해되었다고 하고, 반면에 중국의 자료에는 특별한 기록이 없다.[66] 사망자의 규모가 어떠했든간에 황소의 난은 광주와 해상 무역에 혹독한 영향을 끼쳤다.

광주를 근거지로 한 반란이 장안에까지 번져간 때는 881년 초였다. 서시는 불에 탔고, 궁궐이 점령당했으며, 도시 전체가 약탈당했다. 정부군이 반란군을 도시 밖으로 밀어내기는 했지만 정부군 자체가 반란을 일으켰다. 황제는 꼭두각시에 불과했다. 시인 위장(韋莊)은 반란 이후의 도시를 이렇게 묘사했다.

> 쓸쓸한 장안에는 이제 무엇이 남았나,
> 황폐한 시장과 길거리에 보리싹이 나네.
> 행원(杏園)의 꽃나무는 땔감으로 다 베어 가고,
> 궁궐 냇가 버드나무는 장애물 쌓느라 다 베었네.
> 화려했던 수레장식 모두 다 흩어지고,
> 저택의 붉은 대문 반도 남지 못했네.

함원전(含元殿) 위에는 여우 토끼 오가고,
화악루(花萼樓) 앞에는 가시나무 가득하네.
옛날의 번성은 모두 묻혀 사라지고,
눈을 들면 처량할 뿐 옛 물건은 없어라.
창고에는 불이 나서 비단 생초 재가 되고,
큰길[天街]에는 죽은 귀인 뼈만 밟히네.[67]

장안은 이후로도 20년 동안 수도로 남아있었다. 그러나 904년 허수아비 당 왕조를 뒤에서 조종하던 장군이 환관에게 명하여 황제를 죽였고, 황궁은 철거되어 낙양 위수에 버려졌다. 907년 당나라의 마지막 황제를 죽였던 장군은 새로운 왕조를 세웠다. 한때 번영했던 당나라의 수도는 폐허가 되었고 다시는 회복되지 못했다. 수도 장안에 이르던 무역로에도 혹독한 시련이 닥쳐 북서부 오아시스 도시는 고립되었고, 실크로드 무역은 새로운, 보다 잠잠한 시대로 접어들었다.

CHAPTER 6

돈황

― 실크로드의 타임캡슐 ―

실크로드 유적지 중에서 딱 한 군데만 가려면 돈황으로 가야 한다. 풍경 자체가 장관이다. 늘어선 짙은 녹색 포플러와 버드나무가 오아시스에 풍성하게 우거져 있다. 바위 절벽을 파내어 조성한 500여 동의 석굴에는 놀라울 정도로 아름다운 불교 벽화가 그려져 있는데, 인도, 이란, 중국, 중앙아시아 양식이 혼합되어 있다. 장경동(도서관 석굴)에서는 4만여 건이 넘는 두루마리가 발견되었다. 다음 페이지에서 보게 되겠지만, 실크로드 유적지 중에서는 가장 많은 문서와 유물이 발견된 곳이다.[1] 다양한 종교의 텍스트가 장경동에 보관되어 있었다. 불교, 마니교, 조로아스터교, 유대교, 네스토리우스파 기독교 등이었다. 그 곳 공동체가 얼마나 국제적이었는지 알 수 있다. 기원후 처음 1000년 동안 돈황은 중요한 군사 주둔지였고, 불교 순례자들의 중심지였고, 무역 거점 도시였다. 하지만 기원후 1000년 이후 도시는 점차 쇠락하여 왕래가 드문 시골이 되었다. 1907년 오렐 스타인이 제2차 중앙아시아 탐험대의 목적지를 돈황으로 설정했을 때까지 그곳을 방문했던 유럽인은 손에 꼽을 정도였다. 돈황에서의 발굴로 인해 스타인은 영국에서 기사 작위를 얻는 동시에 중국에서 영원한 악명을 얻었다.

    스타인은 제2차 탐험에서, 이전에 타클라마칸 사막 탐험대를 이끌고 문서와 유물을 발굴하고 신속 정확하게 출판까지 했던 경험을 십분 활용했다. 호탄과 니아를 조사했던 제1차 탐험 이후 6년이 지나자 영국과 다른 나라의 라이벌 관계는 한층 고조되었다. 러시아, 독일, 일본, 프

스타인의 돈황 장경동 사진 수정판
이 사진은 제16굴을 보여준다. 중앙에는 불상이 있고 오른쪽이 비밀스런 장경동으로 통하는 좁고 높은 출입구이다. 출입구는 기원후 1000년 이후 어느 시기에 폐쇄되었다가 1900년경 발견되었다. 장경동 안에는 약 4만여 점의 고문서가 들어 있었다. 사용된 언어는 중국어(한문), 티베트어 및 잘 알려지지 않은 실크로드 지역 언어들이었다. 실크로드에서 발견된 단일 고문서 저장고 중에서는 최대 규모이다. 스타인은 나중에 두 장의 네가티브 필름을 겹쳐서 원래 석굴 사진에다가 고문서 두 무더기를 추가한 사진을 인화하였다.

랑스 모두 탐험대를 꾸려 신강 지역에서 유물을 반출하고 있었다.[2] 스타인은 2년 동안 탐험할 수 있는 예산을 요청했다. 그의 목표는 카슈미르에서 호탄까지 예전에 갔던 길을 다시 간 뒤 사막을 건너 돈황까지 가는 것이었다. 돈황은 감숙성 끄트머리에 위치하는데, 직선거리로는 1,325킬로미터, 길을 따라가면 1,523킬로미터 거리였다.

스타인은 1902년에 헝가리 지리학자 라요스 로치(Lajos Loczy)가 독일 함부르크의 동양학 학회에 제출한 논문을 보고 처음으로 돈황에 대해서 알게 되었다. 로치는 1879년에 유럽인으로서는 처음으로 돈황 유적을 방문했었다. 당시 사막 근처의 유적지에는 일 년 내내 단 두 명의 수도승만이 거주하고 있었다. 로치는 토양과 암석 전문가였지만 석굴에 있는 불교 벽화의 중요성을 알아보았다. 중국 학자들은 두루마리로 보관되는 화권(畵卷)에 비해 벽화의 회화적 가치를 무시하는 경향이 있었다.[3] 돈황 벽화 중 시기가 가장 올라가는 것은 기원후 5세기로서, 비단에 그려진 어떤 그림보다 더 오래된 것이다.

제2차 탐험대는 제1차 탐험대와 마찬가지로 낙타와 몰이꾼, 사진 촬영이 가능한 조사원, 하인, 요리사 등으로 구성되었다. 그리고 사막을 수백 킬로미터 가로질러 가더라도 길을 잃지 않는 통신원 그룹도 참여했다. 그들의 임무는 발굴지 근처 도시를 오가는 것이었다. 그곳까지 와서 스타인을 찾아 편지와 돈을 전해주어야 했다. 비용은 인도 정부에서 은괴로 지급해 주었다.

스타인은 위구르어 구어로 명령을 전달했다.(본인은 그것을 투르크어라고 했다.) 그것은 신강 지역에서는 유용했지만 감숙 지역에서는 그렇지 않았다. 감숙 지역에서 주로 사용되는 언어는 중국어였다. 돈황은 기원전 111년에 처음 중국의 지배 하에 들어갔다. 당시는 한나라가 서역 원정에 성공한 뒤 돈황에 주둔지(도호부)를 설치했을 때였다.(현천 도호부도 돈황의 일부였다.) 589년 수나라가 중국을 재통일할 때까지 중국인들은 돈황 지역을 간헐적으로 지배했다. 이후로 돈황은 계속해서 중국의 지배 아래 놓여 있었다.[4] 이 지방의 교육기관에서 지역민들은 한자를 배웠고, 한문으로 글을 썼다.[5] 카슈가르에 있던 영국 영사의 권유에 따라 스타인은 중국인 장효완(蔣孝琬)을 조수로 고용했다. 장효완은 위구르어를 할 줄 몰라서 처음에는 의사소통이 어려웠다. 스타인은 한문을 배운 적이 없었다. 그러나 몇 주 동안 함께 여행하면서 스타인은 중국어 구어를 몇 마디 배워서 의사를 전달할 수 있게 되었다.

1907년 스타인이 돈황을 향해 가는 길에 소문을 들었다. 첫번째는 빚쟁이에게 쫓긴 무슬림 상인이 해 준 이야기로, 석굴에는 벽화 말고도 훨씬 많은 무언가가 있다고 했다. 무슬심 상인은 퇴역 군인 왕원록(王圓籙)에 대한 이야기도 해 주었다. 그는 청나라 군대에 있다가 1899년인가 1900년에 퇴임하고 돈황에 와 있었다. 다른 군인들처럼 그 또한 떠돌이 스승으로부터 가르침을 받고 도교로 개종했다. 그래서 스타인은 그를 "왕 도사"라고 불렀다. 그는 겨우 글을 아는 정도였다. 왕 도사가 유적지에 도착한 지 얼마 지나지 않았을 때, 벽을 두드려 보니 벽 뒤에 공간이 있는 듯한 소리가 들렸고, 그 뒤에 장경동(도서관 석굴, 석굴번호 17)을 발견하게 되었다.[6] 벽을 허물어버린 뒤 왕 도사는 두루마리 몇 개를 중소단위 지방 관리들에게 가져다 주었다. 그들 중 한 명이 한문에 능한 엽창치(葉昌熾)라는 사람이었다. 그는 유물의 중요성을 알아보았다. 그러나 태평천국의 난 이후 재정이 곤란했던 정부에서는 문서를 그대로 두기로 결정하고 왕 도사에게 석굴을 관리하라는 명을 내렸다. 스타인과 장효완이 1907년 3월 처음 그곳을 방문했을 때 왕 도사는 "조수와 함께 시주를 받으러" 외출하고 없었다. 스타인과 장효완에게는 절벽의 석굴을 자유롭게 둘러볼 수 있는 기회였다. 모든 자료는 개방되어 있었고 아무도 제지하지 않았다. 스타인은 10세기의 글이 정확했음을 알게 되었다.

이 계곡에는 오래된 불교 사원과 수도자를 위한 토굴이 매우 많다. 거대한 종도 여럿 있다. 계곡의 남쪽과 북쪽 양 끝에는 하늘을 다스리는 분들을 위한 사원이 서 있고, 다른 신들을 위한 기도실도 상당수에 달한다. 벽에는 티베트 왕과 그의 수행원이 그려져 있다. 남북으로 2리(1km) 떨어진 거리에 있는 절벽의 서쪽면에는 사암을 자르고 쪼아서 높고 넓은 석굴을 여럿 만들어 두었다. 그 속에는 불화가 그려져 있다. 석굴 하나하나를 세어보면 조성하는 데 들어간 비용이 막대하다. 석굴 앞에는 아래위로 층층이 길이 나 있다. 어떤 사원에는 거대한 그림이 있는데, 높이가 49미터에 이른다. 조그만 토굴은 셀 수 없이 많다. 모든 석굴은 복도로 연결되어 있다. 복도는 돌아다니면서 의례를 행하거나 그냥 구경하기에 편하도록 만든 것이다.[7]

스타인에 의하면 석굴 앞에 있던 층층의 길들은 이후 무너졌지만, 불상과 벽화는 온전한 상태로 남아 있었다.[8]

어느 석굴에서 발견된 글에 의하면, 한 승려가 기원후 366년 그 석굴을 방문했다고 한다. 그 해는 석굴이 처음 조성되던 해였다. 돈황연구소(Dunhuang Research Institute)가 조사한 바에 따르면 천불동(천 개의 불교 석굴) 유적지의 492개 석굴 가운데 가장 시기가 올라가는 것은 북량(北涼) 시기의 것이며, 가장 후대의 것은 13세기 혹은 14세기의 것이다.[9] 초기의 석굴들은 니아나 쿠차의 석굴들처럼 붓다 개인이나 붓다의 초기 생활 장면을 담고 있다. 600년 이후에 조성된 석굴에는 불경에 나오는 이야기 장면이 많다. 석굴이 조성된 곳의 암벽의 암질은 매우 연약했고 자갈이 섞여 있었다. 6세기와 7세기에 수 차례 붕괴가 일어났다. 최근 끊임없이 이어지는 관광객의 방문으로 인해 석굴은 더더욱 손상이 되

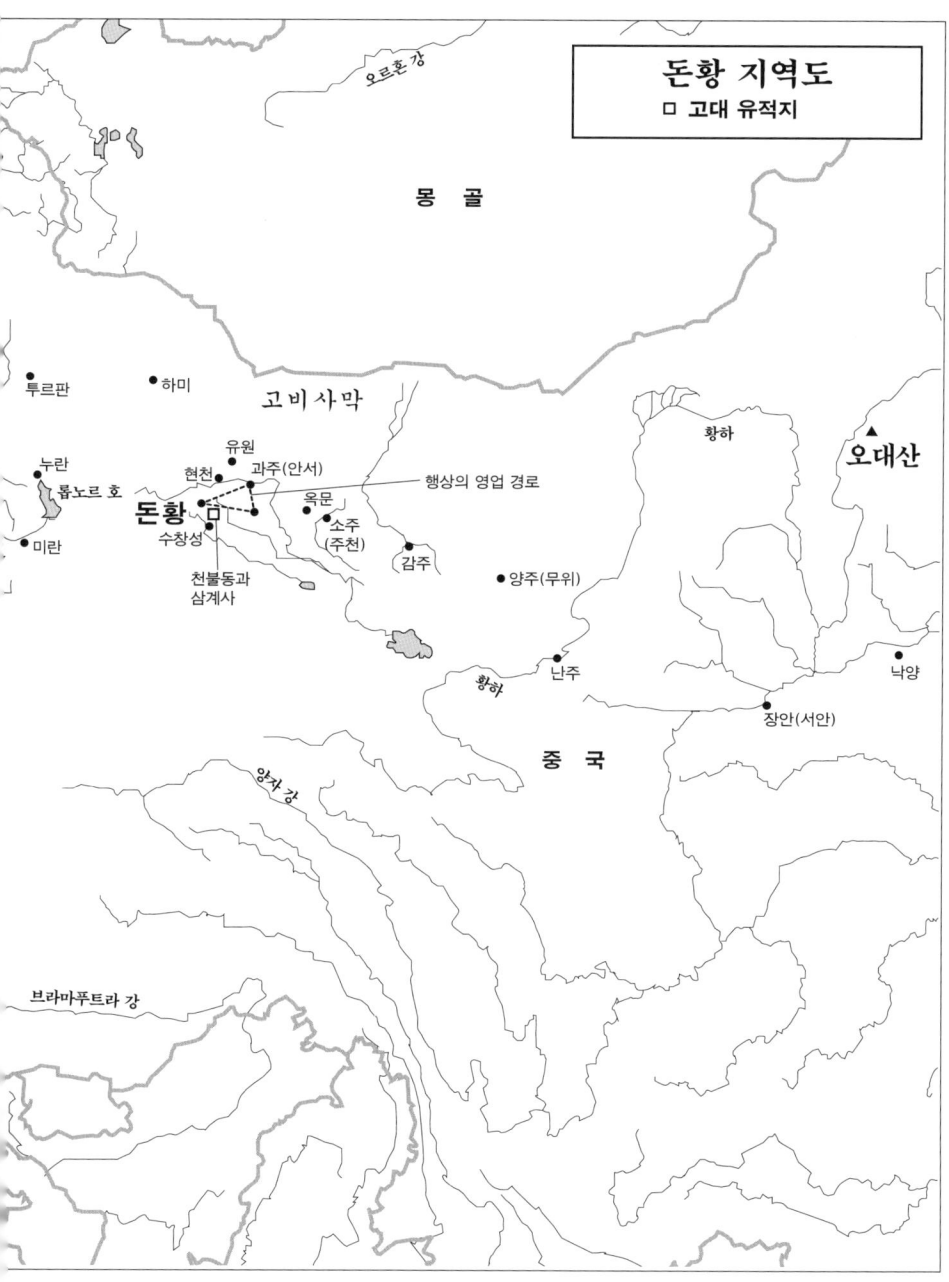

스타인이 처음 방문했을 때의 돈황 석굴
오렐 스타인은 1907년에 처음 돈황에 도착했다. 당시 석굴에는 문이 없었고 내부가 훤히 들여다 보였다. 방문객은 벽을 기어올라가서 석굴에 연결되는 구멍을 통과해야 했다. 현재 돈황연구소(Dunhung research Institute)의 관리 아래 모든 석굴에는 문이 설치되었고 콘크리트 인도와 계단을 통해 지역 내 석굴 492개가 모두 연결되어 있다.

었다. 돈황연구소는 석굴을 똑같이 복제하여 유적지에 관광객 수를 줄이고 벽화 손상을 막아보려 했다. 방문이 허용되는 실제 석굴의 수는 몇몇에 불과하고, 유명한 석굴에 들어가기 위해서는 입장료가 굉장히 비싼 경우가 많다.(1인당 수백 달러에 달하는 경우도 드물지 않다.)

1907년 스타인과 장효완이 처음 유적지 답사를 마쳤을 때 그들은 젊은 티베트 승려를 마주쳤다. 나중에 장효완이 그 승려를 단독으로 만났을 때 그는 한문으로 된 필사본 하나를 보여주었다. 장효완은 "보살

(菩薩)"이라는 단어가 여러 번 등장한다는 점을 알아보았지만, 무슨 의미인지는 알 수 없었다. 불교 유물을 읽어본 경험이 전혀 없었기 때문이다. 스타인은 그 승려에게 두루마리를 보여준 데 대해 사례를 하고자 했다. 그러나 장효완은 "조심하라고 충고해 주었다. 너무 돈을 많이 주면 무슨 꿍꿍이속이 있는지 의심을 불러일으킬 수 있다." 스타인과 장효완은 가격을 절충했다. 스타인은 "부러진 은화 한 조각을 주었다. 가치는 3루피 혹은 4실링 정도였다." 스타인이 탐험에 관한 그의 책《중국 사막의 유적들(Ruins of Desert Cathay)》에서 설명한 것처럼, "비밀요원 장효완과 나는 훨씬 오래 전에 어떻게 하면 유물에 가장 잘 접근할 수 있을지, 그리고 필요할 경우 승려들이 방해를 꺾을 방법을 논의했다."

얼마나 민감한 일인지 잘 알고 있었던 스타인은 장효완과 비밀리에 논의를 했다. 스타인이 기존에 발굴했던 다른 유적지들과 달리, 돈황은 "실제 의례가 행해지고 있는" 곳이었다. 스타인은 어떤 "어려움"에 부닥칠지 미리 생각해 보았다. "그곳에 거주하는 성직자들이 신성한 유물을 반출하더라도 순순히 눈감아 줄 수 있을까?(혹은 그만큼 재물에 관심이 있을까?) 만약 그렇다면, 영적인 측면으로 다가가는 것이 어떨까? 신앙심이 깊은 신도들이 순례지에서 시주를 하는 것처럼. 그러면 의심을 조금 덜 수 있지 않을까?" 왕 도사를 만나기 전에 이미 스타인은 사진 촬영과 스케치만 하기로 결심했다. 독실한 신도라면 어떠한 조각상이나 회화를 철거해서는 안 되었기 때문이다.

왕 도사가 외출하고 없을 때 스타인은 늘어선 감시탑을 조사하기로 했다. 감시탑은 돈황에서 서쪽으로 뻗어 있었다. 소그드인의 옛 편지를 발견한 것도 바로 그 때였다. 1907년 5월 15일 스타인이 석굴사원으로 돌와왔을 때, 그는 "천 명이나 되는" 사람들이 참여하는 연례 종교 행사를 목격했다. 스타인이 멀찍이 떨어져 있는 동안 장효완은 왕 도사에게 스타인을 만나보라고 설득했다. 조심스러운 왕 도사는 장경동으로 통하는 유일한 출입문을 열어주었다. 마침내 두 사람이 만나고 나서 스타인은 왕 도사의 첫인상을 이렇게 기록했다. "그는 유별난 사람처럼 보였다. 굉장히 수줍어하고 예민했다. 이따금 교묘한 표현을 했는데, 전혀 흔쾌하지 않았다. 다루기 어려운 사람이라는 것만은 처음부터 아주 분명했다."

돈황에서의 경험을 서술하면서도 스타인은 게오르그 뷜러(Georg Bühler, 비엔나 대학교 재직, 스타인의 자문역)와 함께 인도에서 산스크리트어 필사본 입수가 얼마나 힘들었는지를 끊임없이 암시했다. 1875년의 어느 땐가 연구를 위해 인도에 와 있었던 뷜러는 실제로 필사본을 얼핏 보기는 했다. 그러나 소장가는 곧바로 그것을 숨겨버렸고, 뷜러는 두 번 다시 그것을 보지 못한 채 사망했다. 14년 후 스타인은 바로 그 필사본을 인도에서 구입했는데, 이는 학자로서 스타인의 가장 위대한 성취 가운데 하나였다.[10]

돈황 장경동은 사막에서 잃어버린 유물을 찾는 일이나 혹은 니아의 유적 같은 폐허를 발굴하는 일과는 전혀 다른 도전이라는 사실을 스타인은 이해하고 있었다. 살아있는 사람이 지키고 있는 필사본을 빼돌리기 위해서 스타인은 인도에서 습득한 능력을 최대한 동원해야 했다. 처음 왕 도사를 만난 뒤 스타인은 스스로 "길고도 힘겨운 노력"을 준비했다.

장효완의 조언에 따라 스타인은 왕 도사와 학문이나 고고학에 대한 이야기는 피하기로 결심했다. 그 대신 유명한 불교 순례자 현장 법사에 대한 이야기를 꺼냈다. 스타인은 현장 법사가 자신의 "수호성인"이라고 말했다. 더듬거리는 중국어로 왕 도사에게 했던 말을 스타인은 기록으로 남겨 두었다. "현장 법사에 대한 저의 신앙을 말씀드리자면, 저는 그분의 발자취를 따라 인도에서 험난한 산과 사막을 건너왔으며, 현장 법사께서 방문했거나 글로 남긴 수많은 사원의 유적지를 찾아보았습니다.……" 스타인은 계속해서 자신이 현장 법사를 따르는 사람인 체 하였다. 6월 13일 그곳을 떠나기 전에는 심지어 현장 법사가 등장하는 새로운 벽화를 보고 시주를 하기도 했다. 장효완과 스타인은 인도의 "사원 교육"에 그 두루마리들이 필요하다고 왕 도사를 속였다. 스타인이 생각하기에 그렇게 얘기하면 왕 도사가 수백 년 전 현장 법사처럼 스타인도 머나먼 사원의 도서관에서 불교 필사본을 구하는 것으로 속을 것 같았기 때문이다.

처음 만남 이후 스타인은 장효완을 남겨 두고 왕 도사와 가격 협상을 하도록 했다. 그날 밤 어둠이 깔린 후 왕 도사는 장효완에게 두루마리 하나를 가지고 왔다. 그것은 공교롭게도 현장 법사가 번역한 불경으로 확인되었다. 장효완은 왕 도사에게 이는 상서로운 징조라고 말했다. 왕 도사는 석굴 안에 임시로 내벽을 설치해서 유물을 숨겨두었는데, 마침내 그 벽을 제거하였다.

이후로 협상은 보다 순조롭게 진행되었다. 세 사람은 이 일을 절대 비밀에 부치기로 합의했다. 스타인은 왕 도사에게 이렇게 약속했다. "우리 세 사람 말고는 아무도 이 일이 어떻게 되었는지 알아서는 안 됩니다. 나는 "유물"이 발견된 나라인 중국 땅에 있는 한 절대 비밀을 지키겠습니다." 이후 3주 동안 왕 도사는 장효완에게 여러 두루마리를 가지고 왔다. 그러면 장효완과 스타인은 중요한 것을 골라 두었다. 머무르는 기간이 끝나갈 즈음, 왕 도사는 두려움을 느껴 모든 것을 다시 석굴 사원으로 되가져가려 했다. 그러나 장효완이 그를 말렸다. 장효완과 스타인이 유물을 다 고른 뒤, 스타인은 가장 믿을 만한 두 사람을 시켜 두루마리를 자루에 넣었다. 그리고 그게 무엇인지 아무도 발설해서는 안 된다고 주의를 주었다.

각 단계마다 스타인은 가격에 대해 나눈 대화를 기록으로 남겼다. 목표물이 확정된 뒤 장효완이 직접 왕 도사와 협상을 벌였다. 여기서 스타인은 당시의 일반적인 관행을 따랐다. 당시 아시아 전역에 거주하던 외국인들은 필요한 식품이나 물건을 구입할 때 흔히 고용인이나 하인에게 전권을 맡겼다. 장효완과 왕 도사가 필사본 7상자, 그림 5상자 및 기타 유물의 가격으로 130 영국 파운드를 지불하기로 합의하자, 스타인은 기쁜 마음으로 가까운 친구 알렌(Percy Stafford Allen)에게 편지를 썼다. "손바닥 크기의 나뭇잎 모양 패엽경에 쓰인 산스크리트어 필사본 한 장과 몇몇 유물만 하더라도 이 정도 값이 나간다네."[11]

1907년 여름 스타인이 떠난 뒤 왕 도사는 계속해서 장경동의 고문서들을 팔아치웠다. 장효완은 그 해 가을 돈황으로 돌아와 다른 유물 230꾸러미를 더 사서 스타인에게 보냈다. 스타인이 획득한 고문서는 모두 7,000건에 달했다. 1908년 폴 펠리오(Paul Pelliot)라는 프랑스의 중국학자도 고문서 7,000건을 구입해서 프랑스로 보냈다.[12] 1910년 중국 정부는 남아 있는 한문 고문서(티베트어는 제외) 10,000건을 북경으로 보내라는 명을 내렸다. 그러나 왕 도사가 일부를 빼돌렸고, 북경으로 운반되는 도중에 분실된 것도 있었다.[13] 1912년 러시아의 올덴버그(S. F. Ol' denvurg)는 약 10,000건의 고문서를 구입했다. 1914년 스타인이 마지막으로 돈황으로 돌아와서 두루마리 600건을 구입했다.[14]

1929년 하버드 대학교에서 진행된 일련의 강의 시간에 스타인은 의기양양하게 돈황에서의 경험을 청중들에게 들려주었다. 스타인이 1914년 돈황으로 돌아왔을 때, 왕 도사는 그를 환영하며 스타인이 준 돈으로 석굴 사원을 어떻게 정비했는지를 상세히 설명하며 보여주었다. "소중히 보관했던 한문 두루마리들을 관리들이 취급하는 태도를 보고 왕 도사는 깊이 후회했다. 왜 예전에 내(스타인)가 장효완을 통해 제안했던 통 큰 제안을 받아들일 만한 용기와 지혜를 가지지 못했던지."[15] 다른 어느 누구보다도 스타인이 왕 도사에게 많은 돈을 지불했기 때문에(중국 정부는 한 푼도 안 줬다.) 스타인은 모든 유물을 자신이 구입해서 중국 밖으로 반출할 수도 있었다고 생각했다. 심지어 1929년에도 그렇게 많은 유럽과 중국의 학자들이 중국의 유물은 중국에 남아 있어야 한다고 결론지었음에도, 스타인은 중국에서 고문서와 유물들을 반출한 것에 대해서 일말의 죄책감도 느끼지 못했다.

돈황 고문서를 다른 나라로 반출한 점에 대해서 우리는 그 당시의 기준보다는 오늘날의 기준으로 스타인을 평가하려는 성급함을 재고해 봐야 할 것이다. 오늘날 많은 사람들은 엘긴 마블스(Elgin marbles, 엘긴 백작이 대영박물관에 기증한 그리스 대리석 조각 컬렉션)를 그리스에 돌려주어야 한다는 의견을 지지한다. 하지만 스타인과 다른 탐험가들이 1차 세계대전 이전 제국주의 최전성기에 활동했었다는 점을 생각해 보자. 유럽 열강들과 일본은 모두 신강 지역으로 탐험대를 파견했고 당시에는 그에 대한 양심의 가책을 느끼는 경우가 거의 없었다. 그러한 의견을 가졌던 독일의 그륀베델과 러시아의 학자 올덴버그 등 몇몇만이 르 콕 등의 탐험가들이 벽화를 원래 유적지에서 떼어가는 것을 비난했을 뿐이다.[16]

외국인 방문자들은 장경동 유물을 돈황으로부터 반출하는 것이 더 안전하다고 하는 정당성을 밑바탕에 깔고 있었다. 돈황 석굴은 1862년~1877년 무슬림 반란 시기에 훼손이 심했고, 스타인은 실제로 현지인들이 얼마나 불안정한 상황인지 잘 알고 있었다.[17] 스타인이 떠난 지 한 달 뒤인 1907년 7월 돈황에서는 곡물 가격 때문에 폭동이 일어났다.

스타인의 행동에 대한 중국인의 관점은 시간이 지나면서 호전되었다. 문화대혁명 기간 중에 그는 도둑놈 취급을 받았다. 이유는 명백하고 단순했다. 심지어 1980년대 중반 필자가 대학원에 다닐 때만 해도 같이 수업을 듣던 중국인 친구는 교수님의 말씀에 신경질적인 반응을 보였다. 교수님은 보존 환경이 북경보다는 그쪽이 훨씬 나았기 때문에 자신이 유물의 입장이었다면 파리나 런던을 선호했을 것이라고 말씀하셨다. 1998년에 《세린디아(Serindia)》가 중국어로 완역되었다. 여기에는 스타인이 돈황에서 진행했던 협상에 대해 상세한 설명이 들어 있고, 주도적인 중국의 고고학자 맹범인(孟凡人)의 깊이 있는 서문도 수록되어 있다. 《세린디아》는 스타인이 발굴한 고문서를 번역한 필진들로 인해 "1920년대 이전 이 분야 연구의 최고 수준을 보여준다." 그러나 맹범인은 "스타인의 개인적인 행위는 엄혹하고도 정당한 비판을 받을 만하다."고 결론을 내렸다.[18]

출판의 발달로 인해 중국의 학자들이 외국에 소장된 돈황 고문서를 활용하기가 점점 용이해졌다. 처음에는 1970년대 마이크로 필름으로 배포되었고, 다음으로 1990년대에는 분명하게 읽을 수 있는 수준의 사진이 수록된 도록 세트가 출판되었으며, 오늘날에는 런던에 근거지를 두고 있는 국제 돈황 프로젝트(International Dunhuang Project)의 웹사이트에 도판을 계속해서 탑재하는 중이다.[19] 2005년에 북경대학교 교수이자 중국에서 당나라 역사 분야의 선도적인 학자인 영신강(榮新江)은 중국의 저명 역사 학술지《역사 연구》에 발표한 논문에서 펠리오에 대비되는 스타인의 행적을 기술했다. 스타인은 자신이 발견한 유물에 대해서 중국인 학자들에게 말해주지 않았다. 반면 펠리오는 중국인 동료들에게 자신이 구입해서 파리로 가져갔던 유물의 사진을 보내주었다. 영신강 교수는 논란의 여지가 없는 명백한 사실 하나를 지적했다. 돈황 고문서를 보호해야 한다는 당시의 호소에도 불구하고 20세기 초에 어느 중국인 학자도 안락한 자신의 집을 떠난 적이 없었다. 단 한 사람도 스타인이나 펠리오의 예를 따르지 않았고, 개인적으로 돈황을 방문하지도 않았다. 그 결과 돈황 고문서가 모조리 반출되었다.[20]

그러나 스타인의 행위는, 심지어 당시의 기준으로 보더라도 여전히 정직하지 못했다. 그는 자신이 현장 법사의 추종자라고 주장했다. 그리고 고의적으로 두루마리와 그림 값을 시장 가격에 비해 턱없이 낮게 지불했다. 그는 비밀을 유지하기 위해 극단적인 방법을 동원했다. 모든 거래는 밤에 행해졌고, 자신이 하는 일에 대해 극소수의 사람들에게만 알렸다. 그렇게 은밀하게 행한 일을 어쩌면 그리 공공연하게 글로 썼는지 의아해 보일 정도이다.

스타인의 돈황에 대한 글에서는 페트리(Willian Matthew Flinders Pertie)가 특별히 언급되지는 않지만, 그가 쓴 다른 글에서는 그의 영향에 대한 감사의 말이 자주 보인다.[21] 페트리는 이집트 고고 발굴에 있어서 주도적인 영국 학자였다. 1902년 스타인이 제1차 탐험에서 돌아온 뒤 페트리는 스타인을 방문한 적이 있었다. 《고대 호탄(Ancient Khotan)》 서문에서 스타인은 페트리를 "비견할 데 없는 경험을 가진 고고학 탐험가"라고 했다.[22] 1904년 페트리는 《고고학 방법과 목적(Methods & Aims in Archaeology)》이라는 책을 출간했다. 발굴의 모든 단계를 차근차근 안내하는 입문서였다. 내용에는 탐험대 구성, 유적지 발굴, 결과물 출판이 들어 있었다. 이집트 발굴을 마친 뒤 페트리는 고고학자들을 가르쳤다. 가난한 나라에서는 작업을 어떻게 해야 하는지, 발굴에 동원된 일꾼들이 가져갈 수 있을 정도로 조그만 유물을 일꾼들이 개인적으로 내다 팔지 않고 발주자에게 가져오도록 하려면 푼돈을 어떻게 사용해야 하는지. "그 댓가로 돈을 지불하는 것보다 더 확실한 방법은 없다."는 것이 그의 결론이었다. 페트리는 또한 결과물을 두 권의 책으로 출판하라고 권고했다. 하나는 보다 저렴한 가격에 도판을 적게 넣은 "학생 및 일반 인용"이고, 또 하나는 "도서관이나 도서 수집가, 부유한 아마추어용 고급"이다. 스타인은 그의 충고를 충실히 따랐다. 심지어 책의 면구성이나 서체도 페트리의 책을 그대로 따라 했다.[23]

"고고학의 윤리"라는 제목의 어떤 글에서 페트리는 이렇게 설명했다. 고고학자들이 어떤 유적지를 모두 발굴한 뒤에는 나중의 후세대들을 위해서 아무 것도 남겨 두지 말아야 한다. 고고학자는 유물을 박물관에 둘 수 있겠지만, 그것은 정리를 하기 위한 것이고, 결국에는 책이 유일한 기록으로 남게 된다. "정당성을 검증할 유일한 잣대는 현재와 미래에 과연 최대한의 지식을 획득했는가이다."라고 그는 결론지었다. 페트리는 정부를 낮추어 보았다. 정부는 흔히 외국 고고학자들의 발굴을 금지하는 법안을 통과시켜 "무식한 농부"가 심심풀이로 "파헤치고 파괴하도록" 만들기 때문이다. 《고대 호탄》에 실린 스타인의 서문에는 페트리의 권고 사항이 수록되어 있다. 즉 조사자는 "최대한 신중하고도 자세하게 기록을 해서 하나도 빠짐 없이 모든 것을 다 출판해야 한다."[24] 스타인이 중국 정부의 법률 위반이나 왕 도사와의 협상을 솔직하게 밝힌 것은 페트리의 실용 정신에 입각한 방법론을 그대로 구현한 것이다. 그의 멘토가 그러했던 것처럼, 스타인도 "현재와 미래에 있어서 양적으로 최대한의 지식"을 획득하고자 했고, 고문서와 유물을 중국 밖으로 반출하는 데 대해 일말의 거리낌도 없었다.

페트리의 가르침에 따라 스타인도 자신이 할 수 있는 최대한 제17굴의 원래 맥락을 재구성해 보려고 노력했다. 장경동 안에서 유물을 한 층 한 층 쌓아 둔 배열 상태로 보아 그것은 고문서와 그림을 무작위로 보관한 수장고는 아니었다. 명백하게 어떤 개인이나 혹은 집단이 이들 특별한 소장품들을 석굴 속에 보관하고 있었다. 그러나 왜 그랬을까? 종이 파편들이 있는 것을 보고 스타인은 곧 석굴이 폐지를 보관하는 장소라고 가정했다.

영신강 교수는 스타인의 설명을 중국 자료 및 폴 펠리오의 글과 대조하면서 면밀하게 검토했다. 스타인은 장경동을 신중하게 검토해 볼 기회를 가지지 못했지만, 그의 글은 석굴에 대한 가장 상세한 기록을 남겼다. 석굴의 애초 배열 상태는 왕 도사가 처음에는 스타인을 위해, 그리고 그 이듬해 펠리오를 위해 석굴을 개방했을 때 이미 회복할 수 없게 흐트러져 버렸다. 영신강 교수는 쓰고 버린 종이 가설에 이의

를 제기했다. 대신 장경동 고문서의 위치에 대한 새로운 해석을 내놓았다.[25]

여러 가지 측면에서 스타인이 명명한 "장경동(library cave)"이라는 이름은 잘못이다. 장경동은 분리된 별도의 석굴이 아니다. 그저 작은 창고로 크기는 단지 2.9제곱미터 이하, 높이는 2.66미터 이하에 불과하다. 처음부터 시선에 노출되지 않도록 숨겨져 있었는데, 왕 도사가 제16굴의 벽을 두드리다가 벽 뒤가 비어있다는 것을 알아차렸다. 그래서 왕 도사가 벽을 뚫고 창고를 발견했던 것이다.

장경동은 애초에 홍변(洪辯)이라고 하는 유력한 승려를 기념하기 위해 조성되었다. 홍변은 851년 당나라 황제에 의해 승통(僧統)에 임명되었다. 862년 그가 사망한 뒤 그의 제자들이 그와 관련된 유물들을 석굴에 모아 두고 경의를 표하기 위해 석굴을 찾곤 했다.[26] 그 뒤 10세기 초 어느 즈음, 승려들은 그곳을 필사본을 모아두는 창고로 사용하기 시작했다.[27] 1900년 전후 어느 즈음 왕 도사는 창고를 깨끗이 비울 때 조각상도 치워버렸다. 그 뒤 돈황 연구소가 그것을 원래 자리로 돌려놓아서 오늘날에 이르고 있다.

장경동에 있던 텍스트에는 원래 그것을 소장하고 있던 사찰의 이름이 적혀 있는 경우가 많다. 10세기 동안 돈황은 불교의 중심지로 15개가량의 사찰이 있었다. 그리고 그 중에 삼계사(三界寺)라는 작은 사찰이 있었다.[28] 장경동에서 발견된 텍스트에 삼계사라는 이름이 자주 등장하는 것으로 보아 이 사찰에서 장경동을 필사본 보관 창고로 사용했던 것 같다.

장경동에 대한 중요한 실마리가 도진(道眞, 활동 934~987)이라는 승려

장경동 북벽
장경동에는 북벽을 제외하고 다른 벽면은 모두 비어 있다. 북벽 가운데에는 승려 홍변(洪辯)이 앉아 있고 나무 두 그루와 제자 두 사람이 그 주변을 둘러 서 있다. 오른쪽에 서 있는 승려는 둥근 부채를 들고 있는데 봉황새가 그려져 있다. 왼쪽에는 남자 옷을 입은 평민 여성이 지팡이를 손에 들고 있다. 이 벽화는 장경동이 승려 홍변의 장례용 석굴로 사용되었을 당시에 그려진 것이다.

가 쓴 불교 관련 텍스트의 서문에 나온다.

"이 절에 소장된 경전이 온전히 갖추어지지 못했음을 보고, 이에 경건한 마음으로 절을 올리며, 다음과 같이 모든 중생을 구제할 것을 서원합니다. 저는 삼가 각 문중에서 소장하고 있는 궤짝 속에서 오래되어 사라진 경문을 찾을 것이며, 이를 절에 가지고 와서 앞뒤를 보충하여 후세에 전하겠으며……"[29] 987년 이후의 어느 즈음 도진이 죽자, 다른 승려-사서가 계속해서 필사본을 수집하여 삼계사의 장서를 갖추어 나갔다.

돈황의 사찰들은 모두 구하고자 하는 텍스트의 목록을 보유하고 있었다. 이로 보아 그들은 석굴이 폐쇄되기 이전까지도 계속해서 텍스트와 그림을 수집하고 있었음을 알 수 있다. 석굴에서 발견된 가장 오래된 텍스트는 불경으로 405년의 것으로 편년되며, 가장 늦은 것은 1002년의 것이다.[30] 장경동에는 단지 불경에 그치지 않는 광범위한 내용의 두루마리가 있었다.[31]

돈황에서는 종이가 비쌌기 때문에 사원 교육기관의 학생들은 버려진 불교 텍스트를 주워다가 글이 써 있지 않은 여백이나 그 뒷면에 글씨 연습을 했다. 사원 교육기관은 학생들에게 읽고 쓰는 법을 가르쳤다. 어떤 학생은 승려가 되었고 어떤 학생은 그렇지 않았다.[32] 이 학생들은 오늘날 중국의 학생들과 똑 같은 방식으로 교육을 시작했다. 개별 글자를 반복해서 따라 쓰고 점차적으로 보다 어려운 텍스트로 나아갔다. 돈황 필사본에는 많은 오류가 포함되어 있다. 학생들이 모두 높은 수준에 이르지는 못했기 때문이다. 흔히 교사들은 학생들이 잘못 쓴 글자 위에 선을 그어 표시를 하고 그 옆에 올바른 글자를 적어 주었다. 학생들은 글을 배우는 데 필요한 모든 종류의 자료를 필사했다. 불교 텍스트는 물론이고 계약서나 편지 양식, 문예작품(예를 들면 茶酒論), "변문(變文)"이라고 하는 긴 이야기 등도 있었다.[33]

장경동에서 나온 가장 유명한 텍스트는 《금강경》이다. 이는 손으로 쓴 필사본이 아니라 목판으로 찍은 인쇄본이다. 중국에서 이러한 기술이 처음 개발된 시기는 8세기 초이다. 종이에 글씨를 서서 거꾸로 뒤엎어 너무 단단하지 않은 목판에 붙인 다음 글자를 제외한 여백을 파내어 거꾸로 된 이미지를 만들면, 그 목판을 이용해서 다시 똑바로 선 글자를 찍을 수 있다. 돈황본《금강경》은 7장의 목판 인쇄물로 구성되어 있는데, 접착제로 서로 연결시켰다.(405쪽 그림 참조)

헌정사에는 불교 신자가 부모님의 이름으로 모든 중생의 이익을 위해 후원을 했다고 적혀 있다. 이러한 행위는 부모님과 자기 자신의 복을 짓는 일이었다.《금강경》에 적힌 날짜는 868년 4월 15일이다. 제17굴에는 868년 이전에 목판으로 인쇄한 책의 파편도 있었는데, 예를 들면 834년의 책력 같은 경우이다. 그러나 온전한 형태로 남아있는 인쇄본 중에서는《금강경》이 세계에서 가장 시기가 올라간다.[34] 학자들은 돈황이 사천(四川) 지역과 같은 인쇄의 중심지가 아니었음을 알고 있다. 석굴 속 텍스트의 대부분은 손으로 쓴 필사본이었다.

돈황의 승려-사서는 불교 텍스트를 목록화하기 위해 정교한 방식을 사용했다. 그들은 당나라 수도 장안에 있던 대규모 불교 사찰 도서관의 목록을 참조했다. 장안의 사찰에서는 모든 불교 텍스트를 교(敎), 율(律), 사(史)로 분류했다.[35] 앞에서 언급했던《천자문》이라는 텍스트는 중복이 없는 1,000개의 글자로 구성되어 있는데, 일종의 중국식 알파벳과 같은 구실을 한다. 승려-사서들은 각각의 불교 텍스트에다가 표식으로 천자문의 한 글자를 부여하고, 다시 여러 한문 두루마리를 한 꾸러미로 묶었는데, 스타인은 그 꾸러미를 "기본 도서 묶음(regular library bundles)"이라고 불렀다.

이러한 묶음이 1,050개였는데, 각각에는 12개 정도의 한문 두루마리가 포함되어 있었다. 더불어 나뭇잎 모양의 패엽에 쓴 텍스트 80상자와 11개의 커다란 텍스트도 있었다. 이런 모양의 페이지를 티베트어로

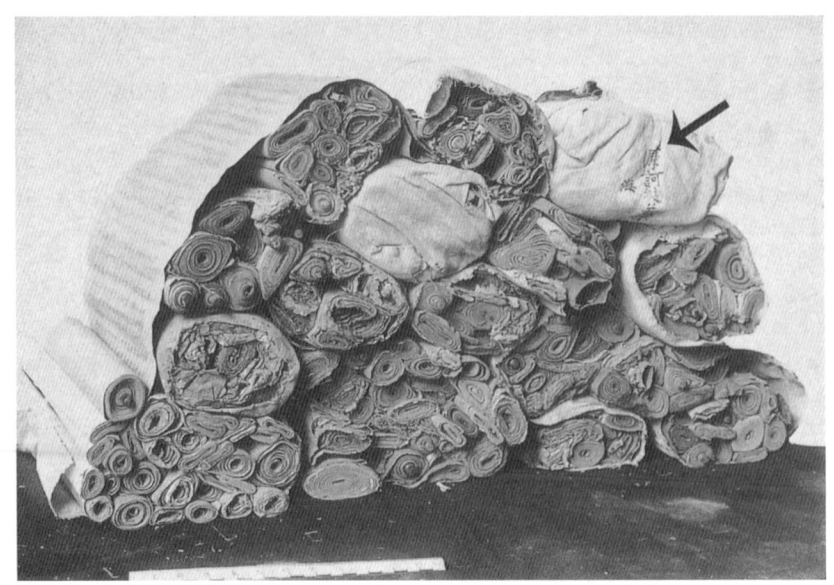

불교도서관의 청구기호
제17굴에 있는 한문본 두루마리는 10여 권씩 한 꾸러미로 묶여 있고, 각각의 꾸러미는 보자기로 싸두었다. 우측 상단에 라벨이 하나 보이는데, 불경의 제목과 천자문의 한 글자를 적어두었다. 이는 현대 도서관의 청구기호와 같은 역할을 했다.

는 포티(pothi)라고 하는데, 786년에 중국에 전해진 용어이다.(786년에 티베트는 당나라를 도와 반란을 진압했는데, 당나라가 약속했던 비용을 지불하지 못하게 되자 티베트는 돈황을 점령해 버렸다.) 모든 꾸러미는 처음부터 해체되어 있었다. 꾸러미를 처음 본 사람들은 아무도(왕 도사, 장효완, 스타인, 펠리오 모두) 그것의 중요성을 알아차리지 못했다. 그래서 겨우 몇 개만 남아 있다.

석굴에는 한문 및 티베트어 자료의 기본 묶음뿐만 아니라 다른 형태의 꾸러미들도 있었다. 스타인은 그것을 "기타(miscellaneous)" 묶음 혹은 "복합(mixed)" 묶음이라고 지칭했다.[37] 여기에는 나뭇잎 모양의 포티에 적힌 불교 텍스트, 산스크리트어, 호탄어, 티베트어, 위구르어, 소그드어 두루마리 등이 포함되어 있었다. 어떤 불교 경전 전체를 필사해 둔 것도 이었고, 부분적으로만 필사한 것도 있었다. 석굴 안에는 그림도 들어 있었다.(거의 모두가 불교의 신격을 그린 것이었다.) 그림 모음, 불경 두루마리에서 찢어져 나온 끄트머리, 종이 낱장 등도 있었다. 나중에 불경 필사본을 수리할 때 사용하려고 이런 조각들이 보관되었던 것이다. 대규모 사찰 도서관이라면 아마도 이런 조각은 버렸겠지만, 삼계사와 같은 소규모 사찰에서는 이런 것들을 보다 신중하게 다루었다. 나중에 어떤 재료가 필요할지 알 수 없었기 때문에 글이 적혀 있는 모든 것은 보관할 가치가 있었다. 이러한 이유로 제17굴에는 굉장히 다양한 종류의 자료들이 남아 있었다. 투르판에서 발견된 폐지(신발 만드는 데 재활용되었던 종이)와 달리 이곳에서 발견된 자료들은, 불경 뒷면에 필사를 했기 때문이든 혹은 사원 학교 학생들이 그것을 썼기 때문이든, 어쨌든 모두 불교와 관련이 있었다.

산스크리트어, 소그드어, 티베트어, 위구르어, 호탄어 등 다양한 언어의 자료들이 석굴 안에 있었기 때문에, 스타인이 명명한 "다국어 도서관"이라는 명칭은 전적으로 타당하다.[38] 어떤 경우 단 한 장의 종이가 종교적 공동체나 원거리 여행자의 존재를 드러내 주기도 한다. 17굴에서 발견된 어떤 종이 한 장에는 18행의 기도문이 히브리 문자로 적혀 있다. 각 행은 히브리 문자 알파벳으로 시작하고, 뒤이어 《성경》의 〈시편〉에서 선택한 구절이 적혀 있다.(화보 12번 참조) 기도문은 몇 차례 거듭 접혀 조그만 주머니 안에 꿰매져 있었다. 아마도 부적으로 사용되었을 것으로 추정된다. 소유자가 그것을 가지고 다녔을 것이며, 목에 걸고 다녔을 가능성이 크다.[39] 유대인 여행자가 돈황까지 왔을 수도 있고, 혹은 누군가 이 부적을 사서(글자의 형태로 보아 바빌론에서 제작된 것 같다.) 돈황으로 가지고 왔을 수도 있다. 이와 유사한 경우로, 석굴에서 발견된 단 두 장의 종이가 소그드어 사용자들의 조로아스터교 공동체의 존재를 알려준다. 한 장에는 가장 오래된 조로아스터교 텍스트인 《아베스타》의 한 구절이 적혀 있고, 다른 한 장에는 두 명의 조로아스터교 여신이 서로 마주보고 있다.⁴⁰

이란의 종교 조로아스터교는 "삼별교(三別教)" 중의 하나이다. 삼별교란 용어는 중국의 학자들이 이란의 종교를 지칭할 때 사용하는 용어로, 조로아스터교와 마니교뿐만 아니라 시리아에 근거하는 네스토리우스파 기독교의 가르침도 이에 속한다. 모두 중국의 바깥에서 기원하는 이 세 종교는 당나라 때 중국으로 유입되었고, 845년의 박해 이후 살아남지 못했다. 사서의 안목으로 인해 제17굴은 실크로드의 다양한 종교에 대한 가장 풍부한 원천 자료를 소장한 독특한 도서관이 되었다.

장경동의 종교적 텍스트들로 보건대, 돈황에서 살던 사람들은 서로의 종교에 대해 특이할 정도로 관대했다. 이들 텍스트를 베껴두었던 승려들이 꼭 이들 텍스트에 사용된 언어를 알았다고 볼 수는 없다. 아마도 읽을 줄 몰랐을 것이다. 그러나 다른 언어로 쓰인 텍스트를 보존하고자 했던 그들의 의지만은 실크로드의 국제적인 특성을 바탕으로 하고 있다. 인구 3만 명 정도의 작은 도시에 살고 있었지만, 그들은 다른 민족의 언어와 글을 존중했고, 아마도 심지어 각자가 선호하는 예배를 볼 권리까지도 인정했을 것이다.⁴¹

장경동 자료는 투르판 문서나 서안의 기독교 비문 못지 않게 특히 중요한 자료이다. 종교에 관한 역사 기록은 주로 높은 성직자나 중국 관료의 관점에서 쓰여진 것이지만, 이 자료는 신도들의 관점을 보여주는 것이기 때문이다. 이 자료들이 많은 정보를 담고 있기는 하지만, 돈황 텍스트에는 이들 여러 종교의 의례에 대한 내용은 없다. 따라서 우리가 그 규모를 짐작하기는 어렵다. 그 종교의 남아 있는 텍스트가 외국어인 점으로 보아 중국인 개종자를 다수 끌어들이지는 못했던 것 같다. 한편 한문 번역본이 있는 것으로 보아 현지인 신도가 없지는 않았을 것으로 추정된다. 여러 이란어(파르티아어, 중세 페르시아어, 소그드어)와 고대 투르크 어로 된 마니교 텍스트가 투르판에 남아 있고, 돈황에서는 한문본으로 남아 있어서 학자들은 이 세계적인 종교를 연구할 수 있다. 마니교는 이들 자료 말고는 성 아우구스티누스의 글을 통해서만 알려져 있었던 종교이다. 성 아우구스티누스는 기독교로 개종하기 전 마니교 신도였다고 《고백록》에서 기술한 바가 있다.[42] 장경동에는 한문으로 쓰여진 마니교 텍스트가 모두 3건이 있었다.

몇몇 텍스트가 한문으로 기록되었다고는 하지만, 자료를 보면 대부분의 신도들은 이란어 사용자였던 것으로 추정된다. 3건의 텍스트 중에 가장 오래된 것은 찬가를 적어둔 두루마리인데, 소그드어 찬가와 기도문 20편이 한문으로 음차되어 기록되어 있다. 이들 텍스트가 번역되지 않았기 때문에 중국어를 모국어로 하는 사람들은 그 내용을 알 수 없었다. 소그드어를 사용하지만 소그드 문자를 읽을 줄 모르는 사람들(말하자면 돈황으로 이주해 온 소그드인의 2세들)이 두루마리의 발음을 따라 예배 시간에 찬송을 불렀을 것이다.[43] 찬가 두루마리에 들어 있는 어느 한 편의 찬가는 "빛의 세계의 찬가"인데, 투르판에서 발견된 파르티아어 텍스트를 그대로 옮겨놓은 것으로 보인다. 그러나 한문 버전은 빛의 세계를 아미타 부처의 "서방 극락"과 같이 서술하고 있다. 빛의 세계는 "완전한 행복"의 세계이며, "모든 것은 빛이고 어둠이 없는 세계"이며, "모든 부처와 빛의 사자들"이 사는 곳이다. "모든 것은 정결하고 순수하며 영원한 행복이 있다. 고요하고 안락하며, 혼란이 없고 막힘이 없는 세계이다. 사람들은 행복에 젖어 있으며 걱정이나 고난이 없다."[44] 마니는 제자들에게 개종을 할 때는 기존 종교의 용어를 그대로 사용하도록 했다. 이 텍스트는 마니의 이름으로(마니는 중국에서 붓다나 노자와 함께 3대 스승 중의 하나이다.) 이러한 카멜레온 같은 전략을 아름답게 구현하고 있다.

또 다른 마니교 텍스트는 한문 텍스트를 더욱 근접하게 모방하고 있다. 조그만 두루마리의 서문은 유명한 불교 텍스트 《금강경》의 서문을 보는 듯하다. 이 버전에서는 붓다가 아니라 마니가 제자들에게 말한다. "선하고 선하도다! 셀 수 없이 많은 살아있는 존재들에게 이로움을 주기 위해서 너희는 나에게 심오하고도 신비로운 질문을 하였다. 너희는 이처럼 눈이 멀어 타락의 길에 빠진 세상의 모든 살아있는 존재들에게 좋은 친구가 되어라. 나는 이제 너희에게 이 문제를 상세하게 설명하여 너희에게 걸려 있는 의혹의 거미줄이 영원히 끊어지고 다시 의심이 일어나지 않도록 하겠다."[45] 심지어 제목도 "빛의 부처 마니의 가르침 개요"라고 해서 모방을 하고 있다. 이 텍스트가 불교 텍스트를 너무 흡사하게 닮아서 펠리오 같은 전문가조차 속아넘어갔다. 펠리오가 이것을 파리로 가져가지 않는 바람에 이 텍스트는 오늘날 북경 도서관 소장품 중에서 가장 중요한 텍스트 중의 하나가 되었다. 이 텍스트는 소그드인 선교사들이 731년에 황제의 명에 따라 조성했던 것이다. 그들은 중국인 황제가 개종하기를 희망했었다.

각 사원의 선교사들은 각기 다른 방식으로 번역에 접근했다. 마니교도들은 자유롭게 불교 용어를 사용한 반면 네스토리우스파 기독교에 소속된 기독교 선교사들은 결과가 아무리 혼란스러울지라도 번역의 정확성을 기했다.46 "아버지 하느님과 그의 아들과 성령"을 중국어로 어떻게 번역하면 가장 좋을까? "최고의 신에게 영광"이라는 찬가를 번역하는 번역가는 가장 직역투를 선택하여 "자비로운 아버지, 빛나는 아들, 순수한 바람의 왕"이라고 번역했다. 이 세 용어 중에서 오직 "자비로운 아버지"라는 말만이 중국인 개종자에게 이해될 뿐이었다. 같은 종이에는 성서의 제목 목록이 들어 있는데, "존경의 책"이라고 한다. 여기서는 "아버지 황제", "아들 황제" 그리고 "증인"의 세 몸이 합쳐서 하나의 몸을 이룬다고 (즉 삼위일체) 하는데, 이는 틀림없이 중국인 독자들에게 수수께끼 같은 가르침이었을 것이다.47 목록 끝에는 경정(景淨, 즉 아담)이 언급되어 있는데, 그는 장안의 기독교 비문을 쓴 사람으로서, 이 목록이 비문과 같은 시기인 8세기 후반 어느 즈음에 작성된 것임을 알 수 있다. 당시는 네스토리우스파 기독교가 중국에서 활발하게 활동하던 시기였다.

석굴 자료를 보면 그 성격상 8세기 중반에 눈에 띄는 변화를 겪게 된다. 안록산의 난 이전의 석굴 자료는 거의 모든 텍스트들이 중원 지역에서 온 것이고, 불교 텍스트들이다. 가장 늦은 시기의 텍스트는 장안에서 온 것이고 753년의 자료이다. 이후로는 모든 텍스트들이 돈황 인근에서 생산된 것들이다.48 이 시기에 평신도 학생들이 훨씬 광범위한 자료를 필사하기 시작했다. 여기에는 불교 텍스트뿐 아니라 계약서, 평신도 단체의 헌장, 문예 작품 등이 포함되어 있다. 학생들은 텍스트의 여백에 낙서를 남기기도 했다.49 472년에서 758년 사이에 작성된 어떤 거래 확인서에는 비-중국인 13살 소년 노예를 비단 생사 21필에 매매했다는 기록이 있다. 확인서의 세부사항은 당나라 법률에 정확하게 부합하게끔 판매자와 노예, 5명의 증인의 이름이 적혀 있다. 이로 보아 당나라의 법률이 전 영역에서 실행되고 있었음이 확인된다.[50]

745년 당나라 중앙 정부는 돈황의 두 곳 주둔지에 비단 15,000필을 보냈다.[51] 누군가의 봉급 명세서 공문서를 보면 당나라 정부가 어떻게 급여를 지급했는지 정확하게 알 수 있다. 중앙 정부는 양주(오늘날 감숙성 무위)에 있던 지휘부로 두 차례에 걸쳐 화물을 운송했다. 양주는 돈황 동쪽으로 약 700킬로미터 거리에 위치하는데, 지역군 지휘 본부가 있던 곳이다. 그곳에서 다시 돈황의 주둔지로 비단을 보냈다. 프랑스의 학자 트롱베르(Éric Trombert)는 다음과 같은 통찰력을 보인 바 있다. "여기서 군대의 운송 사례 두 가지를 확실하게 알 수 있다. 각각 7,000필 이상의 비단을 운송했는데, 그것은 우리에게 익숙한 사적인 카라반의 이미지와는 전혀 다른 것이다."[52] 이와 같이 한 번의 운송 물량이 비단 7,000필에 이르는 사례는 투르판 고문서에 기록된 사적인 운송량에 비해 월등히 많은 경우로, 사적인 운송은 기껏해야 수백 필 정도에 불과했다. 이 문서는 중앙 정부가 군부대에 지급한 비용이 얼마나 중요한지 잘 보여주고 있다.

당나라 정부는 다양한 지불 수단을 운용했다. 화폐로 사용된 것은 세 가지였는데, 직물(마麻와 비단), 곡물, 동전이 동시에 사용되었다. 중앙 정부가 세 가지 물품을 통합해서 합계를 내었기 때문에 혼란을 초래한다. 돈황 주둔지에 지급된 비용에는 여섯 가지 종류의 직조 비단과 비단 풀솜이 포함되어 있었다. 서로 다른 지방에서 현지 생산 비단을 세금으로 납부했기 때문에 당나라 관리들은 단순히 그것을 모아 돈황 주둔지로 보냈다. 주둔지의 관리들은 세금으로 납부된 직물을 먼저 동전으로, 다음에는 곡식으로 교환했다. 일부는 주둔지 군인들의 식량으로 사용되었고, 일부는 지역 상인들에게 직접 지불되었다. 이러한 기록을 통해 안록산의 난 이전에 군대에 지급된 비용을 엿볼 수가 있다. 당나라 정부는 돈황 경제에 직접적으로 막대한 양의 돈을(직물 형태로) 투입했던 것이다.

앞 장에서 설명한 바와 같이 중앙 정부는 755년에 북서부 지방에 대한 통제력을 상실했다. 반란을 진압하려는 시도의 일환으로 당나라 황제는 티베트 제국에 도움을 요청했다. 티베트의 얄룽 왕조는 정치적인 측면에서 중앙아시아에 비교적 새롭게 등장하게 되었다. 617년 이전, 해발 약 4,000~5,000미터에 이르는 티베트 고원은 북부 지역은 말을 기르는 유목민들, 남부 지역은 강을 따라 겨우 농사를 짓는 농경민들의 고향이었다.[53] 고유한 문자 체계가 없었기 때문에 그들은 기록 수단으로 매듭이나 표찰을 사용했다. 얄룽 왕조의 이름은 라사(Lhasa)의 동남쪽 강변 지역의 명칭에서 유래했는데, 617년경 얄룽 왕조의 통치자는 최초로 티베트를 통일했다. 그들은 산스크리트어 알파벳을 변형하여 고유의 문자 체계를 만들었고 동시에 당나라 법률 체계의 요소를 받아들였다.

755년 안록산이 반란을 일으키자 당나라 황제는 티베트에 편지를 보내 반란 진압을 도와주면 막대한 대가를 지불하겠다고 약속했다. 티베트인들은 말을 잘 다뤘고 중국인들은 그들의 군사력을 높이 평가했다. 당나라의 공식 역사서에는 "그들의 무장은 아주 좋다. 몸 전체를 갑

옷 속에 가리고 두 눈만 내놓는다. 강력한 활이나 날카로운 칼로도 치명적인 상처를 입힐 수 없다."[54]고 기록했다. 티베트 군대는 명백하게 당나라에 복속되어 있었지만 그들은 철수하기 전 763년 가을에 수도 장안으로 쳐들어갔다. 777년까지 매년 가을 기마대가 장안으로 돌아와 약탈을 했지만 약화된 당나라 군대는 그들을 막을 수 없었다.

760년대에서 770년대까지 티베트의 힘은 최고조였고, 점차적으로 영토를 차지해서 감숙성까지 확장했다. 781년 그들이 돈황 남쪽에 있는 수창성(壽昌城)을 점령했으며, 786년 당나라가 반란 진압을 도와주는 대가로 지불하기로 약속했던 비용을 지불하지 못하자 그들은 사주(沙州)의 중심지 돈황을 차지했다. 티베트는 하서회랑에서 여덟 곳의 주(州) 혹은 도독부를 지배했으며, 군사 구역을 지배할 장군 협의체를 지명했다. 티베트는 즉시 이원화된 행정체계를 수립했다. 티베트인 군부 총독과 민간인 최고위 관리를 동시에 임명했는데, 돈황에서 민간인 최고위 관리는 주로 중국인이었다. 각 행정구역 아래 1,000가구 단위로 다시 나누고, 그것은 다시 50가구 단위로 나누어 20개의 하위 행정체계가 만들어졌다. 50가구 행정 단위의 수장은 각 가구마다 임무를 부여해서 정부에서 부여하는 노역을 수행하도록 했다.[55]

티베트 점령지 거주 남성 중 일부는 군대에 징집되었고 나머지는 식민지 군정이 지시하는 노역을 했다. 군사 경계 임무 이외에도 식민지 주민들은 곡식을 길러서 세금으로 곡물을 바쳐야 했다. 직접 수집하는 장소까지 운반해야 했는데, 며칠이 걸리는 일이기도 했다. 티베트인들은 군인들을 동원해 노동을 시켰다. 그러나 당나라가 그러했던 것처럼 군인들에게 직물이나 곡식, 동전을 지불하지는 않았다.

돈황에서 티베트 통치가 실시되자 지역 경제에 직접적인 영향을 미쳤다. 이는 동시에 티베트어 및 중국어로 작성된 계약서를 통해 알 수 있다.[56] 티베트가 돈황을 차지한 지 몇 년 후인 788년~790년 어느 상점의 장부에는 동전이 언급되어 있다. 이는 중국 동전에 대한 한문 자료로는 가장 시기가 늦은 것이다.[57] 아마도 755년 이전에 주조되었을 중국 동전은 9세기와 10세기에도 유통되었을 수도 있다. 그러나 티베트 통치 하에 중국 동전은 대체로 사용 빈도가 떨어졌을 것이다. 티베트 점령 시기 물건의 가격은 곡물 단위나 직물의 필 단위로 기록되어 있다.[58] 대표적인 계약서는 803년의 것으로, 암소를 밀 20피쿨(720~1080리터)과 수수 2피쿨(120~180리터)에 거래한 내역이 나와 있다. 계약 위반에 대한 벌칙 또한 곡물 수량으로 명시되었는데, 밀 3피쿨(180~270리터)이었다.[59] 드마르(dmar) 단위가 언급된 몇몇 사례를 제외하면 거래 금액은 거의 대부분이 곡물 단위로 적혀 있다.[60] 직물이나 종이를 빌리는 경우에도 빚을 갚을 때는 언제나 곡물을 이용했다.

예전의 분석가들은 786년에서 848년 사이의 티베트 점령 기간을 돈황의 역사에서 한 순간에 불과했고 지속된 영향력도 거의 없었다고 생각했다. 그러나 60년이란 시간은 돈황의 주민들이 티베트의 관습을 받아들이기에 충분한 시간이었다. 티베트 점령 초기에 대부분 중국인들은 중국식 관습을 따랐고 중국식으로 성을 먼저 쓰고 나중에 이름을 썼다. 그러나 시간이 지날수록 돈황 거주 중국인들은 점차로 티베트어 같은 이름을 받아들였다. 일부는 중국식 성을 포기하고 티베트인들처럼 이름만 사용하기도 했다.

티베트 지배 하에 어떤 중국인들은 꽤 커다란 변화를 만들어냈다.

한문을 더 이상 쓰지 않고 티베트 문자를 받아들인 것이다. 티베트 점령 직후 지역의 서기들은 티베트어를 배웠다. 티베트어 사용자들을 위해 공문서나 계약서를 작성해야 했기 때문이다. 815년에서 841년 사이 티베트 군대 총독은 대규모로 불경 필사 작업을 추진했다. 이 사업에 1,000명 이상의 필사자들이 고용되었고, 그 중 상당수는 중국인이었다.[61] 그들은 텍스트를 옮겨 적으면서 점점 더 유창하게 티베트 문자를 쓰게 되었다. 수천 자에 달하는 한문을 암기하는 것보다 소리 글자를 적는 것이 더 쉽다는 사실을 깨달은 것이다.

통치자들은 복을 빌기 위해 대규모 불경 필사 작업을 후원했던 것처럼 새로운 석굴 건설을 위한 자금도 지원했다. 티베트 점령기에 건설된 66개의 석굴은 몇 가지 구별되는 특징이 있다. 거기에는 주로 만다라, 즉 우주를 표현한 도식이 그려져 있다. 이국적인 불교의 요소 중에서도 특히 만다라가 많았다. 그 시기의 석굴 벽화 또한 후원자들에게 보다 큰 명성을 안겨 주었다. 특히 티베트 황제가 그러했다.[62]

티베트 점령 시기 돈황의 화가들은 오대산(五臺山)을 그리곤 했는데, 이는 이후로 조(曹)씨 가문이 돈황을 통치하던 10세기까지도 계속되었다. 돈황에서 가장 아름다운 석굴은 제61굴인데 조성 시기는 950년 전후이다.[63] 석굴의 서벽 전체 벽면에서 상단 부분은 높이가 3.5미터에 너비가 15.5미터인데, 산서성 오대산 순례지가 그려져 있다. 그림의 윗부분에는 천상의 모임이 있고, 중간에는 오대산에 9개의 건물이 그려져 있으며, 각 건물에는 이름이 적혀 있다. 아랫부분에는 산으로 가고 있는 여행자들이 있다. 이 그림은 순례지의 정확한 지도가 아니다. 아마도 그것은 순례지를 직접 찾을 수 없는 사람들을 위해 그려둔 그림일 것이다.

석굴의 후원자들 중에는 조원충(曹元忠, 재위 944~974)과 그의 아내들도 포함되어 있다. 아내들 중 한 사람은 호탄 출신이다.

때때로 무력 충돌이 빚어지긴 했지만 돈황의 통치자들은 티베트 점령 시기 당나라와 인도 양쪽으로 접촉을 유지하고 있었다. 티베트, 중국, 인도의 왕이 보낸 승려나 사절단들이 티베트와 중국 사이를 오갔고, 여행 중에 돈황에 머무는 경우가 많았다. 유통 화폐의 부족도 사절이나 승려들이 어느 한 오아시스에서 다음 오아시스로 나아가는 것을 막지 못했다.

848년 중국은 돈황에 대한 통제권을 다시 수립했다. 그러나 티베트어 사용은 고집스레 지속되었다. 이전 세대 학자들은 제17굴에 있는 티베트어 자료는 틀림없이 848년 이전에 작성된 것이라고 생각했다. 최근에 학자들은 티베트어가 848년 이후에도 혼성 국제어로 사용되고 있었음을 알게 되었다.[64] 티베트로부터 오대산에 이르는 순례길이 돈황을 지나는데, 티베트 통치 하에 교통 인구가 증가하였다. 또한 장경동에서는 티베트를 여행하는 중국인 승려를 위한 안내 편지의 사본 5통이 발견되었다. 이것도 또한 중국 군대가 티베트를 돈황에서 몰아내었던 848년 이후 시대의 것이다.[65] 편지에 의하면 승려들은 나란다(Nalanda)에 있던 대규모 불교 센터에서 연구를 하고 유물을 얻기 위해 인도로 여행을 떠났다고 한다. 오대산에서 여행을 시작한 승려는 돈황에 이르기까지 지나는 길에 몇 군데 도시를 들렀는데, 돈황에서 편지를 남겨두고 떠났다. 아마도 티베트에서는 필요가 없었기 때문일 것이다.

또 다른 티베트어 필사본은 인도인 승려의 말을 티베트인 제자가 받아 적은 것이다. 제자는 산스크리트어를 알고 있었던 것 같은데 철자법

장의조의 군대
장의조의 군부대가 휘날리는 깃발을 들고 가는 장면. 일부는 중국인들이 선호하던 무늬 없는 옷을 입었지만, 위구르인 등 비중국인들이 입던 문양이 선명한 옷을 입은 사람들도 있다. 장씨 가문을 위해 다양한 민족들이 종사했음을 엿볼 수 있는 그림이다.

에서 실수가 많았다. 문서에 의하면 977년(혹은 965년)에 인도인 승려 데바푸트라(Devaputra)가 인도에서 티베트까지, 그리고 다시 티베트에서 오대산까지 여행을 했고, 돌아가는 길에 돈황 근처 어디쯤에서 제자들에게 가르침을 베풀었다. 텍스트는 산스크리트어 철자법과 비슷하게 쓰여 있는데, 티베트어 전문 용어가 많이 들어 있다.[66] 티베트인 승려는 산스크리트어 연구를 하도록 되어 있었다. 티베트 문자가 산스크리트어를 모델로 한 것이기 때문에 티베트인 승려가 산스크리트어에 접근하기가 보다 용이했을 수도 있다.[67] 예컨대 인도로 가던 현장 법사가 그러했던 것처럼, 다른 학식이 높은 승려들의 예로 보건대, 최소한 산스크리트어로 의사소통이 가능한 승려가 사찰 내에 어느 정도 있었던 것만은 분명하다.

842년에 얄룽 왕조를 지탱하던 연맹체가 갑자기 붕괴되어 버렸고, 왕조 또한 멸망했으며, 돈황 지역에 대한 티베트의 통제력도 약해졌다. 848년 중국의 장군 장의조(張義朝)가 군대를 이끌고 와서 남아 있던 티베트인들을 몰아냈다.[68] 당나라는 안록산의 난 이전보다 훨씬 약해져 있었다. 당나라는 중부 지역(흔히 "중원中原"이라고 불리는 지역으로, 양자강 유역, 황하강 유역, 주강 유역이 포함된다.)에서조차 정치 권력을 군벌에게 양도해서 군벌 스스로 세금을 징수하고 군비를 지출했으며 가끔 수입의 일부를 중앙에 보냈다. 이들 군벌들과 마찬가지로 장의조 또한 851년 당나라 조정으로부터 절도사 칭호를 부여받았다. 장의조는 당 왕조에 충성을 맹세했지만, 사실상 돈황을 독립 왕국으로 통치했다. 장씨 통치 아래 돈황은 당나라의 수도 장안으로 사절을 보내 당나라 황제에게 조공을 바쳤는데, 이는 중앙아시아 독립 왕국의 통치자가 했던 것과 거의 흡사했다

장의조는 848년에는 완벽한 통제권을 갖지 못했다. 그의 군대는 856년에 다시 티베트 군대와 싸웠다. 문예작품 "장의조 이야기(張義潮變文)"가 이와 관련이 되어 있다. 제17굴에서 발견된 문예 작품 중에서 가장 분명하게 드러나는 장르는 산문과 시가 번갈아가며 진행되는 변문이다. 변문이란 창(唱)과 산문이 결합된 문학 장르이다.(이러한 문학 장르는 쿠차에도 있었다.) 장경동에서는 30편 가량의 한문 변문 텍스트가 발견되었다. 여기 말고 다른 곳에서는 남아 있는 것이 없다.[69] 변문(變文)의 변(變, 변화)이란 이야기로 바꾼다는 뜻이다. 즉 속강승(俗講僧)이 불교의 가르침

을 이야기로 바꾸어 청중들에게 들려줌으로써, 모든 불교 가르침이 지향하는 바 생사윤회의 굴레를 벗어나도록 하였다. 그래서 변문에는 이야기 형식이 들어 있다. "[어떤 사건이 일어난] 그곳을 보시오, 무슨 일이 일어났는지"라고 하는 식이다.[70] 속강승은 이야기를 들려 주면서 두루마리 그림에 있는 장면을 가리켜 청중들이 듣고 있는 이야기의 장면을 떠올릴 수 있도록 했다.

〈장의조변문〉은 856년에 있었던 장의조 군대와 티베트 편에 속한 부족들간의 전투 이야기인데, 다음과 같은 장면이 등장한다.

> 적들(티베트 편)은 중국 군대가 그렇게 갑자기 닥쳐올 줄 몰랐고 전혀 마음의 준비가 되어 있지 않았다. 우리 군대는 조운지진으로 대열을 갖추고 사방에서 급히 공격하였다. 오랑캐 적들은 미쳐 날뛰며 별처럼 흩어져 남북으로 갈라졌다. 중국 군대는 세력을 얻어 퇴로를 막고 쉽사리 추적을 하였다. 불과 오십 리를 못 가서 죽어 넘어진 시체가 들판을 뒤덮었다.

그리고 나서 이야기꾼은 군대를 그린 장면을 가리키며 이렇게 말했다. "이곳이 바로 그들의 시신이 온 들판에 널려 있던 곳입니다."[71] 두루마리 그림은 남아 있는 것이 하나도 없지만, 861년에 그려진 석굴 벽화에는 장의조의 군대가 행진하는 장면이 있다.[72]

그 석굴은 865년에 완성되었다. 그보다 4년 앞서 중국인 통치자 장의조의 조카인 장회심(張淮深)이 석굴 조성 작업을 시작했다. 돈황을 통치하던 장씨 가문에서 후원을 한 첫번째 사례였다. 기문(記文)에 의하면 장회심은 석굴을 조성하고자 하는 강렬한 소망을 가졌다. 지역 전체를 둘러보았지만 할 만한 곳은 전혀 없었고 다만 한 군데 절벽이 굴을 팔 만하였다. 해야 할 일이 막대했으나 두려워하지 않고 돌을 뚫어야 할 곳에 정신을 집중하였다. 그의 마음이 워낙 강해서 산을 옮기고도 남았다.

그는 하늘의 신을 우러러 기도를 올리고 땅의 신에게 감사를 드리며 적당한 시기를 점쳤고 작업을 시작할 날짜를 계산해 보았다. 어렵게 굴을 파기 시작하자 산이 저절로 갈라졌다. 며칠이 지나지 않아 틈 사이로 구멍이 열렸다. 계속해서 기도를 올리자 모래 바람이 일더니 초저녁에 갑자기 거세어져서 무섭게 몰아쳤다. 천둥 소리가 나고 바위가 떨어져 나가더니 절벽이 갈라졌다.[73]

비문의 저자는 석굴의 조성 과정을 단계적으로 서술했다. 즉 작업자가 틈새를 파내기 시작했고, 점점 크게 파서 벽화와 불상을 조성할 만큼 확장시켰다. 굴을 파는 과정은 노동집약적이긴 하지만 비싼 장비가 필요한 일은 아니었다. 지역 장인들이 현장에 거주했는데, 북쪽 석굴 지역에서 고고학자들은 수많은 장인들의 작업장을 찾아냈다. 어떤 곳에는 물감을 담은 항아리까지 완비되어 있었다.[74] 9세기에는 대부분의 장인들이 지역 작업장에 소속되어 있었다. 그리고 10세기 중반에 이르러 지역 정부는 장인-관료가 지도하는 미술학교를 세웠다.[75]

예전의 티베트인 통치자들처럼 장회심과 그의 후계자들은 수많은 신규 석굴 조성을 후원했다. 석굴을 조성하는 일은 매우 종교적인 행위였다. 어느 통치자가 굴을 파기로 결정하면 그와 그의 아내는 한 달 내내 채식을 하고 등을 밝히며 향을 피웠고, 승려들에게 기도를 위한 시

[표 6-1] 돈황 독립 통치자 연혁

통치자	재위
장의조(張議潮)	851-867
장회심(張淮深)	867-890
장회정(張淮鼎)	890-892
색훈(索勛)	892-894
장승봉(張承奉)	894-910
조의금(曹議金)	914-935
조원덕(曹元德)	935-939
조원심(曹元深)	939-944
조원충(曹元忠)	944-974
조연공(曹延恭)	974-976
조연록(曹延祿)	976-1002

주를 했고, 사경(寫經)도 했다. 이 모든 행위는 부처님의 복을 빌기 위해서였다. 그리고 나서야 석굴 조성이 시작되었다.[76] [표 6-1]

돈황의 석굴 중에는 장의조와 그의 뒤를 이은 통치자들의 초상을 그려둔 석굴들이 있다. 914년 장씨 가문을 대체한 조의금(曹義金)은 제98굴에 이전 통치자들의 초상을 조성하도록 했다. 이러한 초상화를 보면 어느 방문객이라도 승계가 순조롭게 이루어졌다고 생각했을 것이다. 조씨 가문 후원자들이 원했던 것도 바로 그것이었다. 하지만 사실은 정반대였다. 장의조의 조카 장회심은 867년 장의조가 사망하자 그의 뒤를 이었다가 890년까지 통치했다. 장회심의 사촌이자 장의조의 아들이 장회심과 그의 아내, 그리고 여섯 명의 아이들을 죽였다. 새로운 통치자 장회정(張淮鼎)은 1년 간 통치를 하다가 자연사했다. 그 뒤를 이은 통치자는 나이가 어렸고 그의 근위병이었던 색훈(索勛)이 왕위를 찬탈했다. 894년 이전 통치자가 다시 권력을 잡았고 910년까지 권력을 유지했다. 장씨 가문의 통치 마지막 해는 당나라 왕조가 막을 내리던 때와 시기를 같이 한다. 당시는 정치적으로 대단히 불확실한 시기였고 황제들이 연

금되었다가 907년에 당나라가 멸망했다.[77]

915년 장씨 가문의 마지막 통치자의 양아들이었던 조의금(曹議金)이 권력을 잡고 조씨 가문이 1002년까지 통치를 이어갔다. 그 이후의 기록에는 조씨 가문의 이름이 어느 누구도 등장하지 않는 것으로 보아 감주(甘州, 현재 감숙성 장액張掖)에 근거지를 둔 위구르 카간국이 돈황 통치권을 획득한 것 같다. 앞서 8세기에 위구르 연맹이 통합되어 있었지만, 840년 키르기즈의 공격으로 통합 위구르 연맹이 무너지고 위구르인들은 투르판(서부 위구르 카간국에는 북정北庭, 고창高昌, 언기焉耆, 쿠차가 포함된다.)과 감주로 달아났다. 그리고 감주에서 다시 보다 작은 규모의 위구르 카간국이 성립하였다.[78] 1028년 감주에 있던 위구르 카간국은 탕구트에게 복속되었고, 1030년대에는 돈황도 그 뒤를 따라 두 지역은 모두 서하의 영토가 되었다. 서하는 중국 북서부를 차지했다. 1000년 이후의 권력 투쟁에 대해서는 잘 알 수 없다. 제17굴의 자료들이나 다른 발굴 고문서에서도 이후의 사건에 대해서 자세하게 언급되는 내용이 없기 때문이다.

848년에서 1002년 사이, 즉 티베트 통치 직전 시기 고문서에 가장 자주 등장하는 여행자들은 사절단과 승려이다. 장씨 및 조씨 가문은 이웃 나라들과 외교 관계를 유지했다. 그들은 당나라의 수도 장안으로 선물을 주고받는 사절단을 보내거나 맞이했고, 보다 가까이에 있는 다른 나라들의 통치자들과도 마찬가지였다. 특히 호탄과 위구르 카간국의 통치자와 그러한 관계를 맺었다.[79] 많은 고문서들이 외교 사절의 왕래를 기록하고 있지만 어떤 선물을 보냈고 어떤 선물을 받았는지 자세한 기록은 거의 없다. 그렇기 때문에 877년 장안으로 보낸 선물과 답례로 받았던 선물을 기록한 목록은 특히 중요하다.

877년에 장의조의 조카 장회심은 10년째 돈황을 통치하던 중이었지만 당나라 황제는 아직 그를 정식 후계자로 인정하지 않았다. 장회심은 사절단을 파견해서 공식 깃발을 요청했다. 깃발은 그를 돈황의 군사 책임자로 인정한다는 의미였는데, 이전에 그의 삼촌이 보유했던 지위였다. 877년에 사절단은 옥구슬 하나(무게는 특정되지 않음), 야크 꼬리 하나, 영양의 뿔 하나(아마도 약재였던 듯하다.)와 함께 당나라 황제에게 보내는 편지를 가지고 갔다.[80]

당나라에서는 거의 4개월 동안(그들이 도착했던 날은 12월 27일이었고, 떠났던 날은 4월 11일이었다.) 사절단을 머무르게 한 뒤 세 그룹으로 나누어(최고위 관료 3명, 하위 관료 13명, 짐꾼 13명) 각 그룹에 서로 다른 선물을 주었다. 예를 들면 최고위급 3명은 직물 15필(어떤 종류의 직물인지는 명시되지 않음)과 은그릇 하나, 금은실을 섞어 짠 비단옷 한 벌을 받았다. 2등급과 3등급 사람들은 등급에 따라 더 적은 선물을 받았다. 2등급 13명은 직물 10필(15필이 아니라)과 은잔(은그릇이 아니라) 하나와 옷 한 벌, 3등급 13명은 직물 8필과 옷 한 벌을 받았고 은은 받지 못했다. 정부의 다른 부서에 주어지는 선물까지 다 합하면 사절단이 받은 선물은 모두 합쳐서 직물 561필, 은그릇 5개, 은잔 14개, 옷 15벌이었다. 이에 더하여 사절단 구성원 각자에게는 여행 비용으로(문자 그대로 하자면 "낙타와 말 비용") 직물 43필이 주어졌는데 도합 1,247필이었다. 사절단에 지급된 직물의 수량은 선물로 주어진 것에 비해 여비로 주어진 것이 2배나 많았다. 그들은 모든 선물을 한 데 모아 목록을 작성하고 모든 것을 가죽 상자에 넣은 뒤 나무로 표찰을 달고 봉인을 하였다. 선물 상자는 돈황에 도착한 뒤에야

열 수 있었다. 878년 사절단은 깃발 없이 되돌아 갔다. 당나라 왕실에서는 888년이 되어서야 요청한 칭호를 부여하였다.[81]

당나라 황제는 요청한 깃발을 주지는 않았지만 사절단의 체재 비용과 사절단 구성원들에게 지급되는 선물 비용을 모두 부담하였다. 실크로드 역사 전체를 통틀어(현천懸泉 고문서에 기록된 소그드인 사절단까지 거슬러 올라가서) 조공 사절단 구성원들은 임무로 맡은 공식 선물을 제출하는 이외에도 다른 한 편으로 사적인 무역에도 참여하였다. 개별 구성원이 어떤 물품을 거래해서 얼마나 이익을 남겼는지 알 수 없지만(이러한 거래는 기록으로 남기지 않았다.) 각자에게 주어진 비단의 수량이 주요 선물이었다.

조씨 가문이 돈황을 통치할 때 돈황을 방문한 사절단이 많았다. 그들에게 지급된 술과 음식을 상세히 적어둔 장부를 통해 이를 알 수 있다.[82] 아마도 964년부터 적어둔 어떤 장부에는 불과 7개월 동안 50개의 서로 다른 사절단이 소비한 술이 기록되어 있다. 송나라에서 하나, 티베트에서 열넷, 호탄에서 열하나, 투르판의 위구르 카간국에서 하나, 의주(宜州)의 위구르 카간국에서 일곱, 감주 위구르 카간국에서 열일곱 차례 사절단이 왔다.[83] 대부분의 방문객들은 불과 며칠씩 머무르고 떠났지만 어떤 사절단은 203일간이나 머물러 있었다. 이는 틀림없이 주최측에 부담이 되었을 것이다. 주최측에서는 아침과 저녁 식사를 위한 밀가루와, 점심에는 둥글고 편평한 케이크를 지급했다.

장부에서 알 수 있듯이 돈황의 관리들은 이 시기 상하를 막론하고 모든 계층의 손님들을 맞이했다. 손님 중에는 호탄의 왕세자, 사신, 승려, 노동자, 필사자, 장인이 있었다. "중국인과 다르게 걷는 자"도 한 명 있었는데, 이는 정해진 경로를 이동하는 어떤 무역상의 유형을 일컫는 용어였을 것으로 추정된다. 이와 비슷한 사례로 목록에는 "페르시아인 승려"와 "브라만"도 언급되었다. 이들은 둘 다 개별적으로 여행하는 사람이었음이 분명하다.[84] 장부에 사람들이 상세하게 등록되어 있기 때문에 우리는 개별적으로 특이한 경우를 알 수 있지만, 돈황을 방문했거나 돈황을 떠나 여행을 했던 많은 사람들은 역사 기록에 아무런 흔적을 남기지 않았다.

다른 무리들, 피란민들이나 강도들도 역시 여행을 했다. 도둑들은 아마도 기록을 가장 적게 남긴 그룹일 것이다. 현장 법사는 순례 도중 강도를 만나 옷을 포함한 모든 것을 빼앗겼다. 여행자들은 흔히 범죄를 예상했고, 강도에게 당하지 않기 위해 무리를 지어 이동했다.

사절단 구성원들은 조공 임무를 맡게 되면 수익이 확실시되었기 때문에 여행 비용을 마련하기 위해서 낙타를 빌릴 돈을 꾸기도 했다. 제17굴에는 그러한 차용증 5건이 보존되어 있었다.[85] 차용증에는 임차인이 낙타를 돌려주지 못할 것으로 예상되는 다양한 이유가 적혀 있다. 여행을 하는 도중에 동물이 병이 들거나 죽거나, 잃어버리거나 혹은 도둑을 맞거나, 임차인 자신이 훔쳐갈 수도 있었다.[86] 모든 차용증은 같은 형식을 따랐다. 낙타를 빌려가는 사람이 조공 사절에 포함되었다는 설명이 있고, 임차인이 돌아와서 지불해야 할 낙타 임대료(언제나 직물 단위로 기록되어 있다.), 임차인이 낙타를 돌려주지 않았을 경우의 벌칙 조항이 있었다. 대출은 당나라에서 사용되던 표준 직물로 이루어졌다. 이들 계약서에는 대출해간 비단의 폭과 길이가 명시되어 있다. 이는 9세기와 10세기의 돈황 경제가 당나라의 최전성기인 755년 이전과는 다르게 작동했음을 다시 한 번 보여주는 사례이다. 단순히 동전이 유통되지 않았기 때

실크로드의 강도
그림에서 어떤 산적이 거대한 칼을 들고 한 무리의 상인들을 위협하고 있다. 상인들은 그 앞에서 겁에 질려 물품을 바닥에 내려놓았고, 당나귀가 이들을 지켜보고 있다. 실크로드의 강도에 대한 희귀한 그림으로, 불교의 신격인 관음보살이 기도에 응답하여 도둑들을 쫓아버리는 장면을 담았다.

문에 그렇게 보는 것이 아니다. 실크로드 경제가 현물 경제로 바뀌게 되자 표준화된 크기의 비단도 사용 빈도가 떨어졌다.

일부 사람들, 예컨대 사신이나 승려들이 돈황 시가지를 벗어나 여행을 하기는 했지만 훨씬 더 많은 사람들은 지역 내 경제에 묶여 있었다. 돈황 거주자의 대부분은 상호 부조 사회에 결합되어 있었다. 그들이 직접 서명한 규약은 이와 관련하여 많은 시사점을 가지고 있다. 지역민 소그룹은 통상 15명에서 20명으로 구성되는데, 이들은 공동체를 이루어 자원을 공유했다. 어떤 그룹은 폭넓은 사회 활동을 펼쳤다. 한 달에 한 번 모임을 가졌고, 각 구성원이 모임에 가져와야 할 소소한 물품들(곡식이나 술의 양)을 기록한 규약을 만들어 두었다. 다른 어떤 그룹은 구성원들이 예상치 못한 지출이 생겼을 때 도와주기로 했다. 구성원 중의 한 사람이 결혼이나 친척 장례로 비용을 지출해야 한다면 그는 그 달에 공동체에서 모아둔 비용을 쓸 수 있었다. 그룹은 수입이 비슷한 사람들끼리 만들었는데 그래야 비슷한 정도로 기부를 할 수 있었기 때문이다.[87] 돈황에서 가장 부유한 사람도 신규 석굴 조성을 후원하는 평신도 협의체에 참여했다.[88]

사찰은 지역 사회에서 가장 부유한 기관이었다. 그들은 필요를 감당하고 남은 넉넉한 곡식을 가지고 있어서 가난한 사람에게 빌려줄 수도 있었다. 그러한 계약서도 많이 남아 있다. 지역민들은 봄에 파종할 씨앗이 부족하면 곡식을 빌렸다. 그들의 생존은 대출에 관건이 있었다. 가난한 사람들은 벼랑 끝에서 살았다. 부모는 어쩔 수 없이 아이를 팔거나 입양을 보내야만 했다.[89]

사찰에는 이러한 대출 관리 장부가 있었고, 사찰의 재산에 대한 상세한 목록도 관리하고 있었다.[90] 이러한 목록 문서를 통해 지역 사회에서 가장 부유한 기관의 재산 규모를 알 수 있다. 부자들은 복을 빌기 위해 자주 사찰에 시주를 했기 때문에 불교 사찰에는(유럽의 사원이 그러했던 것처럼) 귀중품이 많이 소장되어 있었다. 그러나 아직은 고고학자들이 사찰의 보물을 발굴하지 못했기 때문에 우리가 참조할 수 있는 자료는 오직 사찰 재산 목록 문서뿐이다. 많은 물품들이 이름 앞에 번(番)자가 적혀 있는데, "외국의"라는 뜻이다. 어떤 학자들은 이런 물품들은 외국에서 만들어진 것이 틀림없다고 결론지었다. 그러나 꼭 그렇지만은 않다. 프렌치 후라이가 프랑스에서 만들어진 것은 아니다. 단지 느낌이 프랑스 같다는 말이다.91 마찬가지로 사찰 재산 목록에 기재된 물품의 경우 실물을 보지 않는 한 그것이 정말로 외국에서 만들어진 것인지 스타일이 외국 스타일인지는 알 수 없다.

사원 재산 목록에 기재된 물품들은 네 가지 범주로 나뉜다. 직물, 금속물, 향료, 보석이 그것이다. 직물 중 일부는 분명히 현지에서 생산된 것이고,(예를 들면 호탄 펠트) "이란 브로케이드"나 "메르브 비단" 같은 경우는 수입품인 것 같다. 그러나 이러한 직물들도 반드시 중국 바깥 지역에서 생산된 것이 아니라 단지 모조품일 가능성도 있다. 목록에 등장하는 금속물 37점도 마찬가지다. "사자가 새겨진 은제 향로"는 흔쾌히 이란 제품으로 받아들일 수 있다. 그러나 "이란 스타일 자물쇠"는 원거리 무역을 통해 운송되기에는 너무 무겁고 너무 실용적인 물건이다. 이러한 자물쇠는 아마도 지역 대장간에서 만들어졌을 것이다. 호분(胡粉)은 영어로 흔히 "Iranian powder"라고 번역되는데, 향료 목록에 자주 등장한다. 이는 백연(白鉛, 염기성 탄산납)을 일컫는 용어인데, 소그드인의 옛날 편지에도 나온다. 형용사 호(胡)는 돈황 문서에서 "이란" 혹은 "이란 스타일"을 일컫는 경우가 많다. 그러나 "호분"에서 "호"는 반죽을 뜻한다. 왜냐하면 피부에 바르기 전에 백연을 물과 섞어야 하기 때문이다.92

사찰 재산 목록에서 분명하게 외국산 부류가 하나 있다. 바로 보석이다. 청금석(아프가니스탄 북서쪽의 바닥샨), 마노(인도), 호박(북동부 유럽), 산호(해외, 티베트 경유로 추정), 진주(대개는 스리랑카산) 등이다. 당나라의 이야기에 등장하는 이방인 상인들은 언제나 보석을 가지고 흥정을 한다. 상인이 개인적으로 몸에 지니는 가방에 넣어서 먼 거리를 운반할 수 있을 만큼 충분히 가벼운 상품은 보석밖에 없다. 돈황에서 발견된 다른 유물들을 보면 대부분의 상품이 지역 내에서 만들어져 유통되었을 것이라는 짐작이 옳았음을 확인할 수 있다. 이러한 상품에는 다양한 종류의 비단, 면, 모피, 차, 도자기, 약재, 향료, 호탄의 옥, 동물 등이 포함되어 있었다.

돈황에서 누가 이런 상품들을 구입했을까? 많은 외교 사절들이 오고 가면서 한편으로 무역을 했다. 그들은 무역 중개상과 거의 같았다. 돈황은 주변 도시로부터 오는 외교 사절단의 중심지였고, 사절단들은 종종 상품을 가져왔다. 예를 들면 투르판의 직물이나 호탄의 옥과 같은 상품이었다. 그들은 임무를 수행하러 오가는 도중에 상품을 사고 팔았다.[93] 사절단의 이동에 대해서는 제17굴 자료에 잘 나와 있다. 하지만 상인에 대해서는 거의 언급이 없다. 흥미롭게도 그러한 무역을 수행했던 사람들은 주로 중국인이 아니라 특히 소그드인과 투르크 계열 위구르인, 즉 두 언어의 요소가 뒤섞여 있는 "투르코-소그드인"이 많았다. 이들이 카라반의 왕래에 상당한 영향을 미쳤다.

1000년을 전후하여 소그드어는 점점 소멸했다. 소그드어 문어(文語)는 더 이상 사용되지 않았고, 이전에 소그드어를 사용하던 사람들은 대다수가(전부는 아니지만) 투르크어를 사용하게 되었다. 제17굴의 고문서 중 적은 양의 한 부류는 이러한 언어적 변화가 일어나던 순간을 포착해 냈다. 그 언어는 투르코-소그드어인데, 기본적으로는 소그드어지만 투르크어 차용어 측면에서 위구르어의 영향을 강하게 받았다. 이들 자료가 더욱 중요한 이유는, 이전의 소그드어에는 투르크 어투가 발견되지 않기 때문이다.[94] 이들 자료에는 하위계층 상인들이 작성한 회계 장부가 포함되어 있다. 그들은 생산자로부터 구입한 여러 상품을 고용주에게 보고하기 위해 이 장부를 작성했다. 장부를 쓴 사람은 아마도 네스토리우스파 기독교 소속이었던 것 같은데, 이 마을에서 저 마을로 돌아다니며 일반 가정에서 직접 짠 직물을 사들였다. 장부에는 그가 얼마나 멀리 여행했는지도 기록되어 있다. 그는 상락(常樂)까지 100킬로미터를 이동했다. 상락은 돈황 북동쪽 50킬로미터 거리에 위치하는 마을로, 돈황과 마찬가지로 감숙성에 속하는 지역이다. 이 장부는 제17굴에서 발견된 문서로 동전 부족에 관하여 중국어와 티베트어로 기록된 내용과 일치한다.

어느 편지에는 시작 부분에 행상이 운송하는 옷감의 수량이 얼마나 되는지가 나온다. 라그지(raghzi) "흰색" 100장과 "붉은색" 19장으로, 겨울용 따뜻한 옷을 만드는 데 사용되는 천이었다.[95] (raghzi는 소그드어로 모직이나 모피로 만든 천을 가리킨다.) 붉은색으로 염색된 옷감은 염색이 되지 않은 것보다 더 비쌌다. 통상 염색 옷감 두 장은 염색 안 된 옷감 세 장과 거래되었고, 염색된 옷감 네 장은 양 한 마리와 맞먹었다. 그 다음 거래에서 상인은 염색된 옷감 네 장, 염색 안 된 옷감 21장을 구입했다. 그는 각 거래를 꼼꼼하게 기록했는데, 모두가 소규모 거래였다. 이것이 옛날 행상의 여정이었다. 제한된 지역 내를 돌며 지역에서 생산된 물품을 취급하고 대개는 한 상품을 다른 상품과 교환하는 방식이었다.

이 편지는 9세기 후반에 작성되었는데, 편지를 쓴 사람은 소그드어와 위구르어를 모두 잘 쓰는 사람이었다. 11세기 중반 사전을 집필했던 마흐무드 알-카슈가리(Mahmud al-kashghari)는 현재 카자흐스탄 지역에 있던 세미레체(Semirech'e, Zhetysu)의 소그드인 거주자를 설명할 때 소그드어와 위구르어에 모두 능하다고 했다. 그러나 200년 사이에 소그드어

는 소멸되고 만다.[96]

위구르어로 작성된 다른 고문서들은 투르코-소그드어 문서에 나타난 행상 무역에 대한 설명을 더해준다. 위구르어는 위구르 카간국의 언어였다. 제17굴에서 위구르어로 된 고문서는 별로 없어서 약 40건 정도가 전부이다.[97] 여기에는 종교적인 텍스트, 상인의 목록, 편지, 판결 등이 포함되어 있는데, 지역에서 생산된 다양한 토산품들이 언급되어 있다. 직물(비단, 모직, 면직 포함), 노예, 양, 염료, 낙타, 칠기 잔, 빗, 냄비, 강철 소형 칼, 곡괭이, 손수건, 자수, 유장(乳漿), 말린 과일 등이다. 은그릇이나 은제 화살통 같은 몇몇 상품은 외국산일 수도 있고, 사향과 진주는 명백하게 외국산이다.(어떤 편지에는 진주 117개가 나온다. 이 경우가 단일 품목으로는 최고가이다.)[98] 이러한 물품 기록으로 보아 편지를 쓴 저자가 포괄하는 지역 범위는 동쪽으로는 소주(肅州, 현재 감숙성 주천酒泉)까지, 북쪽으로 하미(신강)까지, 오르혼 강 상류로는 외튀켄(Ötükän)까지, 서쪽으로는 미란(티베트 국경 근처)까지, 남서쪽으로는 호탄까지였다. 위구르 자료들이 포괄하는 상업적 지역 범위는 투르코-소그드어 자료가 포괄하는 범위와 정확하게 일치했다. 지역 내 행상들은 제한된 지역을 돌면서 지역 내 생산품 중에서 어떤 것을 다른 것과 교환하였다.

이러한 투르코-소그드어 자료와 위구르어 자료들이 번성했던 실크로드 무역의 근거라고 보는 학자들도 있다.[99] 거래에 대한 단순한 언급만으로도 그들의 예상이 확인되었기 때문일 것이다. 고문서에 언급된 거래가 대체로 토산품에 한정되고 규모 또한 소규모일지라도 대규모 실크로드 무역이라는 선입관을 가지고 있는 사람이 보기에는 충분한 근거가 되는 것이다. 그러나 이 책에서 검토한 고문서는 모두 소규모,

지역 내부 거래를 가리킬 뿐이다. 정부에서 북서부 지역에 주둔했던 군대에 지급했던 막대한 수량의 물품 목록을 제외하면 대규모 원거리 무역은 등장하지 않는다.

오렐 스타인은 돈황에 처음 도착했던 1907년 3월 23일 아프가니스탄의 카불 출신 세르 알리 칸(Sher Ali Khan)이라는 이름의 상인을 만났다. 그의 낙타 40마리의 카라반을 이끌고 아프가니스탄에서 호탄까지, 그리고 다시 감숙성 중앙 지역까지 여행했다. 되돌아 갈 때도 그는 실크로드 남로를 이용했다. 그의 사업 방식은 단순했다. 그는 카슈미르와 야르칸드에서 영국산 직물을 가져와 중국에 넘기고, 중국에서 비단과 차를 사서 카불로 돌아와 팔았다. 세르 알리 칸은 스타인의 편지를 카슈가르에 전해주겠다고 했고, 스타인은 친구들에게 편지를 보낼 수 있는 기회를 놓치지 않으려 즉시 초안을 써서 새벽 3시에 편지를 완성했다. 그리고 나서 스타인은 돈황의 감시탑을 조사하기 위해 출발했고, 거기서 소그드인의 편지를 발견했다. 어느날 저녁 스타인이 캠프로 돌아왔을 때, 스타인은 얼핏 세르 알리 칸의 카라반을 목격하였다. 카라반은 "11일 동안 8마일도 채 못 갔다." 알고 보니 카라반에서 경험이 없는 가이드를 고용했다가 길을 잃어버리는 바람에 늦어졌던 것이다. 값비싼 망아지 두 마리가 사라져서 이를 찾느라고 더욱 늦어졌다. 스타인은 다시 한 번 세르 알리 칸과 작별 인사를 했다. 놀랍게도 스타인의 편지는 정말로 영국에 도착했다. 스타인의 친구들이 편지를 받은 때는 9월 말이었다. 편지를 쓴 뒤 6개월이 지난 때였다.[100]

20세기 초에 세르 알리 칸의 카라반은 대부분 지역 토산품을 가지고 다녔다. 영국산 직물 상품은 예외였는데, 카슈미르와 야르칸드에서 새롭게 구할 수 있는 물건이었다. 그의 카라반은 특이하게 많은 지역을 돌아다녔지만, 스타인과 헤딘이 마주친 다른 무역상들은 보다 가까운 거리를 이동했다. 제17굴의 고문서에 나타난 1000년 전 카라반의 여정은 그 때와 기본적으로 다를 바가 없었다.

9세기와 10세기 돈황 경제에서는 토산품이 소량으로 유통되었다. 원거리 교통 수단은 제한적이었고, 외국산 상품은 매우 드물었다. 무역은 지역민들에게 그리 중요하지도 않았다. 그들은 계속해서 현물경제로 살아갔다. 나라에서 비용을 대는 외교 사절단이 상품의 이동에 핵심적인 역할을 했다. 사신과 승려들은 어느 한 장소에서 다른 장소로 이동할 수밖에 없는 사람들이었다. 실크로드 무역의 이러한 모습은 다른 유적지에서 발굴된 자료들과도 일치한다. 돈황 고문서를 가지고 왜 로마나 다른 먼 지역과의 무역이 등장하지 않는지를 설명하기보다는 실크로드 무역의 구체적인 모습이 어땠는지를 이해하고자 해야 할 것이다.

CHAPTER 7

호탄

― 불교와 이슬람의 관문 ―

●

호탄에서는 인근의 카슈가르와 마찬가지로 일요시장이 유명하다. 여기서 관광객들은 토산품이나 난(빵), 꼬치에 꿰어 구운 양고기 구이를 살 수 있다. 당나귀 가격을 두고 매섭게 흥정하는 농부들을 보면 관광객들은 호탄이 언제나 이런 식이었다고 생각하기 쉬울 것이다. 그러나 그것은 착각이다. 주로 비-중국인 인구가 많은 것을 본 사람들도 그 비슷한 생각을 가질 것이다. 이들이 예전 실크로드 정착민들의 직접 후손인 것은 틀림없다. 하지만 실제로는 중요한 역사적 단절이 실크로드의 과거와 오늘날의 호탄을 갈라놓았다. 1006년 이슬람이 불교 왕국을 정복한 뒤 이 지역에는 드라마틱한 재편이 이루어졌다. 호탄 주민들이 마침내 이슬람으로 개종하게 된 것이다. 주변 오아시스 도시에서도 마찬가지였다. 이로 인해 오늘날 이 지역의 주요 종교는 이슬람이 되었다.[1] 호탄 주민들은 점차적으로 호탄어도 포기했다. 다음 쪽에 보이는 도판이 바로 호탄어이다. 오늘날 도시 안에서 흔히 들리는 언어는 위구르어이다.

이슬람 이전의 호탄에 대한 유물은 거의 모두 도시 바깥에서 발견되었다. 오아시스 지역에는 두 개의 큰 강이 흘러들기 때문에 상대적으로 물이 풍부한 환경이다. 게다가 거대한 관개 시설과 가끔씩 발생하는 홍수로 인해 종이와 목재 유물이 보존될 수 없는 습한 환경이 만들어졌다. 그래서 고문서나 유물은 인접한, 그러나 훨씬 건조한 사막 지역에 남아 있게 되었다. 주요 유적지는 9곳이다. 샨풀라, 니아, 라왁, 엔데레, 멜리카와트, 요트칸, 단단윌릭, 도모코, 그리고 돈황이다. 가장 시기가 올라

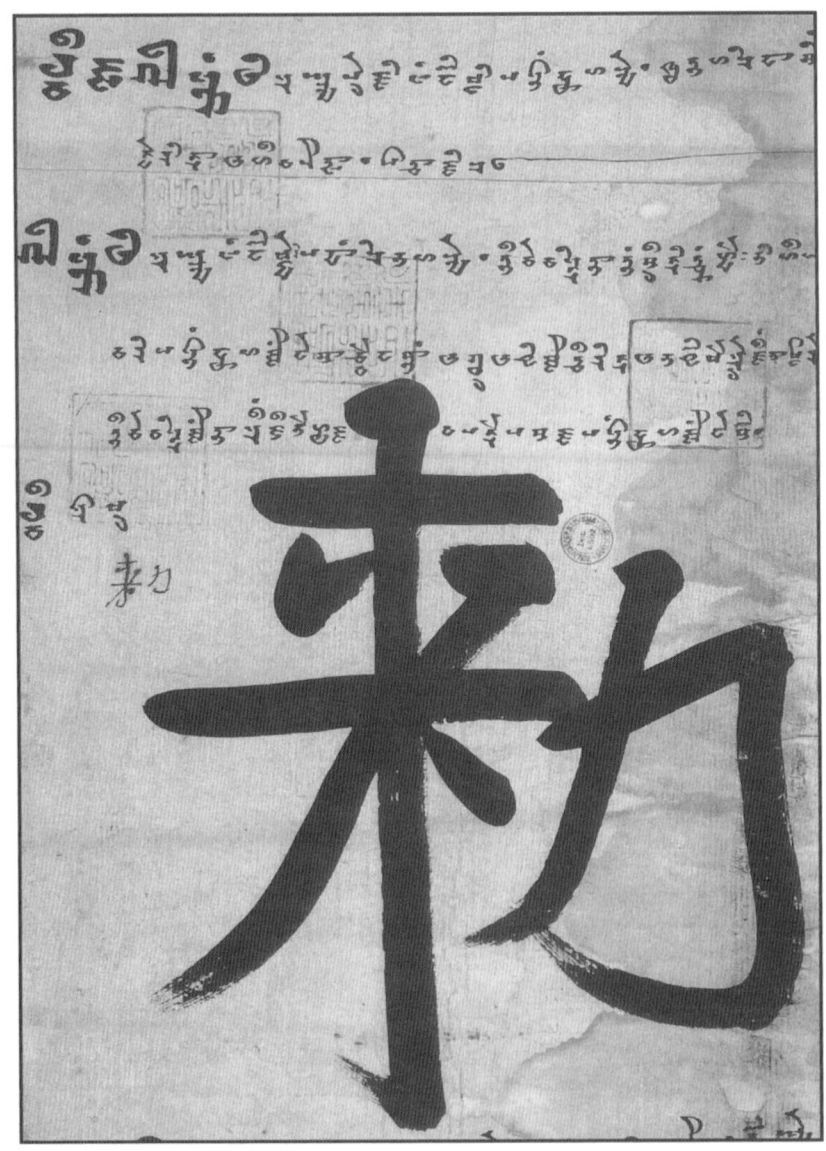

호탄어로 작성된 왕명 문서
970년 호탄의 왕이 삼촌인 돈황 통치자에게 보낸 칙서. 한문 칙(勅)자는 중국의 영향이 호탄의 왕실에 얼마나 큰 영향을 미쳤는지 잘 보여준다. 돈황 장경동에 보관되어 있었던 이 문서는 호탄 외부 지역이 아니라 호탄 안에서 작성된 10세기 호탄어 고문서로 드문 사례에 속한다.

가는 유물은 기원전 3세기로 편년되는데, 산풀라에서 출토되었고, 가장 시기가 늦은 유물은 이슬람 정복 직전의 것으로, 돈황 장경동에서 발견되었다. 이들 지역 중 일부는 호탄 도시 범위 내에 있지만 반대로 돈황 같은 경우는 동쪽으로 1,325킬로미터나 떨어져 있다. 이처럼 여러 유적지에서 발굴된 유물들을 가지고 호탄의 주요 역사를 재구성해낼 수 있었다.

호탄은 신강 남서쪽에서 가장 큰 정착지였고, 그래서 인접 지역에서 서역으로 종교가 전파될 때는 이상적인 출입구가 되었다. 최초의 불교 신자들은 인도에서 왔는데, 기원후 200년 즈음이었다. 그 후 800년 동안 불교는 동쪽으로 계속 전파되었고, 중원 지역에서 가장 중요한 종교가 되었다. 그 사이에 호탄은 불교 텍스트 연구와 번역에 있어서 주요 중심지로 기능했다.

644년 중국의 순례승 현장 법사가 호탄을 거쳐갔을 때, 호탄 사람들은 왕국의 설립 이야기를 들려주었다. 불교 신자였던 아쇼카 대왕(재위 기원전 268-기원전 232)의 아들이 인도의 마우리아 왕조에서 축출된 뒤 파미르 고원을 거쳐 호탄으로 와서 양치기가 되었다. 그는 가축 무리를 이끌고 메마른 사막을 거쳐 초원을 찾아 나섰다. 아이가 없었던 그는 불교 북방천왕의 사찰에 들러 기도를 올렸다. 그러자 어떤 남자 아이가 신상의 얼굴에서 나타났고 동시에 사찰 앞의 땅에서 액체가 흘러나왔다. 맛을 보니 "달콤하고 향기로운 것이 아이를 먹일 젖"이었다.[2] 나중에 이 이야기는 주인공이 바뀌어 왕자의 신하가 호탄으로 왔다고 하고 땅의 흙먼지 속에서 가슴이 솟아나왔다고도 하지만, 어쨌든 인도에서 이주해온 이민자들이 정착지를 건설했다는 줄거리는 동일하다.

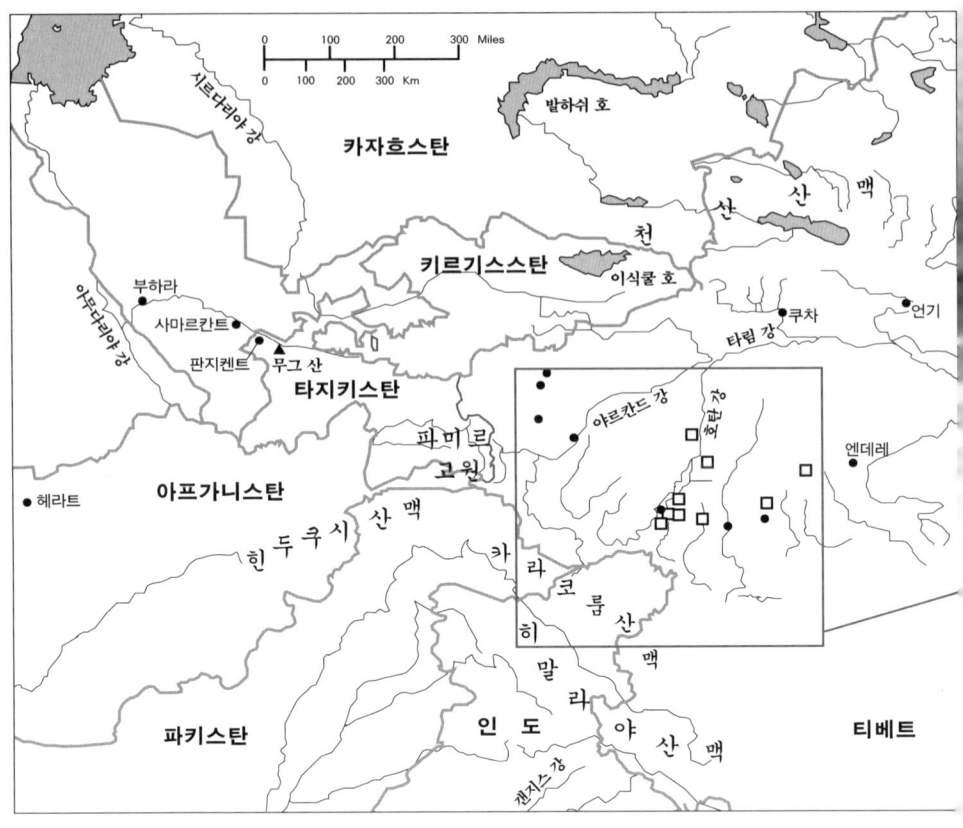

　　왕국 수립에 관한 이러한 옛날 이야기들은 고고학적 발굴 성과와 일치하지는 않는다. 고고학적 발굴에 의하면 이 지역의 최초 거주자는 유라시아 스텝 지역 유목민이었다. 샨풀라(위구르어로는 Sampul) 고분은 호탄에서 동쪽으로 30킬로미터 지점에 있는데, 그곳에서 기원전 3세기에서 기원후 4세기 사이의 유물들이 발굴되었다.[3] 전설에 의하면 왕국은 기원전 3세기에 수립되었다고 한다. 그곳 고대 매장 지역은 방문할 만한 가치가 있는 곳이다. 해골, 목재 도구들, 밝고 붉은 색을 띤 모직 천

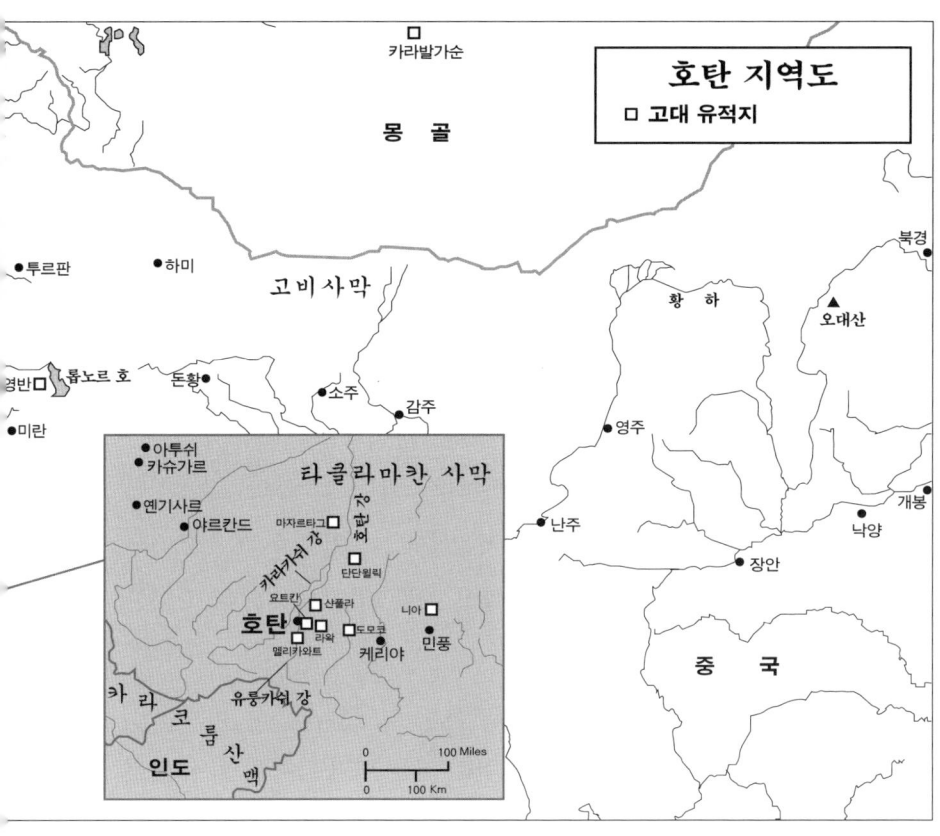

조각 등 약 2,000년이나 된 유물들이 들판에 삐쭉삐쭉 널려 있다. 고대의 무덤은 근대의 무슬림 매장지 근처에 있다. 매장지 관리자가 고고 발굴 담당 관리들과 힘을 합쳐 이미 심각하게 파손된 유적지를 더 이상 훼손되지 않도록 관리하고 있다.

20세기 초 도굴꾼들이 오렐 스타인에게 샨풀라에서 출토된 종이 조각과 조그만 목재 유물을 팔았다. 그러나 스타인이 직접 유적지를 방문한 적은 없었다.[4] 1980년대까지 아무도 체계적인 발굴을 실행한 적이 없었다. 당시 큰 비가 내려 많은 고분들이 노출되었다. 1983년에서 1995년 사이 그 지역의 고고학자들은 6제곱킬로미터에 달하는 면적에서 고분 69기와 말무덤 구덩이 2곳을 발굴하였다. 스텝 지역 사람들이 흔히 그러했듯이 샨풀라의 주민들도 말을 정성껏 묻어주었다. 아름다운 문양이 직조된 말안장 담요도 함께 묻혀 있었다.

샨풀라 고분 지역에는 200명이나 되는 사람들이 한꺼번에 매장된 거대한 고분도 있다. 두 명의 여인은 두꺼운 모직 스커트를 입은 채 매장되어 있었다. 스커트에는 얼룩이 심하게 졌고 여러 차례 기운 흔적이 있는 것으로 보아 살아 생전에 입던 옷으로 보인다. 스커트를 장식하는 16센티미터 크기의 직물 띠가 부착되어 있는데, 스커트를 짠 직조기와는 다른 소형 직조기로 짠 것이다. 색깔이 바뀔 때마다 실을 끊고 다른 색 실을 이어 붙였다.

샨풀라 유적지는 서양 사람들과 교류했던 생생한 흔적을 보여준다. 화보 13번에 실린 사진은 양탄자에서 잘라 만든 어떤 남자의 바지 다리 부분이다. 이보다 더 생생한 증거는 없을 것이다.(이 유적지에서 발굴된 다른 바지에는 모두 장식이 없었다.) 도판 상단에는 켄타우로스가 있고, 하단에는 서양인의 얼굴로 보이는 군인이 서 있다. 로마에서는 켄타우로스 이미지가 흔했으므로, 이 그림이 로마에서 전파되었을 수도 있다. 어떤 모티프들, 특히 병사의 단검 손잡이 동물 머리 장식은 이란 북부에 있던 파르티아 왕국에서 전파된 것으로 보인다.[6] 파르티아 왕국은 이란보다 호탄에서 더 가깝다.

샨풀라 고분에는 또한 다른 지역에서 수입된 물품도 부장되어 있었다. 거울 4개는 중국에서 만든 것으로, 기원후 1세기 중국인들이 호탄에

치마 띠 장식, 산풀라 출토
치마 띠 장식에는 숫사슴이 그려져 있다. 뿔이 과장되게 커서 머리를 아래로 숙이고 있는데, 뿔이 세로 칸을 가득 채우고 있다. 남색 바탕에 네 다리와 꼬리는 분홍, 빨강, 파랑으로 채색되었다. 어떤 동물이(아마도 머리를 치켜들고 있는 새 같은데) 사슴의 등에 타고 있다. 거대한 뿔을 가진 사슴은 중앙아시아 인근 유목민의 유물에서 흔히 발견되는 모티프이다.

처음으로 주둔지를 운영했을 당시의 것이다. 한(漢)나라의 공식 역사서에 의하면 오아시스 호탄의 인구는 19,300명이며 가구 수는 3,300가구였다.[7] 거울은 니아에서도 발견되었는데, 지역 통치자들이 가장 좋아하는 중국의 선물이었다.

기원후 300년에 이르러 대규모 매장 풍습은 사라졌다. 이는 문화적 변화가 있었다는 중요한 지표이다. 이후로 산풀라의 무덤에서는 네모난 구덩이에 한 사람씩 묻었는데, 이는 니아나 영반의 무덤과 매우 비슷했다. 이로 보아 누군가 관련 있는 사람들이 3세기와 4세기에 호탄으로 이동해서 이전의 주민들을 대체한 것 같다.

이 시기는 니아에서 발견된 카로슈티 문서의 작성 시기와 같은 시기로서, 그 고문서에도 니아에서 250킬로미터나 떨어져 있는 호탄이 자주 언급된다. 니아의 관리들은 호탄 사람들의 침략이나 기마대의 공격에 좋지 않은 감정을 가지고 있었지만, 호탄에서 온 피란민들은 호의적으로 받아들였다.

호탄의 특징적인 동전은 한 면에는 한문이, 다른 한 면에는 카로슈티 문자가 적혀 있다. 이를 보면 호탄 사람들이 이웃과 폭넓게 교류했음을 알 수 있다. 호탄의 왕은 스스로 동전을 주조했는데, 쿠샨의 요소와 중국의 요소가 함께 들어 있는 동전이었다. 이들 동전에 새겨진 왕의 이름과 중국 사료에 나오는 왕의 이름이 일치하지 않아서 동전의 연대를 확정하기는 어렵지만 아마도 3세기 전후 어느 시기에 주조되었을 것으로 추정된다.[8]

죽은 자를 위한 치마, 산풀라 출토
산풀라에서 출토된 가장 큰 치마이다. 윗둘레는 1.88m에 달한다. 시신의 허리에 둘러져 있었다. 치마 아랫단의 둘레는 5.03m이다. 실생활에 사용하기에는 너무 거추장스러워 보인다. 아마도 망자를 위해 특별히 제작한 치마일 것이다.

2세기와 3세기에 호탄 왕국이 약해졌을 때, 파미르 고원을 넘어 인도에서 이주해 온 사람들이 니아에서 그랬던 것처럼 호탄에서도 불교를 전파했다. 중국에서 불경 번역을 주도하던 어떤 사람이 기원후 260년 주요 불경의 산스크리트어 원본을 찾아 낙양에서 호탄으로 여행을 하기도 했다. 그는 22년 동안 작업을 한 끝에 산스크리트어 경전을 낙양으로 보냈지만 그 자신은 결국 호탄에 남기로 했고, 호탄에서 죽었다.[9] 6세기 초의 불경 목록에 적혀 있는 이와 같은 이야기는 호탄의 불교에 대한 최초의 언급이다.

호탄에서 가장 중요한 불교 유적 라왁(Rawak)도 이 시기의 유적이다. 유적지는 호탄 북쪽으로 63킬로미터 지점의 사막에 있는데, 유룽카쉬(Yurungkash) 강의 동쪽이다. 오늘날 관광객들은 자동차나 버스를 이용해서 유적지 근처까지 간 뒤 걸어서(그리 덥지 않은 날이라면) 혹은 낙타를 타고 유적지까지 간다. 사막은 굉장히 뜨겁고 특히 섬세한 모래가 모든 물건에 파고든다. 그러나 거기에도 생명이 있다. 땅에는 조그만 식물들, 도마뱀, 토끼가 태어나고 머리 위로는 매와 종달새가 날아다닌다. 마침내 관광객이 관리소에 도착하면 도로를 가로막은 어설픈 쇠사슬과 고고학 유적지라는 표지판을 만나게 된다. 그리고 부분적으로 담이 둘러싸고 있는 중앙의 구조물이 보인다. 아마도 바람에 움직이는 모래 언덕이 몇 년이면 이 건물을 덮어버릴 것 같다고 생각하는 사람도 있을 것이다.

1901년 4월 오렐 스타인이 라왁에 도착했을 때, 라왁은 그에게 매우 인상적이었다. 유적지의 지도를 그리려면 엄청난 양의 모래를 치워야 한다는 사실을 깨닫고 스타인은 십여 명의 탐험대에 추가 인력을 투입

호탄 교외 라왁 사원의 벽
스타인의 탐험대원이 찍은 이 사진을 보면 라왁에는 사각형의 중심 스투파가 있었고 1m가 넘는 내부 담장이 있었다. 이 담장의 길이는 가로세가가 50m, 43m로 스투파를 둘러싸 미식축구 경기장의 절반 이하 크기를 포괄하고 있다. 이 벽으로 복도가 만들어지는데, 신도들이 스투파를 둘러 탑돌이를 할 때 복도를 따라 걸었다.

했다. 봄날의 모래폭풍 때문에 사람들의 눈과 입에는 모래가 가득했고, 이로 인해 노동은 더욱 힘겨웠다. 한 구역씩 작업을 해 나가면서 탐험대는 마침내 중앙의 스투파를 발굴해냈다. 붓다의 사리를 보관하기 위해 지은 건축물이었다. 높이는 6.86미터에 달했고, 사방에 계단을 설치하여 서로 교차되는 모양이었다.[10] 작업자들이 삽으로 모래를 퍼내자 거대하고 네모난 내부 벽면이 드러났다. 뿐만 아니라 남서쪽의 외벽도 발굴했다. 외벽은 애초에 내벽 전체를 둘러싸도록 만들어졌었다.

구조물 주위로 근사한 복도가 둘러져 있어서 신도들은 그 사이를 걸으며 양쪽으로 불상을 볼 수 있었다. 스타인은 내벽과 외벽에 걸쳐 목조 지붕이 복도 위를 덮었던 것으로 추정했는데, 이유는 단지 불상이 단단하지 못했기 때문이었다. 약 4미터에 달하는 불상이 몇몇 서 있었고, 좀 더 작은 보살상들도 있었다.

목재가 사라져서 탄소 14 테스트를 할 수 없었기 때문에 불상의 양식을 면밀히 검토함으로써 연대를 추정할 따름이었다. 라왁의 불상들이 간다라와 인도의 마투라 초기 불상과 양식 면에서 유사하기 때문에 라

라왁 사원의 연약한 석고상
스타인은 모래를 말끔히 치운 뒤 석고상을 면밀히 검토했다. 그 결과 애초에 석고상 안에 나무로 만든 뼈대가 있었을 것으로 결론을 내렸다. 내부 뼈대가 흩어지는 바람에 석고상이 너무 연약해져 옮길 수가 없었다. 스타인은 석고상의 사진을 찍은 후 밧줄로 머리 부분을 묶으라고 지시했다. 그래도 약한 부분은 부서지고 말았다.

와 유적의 최초 조성은 3세기에서 4세기 즈음에 시작된 것으로 추정된다. 제2단계 조성은 4세기말에서 5세기 초에 이루어졌는데, 미란 유적지와 대체로 같은 시기였다.[11]

라왁의 스투파는 실크로드 남로에 있는 어느 스투파보다도 (중국-일본 공동 탐사단이 발굴한 니아의 사각 스투파를 포함해서) 규모가 웅장하고 아름답다. 스투파의 규모는 부유했던 오아시스를 증언하고 있다. 중국의 승려 법현 스님이 410년 인도로 가는 길에 호탄을 거쳐 갔을 때, 그 또한 오아시스의 번영과 주민들의 대단한 불교 후원에 주목했었다. 법현 스님의 말에 따르면 주민들은 집집마다 문 앞에 조그만 스투파를 모셔두었다고 한다.

호탄에는 14곳의 대규모 사찰이 있었고, 소규모 사찰도 여럿 있었다. 법현 일행은 대규모 사찰에 머물렀다. 매년 사찰에서는 네 바퀴 수레에 불상을 싣고 씻기는 관불의례를 후원했다. 7미터 높이에 보석과 깃발로 장식한 건물 안에 불상과 두 협시보살을 모셨는데, 불상은 금과 은으로 만들어졌다. 법현 스님은 오아시스 서쪽에 새로 건립된 사찰에 대한 이야기도 전해준다. 그 사찰은 지은지 8년밖에 안 되었다. 큰 강당이 있었고, 승려들이 거주하는 건물이 있었으며, 스투파는 높이가 60미터에 달했다.[12]

법현 스님은 때로는 불교 신도들의 숫자나 그들의 신앙심을 과장하기도 했다. 그러나 기본적인 사실 자체를 왜곡하지는 않았다. 호탄의 사찰은 꽤 부유했다. 호탄의 승려들은 니아의 승려들과 전혀 다르게 살았다. 니아에서 승려들은 가족과 함께 살면서 의례가 있을 때만 사찰에 와서 참여했다. 그러나 호탄의 승려들은 왕과 부자들의 후원에 힘입어 다른 직업을 가지지 않고도 공부와 의례 집전에 전념할 수 있었다.

이후 시대 호탄 왕들의 열광적인 지지에 힘입어 호탄은 계속해서 불교 교육의 중심지로 남아 있었다. 630년에 호탄을 방문했던 불교 승려 현장 법사는 지역 토산품 목록을 적어두었다. 러그, 질 좋은 펠트, 직물, 옥 등이었다. 호탄은 원래 옥(玉, 영어로는 nephrite)으로 유명했다. 오아시스 주변의 강바닥에서 옥을 캐낼 수 있는 거대한 지층이 발견되었기 때문이다. 호탄에 흐르는 큰 강 두 개의 이름은 유룽카쉬(Yurungkash, 위구르어로 백옥을 뜻함)와 카라카쉬(Karakash, 흑옥을 뜻함)이다. 이 두 강은 도시 북쪽에서 서로 합쳐져서 호탄 강이 된다. 서로 다른 두 개의 강에서 발견된 옥은 서로 다른 색깔을 지녔다. 중원 지역의 안양(安陽)이라는 도시에서 기원전 1200년으로 편년되는 왕실 무덤이 발굴되었는데 밝은 색 호탄 옥으로 만든 유물들이 들어 있었다.

1900년 오렐 스타인이 호탄을 처음 방문했을 때 호탄 주민들은 여전히 강바닥에서 옥을 캐내고 있었다. 그들은 옥뿐만 아니라 금이나 골동품도 찾아다녔다. 스타인이 글에서도 썼듯이 릴리(wryly), 즉 "보물 찾는 사람들이란 폐허가 된 주거지를 뒤져 금속성 보물을 찾는 사람들이었다. 이는 오아시스 호탄 전역에서 역사가 유구한 직업이었다. 미천하거나 끊임없이 반복되는 노동을 벗어나고자 하는 사람들에게 사금 채취나 옥을 캐는 일은 복권 당첨과 같은 일이었다."[13] 스타인이 발굴과 탐험에서 전적으로 의존했던 사람들은 바로 이런 사람들이었다.

스타인은 호탄 현지에서 요트칸(Yotkan) 지표면에서 발견된 유물들을 사들였다. 요트칸은 고대의 수도였으나 멸망한 뒤 어떠한 유적도 남은 것이 없었다. 스타인이 그곳을 발굴하지는 않았다. 유적지가 너무 혼란스러웠기 때문이다. 오늘날 그곳을 방문해 보면 광대한 지역에 드문 드문 무너진 벽이나 건물의 흔적이 겨우 보일 따름이다. 스타인은 곳곳에서 진흙으로 만든 조그만 원숭이 인형을 발견했다.[14]

오늘날에도 요트칸을 방문할 수는 있다. 그러나 멜리카와트(Melika-wat)에 가 보는 것이 훨씬 흥미롭다. 요트칸에서 35킬로미터 떨어진 유룽카쉬 강 가에 있는 유적지다. 그곳에는 황무지 위에 여러 개의 모래 더미가 놓여 있다. 모래 더미에 묻혀 있는 약 10제곱킬로미터에 달하는 고대 도시가 황량하면서도 아련한 흥취를 자아낸다. 당나귀 마차를 한 대 빌려서 모래 언덕을 돌아다녀도 좋고 걸어서 다녀도 좋다. 그곳의 아이들이 도시의 잔해에서 여러 가지 물건들을 찾아내 팔러 다닌다. 관광객들은 아이들이 들고 있는 좌판에서 명백한 모조품을 뒤지면서 혹시 모를 진품을 찾아보기도 한다.

1901년 오렐 스타인은 니아를 떠나 서쪽으로 8일을 가서 엔데레(Endere)에 도착했다. 엔데레는 현재 약강(若羌)이며, 호탄 동쪽 350킬로미터 지점에 위치한 오아시스이다. 스타인은 그곳에서 목판 고문서를 찾아냈다. 그것은 호탄 원주민의 언어에 관한 한 가장 시기가 올라가는 자료이다. 목판은 불교 스투파 근처의 어느 건물 유지 표면에 널려 있었다. 니아 고문서와 마찬가지로 이 목판에도 카로슈티 문자가 적혀 있었다. 그러나 필체나 철자법이 니아의 고문서와 정확히 일치하지는 않았다. 그럼에도 불구하고 니아 고문서와 비슷한 점이 많기 때문에 학자들은 이 목판의 편년을 기원후 3세기 혹은 4세기로 잡는다.[15]

호탄의 언어를 연구하는 데 있어서 이 고문서는 워낙 중요하기 때문에 전체 텍스트를 검토해 보기로 한다.

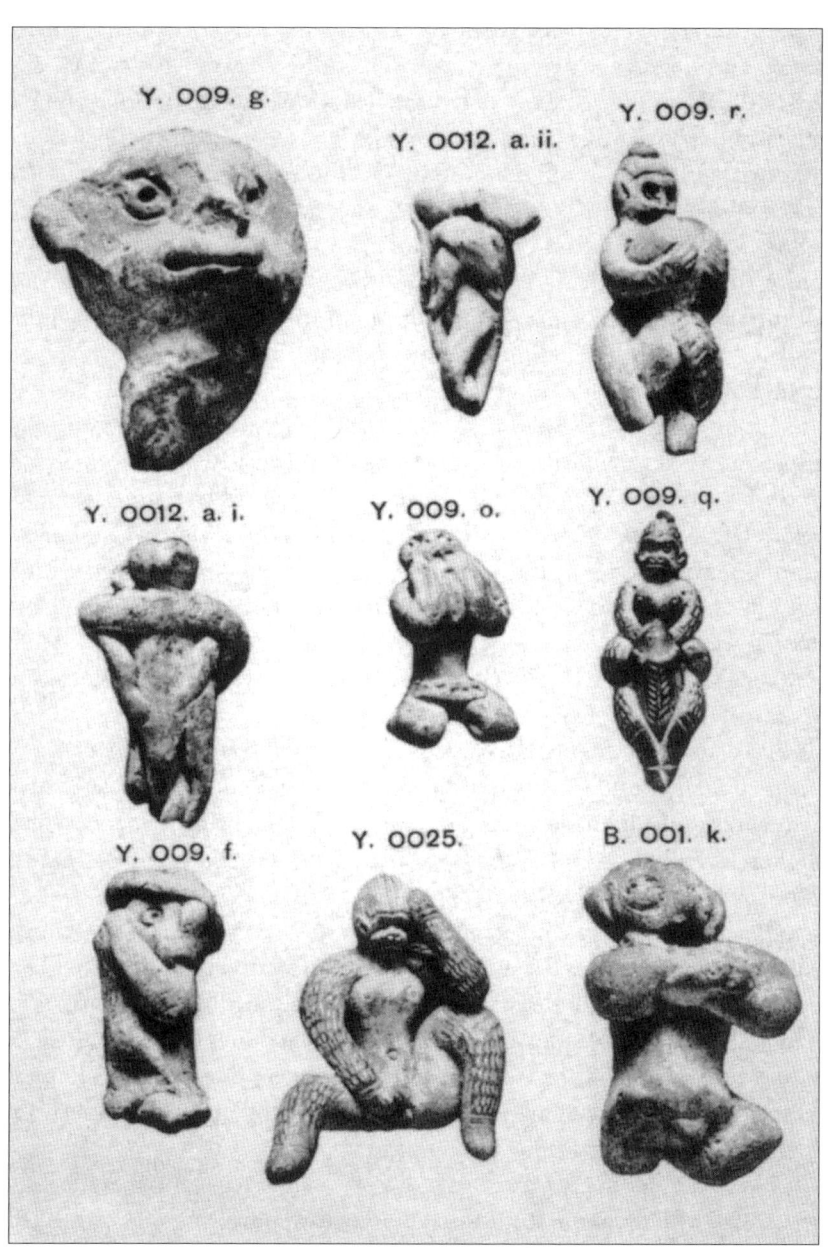

진흙으로 만든 원숭이 인형, 요트칸 출토
언제나 그랬듯이 스타인은 요트칸에서 발견된 진흙 원숭이 인형을 상자에 줄맞춰 넣고 번호를 매겼다. 성적인 표현을 분명하게 나타내는 자세로 볼 때 이들은 풍요를 위한 부적으로 기능했을 것으로 추정된다.

3번째 해 10번째 달 18번째 날에, 현재 호탄을 다스리는 왕은 왕중의 왕이신 히나자 데바 비지타심하(Hinaza Deva Vijitasimha)이시다. 왕께서 이렇게 말씀하셨다. 나에게 속하는 낙타가 한 마리 있다. 그 낙타에는 뚜렷한 징표가 있다. 그 징표가 낙타에 새겨져 있다. 징표는 이러하다. 바(VA) 소(SO). 이제 나는 이 낙타를 8,000마샤(masha, 중국 동전으로 추정됨)의 값에 술리가(suliga) 바기티 바다가(Vagiti Vadhaga)에게 판다. 그 낙타에 대한 대가로 바기티 바다가는 총액을 마샤로 지불했으며 크바르나르스(Khvarnarse)가 그 돈을 받았다. 일은 마쳤다. 이제부터 이 낙타는 바기티 바다가의 재산이다. 그는 마음대로 낙타를 쓸 수 있고, 무엇이든 원하는 대로 할 수 있다. 누구든 이 낙타에 대해서 불평을 하거나 말을 전하거나 언쟁을 벌인다면 왕국의 법에 따라 벌금을 내도록 할 것이다. 나 바후디바(Bahudhiva)가 크바르나르스의 요청에 의해 이 문서(?)를 썼다.

이 문서에는 중국 동전 8,000닢에 낙타 거래가 이루어진 사실이 기록되어 있다. 거래 당사자는 호탄인과 바기티 바다가라는 소그드인이었다.(바기티 바다가를 수식하는 어휘 술리가suliga는 원래 "소그드인"이라는 의미였으나 나중에 확장되어 "상인"의 뜻으로 쓰였다.)

계약 날짜로 호탄 왕의 재위 연도가 사용된 것으로 보아 이 문서는 호탄에서 작성되어 누군가 엔데레로 가져온 것이다. 호탄어 전문 학자들은 이 계약서에 적힌 이름(왕, 판매자, 구매자, 서기의 이름)이 모두 이란어 형태를 띠고 있다고 한다. "왕 중의 왕"이란 표현은 통치자를 나타내는 전형적인 이란식 표현이다. "히나자"는 이란어권에서 "장군"을 의미한다. 따라서 이 한 장의 목판 고문서(스타인의 행운의 발견 중 또 하나)를 통해 호탄에서 3세기 혹은 4세기에 이란어가 사용되었음을 알 수 있다. 당시 호탄에 이웃해 있던 니아의 주민들은 인도어에 속하는 간다라어를 사용하고 있었다.

호탄어로 된 최초의 고문서는 1895년 골동품 시장에서 등장한 바 있다. 고드프레이(S. H. Godfrey)라는 이름의 영국인이 몇몇 지역 상인들로부터 이 고문서들을 사들였다. 상인들은 그것이 쿠차에서 발견된 고문서라고 했다. 고드프레이는 이 고문서들을 벵갈 왕립아시아학회(Royal Asiatic Society of Bengal) 사무총장 회른레(Augustus Frederick Rudolf Hoernle)에게 보냈다. 회른레는 신강 지역에서 최초로 발굴된 주요 필사본인 바우어 필사본(Bower Manuscript)을 해독한 바 있었다. 그 이듬해 카슈가르에 주재하던 영국 영사 조지 매카트니(George Macartney)도 고문서를 더 사서 회른레에게 판독을 요청했다.[16] 1899년 회른레는 인도를 떠나 옥스포드로 물러났다. 그곳에서 그는 전임자가 하던 일을 이어받았다. 스타인은 그에게 브라흐미(Brahmi) 문자로 쓰여진 모든 필사본을 보내주었다. 브라흐미 문자는 기원후 400년경 카로슈티 문자가 소멸된 뒤 그를 대체하여 쓰이던 문자였다.[17]

1901년 회른레는 브라흐미 문자로 작성된 몇몇 필사본은 산스크리트어가 아닌 다른 언어를 기록했다는 사실을 깨달았다. "지금으로서는 단지 몇 개의 단어나 구절이 해독되었을 뿐이지만, 이것만 보더라도 고문서에 쓰인 언어가 페르시아어 및 인도어 방언과 친연성이 있는 인도-이란어 방언이라는 사실은 명백하다. 뿐만 아니라 특징적인 면모로 보아 중앙아시아 서부 고산지대 방언과도 관련이 있다."[18] 처음에 회른레는 호탄어가 이란어라는 사실을 몰랐다. 호탄어에는 산스크리트어, 혹은 이란어 어휘를 많이 포함하고 있는 산스크리트어 계열의 어떤 언어로부터 차용한 막대한 차용어가 포함되어 있다. 언어학자들은 영어에서도 비슷한 문제를 맞닥뜨리게 된다. 영어는 게르만어 어휘를 상당 부분 포함하는 로만어처럼 보이지만, 사실은 게르만어로, 1066년 노르만 정복 이후 상당수의 프랑스어 어휘를 흡수한 것이다. 1920년까지는 학계의 공감대가 형성되어 있었다. 즉 호탄어는 이란어에 속하며 중세 페르시아어 및 소그드어와 동시대 언어로 산스크리트어 어휘를 풍부하게 차용하고 있는 언어라고 생각했다.

하버드 대학교의 이란어 교수 쉐르뵤(Prod Oktor Skjærvø)는 문자, 철자법, 문법 측면에서 호탄어가 단계적으로 변화를 거친 사실을 근거로 호탄어의 단계를 다음과 같이 설정한 바 있다. 즉 고대 호탄어(5세기에서 6세기), 중세 호탄어(7세기에서 8세기), 후기 호탄어(9세기에서 10세기)가 그것이다. 각 단계에 따라 발굴된 필사본을 나눌 수 있다. 고대 호탄어 필사본들은 거의 전부가 불교 경전 번역인데, 경전의 출처는 알 수 없다. 중세 호탄어 텍스트는 단단윌릭(Dandan Uiliq)에서 발견되었다. 후기 호탄어 텍스트는 돈황 석굴 제17굴에서 발견된 것들이다.[19]

고대 호탄어 필사본 중에서 산스크리트어 불교 경전 번역이 아닌 경우는 단 한 건뿐이다. 《잠바스타의 책(The Book of Zambasta)》이 바로 그것이다.[20] 책의 제목은 제작을 후원한 관리의 이름을 따서 지었다. 텍스트 안에서는 다음과 같은 구절이 몇 군데 등장한다. "관리 잠바스타(Ysambasta)와 그의 아들 자르쿨라(Ysarkula)께서 이 책의 필사를 명하셨다." 주요 호탄어 문헌들이 대체로 그러하듯이 이 또한 불교 텍스트 모음집이다. 텍스트의 저자는 겸손하다. 그는 이렇게 설명한다. "내가 이 글을 호탄어로 번역하지만, 나의 지식이란 워낙 작고 보잘것 없습니다. 내가 여기에서 의미를 잘못 번역한 것에 대해서는 그것이 무엇이든지 성스러운 부처님들께 용서를 구합니다. 내가 여기서 어떤 공덕이라도 얻게 된다면, 그 공덕을 통해 살아있는 모든 존재와 함께 보리를 깨닫기를 기원합니다." 보리란 깨달음을 통해서 얻을 수 있는 불교의 가르침에 대한 지식과 이해를 말하는데, 이 텍스트의 핵심 가르침이기도 하다. 그것은 바로 허공성이다.

《잠바스타의 책》에는 불교를 배우는 학생이면 누구에게나 익숙한 내용들이 들어 있다. 그 중에서 여인의 교묘한 책략과 그 여인의 말을 듣고 견딜 수 있는 방법을 설명한 대목이 주목할 만하다. 불교 텍스트 중에 이런 논점을 담고 있는 경우가 거의 없기 때문이다.[21] 그 대목에서는 "그러한 여인들은 가르쳐 주는 이가 없어도 교활한 기술을 터득한다."고 경고하면서 결론적으로 "관리 잠바스타와 그의 아들들과 딸들(이 경우가 유일하게 잠바스타의 딸을 언급한 사례이다.)께서 [이] 글을 쓰도록 [나에게] 명하셨다. 내가 반드시 부처가 될 수 있기를." 저자는 마지막으로 논평을 덧붙였다. "아카리야(Acarya, "선생님"이란 뜻으로 승려를 호칭하는 말) 시다바드라(Siddhabhadra)께서 마음을 다잡기 위하여 여인에 대한 이 대목을 여러 차례 읽으셨다. '그럼에도 불구하고 이 경을 읽을 때 내 마음은 바다처럼 요동쳤다. 그럴 때면 사실상 나에게 고요함이 없었다. 마치 속눈썹처럼, 눈썹 사이에 난 털처럼, 뺨에 난 털처럼.'" 이처럼 인간적인 고백은 대체로 건조하기 마련인 불교 경전에서는 매우 드문 경우이다.

《잠바스타의 책》은 한 대목씩 차례차례 글이 진행되면서 어떤 불교적 가르침의 뜻을 풀이해 나간다. 많은 경우 대승불교의 가르침이다. 붓다가 이교도 마술사 바드라(Bhadra)를 자기모순에 빠뜨리는 이야기와도 관련이 있다. 바드라는 마술을 이용하여 무덤을 "신들의 궁전"으로 바꾸었던 사람이다. 한 대목에서는 붓다의 일생과 깨달음을 설명하고, 또 어느 대목에서는 붓다의 사망과 이 세상을 미륵보살에게 부탁하는 이야기도 있다. 미륵보살에 관한 대목에서는 "토그리(twghry)"를 위구르어로 번역한 내용이 나오는데, "토그리"는 지그(Sieg)와 지글링(Siegling)이 토하리어를 해독하는 실마리가 되었던 어휘이다. 《잠바스타의 책》을 보면 호탄이 그 지역의 여러 나라를 여행하는 승려들이 모이는 중심지였음을 알 수 있다. 왜냐하면 이 책은 여러 언어 중에서도 특히 산스크리트어, 중국어, 티베트어, 위구르어 텍스트를 집성하고 해설하는 내용을 담고 있기 때문이다.[22]

《잠바스타의 책》은 일부만 남아 있다. 원래 298페이지였는데, 그 중 207페이지가 캘커타, 뻬쩨르부르그, 런던, 뉴 헤븐, 무니히, 교토의 도서관에 보관되어 있다. 러시아 영사 니콜라이 페트로브스키(Nicolai Petrovsky)가 카슈가르에서 주민들로부터 192장을 구입했다. 그래서 애초에 그 책이 어디서 발견되었는지는 아무도 모른다.[23] 학자들이 남아 있는 필사본을 분석해 보니 다섯 종의 필사본에서 떨어져 나온 것이었다. 그 중에서 가장 시기가 올라가는 것이 450년에서 500년 사이였다.[24]

《잠바스타의 책》이 필사되었을 당시 호탄은 독립 왕국이었다. 600년대 초에 호탄은 서투르크의 제후국이 되었고, 630년 현장 법사가 인도로 가는 길에 그곳을 방문했을 때도 여전히 서투르크 연맹에 소속되어 있었다. 그로부터 20년 뒤 당 태종(재위 626-649)이 서투르크로부터 중앙아시아 종주권을 빼앗았다. 당나라 군대는 640년에 투르판을, 648년에 쿠차를 점령했다. 그 해에 호탄의 왕은 소속을 바꾸었다. 그는 왕자 한 명과 낙타 300마리를 보내 당나라 군대를 도왔고, 당나라 수도를 방문했으며, 왕자들을 볼모로 당나라 수도에 남겨두었다.(미래의 통치자가 종주국에서 자라면서 종주국의 관습을 익히도록 하는 것이 당시에는 일반적인 관행이었다.) 호탄은 서역에서 당나라 군대가 주둔하는 네 곳의 주둔지 가운데 하나가 되었다. 호탄 이외에 쿠차, 카슈가르, 언기에 주둔지가 있었다.(679년에서 719년 사이에는 토크마크가 언기를 대신했다.)

648년 이후 호탄의 역사는 쿠차의 역사와 밀접하게 관련된다. 티베트가 이 두 오아시스를 정복했고, 670년에서 692년까지 이곳을 통치했다. 그 뒤 다시 중국이 종주권을 회복해서 755년까지 유지되었다. 그리고 나서 안록산의 반란으로 인해 당나라 군대는 중앙아시아에서 철수했다.[25] 호탄이 실크로드와 가장 밀접했던 시기는 투르판이나 쿠차와 마찬가지로 7세기와 8세기였다. 당시는 실크로드에서 당나라 군대의 존재감이 가장 강력했던 시기였다.

호탄어 고문서가 가장 많이 발굴된 곳은 단단윌릭으로, 호탄에서 북동쪽 130킬로미터 지점에 위치한다. 헤딘이 이곳을 방문한 때는 1896년 1월이었는데, 타클라마칸 사막을 두번째로 여행하는 중이었다.(첫번째 시도에서 탐험대원 두 명이 사망하기도 했다.) 사막의 잃어버린 도시에 관한 신문 기사가 스타인에게 영향을 미쳐 스타인이 인도 총독부에 자금지원을 신청하게 된다.[26] 1900년 사막으로 출발하기 전에 스타인은 카슈가르 주재 영국 영사 매카트니와 러시아 영사 페트로브스키의 도움을 받았다. 스타인은 영사들에게 조그만 유물이나 발굴 고문서를 누구에게서 구입했는지 물어보았다. 영사들은 골동품상 두 명을 추천해 주었고 스타인은 투르디(Turdi)라는 이름의 위구르인을 만났다. 스타인의 설명에 따르면 투르디는 "심지어 일반인의 눈으로 봤을 때는 아무런 표지도 없는 불모의 모래 언덕에서도 물건을 찾아냈다."[27] 가이드로 고용한 사람이 단단윌릭을 찾아내지 못했을 때 투르디가 스타인의 탐험대를 이끌고 유적지를 찾아냈다.

단단윌릭에서 스타인은 사막 가운데 조그만 구역에서 15개의 구조물 지도를 그렸다. 가장 작은 구조물은 면적이 사방 각 1.5미터였고, 가장 큰 구조물이 가로 7미터에 세로 6미터였다. 어떤 구조물은 주거지였던 것으로 추정되었고, 안에서 고문서가 발견된 건물은 관리들이 거주하는 건물이었다. 관리들은 중국어와 호탄어로 기록을 남겼다.

어느 유적에서는 불교 텍스트 여러 장이 발견되었다. 이는 그 건물이 그 지역의 도서관이었다는 증거이다. 다른 구조물은 명백하게 종교 건물이었다. 건물 안에는 회반죽으로 만든 소조상과 프레스코 벽화가 있었다. 대부분은 신격을 조각하거나 그린 것이었다. 일부 건물들에는 바닥에 목판 고문서가 묻혀 있었다.

스타인은 시장에서 유통되는 대부분의 유물이 단단윌릭에서 발견된 것이라고 결론을 내렸다. 몇몇 사람들이 때로는 혼자서 때로는 무리지어 작업을 하고 짧은 거리를 이동하여 판매했던 것이다.[28] 단단윌릭에 접근하지 못할 것이라는 스타인의 생각은 틀렸다. 물론 그곳은 타클라마칸 사막 한가운데에 위치하고 있었고 찾기도 쉽지 않았다. 그러나 꼭 가야겠다고 마음 먹은 사람은 갈 수 있는 곳이었다.

미국의 지리학자 헌팅턴(Ellsworth Huntington)이 1905년 그곳에 왔고, 독일 여행가 트링클러(Emil Trinkler)와 그의 스위스인 친구 보스하르

어떻게 비단 제조의 비결이 중국에서 유출되었을까?
단단윌릭에서 스타인이 발굴한 가장 유명한 유물은 바로 이 목판 그림이다. 크기는 가로 46cm 세로 12cm이다. 불교 신자가 부처님께 바쳤던 공물이다. 어떤 여인이 공주의 머리에 쓴 관을 가리키고 있다. 전설에 의하면 공주는 중국에서 누에고치를 밀반출했다고 한다. 그 결과 서역 사람들이 비단 제조의 비밀을 알게 되었다. 하지만 사실상 누에치기와 비단실 잣기 기술은 종이 제조 기술과 마찬가지로 중국을 떠나 실크로드로 이주한 이주민들에 의해 전파된 것이다.

트(Walter Bosshard)는 1920년에 그곳을 찾았다. 1998년 스위스의 여행가 바우머(Christoph Baumer)가 낙타 행렬을 이용해 그곳을 방문했고, 고고학 권위자들은 좋아하지 않지만, 비공식적인 발굴을 통해 새로운 벽화 몇 점을 발굴하기도 했다.[29] GPS나 오프로드 자동차 등 현대 기술을 이용하면 최근에는 단단윌릭에 접근하는 것이 훨씬 더 쉬워졌다.

1998년 이래로 출처가 불분명한 호탄어 고문서와 유물들이 골동품 시장에 대량 유통되었다. 대부분 단단윌릭이나 그 근처에서 출토된 것으로 추정되는 것들이다. 현대 중국의 박물관과 대학에서는 서양의 박물관 큐레이터들이 그러한 것처럼 똑 같은 애로사항에 직면해 있다. 훔친 물건을 돈을 주고 사서 학술 연구를 위해 보존해야 하는가? 아니면 그것을 구매하지 않음으로써 도굴꾼들이 더 이상 고대 유적지를 훼손하지 못하도록 해야 하는가? 만약 물건을 구매하지 않으면 고문서는 사라질 것이다. 반대로 구매한다면 도굴이 계속될 것이고 더 늘어날 가능성도 충분히 있다.

2004년 북경에 있는 중국 국립 도서관에서는 단단윌릭 출토 고문서 몇 점을 구매하기로 결정했다. 호탄어 전문가들이 집중적으로 연구하여 이 고문서들의 연대를 밝히고, 해독 및 번역을 하고, 출처를 밝히고(때로는 출처를 확인할 수 있다. 내용 중에 언급되는 사람 이름이 다른 자료에서 출처가 확인된 경우를 비교하면 된다.), 가장 중요한 작업인 그 문서의 의미를 밝히기 위해 노력했다. 이 새로운 고문서를 통해 실크로드 역사상 발전의 핵심에 대한 우리의 이해가 바뀌었다.

단단윌릭 고문서 중 시기가 가장 올라가는 것은 722년이다.[30] 단단윌릭 남쪽의 도모코(Domoko, 중국어로는 達瑪溝Damagou)라는 소규모 주거지에서 발굴된 나무로 만든 화물표는 크기가 가로 2.5센티미터 혹은 그 이하이며 길이가 19센티미터에서 46센티미터였다. 끄트머리에 동그란 구멍이 뚫려 있는데, 이를 통해 곡식을 담은 화물에 물표를 부착했던 것으로 보인다. 그리고 물표에는 먹으로 쓴 동일한 크기의 표시가 있다. 관리들이 곡물을 세금으로 받을 때마다 표시를 해둔 것이다. 전형적인 사례를 보자면 다음과 같다.

[한문]: (앞)拔伽勃邏道才, 送小麥柒碩. 開元十年八月四日, 典

(뒤)何仙, 官張竝, 相惠

(발가에서 발라도재가 소맥 7석(약 42리터)을 보낸다. 개원 10년 8월 4일. 서기 하선. 감독관 장병, 상혜.)

[호탄어] birgaṃdara bradāysai ganaṃ hauḍi kūsa 7 ṣau marṣä

salya(비르감다라의 브라다이사가 샤우 마르샤의 해에 밀 7석을 보낸다.)

　한문 기록과 호탄어 기록 모두 세금 납부자의 이름, 납부한 곡물 수량, 납부한 연도(722년)를 기록하고 있다. 한문 텍스트에는 좀더 많은 정보가 담겨 있는데, 세금을 납부한 정확한 월과 일, 세금을 수령한 관료와 감독관의 이름이 적혀 있다. 물표에 언급되는 세금 납부용 곡물은 3종이다. 즉 소맥(小麥), 청맥(靑麥), 조[粟]가 그것이다.[32] 모든 물표는(중국 국립도서관에서 일괄 구매한 물표가 35건이고 나머지는 개별적으로 구입했다.) 내용 구성이 동일하다.

　이들 물표를 통해 당나라 세금 징수 체계가 호탄에서 어떻게 작동했는지 충분히 엿볼 수 있다. 이들 고문서는 모두 이중언어로 되어 있다. 현대를 사는 우리에게는 유럽연합이나 혹은 다른 국제 조직에서 이중언어 문서를 사용하는 것이 낯설지 않다. 그러나 이처럼 이중언어로 된 곡물의 물표를 보면 무언가 특이한 점이 있다. 8세기에 중국의 통치는 가장 낮은 계층에게까지 관철되고 있었다. 심지어 가장 작은 규모의 곡물 납부도 현지인들의 언어인 호탄어와 통치자의 언어인 중국어 이중으로 되어 있다. 이와 유사하게 행정기관의 모든 관료들도 중국어 직책과 호탄어 직책을 동시에 가지고 있었다. 호탄의 관료 조직에서는 호탄어 문서를 중국어로 번역할 수 있는 직원을 고용했다. 한문으로 된 문서들 중에는 호탄 현지인들이 호탄어로 청원한 내용이 기록되어 있는데, 그 내용은 중국인 관리가 이해할 수 있도록 중국어로 번역되어 있다.[33]

　목판 고문서 중에는 호탄어로만 기록된 것도 있다. 대부분은 곡물 물표와 동시대의 것으로 추정되는데, 현지 사회를 더 잘 드러내 주는 자료들이다. 두 개의 목판으로 만들어진 이 문서들은 마치 상자처럼 생겼는데, 밑판에 윗판을 끼워서 서랍처럼 손잡이를 이용해 열고 닫을 수 있게 되어 있다. 표면에는 모두 글씨가 적혀 있다. 두 개의 목판으로 된 상자의 안과 옆과 바깥면 모두 그러하다. 여기에는 주민들 사이에 체결된 각양각색의 계약에 대한 내용이 적혀 있다.[34]

이들 고문서에는 "의회"가 언급된다. 의회는 관리가 결정한 사항들을 강제하는 역할을 하는 회의체로, 호탄 사회의 독특한 양상을 띠고 있다. 예를 들면 관개수로의 물을 이용하는 비용과 관련된 소송 기록 같은 것이다. 관리들은 먼저 규약을 청취한다. 규약의 내용은, 누구라도 일시적으로만 물을 공급받아야 하며, 물은 마을 공동체의 재산이며, 미래에도 물 사용에 대한 권한은 마을에서 보유한다는 것이다. 판결은 다음과 같은 문장으로 끝맺는다. "이 소송은 두 명의 관리 입회 하에 평의회에서 제출되었다." 그리고 관리 두 명의 이름이 적혀 있다.[35]

이 소송 기록이 보여주는 바, 8세기 초 혹은 그보다 앞선 시기에 호탄인들은 복잡한 법률 체계를 갖추고 있었고, 그 체계 속에서 개인은 물 이용 권한을 양도하거나 돈을 빌리거나 아이를 입양하는 등의 일에 대한 거래 기록을 남겼다. 증인들은 이러한 거래의 세부 내용에 대해 보증을 서서(관습적으로 의회에서) 이러한 거래가 유지될 수 있도록 했다. 한번 결정이 내려지면 공동체에 소속된 누구라도 그 결정을 받아들여야 했다. 마을 전체가 일정한 세금에 대해 집단적으로 책임을 졌다. 마을에서 필요한 세금을 납부한 경우 관리들은 영수증을 발급했다. 영수증 발급은 세금을 완납한 경우에 한정되었다.

이러한 체계는 안록산의 반란이 중앙아시아에서 촉발되었던 해인

755년에도 유지되고 있었다. 그 이듬해 호탄의 왕은 5,000명의 군사를 파견해서 당나라 황제의 반란 진압을 돕도록 했다. 파견된 군사의 대부분은 호탄에 주둔하던 중국인 병사들이었다. 755년 이후 중국인들은 단지 명목상으로만 호탄을 통제할 뿐이었다. 권력은 지역 담당 관리의 손으로 넘어갔다. 중국인 관리는 수도에 있는 상관의 지시 내용을 받을 수 없을 때가 많았다. 지역 간 이동이 워낙 어려워졌기 때문이었다.

755년 이후 수십 년 동안, 중국 북서부 지역이 대체로 그러했듯이, 중국 정부는 북서부 지역 주둔 군부대에 군비 지급을 중단했다. 이 시기 돈황에서는 동전의 유동성 부족을 경험했다. 755년 이전에도 호탄에서 언제나 중국 동전을 사용할 수 있었던 것은 아니다. 예를 들면 아이를 입양한 부모가 동전 500닢을 지불했는데, 잔금 200닢은 백색 비단으로 대체했다. 아마도 동전 공급량이 부족했기 때문이었을 것으로 추정된다.[36]

단단윌릭에서 발굴된 한문 고문서 일부는 780년대의 것인데 동전 10,000냥 대출에 대한 기록이 있다.[37] 실제로 동전이 지급되었는지, 아니면 현지인들이 직물이나 곡물로 지불을 대체했지만 회계 단위로서 동전을 기록했는지는 확인할 길이 없다. 이중언어로 작성된 어느 계약서에 따르면 한문 텍스트에는 동전으로 지불했다고 기록되어 있는 반면 호탄어 텍스트에는 동전 대신 지불한 직물의 수량이 적혀 있다.[38] 8세기 말에 이르러 기본 경제 체제가 바뀌었다. 이전의 화폐(동전) 경제가 일정 단위의 직물과 곡물이 화폐를 대신하는 현물 경제로 대체되었던 것이다.

중국 정부는 호탄 인민으로부터 계속해서 세금을 징수하였다. 군사들의 겨울 의복을 위해서 양가죽을 징발하는 내용의 고문서에도 그러한 내용이 적혀 있다. 이 고문서에는 단단윌릭에서 발굴된 다른 파편 고문서에서와 마찬가지로 지방 관리의 이름이 적혀 있는데, 그의 이름은 시다카(Sidaka)였고 관직은 스파타(spata)였다. 이는 비군사적 업무에 대해서 마을의 최고위 관직이었다. 이 문서를 작성한 사람도 스파타 직책을 가지고 있었다. 문서에 의하면 시다카의 마을 사람들은 양 90마리를 소유하고 있었고, 양가죽 28장을 납부해야 했다. 세금 요율은 소유한 양 6.5마리당 양가죽 2장 혹은 마을당 양가죽 27.69장이었다. 시다카는 양가죽 27장을 납부했다. 그러나 그의 동료는 완납할 때까지는 영수증을 발급해줄 수 없다고 설명했다. 이러한 문서에는 등록된 호구의 목록이 상세하게 적혀 있었을 것으로 추정된다. 마을 주민들뿐만 아니라 그들이 소유하고 있는 동물들도 포함되었을 것이다. 이러한 기록이 일부 발견되기도 했는데, 그것이 없이는 중국 정부에서 그 마을에 얼마만큼의 양가죽을 부과해야 할지 알 수 없었을 것이다.

교토 대학 언어학 교수인 요시다 유타카(吉田豊)는 힘겨운 연구 끝에 호탄어 고문서가 발굴된 지역 네 곳을 확정할 수 있었다. 그 중 두 곳이 단단윌릭이었다. 한 곳에서 발굴된 고문서의 연대는 777년에서 788년 사이인데, 이들 문서에서 시다카가 언급된다.[39] 이 고문서 및 같은 장소에서 발굴된 다른 고문서들이 보여주는 바와 같이 호탄에서는 중국인이 통치하는 정부가 777년에서 788년 사이에 존재했고, 그 시기에 시다카라는 이름이 등장한다. 이 기간 동안 티베트는 당나라 중앙 정부의 약한 고리를 파고 들었고, 공격적으로 중앙아시아 영토를 확보해 나갔다. 786년 돈황을 점령한 뒤 789년부터 투르판에서 위구르인들과 싸워 796년에 위구르를 꺾었다.[40] 서역 역사가들에 의하면 티베트 제국은 840년대에 무너졌다. 같은 기간에 키르기즈도 카라발가순(현재 몽골 지역 내)에 근거지를 둔 위구르 제국을 무너뜨렸고, 많은 위구르인들이 남쪽으로 도망쳐 현재 신강 지역으로 들어왔다. 단단윌릭에서 새로 발굴된 고문서들을 보면 어느 해에 어떤 오아시스가 티베트에 넘어갔고 어떤 오아시스를 위구르가 차지했는지 정확하게 알 수 있다.

마자르 타그(Mazar Tagh)는 쿠차와 호탄 사이의 길에 있는 전략적으로 중요한 군사 요새였다. 요새의 위치는 호탄 북쪽으로 150킬로미터 지점이었다. 그곳은 사막 속에 있는 비거주지역이었다. 호탄 사람들이 그곳에서 번갈아가며 요리사와 경비병으로 근무했다.[41] 티베트가 호탄을 점령하면서 그 요새를 티베트가 차지하게 되었는데, 그 직전에는 중국 군인들이 주둔하고 있었다. 798년에 작성된 어떤 고문서에는 이 문서를 받는 지휘관은 요새를 비우고 인원과 가축을 인근 마을로 소개시키라는 내용이 적혀 있다. 그 고문서에서 누가 적인지 명시되지는 않았지만 아마도 위구르 카간국이었을 것이다. 800년 전후로 쿠차를 점령한 것이 바로 위구르 카간국이었기 때문이다.[42]

티베트인들은 점령하기 전에 근무하던 행정관리들을 대부분 그 자리에서 일하도록 했다. 지명된 사람들은 티베트 지배 이전과 이후에도 계속해서 근무를 했다. 그들은 호탄어와 중국어로 명령문을 작성했다. 이는 중국의 관료 체계가 호탄과 이후 티베트인들에게까지 얼마나 큰 영향을 미쳤는지 알 수 있는 사례이다.[43] 중국식 서명 방식을 계속해서 사용했던 관료들도 있었다. 서기들은 한문으로 계약서 문안을 작성하고 나서 문자 그대로 티베트어로 번역하였다. 이러한 계약서가 티베트인들 사이에 작성된 경우는 없지만, 돈황에서의 티베트어 계약서의 모델이 되었다.[44] 티베트는 호탄을 간접적으로 지배했다. 필요한 것이 있으면 최고 지휘관인 총독이 호탄인 책임자에게 요청을 했고, 그가 적당한 담당 관리에게 명령을 전달했다.[45]

단단윌릭에서 발굴된 유물이 많기는 하지만, 누가 그리고 왜 실크로드를 여행했는지는 나오지 않는다. 실크로드 문명 교류를 알려주는 가장 빛나는 고문서는 스타인이 돈을 지불하지 않는데도 계속해서 발굴을 진행했던 일꾼들 덕분에 모습을 드러냈다. 1900년 12월 18일부터 1901년 1월 4일까지 17일 동안 단단윌릭 발굴을 진행한 뒤 스타인은 일꾼 몇 사람을 해고했고 나머지 인력을 데리고는 약 11킬로미터 떨어진 다른 유적지로 갔었다.

그 첫번째 날 저녁 스타인이 캠프로 돌아왔을 때, 해고된 일꾼들이 자신을 기다리는 것을 보고 스타인은 깜짝 놀랐다. 그들이 스타인에게 발굴된 유물을 건네주자 스타인은 더더욱 놀랐다. 단단윌릭 13구역 모퉁이에서 일꾼들은 구겨진 편지들을 발견했는데, 거기에는 히브리 문자가 적혀 있었다. 스타인은 일꾼들이 어디에서 그 편지를 발견했다고 하는 말을 믿었고, 스스로가 그렇게 믿은 이유도 설명했다. 종이는 아주 오래되었고(8세기 유물이다.) 위조를 하려면 굉장한 준비가 필요했다.[46] 스타인은 모조품에 대해서 특히 민감했다. 얼마 전에 이슬람 아쿤(Islam Akhun)에게 사기를 당했기 때문이었다. 이슬람 아쿤은 고문서 위조를 워낙 잘 해서 회른레조차 속아 넘어가 어떤 새로운 언어가 발견되었다고 믿었을 정도이다.[47]

한편 단단윌릭에서는 스타인이 13구역을 조사한 바 있고, 투르디(Turdi)가 은괴 여러 점을 발굴했다고 보고한 바도 있었다. 그 은괴의 가치는 2백 루피에 상당했고 영국 순은으로 13파운드(오늘날의 가치로 따지면 대체로 1천 파운드)에 달했다.[48] 13구역은 면적이 넓었다. 한 측면의 길이가 18미터에 달했고 방 하나의 크기는 6.7미터 X 5.5미터였다. 하지만 스타인은 그곳을 발굴하지 않기로 결정했었다. 불 피우는 곳과 나무 기둥밖에 없었기 때문이다.[49] 스타인이 떠난 뒤 해고된 일꾼들은 쓰레기더미를 파내려 갔다. 그곳은 예전에 도굴꾼들이 파낸 자리 근처였다. 그리고 히브리 문자가 쓰여진 고문서를 발굴했던 것이다.

편지는 근세 페르시아어로 작성되어 있었다. 근세 페르시아어란 이란에서 9세기에 중세 페르시아어를 대체했던 언어이다. 유대-페르시아어 고문서는 세계 곳곳에서 발견된 것이 조금 있다. 헤라트, 아프가니스탄, 남인도의 말라바르 해안과 바그다드에서도 발견되었다. 단단윌릭 고문서가 그 중 최고로 오래된 것은 아니지만(최고는 750년대) 그래도 남아 있는 유대-페르시아어 고문서 중에서는 꽤 시기가 올라가는 부류에 속한다.[50]

편지 조각으로는 내용을 파악하기가 쉽지 않다. 페이지의 가운데 부분만 남아 있기 때문이다. 각 행의 첫 단어와 끝 단어는 찢겨져 나가고 없다. 글쓴이는 사업 관련으로 편지를 썼는데, 윗사람에게 보낸 것만은 분명하고, 여러 가지 물품 운송에 관한 내용으로, 양, 직물, 감송(의약품과 향료의 원료로 사용됨), 안장, 등자, 혁대 등의 물품이 포함되어 있다. 자신의 "이익과 손해"가 얼마인지 알고자 한다는 언급이 있는 것으로 미루어 보아 글쓴이는 아마도 상인인 듯하다. 우리는 그가 왜 이란을 떠났는지는 알지 못한다. 그러나 그가(혹은 그의 조상이) 이슬람 정복을 피해 동쪽으로 이주했고, 특히 혼란스러웠던 시대에 마침내 호탄에 정착했을 것으로 추정해볼 수는 있다.

이 편지는 8세기 말에 최소한 한 사람의 유대인이 단단윌릭에 있었다는 직접적인 증거이다. 그러나 편지 속의 파편적인 문장만 가지고 더 이상 얘기하기는 어렵다. 처음 편지가 발견되고 나서 100년이 넘는 시간이 흐른 뒤 전혀 예상치 못했던 일이 벌어졌다. 두번째 유대-페르시아어 편지가 거의 손상되지 않은 채로 시장에 등장했던 것이다. 중국 국립도서관에서 그 문서를 사들였다. 북경대학교에서 석사과정을 마치고 하버드에서 박사과정에 다니고 있던 학생 장심(張湛)은 2008년 편지 전체의 음사(音寫)를 완성하고 중국어로 번역 출판하였다. 가까운 미래에 영어로 번역할 계획도 세웠다.[51]

먼저 발견된 편지와 새로 발견된 편지의 서체가 너무 비슷해서 장심은 두 편지가 같은 시기 같은 장소에서 작성된 것이라고 생각했다. 즉 9세기가 시작되던 해 호탄에서 작성된 편지라는 것이다. 편지가 작성된 연대를 밝힐 수 있는 실마리는 카슈가르의 근황을 보고하는 다음 문장에 있었다. "티베트인들은 모두 살해되었습니다."[52] 이 편지와 마찬가지로 단단윌릭에서 발견된 호탄 사람들의 몇몇 편지들과 비교해 보건대, 만약 이 편지에서 말하는 사건이 위구르가 티베트를 물리친 일을 언급하는 것이라면, 편지의 기년은 802년이 된다. 그 해에 위구르인들이 카슈가르를 점령하고 티베트인들을 몰아냈기 때문이다.

새로 발견된 편지는 8행에 이르는 글쓴이의 인사말로 시작된다. 편지를 받을 사람은 글쓴이의 옛 주인 "니시 칠라그(Nisi Chilag)님"의 가족이며, 글쓴이는 그들로부터 "머나먼 곳에" 떨어져 있다. 수신인은 단단윌릭에 살고 있었던 것으로 추정된다. 새로 발견된 편지에는 글쓴이와 "땅 주인" 사이에 벌어졌던 양에 관한 분쟁이 자세히 기록되어 있다. 글

새로 발굴된 유대-페르시아어 편지

9세기 초에 이 편지를 쓴 사람은 페르시아어를 사용하는 유대인이었을 것으로 추정된다. 그는 근세 페르시아어를 히브리 문자로 써서 단단윌릭에 살고 있던 다른 유대인에게 편지를 보냈다. 글쓴이는 자신과 땅 주인 사이에 있었던 분쟁을 설명하고 있는데, 땅 주인이 주기로 했던 양을 주지 않았다고 한다.

쓴이가 사향과 사탕 등의 선물을 주었음에도 불구하고(그가 선물로 주었다는 다른 물품 명칭은 무엇을 지칭하는지 아직 밝혀지지 않았다.) 아직 받기로 한 양을 받지 못했다고 한다. 흥미롭게도 글쓴이는 땅 주인과 나눈 대화를 언급하고 있는데, 땅 주인은 그를 "소그드인"으로 오해했다고 한다. 실크로드 상인들 중에 소그드인이 워낙 많았고 유대인은 워낙 적었기 때문에 가능한 실수였다.

유대인 상인이 실크로드에 남긴 흔적은 극소수에 불과하다. 카라코룸 고속도로 주변의 바위글씨 가운데 시기가 가장 늦은 것이 유대어였다는 사실을 기억할 것이다.(1장 참조) 9세기 후반에 있었던 대량학살에 관한 아랍측 자료에는 무슬림, 기독교인, 조로아스터교인과 더불어 광주(Canton) 남부에 살던 유대인 상인이 언급되어 있다. 돈황 제17굴에서도 18행의 기도문과 성경의 〈시편〉에서 발췌한 글귀가 히브리 문자로 적힌 종이가 접힌 채로 발견되었다.(화보 12번 참조)

돈황 장경동에서는 히브리 문자 기도문 한 장과 수만 건의 한문 고문서 및 티베트어 고문서 이외에도 약 2천 건 가량의 호탄어 고문서가 들어 있었다. 그 중 대부분은 온전하지 않은 파편이었다.[53] 강력한 나라의 이웃에 살았던 많은 작은 나라의 인민들처럼 호탄 사람들도 언어 습득에 능했다. 어떤 호탄인 서기는 티베트어 사본을 워낙 잘 써서 호탄어로 쓴 페이지 번호가 아니었다면 글쓴이가 호탄 사람인 줄 몰라봤을 것이다.[54] 호탄 사람들은 사전도 없이 어떻게 그리 빨리 외국어를 익혔을까?

호탄어와 중국어 대역본 낱장이 돈황 장경동에 몇 장 남아 있었다.[55] 이와 같은 학습 참고서에는 한자가 없이 브라흐미 문자로 중국어 발음만 적어두고 호탄어로 그 뜻을 적었다. 매우 전문적인 문헌학자가 이들 텍스트를 분석하여 10세기 중국어 발음의 호탄어 버전을 통해 거꾸로 원래 중국어 발음을 재구성해냈다. 훌륭한 언어 교재가 그렇듯이 중국어-호탄어 이중언어 목록에서도 핵심 문장 패턴을 반복하고 있다. 모두 매우 짧은 문장으로 학생들이 연습할 수 있도록 만든 것이다.

채소 주세요.
오이 주세요.
호박 주세요.

이 교재에 포함된 문장 중에는 시장에서 물건을 사고 팔 때 쓸 수 있는 문장들도 포함되어 있었다. 10세기에 호탄과 돈황 사이에 빈번한 접촉이 있었던 점을 감안한다면, 호탄인들로서는 기초 중국어를 배워두는 것이 다양한 삶의 이력 가운데(사신, 승려, 상인) 이득이 되었을 것이다.

이와 달리 산스크리트어-호탄어 대역본은 한정된 대상을 염두에 둔 텍스트이다.[56] 산스크리트어는 호탄어 사용자 입장에서는 배우기 쉬운 언어였다. 같은 브라흐미 문자를 사용했기 때문에 배우는 사람이 쉽게 산스크리트어 문장을 적을 수 있었고 기억하기도 좋았다. 호탄어-산스크리트어 교재는 모두 194행으로 되어 있는데 단순한 대화로 시작된다.

안녕하세요.
예, 감사합니다.
그대도 안녕하시지요?
어디서 오셨나요?

나는 호탄에서 왔습니다.

대화에는 여러 장소들도 등장한다. 인도, 중국, 티베트, 감주(甘州, 위구르 카간국의 근거지로 현재 감숙성 장액張掖) 등이다. 교재에서는 어떻게 말을 사거나 식료품을 구입하는지, 어떻게 바늘과 실을 달라고 하는지, 세탁을 맡길 때 어떻게 말해야 하는지를 가르쳐 주고 있다. 어떤 대화를 보면 분쟁이 엿보인다.

저한테 화내지 마세요.
나는 머리카락을 잡아당기지 않았어요.
당신이 기분 나쁘게 말하면
나도 화 낼 거예요.

어떤 문장에서는 성관계도 언급된다.

그는 여자를 좋아합니다.
그는 사랑을 나눕니다.

어떤 대화를 보면 누구를 염두에 두고 만든 교재인지도 알 수 있다.

책을 가지고 있나요?
예.
[어떤 책인가요?]

수트라, 아비달마, 비나야, 바즈라야나.
그 중에서 어떤 것을 가지고 있나요?
그 중에서 어떤 것을 좋아하나요?
나는 바즈라야나 읽는 것을 좋아합니다.

승려나 혹은 불교에 대한 지식이 상당한 사람들만이 이런 문장을 사용할 것이다. "수트라"는 불경을 지칭하는 일반명사이다. "아비달마"는 교리에 해당하는 텍스트이며, "비나야"는 불교의 규율이며, "바즈라야나"는 밀교 텍스트이다. 산스크리트어는 중국에서 인도까지 모든 사원에서 사용되었고, 호탄의 사원에서도 그러했다. 어떤 대화는 보다 구체적으로 독자를 나타낸다.

나는 중국으로 갑니다.
중국에서 무슨 일을 하시나요?
나는 문수보살을 뵈러 갑니다.

텍스트가 의도한 독자는 승려였다. 그들의 순례길은 8세기에 유행이었다. 승려들은 티베트나 호탄에서 출발해서 동쪽으로 여행했다. 돈황에 들렀다가 산서성 오대산에 있는 문수보살 기도 도량이 그들의 목적지였다.(차로 가면 북경에서 북서쪽으로 4시간 정도 걸린다.)

남아있는 고문서를 보면 시간적 공백이 드러난다. 802년과 901년 사이 호탄의 역사에 대해서는 거의 알려진 것이 없다. 단단윌릭 고문서는 802년을 마지막으로 끝나고, 돈황 장경동에서 발견된 고문서에는

901년에 돈황의 관리가 호탄의 사신에게 좋은 종이 한 묶음과 8장을 더 주었다는 기록이 있다.[57] 10세기에 호탄의 왕은 돈황을 통치하던 조씨(曹氏) 가문과 같은 국제 질서 속에 놓여 있었다. 그들은 서로 사절단을 보내고 맞아들였다. 감주와 투르판의 위구르 카간국, 중원 지역의 여러 왕조들도 마찬가지였다. 호탄의 사신들이 중원 지역으로 가기 위해서는 먼저 돈황으로 간 다음 감주에 들른 뒤, 영주(靈州)로 갔다. 영주는 수도로 가는 사신단이 꼭 거쳐야 하는 중요한 지점이었다. 중원 지역으로 가는 여행은 워낙 불안정해서 호탄 사람들과 두 개의 위구르 카간국은 조공 사절을 돈황까지만 보내는 경우가 많았다. 그들은 돈황을 "중국"이라고 불렀다.[58]

돈황의 조씨 가문과 호탄의 왕실은 긴밀하게 엮여 있었다. 호탄의 왕 비사 삼바바(Visa Sambhava)는 912년부터 966년까지 호탄을 다스렸는데, 중국식 이름 이성천(李聖天)도 동시에 사용하였다.[59] 936년 이전 어느 즈음에 그는 조의금의 딸과 결혼했다. 호탄의 왕실은 돈황에 주거지를 유지하였다. 비사 삼바바의 왕비가 종종 그곳에 머물렀고, 호탄의 왕세자도 그곳에서 살았다.[60] 왕세자의 주거지는 호탄 대표부 기능을 수행했다. 돈황 제17굴에서 발견된 호탄어 고문서는 왕세자의 주거지에서 삼계사에 기증한 문서일 가능성이 매우 높다.[61]

938년 비사 삼바바는 호탄에서 후진의 수도 하남성 개봉으로 사신을 보냈다. 호탄에서 중국으로 사신을 보낸 것은 그의 재위 중 다섯번째였다. 중국은 960년 송나라에 의해 통일되었다.[62] 호탄 사절에 대한 중국측의 한문 기록은 간략하게 정형화되어 있다. 예를 들면 "[건륭(建隆) 2년, 961] 12월 4일 호탄의 왕 이성천이 사신을 통해 옥판과 상자 하나를 보내왔다." 이는 송나라의 설립자(태조)에게 보낸 것이다.[63] 중국인들은 규범에 따라 날짜, 선물을 보낸 나라의 명칭, 조공 물품을 기록했고, 경우에 따라서는 사신단의 대표자 이름도 적어두었지만, 그 외에는 거의 기록하지 않았다.

이와 달리 돈황 제17굴에서 발견된 15건 가량의 호탄어 고문서에는 어떤 사신의 임무에 대해서 상세하게 적혀 있다. 사신단으로 호탄에서 출발한 사람은 7명의 왕자와 그 수행원으로 구성되었다. 아마도 비사 삼바바 재위 말기에 해당하는 10세기 중반의 일이었을 것이다.[64] 이들 고문서는 실크로드 무역의 본질에 대해서 많은 것을 알려준다. 특히 10세기의 어려웠던 여건이 고스란히 드러나 있다.

왕자들과 그 수행원들은 옥을 약 360킬로그램이나 가지고 출발했다.[65] 뿐만 아니라 그들의 짐에는 가죽 제품 몇 점도 포함되어 있었다. 안장이나 고삐 혹은 기타 마구였던 것으로 추정된다. 말과 옥은 호탄의 가장 일반적인 조공 품목이었다. 다른 조공 목록에 보면 낙타, 매, 야크 꼬리, 천, 모피, 의약품, 광물, 약초, 향수 몇 종, 호박(보석), 산호 등이 포함되어 있다.[66] 통치자들은 서로 노예를 선물하기도 했는데, 이는 당시의 현물 경제를 고려할 때 당연한 일이었다.[67]

통치자들은 이런 선물을 좋아했고 실제로 그렇다고 말하기도 했다. 한때 호탄과 감주의 위구르 카간국이 서로 10년 동안 선물을 교환하지 못했던 때가 있었다. 카간은 호탄의 왕에게 이렇게 편지를 썼다.(이 편지는 호탄어 번역본만 남아 있다. 카간은 아마도 한문과 티베트 문자로 편지를 썼을 것이다. 10세기에는 북서지역에서 이 두 언어가 외교상 기본 언어였다.) 위구르 카간은 예전에 호탄 사절단이 가져다주던 다양하고도 멋진 물품들을 그리워했

돈황 석굴 조성을 후원했던 호탄의 왕과 왕비
돈황 제98굴에 있는 이 그림은 호탄의 왕 비사 삼바바(재위 912-966)와 그의 아내를 그린 것이다. 왕비는 돈황의 통치자 조의금의 딸이다. 두 가문은 밀접하게 연결되어 있었고, 호탄 왕실에서는 자주 돈황의 석굴 조성에 후원금을 냈다. Amelia Sargent 모사.

노라고.[68] 카간은 아마도 정보를 얻는 능력을, 특히 군사적으로 경쟁 관계에 있는 나라들에 대한 정보를 가장 아쉬워했을 것이다. 오직 사절단만을 통해서 입수할 수 있는 정보가 있었기 때문이다.[69]

어떤 왕국에서 다른 왕국으로 여행하는 일은 매우 느렸을 것 같다. 당시 사람들이 보기에도 그러했다. 호탄에서 출발해서 왕자와 함께 여행하던 어떤 사신은 이렇게 불평을 늘어놓았다. "돈황까지 걸어서 45일의 힘든 여정을 가야 할 것 같다. 하늘을 날 수 있다면 하루에 날아갈텐데."[70] 길을 따라 1,523킬로미터를 말을 타고 가려면 18일이 걸렸다.[71] 의심할 여지 없이 그들은 나는 새를 부러워했을 것이다.

왕자들이 중국 수도까지 가는 일은 결코 없었다. 돈황의 통치자는 감주까지 가는 것은 너무 위험한 여행이라고 생각했다. 그곳에는 위구르 카간이 죽은 뒤 세 편의 군대가 서로 전쟁을 벌이고 있었다. 돈황의 통치자는 왕자들을 돈황에 머무르도록 강력히 요청했다. 왕자들의 여행은 완전히 실패였다. 왕자들은 집에 보내는 편지에서 쓰린 마음으로 불평을 늘어놓았다. 가지고 갔던 선물은 어쩔 수 없이 소비할 수밖에 없었고, 왕자들은 마침내 빈털터리가 되고 말았다. 그들은 편지에서 이렇게 말했다.

> 수행원들이 가지고 있던 동물들은 모두 잃어버렸다. 우리 옷도 잃어버렸다. …… 우리가 감주로 데리고 갈 수 있는 사람도 아무도 없다. 중국의 왕에게 바칠 선물도 편지도 없이 우리가 어떻게 삭방(朔方)에 갈 수 있겠는가? …… 많은 사람들이 죽었다. 먹을 것도 없다. 이제 어떤 명령이 내려올 것인가? 과연 되돌아 나올 수 없는 불구덩이 속으로 들어가야만 하

는가?[72]

수행원들의 편지에는 어쩌다가 동물들을 잃어버렸는지가 자세하게 나온다.[73]

돈황의 통치자는 왕자들이 여행을 계속하도록 허락하지 않았다. 그는 왕자들의 여행 목적과 동반하는 승려들의 목적을 전혀 다르게 생각했다. 승려들은 때로는 순례길로, 때로는 사절단의 공식 구성원으로 여행을 했다. 통치자들은 승려를 환대했다. 이를 통하여 직접적인 이득을 얻을 수 있다는 믿음이 있었기 때문이다. 그 이득이란 승려가 행하는 기적일 수도 있었고 혹은 불교 신도들에게 체면이 서는 일일 수도 있었다. 왕자들이 참여한 사신단이 돈황을 떠나지 못하게 되자 승려들은 사신단에서 떨어져 나와 중국에 전달할 선물 일부를 가지고 현지에서 결혼해 정착해 버렸다. 이는 우리가 예상했던 독신 서약을 한 불교도들과는 전혀 다른 모습이다. 그러나 니야나 돈황에서 발견된 불교도 관련 발굴자료에서는 언제나 이런 모습이 등장한다.

왕자들은 돈황에서 억류되어 감주로 가지 못했다. 호탄에서 보낸 조공 물품이 수도에 도착하지 않을 경우, 돈황의 통치자는 중국 정부에서 자신에게 책임을 물을 수도 있다는 두려움이 있었다.[74] 그러나 승려 세 사람은 가도 좋다고 허락했다. 이들은 돈황의 통치자에게 책임을 묻지 않겠다는 공식 문서에 손가락 모양을 그려 서명을 했다. 돈황 통치자의 생각에 승려들은 일반적으로 조공 물품을 가져가지 않기 때문에 책임 부담이 덜할 것 같았다.

사신단의 구성원 중 두 사람은 사신단이 해체되자 구성원들이 어떻게 반응했는지를 설명해 주었다. 구성원 각자는 호탄 왕이 중국에 보내는 조공 물품을 훔쳐 달아났다.[75] 8명 중에서 두 사람만 중국으로 갔다. 한 사람은 노예였는데 신분해방을 기대했다. 또 한 사람은 상인이었는데 "모포 1만 장을 왕실에 바칠" 계획이었다.[76] 나머지 사람들은 모두 훔쳐낸 물품을 가지고 호탄으로 돌아갔다.

여러 지점에서 사신단 구성원들은 자신의 여행 경비를 충당하기 위해 조공 물품을 소비해 버렸다. 먼저 출발했던 승려 세 사람에게 편지를 전달한 두 사람은 다시 감주를 떠나 돈황으로 "장사를 하러" 떠났다.[77] 그 뒤 그들은 감주에서 도둑을 맞았다. 험난한 여행이었다. 여행 중에 왕자들의 동물은 상당수가 죽어버렸고, 일행 중 두 사람은 "장사할 물건을 잃어버렸다." 그리고 어떤 소그드 상인은 짐을 실은 동물도 "자신이 산 속에 숨겨둔 상품"도 어디 있는지 찾을 수 없었다.[78] 이만하면 상인들은 운세 사나운 사신단을 따라갔던 셈이고, 그래서 그들은 그러한 어려움을 겪어야 했던 것이다.

왕자들도 무역에 참여했다. 어떤 호탄 왕자의 이름은 카파스타카(Capastaka)였는데, 돈황의 관리에게 옥 18킬로그램을 주고 비단 150필을 받았다. 명목상으로는 호탄 왕실에 주는 선물이 100필이고 왕자의 중국인 어머니 키-비아이나(Khi-vyaina) 부인에게 주는 선물이 50필이었다. 그 왕자의 형제인 왕 파-캬우(Wang Pa-kyau)가 어머니에게 쓴 편지에는 카파스타카가 자신을 속였다고 불평하는 내용이 있다. 왕 파-캬우는 자신에게도 옥을 보내달라고 요청했다. "사신단이 그곳에 가거든 옥돌(ira stone)을 조금 보내주실 수 있는지요?"[79] 이 문구는 카파스타카처럼 자신도 옥을 팔아 비단을 사고 싶다는 말로 이해된다. 비단으로 여행경비를 충당할 수 있을 테니까.

다양한 호탄인 여행자 그룹이 소비한 비용 목록에 따르면 비단은 여행자들이 주로 사용했던 지불 수단이었다. 그들은 비단으로 소맥, 낙타, 말을 사거나 안내자 인건비를 지출했고, "40명의 동포 상인들"에게도 주었다. 비단이 언제나 화폐로 사용되었던 것은 아니다. 여행자들은 비단으로 옷을 만들기도 했다. 비단말고도 살아있는 양과 영양 가죽을 교환하기도 했다. 이는 10세기 실크로드 경제에서 물물교환이 통용되었음을 나타낸다.[80]

주도적인 호탄어 학자인 동경대학교의 구마모토 히로시(熊本裕) 교수는 이러한 지출 목록이 왜 특별한 것인지를 설명해 준다. "이는 돈황에서 발견된 몇 안 되는 상업 문서 중 하나입니다. 9세기와 10세기 돈황의 한문 고문서에는 단지 호탄 사절단과 성직자들만 등장할 뿐 호탄 상인이 언급되는 경우는 거의 없기 때문에 이 문서는 특별히 주목할 만한 가치가 있습니다."[81] 구마모토의 말은 전적으로 옳다. 10세기에 특히 단체로 움직인 상인들이 언급되는 경우는 거의 없다.

오래도록 실크로드라 하면 긴 낙타의 행렬을 이끌고 무역을 하러 가는 상인들이 다녔던 큰 도로를 떠올렸다. 그러나 고문서의 기록은 이러한 인상에 의문을 제기한다. 일곱 명의 왕자가 참여했던 사절단에 관한 호탄어 고문서에는 다양한 계층의 사절단 구성원들이 기록되어 있다. 지위가 높은 사람도 있었고, 낮은 사람도 있었다. 왕자, 승려, 서민 등이 모두 포함되었다.[82] 구성원들이 담당했던 역할은 서로 뒤섞일 수 있었고, 어려운 시기에는 더욱 그러했을 것이다. 심지어 왕자들조차 여행 경비를 충당하기 위해서 옥을 팔아 비단을 구입했다. 이러한 상황에서라면 누구라도 무역에 참여해야만 했다. 그러나 무역은 지역에서 생산된 물품, 지역에서 획득할 수 있는 상품을 가지고 즉흥적으로 이루어졌을 뿐이다. 어떤 물건을 필요로 하는 사람이 있다면 그는 가능하면 비단으로 지불을 해야 했다. 그러나 양이나 영양 가죽을 주고도 물건을 살 수 있었다. 이처럼 불안정한 시대에 길을 떠나는 모험을 감행할 사람은 극소수에 불과했다. 모험에 나서고자 하는 사람은 공식 사절단에 소속되어야 했다. 그러면 특별 대우를 받을 수 있었다. 하지만 항상 그런 대접을 받은 것은 아니었다.

돈황 장경동에서 발견된 호탄어 자료는 거의 전부가 호탄과 동쪽의 이웃 나라들, 즉 돈황, 위구르 카간국, 당나라와 그 이후 중국의 왕조들과의 관계에 초점을 맞추고 있다. 그러나 서방 세계의 변화가 호탄을 바꾸어 놓았다.

키르기즈는 840년 위구르를 무너뜨렸다. 이로 인해 몽골 지역의 핵심 위구르 인구가 대규모로 남쪽의 투르판, 감주로 이주했다. 그리고 남쪽에서 소규모 계승 국가를 수립하여 위구르 카간국들이 되었다. 840년 이후 새로운 부족 연맹체가 형성되었다. 당시 고문서에는 이들을 "칸" 혹은 "카간"이라고 칭했지만 현대 학자들은 이들을 다른 투르크족과 구별하여 카라카니드(Karakhanid)라 부른다. 955년 이전 어느 즈음, 이 연맹체의 지도자 사툭 부그라 칸(Satuq Bughra Khan)이 이슬람으로 개종했고, 그의 아들이 아버지를 이어받아 정복 전쟁을 계속했으며 투르크인들을 이슬람으로 개종하도록 힘썼다. 960년에 작성된 무슬림 연대기에는 "투르크족의 텐트 20만 호"가 이슬람으로 개종했다고 기록하고 있다.[83] 연대기에는 어떤 투르크족인지 어디를 기반으로 하는 자들인지 정확하게 나오지 않지만, 현대 학자들은 그들이 호탄 서쪽 500킬로미터 지점 카슈가르에 근거했던 카라카니드일 것으로 추정하고 있다. 카라카니드는 이슬람으로 개종한 뒤 군대를 동원해 불교 사찰을 포함한 모든 비-무슬림 종교 건축물을 파괴하라는 명령을 내렸다.

카라카니드의 통치자들은 이슬람 세계의 동쪽 끄트머리에 위치했고 바그다드의 압바스 왕조와는 멀리 떨어져 있었음에도 불구하고 이슬람 세력과 연합하고자 개종을 했던 것으로 추정된다. 오늘날의 지도자들도, 카자흐나 키에프 공국 혹은 헝가리에서는 중세적 세계 종교인 유대교, 기독교, 이슬람교 중에서 어느 것이 유리할지 가늠해 보고 하나를 선택하기도 한다. 카라카니드의 이슬람 개종은 이와 유사한 결정이었다.[84]

처음에는 호탄 사람들이 카라카니드 군대를 물리쳤다. 970년 호탄은 카슈가르 통제권을 획득했다. 호탄의 왕 비사 수라(Visa Sura, 재위967-77)는 비사 삼바바의 아들인데, 자신의 외삼촌인 돈황의 통치자에게 칙서를 보냈다.(342쪽 참조) 비사 수라의 어머니는 돈황 통치자와 남매지간으로서 호탄으로 시집을 왔던 것이다.

편지에는 왜 호탄에서 돈황과 중국에 보내는 조공이 늦어졌는지를 설명하고 있다. 호탄 왕은 무척 기뻐하며 카슈가르에서 "아주 좋은 것들, 여자와 아이들, 코끼리, 혈통 좋은 값비싼 말 등등"을 획득했음을 알렸다. 그러나 작은 불만도 있었다. "다른 지역을 정복하고 통치하는 일은 힘겹고 어려운 일입니다. 이방인인 우리가 안전하게 통제할 수가 없습니다." 그는 정부 재정이 빈약해졌다고 과장해서 말했다. "돈은 늘어났고 곡식과 운반할 동물, 남자들, 군대도 많아졌습니다. 그러나 분쟁도 많아졌고 남자들도 죽어가고 있습니다." 호탄의 군대가 승리하기는 했지만 카라카니드 병사들이 카슈가르 바로 외곽에 머물러 있었다. 승리는 아직 결판난 것이 아니었다.

왕의 친서 말미에는 외삼촌에게 보내는 선물 목록이 적혀 있다. 호탄 왕은 통상적인 물품을 보냈다. 옥 원석 세 덩어리(각각의 무게), 가죽 장신구 하나, 도구 몇 개와 그릇 등이었다. 카라카니드에서 획득한 물건 중에서는 은상자에 들어 있는 잔, 뚜껑이 있는 철제 도구 하나를 보냈다.[85] 카슈가르를 차지한 일은 호탄으로서는 중요한 승리였고, 한문 자료에서도 호탄의 왕이 중국에 카슈가르에서 획득한 "춤추는 코끼리"를 보낼 수 있도록 허락해달라는 요청이 있었다는 기록이 있다. 중국 정부는 공식적으로 이를 허락했다.[86]

호탄과 카라카니드는 970년 이후에도 계속해서 전쟁을 벌였다. 그러나 전쟁의 진행 상황에 대한 상세한 자료는 없다. 우리가 알고 있는 것은 다만 1006년 카라카니드의 지도자 유수프 카디르 칸(Yusuf Qadir Khan)이 서쪽으로 주요 군사 원정을 감행했다는 사실뿐이다. 따라서 학자들은 카라카니드가 1006년 이전, 그러나 그리 오래지 않은 과거에 성공적으로 호탄을 점령했을 것으로 추정한다.[87] 마흐무드 알 카슈가리(Mahmud al-Kashgari, 1102년 사망)는 호탄 점령에 관한 유명한 시를 남겼다.

우리는 강물처럼 밀어닥쳤다.
우리는 그들의 도시를 활보하였다.
우리는 미신을 섬기는 사원을 부숴버렸다.
우리는 부처 대가리에 똥을 샀다.[88]

공포의 물결은 동쪽으로 퍼져나갔다. 돈황 제17굴에는 호탄의 멸망에 관한 기록이 없다. 북경대학교 영신강(榮新江) 교수에 따르면, 아마도 호탄에서 불교 건물이 파괴되었다는 소식을 듣고 즉시 장경동을 막아버렸기 때문일 것으로 추정했다. 장경동에는 호탄어 자료가 풍부하게 들어 있었다.[89]

하룻밤 사이에 호탄은 더 이상 불교 국가가 아니게 되었다. 역사 기록은 너무도 부족하다. 우리가 알고 있는 바로는 호탄 멸망 직후에 요나라를 다스리던 거란 통치자가 돈황 통치자에게 선물로 말과 "아름다운 옥"을 주었는데, 옥은 정복지 호탄이 아니면 구할 수 없는 물건이었다.[90] 한문 자료에서 그 다음으로 호탄이 언급되는 것은 1009년 카라카니드가 지배하는 호탄에서 온 조공 사절에 대한 기록이다.[91]

이 한문 자료는 대체로 통치자의 재위 연대기에 초점을 맞추고 있기 때문에 새로이 카라카니드에 복속된 백성들에게 이슬람이 어떤 영향을 미쳤는지는 거의 나타나지 않는다. 하나의 예외는 아랍어와 위구르어로 기록된 고문서인데, 이들 고문서는 "1911년 야르칸드 교외의 정원 나무 아래에서 발견되었다." 야르칸드는 호탄 서쪽 160킬로미터 지점에 위치하고 있다. 이들 자료는 그 지역에서 발견된 다른 수많은 고문서들과 마찬가지로 안전한 보존을 위하여 영국 영사 매카트니에게 보내졌다. 이들 고문서 중에는 위구르어 계약서 3건과 아랍어 계약서 12건이 포함되어 있고, 아랍어 계약서 중 5건은 위구르 문자로 기록되어 있다. 위구르 문자에서 아랍 문자로 전환되는 과정을 생각해 보면 이들 자료는 1080년에서 1135년 사이의 것으로 추정된다. 카라카니드가 호탄을 정복한지 약 100년이 지난 때였다.

이들 계약서는 모두 토지 매매에 관련된 것들이다. 법적인 판결문 3건은 증인 지정, 상속 분배, 토지 소유권에 관한 것이다. 카라카니드 정부는, 최소한 1100년까지는, 그리고 최소한 야르칸드에서는, 기본적인 이슬람 율법을 이식하였다. 법정 관리는 단순한 소송 서류를 아랍어로 쓸 수 있을 정도로 충분히 아랍어를 구사할 수 있었고, 소송 당사자와 증인들에게 서류를 위구르어로 번역해 주었다. 그들 중 일부는 아랍어로 서명을 했고 일부는 위구르어로 했다.[92] 아랍어 고문서 3건에는 그 문서가 소송 당사자의 언어로 번역되어야 하고 그들 앞에서 큰 소리로 읽어주어야 한다고 명시하고 있다. 최소한 카라카니드의 법정 관리는 이슬람 법률에 익숙했겠지만, 일반인들로서는 정부가 이슬람으로 개종함으로써 초래되는 결과에 대해서 잘 알지 못했을 것이다.[93]

카라카니드가 이슬람으로 개종했을 당시 서역의 다른 오아시스 왕국들은 그렇지 않았다. 쿠차와 투르판의 위구르 통치자는 시대에 따라 마니교와 불교를 믿었다. 감주와 돈황과 호탄 동쪽의 실크로드 남로를 지배했던 서하 왕국 또한 불교 국가였다.[94] 이러한 세 갈래 구분은 신강 지역에서 12세기까지도 그대로 유지되었다. 12세기는 북중국의 요나라(907-1125)의 뒤를 이어 서요(西遼)가 명목상 신강 지역을 통치했다. 서요의 통치 하에 네스토리우스파 기독교가 신강 지역에서 영향력을 확장했다. 특히 몽골의 케레이트와 나이만에게서 그러했다.[95]

그 뒤 1211년 나이만의 지도자 쿠츨룩(Küchlük)이 서요를 무너뜨렸다. 원래 네스토리우스파 기독교 신도였던 쿠츨룩은 불교로 개종했고, 이슬람의 사나운 적수가 되었다. 쿠츨룩은 카슈가르와 호탄 모두를 공격하여 주민들이 이슬람을 포기하고 기독교나 불교 중에 선택을 하도록 강요하였다. 그러나 쿠츨룩은 이 지역에서 이슬람을 금지했던 마지막 통치자였다. 1218년 칭기스칸이 그를 무너뜨렸다. 칭기스칸은 1206년 몽골을 통일하고 놀라운 정복전을 잇달아 펼쳤다. 칭기스칸은 쿠츨룩의 종교 정책을 취소하였다.[96]

몽골의 정복은 1227년 칭기스칸이 사망한 뒤에도 계속되었다. 1241년까지 몽골은 유라시아의 대부분을 차지했고, 세계사상 가장 영토가 넓은 제국을 수립하였다. 일반적으로 종교적 관용 정책을 추구했고, 그들의 샤먼 전통을 우대하는 가운데 모든 성직자들을 후원했다. 몽골 제국 시대는 팍스 몽골리카로 불리기도 하는데, 이로 인해 세계사상 최초로 유럽에서 몽골 제국의 동쪽 끝인 중국까지 여행이 가능해졌다. 많은 사람들이 여행에 나섰고 일부는 여행기를 남기기도 했다. 대부분의 여행자들은 크리미아 반도에서 출발해서 단절이 없는 거대한 유라시아 초원 지대를 거쳐 오늘날 몽골까지 갔다. 그들은 타클라마칸 주위를 돌아가는 전통적인 실크로드를 이용하지 않았다.

이상하게도 마르코 폴로만은 예외였다. 그는 실크로드 남로를 통해 호탄을 거쳐갔다고 하는데, 왜 남들이 이용하는 초원길을 선택하지 않았는지는 아무도 모른다. 1271년 열일곱 살의 마르코 폴로는 베니스를 출발하여 삼촌 두 사람과 함께 여행을 떠났다. 그로부터 불과 10년 전 몽골 제국이 네 지역으로 갈라졌다. 칭기스칸의 아들들이 각 지역을 다스리고 있었다. 차가타이 칸국은 동쪽으로 투르판에서 서쪽으로 부하라까지 오늘날 신강 지역을 모두 차지하고 있었다. 마르코 폴로는 삼촌들이 이끌던 상단에 소속되어 중국에 가는 길에 야르칸드와 호탄을 방문했는데 두 지역은 모두 차가타이 칸국에 소속되어 있었다.

여기서 그는 야르칸드 지방에 대해서 이야기한다. 야르칸드는 5일 거리에 있다. 주민들은 무함마드의 법을 따른다. 그리고 일부는 네스투리우스파 기독교도들도 있다. 그들은 모두 내가 앞에서 말한 위대한 칸의 조카에게 예속되어 있다. 그곳에는 모든 물자가 풍족하며, 특히 면화가 많이 난다. 그러나 그곳에는 우리 책에서 언급할 만한 것이 없기 때문에 호탄 이야기로 넘어가겠다. 호탄은 동-북-동쪽에 있다.

호탄은 8일 거리에 있는 지방이다. 이들은 위대한 칸에게 예속되어 있다. 주민들은 모두 무함마드를 신봉한다. 많은 도시와 마을이 있으며, 그 중에서 가장 화려한 도시는 왕국의 수도 호탄이다. 도시의 이름은 지방의 이름과 같다. 모든 것이 풍족하며 면화가 많이 자란다. 포도밭과 울타리와 정원이 많다. 주민들은 교역과 수공업으로 생활할 뿐 결코 전사는 아니다.[97] (이하 동방견문록 인용문의 번역은 김호동 역주,《동방견문록》, 사계절, 2000, 165-166참조)

야르칸드와 호탄에 대한 이러한 묘사는 마르코 폴로의 전형적인 서술방식을 보여준다. 반복적인데다가 세부사항은 놀랄 만큼 적어서 실제로 보고 기록한 것으로 믿기 어렵다. 이후 마르코 폴로는 펨(Pem)이라고 하는 지역을 묘사하는데 그곳이 어디인지 아직 학자들 사이에서 확인이 되지 않았다. 시작 부분은 호탄을 묘사한 대목과 같은 내용을 반복하면서 옥에 대해서 의미 있는 정보를 덧붙였다.

이곳을 지나면 펨(Pem) 지방에 도착한다. 펨은 북-동-북쪽으로 5일 거리에 있다. 여기서도 주민들은 무함마드를 신봉하며 위대한 칸에게 예속되어 있다. 마을과 도시가 많다. 그 중에서 가장 화려한 도시이자 펨 지방의 수도는 펨이라고 불린다. 여기에는 강이 있는데, 벽옥(碧玉)과 옥수(玉髓)라는 돌이 많이 발견된다. 생활에 부족함이 없다. 면화가 많이 자란다. 주민들은 교역과 수공업으로 살아간다.

마르코 폴로의 정보는 확실히 틀린 것 같다. 그가 펨(Pem)에 대해서 설명한 정보는 모두 호탄에 걸맞다. 그러나 그가 펨이라고 한 것이 페마(Phema)일 수는 있다. 케리야(Keriya)의 옛 이름이 페마였는데, 호탄과 니아 사이에 있는 오아시스이다.[98] 펨에 관한 마르코폴로의 이야기는 계속된다.

그 중에서 다음 풍습이 널리 퍼져 있다. 여인의 남편이 20일 이상 걸리는 여행을 떠나게 되면 여인은 남편이 떠나자마자 다른 남자를 맞아들인다.

마르코 폴로의 진실성에 대해서 수 세기 동안 논쟁이 있었다. 일반적으로 보자면 중국사 전공자들은 마르코 폴로의 말에 좀더 유보적인 반면 몽골사 전공자들은 원나라 궁정 내부 정치에 대한 내용으로 보아 믿을 수 있다고 열심히 논증하는 입장이다.[99] 중세의 여행기에서는 흔히 실제로 글쓴이가 직접 방문해보지 않은 지역(호탄과 펨처럼)에 대한 이야기가 포함되어 있다는 데 대해서는 누구나 동의하는 바이다. 중세의 독자들도 마르코 폴로가 얘기하는 모든 장소를 직접 방문했을 거라고 기대하지는 않았다.

마르코 폴로나 그의 삼촌들과 같은 상인들은 몽골 제국에서 결정적인 역할을 맡았다. 그들은 사업가였기 때문에 막대한 양의 금이나 은 혹은 전리품들을 교환해줄 수 있었고 이러한 물건들을 가지고 몽골이 진정으로 원하는 직물 같은 것과 어떻게 교환할 수 있는지 창의적인 방법을 찾아주었다. 몽골은 상단에게 막대한 양의 은을 빌려주었고 상단과 파트너쉽을 맺었다. 상인들은 이 돈으로 도자기를 구입했다. 상인들 중에는 중앙아시아 무슬림들이 압도적으로 많았다. 그러나 시리아인, 아르메니아인, 유대인도 포함되어 있었다. 마르코 폴로와 그의 삼촌들은 이와 유사한 내부 파트너쉽 조직에 들어갔을 수도 있다.[100] 이러한 파트너쉽은 완전히 새로운 것으로 이전의 중국 왕조들에서는 비슷한 사례를 찾아보기 어렵다.

1300년대 몽골은 갈라지기 시작했다. 각 지역은 서로 독립적이 되었다. 중국에 있는 원나라 황제들은 이슬람으로 개종하지 않았지만, 다른 세 지역의 통치자는 차가타이 칸국을 포함해서 이슬람으로 개종했다. 1330년대 초 차가타이 칸국에서 최초로 무슬림 통치자가 즉위했다. 그는 병사들에게 이슬람으로 개종하도록 권했다. 그의 백성들 중에는 이미 무슬림이 포함되어 있었다. 통치자로 인해 무슬림의 수가 증대하였다.[101] 중앙아시아에서 이슬람의 영향은 티무르 제국 시기 더욱 증가하였다. 티무르 또한 무슬림이었다. 1300년대 후반 차가타이 칸국의 후계자들은 신강 지역의 상당 부분을 차지하였다. 당시 한족의 중국 왕조였던 명나라는 몽골인들을 중원에서 몰아내어 몽골 지역의 고향으로 쫓아보냈다. 이후 수 세기 동안 현재 신강 지역에 있던 오아시스에서는 북경에 있는 명나라 왕실에 계속해서 조공 사절단을 보냈다. 사절단의 설명에 따르면, 1400년대까지도 불교는 투르판에서 여전히 번성하고 있었다.[102]

1602년 벤토 데 고에스(Bento de Goes)라는 유럽인이 있었다. 아조레스(Azores) 출신의 예수회 신부였던 그는 수염과 머리를 기르고, 페르시아 상인으로 변장하여 인도에서 중국까지 여행을 했다.[103] 그는 이름을 압둘라 이사(Abdullah Isa)라고 했다. 압둘라는 아랍어로 "신의 하인"이라는 뜻이었고, 이사이는 아랍어 이사(Isa, 즉 예수)의 스페인식 변형이었다. 그가 처음 머물렀던 카불에서 그는 호탄 왕의 어머니를 만났다.(야르칸드 왕과는 남매지간이었다.) 그녀는 도둑을 맞아 도움이 필요한 처지였다. 데 고에스는 가지고 있던 상품 일부를 팔아서 그녀에게 금화 600냥을 이자도 없이 빌려주었다. 그녀는 돌아가면 호탄의 옥으로 갚겠다고 약속했다. 서쪽으로 파미르 고원을 넘어 가는 길은 워낙 위험요인이 가득해서 데 고에스의 상단 500명을 보호하기 위해 400명의 경호원을 고용했다.

안전하게 야르칸드에 도착한 뒤 데 고에스는 호탄으로 갔다. 호탄에서 그는 약속한 옥을 받을 수 있었다. 그리고 나서 데 고에스는 북경으로 가는 상단이 꾸려질 때까지 꼬박 1년을 기다렸다. 상단을 구성하기는 매우 어려웠다. 중국에서는 상단에 소속되는 상인을 72명으로 제한했다. 야르칸드의 통치자는 상단의 자리를 대가로 돈을 받았다. 상단의 우두머리가 되려면 사향 200냥을 지불해야 했다. 그 외의 71자리는 그보다 비용이 적었다. 모든 자리가 마침내 채워진 뒤 상단은 1604년 가을에 출발해서 타클라마칸 북로를 따라 갔다.

데 고에스는 동료 두 명과 함께 상단의 주요 행로를 벗어나 투르판, 하미, 가욕관을 방문했다. 중국 입경 허가를 받은 뒤에 상단은 1605년 크리스마스에 소주(肅州, 오늘날 감숙성 주천)에 도착했다. 그곳에서 데 고에스는 마테오 리치에게 편지를 보냈다. 마테오 리치는 1601년부터 북경에 머물고 있었다. 중국에 도착하자마자 데 고에스는 예전부터 의심했던 사실을 확인할 수 있었다. 이전의 여행자가 말했던 카타이(Cathay)가 바로 중국이었던 것이다. 1607년 동료 예수회 신부가 그를 찾아온 뒤 11일이 지난 후 데 고에스는 사망했다.

데 고에스와 같이 여행했던 상단의 상인들은 그의 소유물을 나누어 가지고 그의 일기를 찢어버려서 겨우 몇몇 대목만 살아남았다. 동료 예수회 신부들이 이를 가까스로 찾아서 마테오 리치에게 보냈다. 오늘날까지 살아 남은 조공 무역에 관한 기록으로는 데 고에스의 기록이 가장 상세하다. 중앙아시아에서부터 중국까지 내내 여행하는 상단은 거의 없었다. 그렇게 하는 경우 상단에서 명나라 황제에게 바칠 조공을 가져가고 있는 것처럼 꾸며야 했다. 그러기 위해서는 숫적 우세를 갖추어야 했다.

1600년대와 1700년대에는 신강 지역으로 들어가는 상단이 거의 없었기 때문에 그곳을 여행하는 여행자도 거의 없었다. 신강과 감숙 지역에서 소수의 무슬림들이 중동으로 여행했는데, 대개 수피 스승으로부터 공부를 하기 위해서였다. 그들 중 일부는 성지순례(Hajj)를 하기도 했고 물론 메카에도 들렀다. 1600년대 수피 스승이 서쪽에서 파미르 고원을 넘어 신강 남부와 감숙 지역으로 들어왔다. 그는 이곳에서 설교를 통해 커다란 성공을 거두었다. 그의 아들 호자 아파크(Khoja Afaq)는 하미에서 태어났는데 아버지의 뒤를 이어 설교를 계속했고 아주 유명한 사람이 되었다. 1700년대에 그의 후계자가 예멘을 여행했고, 예멘에서 낙샤반디(Naqshabandi) 스승들과 함께 공부했다. 그들은 돌아온 뒤 비상한 영향을 끼쳤다. 그들의 말에는 엄청난 권위가 있었다. 신강 지역을 벗어나 공부할 기회를 가진 무슬림들이 워낙 드물었기 때문이다.[104] 머지 않아 이들 수피의 후계자들이 호탄과 야르칸드에서 호자(Khoja)의 지도자가 되었다. 이곳에서 그들은 이슬람 율법을 심었고, 그 백성들은 모스크에서 기도를 올렸으며, 돼지고기를 먹지 않았다. 그들의 영향으로 신강 지역은 전역이 이슬람화되었다.

　1759년 청나라의 군대가 최후의 적수를 물리치고 신강 지역을 차지했다.[105] 청나라 정부는 신강(新疆)이라는 행정구역을 설치했는데, 이는 "새로운 영토"라는 의미이다. 만주족 관리는 권력을 지역의 지도자에게 위임했고, 아랍 문자를 이용해서 황제의 명령을 위구르어로 번역했다. 신강 지역에 사는 사람들은 중원 지역에 사는 사람들과 다른 법률을 적용받았다. 중원 지역의 백성들은 앞머리를 깎고 뒷머리를 길게 땋아야 했지만, 신강 지역의 무슬림들은 헤어스타일을 강제하지 않았다. 지위가 높은 무슬림들에 한해서 머리를 땋을 수 있도록 정부에 신청할 수 있었고, 이는 사회적 성공을 나타내는 징표가 되었다.[106]

　청나라가 통치하는 동안 경제는 향상되었다. 당나라 때와 마찬가지로 군대를 유지하기 위해 막대한 현금과 직물이 지역으로 유입되었고 무역 관계망이 다시 활기를 띠었다. 상인들은 다시 위험을 무릅쓰고 원거리 무역에 나섰다. 그러나 1864년 청나라는 신강의 통제권을 잃어버렸고, 1865년 지역 군벌인 야쿱 벡(Ya'qub Beg)이 이 지역을 통치했다. 러시아와 영국은 이 지역에서 교두보를 확보할 수 있음을 감지하고 야쿱벡의 영토에 상단을 파견했다. 그들의 보고서를 보면 매우 희망적이다. 시장에서 판매되는 상품은 거의 대부분 토산품이었지만 영국과 러시아의 무역상들은 외국 상품, 특히 직물과 차를 판매할 수 있는 잠재적 시장이 매우 크다고 보고했다.(이미 차는 더이상 중국에서 수입되지 않던 상황이

었다.) 1877년 야쿱 벡이 사망한 뒤 중국은 미약하나마 다시 이 지역을 다스리기 시작했다.[107]

1900년대 초 오렐 스타인과 외국인들이 신강 지역으로 들어갔을 때 통행증을 발급해준 것은 청나라였고, 현지에서도 많은 청나라 관리들을 만났다. 그들 중 일부는 성의껏 외국인들의 발굴과 신강 지역에서 유물을 반출하는 일을 도와주었다. 1911년 혁명과 함께 청나라가 무너지자 신강 지역은 사실상 독립 지역으로 중국인 군벌의 통치 하에 놓였다. 군벌들은 국민당 정부에 립서비스만 할 뿐이었다. 1920년대와 1930년대에는 러시아가 여러 군벌들에게 영향력을 행사했다. 신강 북부 지역은 1945년부터 1949년까지 사실상 소비에트의 위성국가로서 투르크족이 지역을 다스렸다. 1930년대의 반란을 제외하면 이 책에서 논의대상이 되었던 신강 남부 지역은 중국인 군벌의 통치 아래 놓여 있었는데, 그는 1944년 국민당의 통치권을 승인하였다. 1949년 그 군벌이 국민당을 버리고 중국 공산당과 손을 잡게 되자 신강 지역은 중화인민공화국에 소속되었다.

1949년 이후 신강의 역사는 여러 측면에서 중국 전체의 역사와 궤를 같이했다. 1950년대 초에는 상대적으로 느슨한 분위기였다. 1958년 대약진운동이 시작되자 오래도록 집단주의의 시대가 도래했다. 이로 인해 종교의 자유가 제한되었다. 1976년 문화혁명이 막을 내렸다. 등소평의 지도 아래 공산당은 중국 국민들에게 경제적 및 종교적으로 보다 폭넓은 자유를 허락했다. 신강에 사는 사람들도 마찬가지였다. 거의 30년에 가까운 경제 성장기를 거친 후 아직도 위구르인과 중국인 사이에는 긴장이 풀리지 않고 있다. 때로는 폭력 사태가 빚어지기도 한다. 2009년 여름과 2011년 여름의 사태가 그러한 예이다. 신강을 포함한 모든 내륙 지역들은 해안지역의 번영에 비해 뒤쳐진 지역이 되었다. 신강에는 위구르인이 98퍼센트에 달하며 중국인을 찾아보기가 힘들다. 거의 모든 호탄의 택시 운전수들과 여행 가이드들은 태어날 때부터 위구르어를 사용한다. 위구르어는 9세기와 10세기에 이 지역에 들어온 투르크어로 호탄어를 완전히 대체했다.

카라카니드의 정복에 대한 기억은 오늘날 신강에서도 여전히 살아있다. 신강에서 현대의 무슬림들은 마자르(mazar)라는 예배 장소에 모인다. 이슬람에서는 성인(聖人)이 규범화되어 있지 않지만, 무슬림들은 일찍부터 특정 개인을 신과 내밀한 관계에 있다고 인정했다. 그들이 신과 일반인의 행위 사이를 중재해줄 수 있다고 믿는 것이다.[108] 마자르에서 순례자들은 꾸란을 읽고 희생물을 마치며 예배 의례를 행한다. 그들도 아이의 건강과 질병의 치유, 가족의 안녕을 기도한다. 가장 규모가 크고 방문객도 많은 마자르는 사툭 부그라 칸의 무덤이다. 그는 최초로 이슬람으로 개종한 카라카니드의 통치자였다. 그곳은 카슈가르에서 차로 한 시간도 안 되는 아도십(阿图什, Atushi)에 위치하고 있다.(화보 16A 참조)[109] 또 하나의 중요한 마자르는 영길사(英吉沙, Yingjisha) 현에서 두 시간 거리에 있는 오르담 파디샤(Ordam Padishah) 마자르이다. 이곳은 사툭 부그라 칸의 손자의 무덤으로 알려져 있다.[110] 그러나 아마도 1500년대 수피 스승에 의해 지어진 건물일 것이다.[111]

오늘날에도 원하는 사람이면 누구나 성지순례(Hajj)를 갈 수 있다. 2009년 중국에서 메카로 여행 허가를 받은 순례자는 12,700명에 달한다.(무슬림 전체 인구는 약 200만 명이다.) 성지순례자 중 600명이 호탄 사람이었다.[112] 성지순례를 갈 수 없는 사람들은 일년 중 좋은 날로 정해진 때에 가끔씩 인근의 마자르를 방문한다. 가장 유명한 여행 코스는 두 가지인데, 호탄과 카슈가르이다. 그곳의 마자르는 사전을 편찬했던 마흐무드 알 카슈가리와 신강의 통치자 호자, 그리고 그들의 여성 친척들에게 헌정된 곳이다. 이곳을 둘러보는 사람들은 때로 호탄을 "성지"라고도 한다. 가장 초기에 이슬람을 도입했던 오아시스가 호탄이므로 틀린 말은 아닐 것이다.

결론

— 중앙아시아 육로 교통의 역사 —

●

실크로드는 인류 역사상 교통량이 가장 적었던 길이다. 일정 시기에 운송된 물량, 교통 빈도, 혹은 여행객의 수를 의미 있는 기준으로 본다면 연구할 가치가 별로 없는 길일 수도 있다.

그러나 실크로드는 역사를 바꾸었다. 대체로 실크로드의 일부 혹은 전체를 힘겹게 건넜던 사람들이 외래종의 씨앗을 심듯이 자신의 문화의 씨앗을 먼 지역으로 옮겨와 심었기 때문이다. 새로운 가정을 가꾸어 가면서 그들은 이미 그곳에 살고 있던 사람들과 섞였고, 나중에 건너온 사람들과 동화되는 일도 많았다. 경제 활동이 꾸준이 이어져왔던 이들 오아시스 도시들은 산을 넘고 망망대해와 같은 모래 사막을 건너려는 사람들을 불러들이는 등불과도 같았다. 실크로드는 상업적인 면에서보다는 역사적인 면에서 중요한 길이었다. 여러 갈래 길의 네트워크는 지구상 가장 유명한 문화의 혈맥이었다. 이를 통해 동양과 서양의 종교, 예술, 언어, 신기술이 교환되었기 때문이다.

솔직히 말해서 중국의 서쪽으로 중앙아시아를 통해서 시리아까지, 그리고 그 너머까지 이어지는 모든 길은 실크로드라 할 수 있다. 그 위를 날아가면서 본다 하더라도 특이한 풍경을 발견하기는 어려울 것이다. 길의 모양은 사람이 만든 것이 아니라 순전히 자연을 따라 이루어졌다. 산의 고개길, 계곡, 사막의 샘 등을 따라 길이 만들어졌다. 실크로드는 잘 닦여진 도로가 아니었다. 체계적인 지도는 20세기에 와서야 그려졌다. 기원후 200년에서 1000년까지 중국인이 이곳에 등장했던 시기에도 실크로드라고 불렀던 그 길 가에는 아무도 살지 않았다. "실크로드"라는 용어 자체가 1877년 이전에는 존재하지도 않았다. 리히트호펜 남작이 1877년에 지도에서 처음 그 용어를 사용했다.(화보 2번-3번 참조)

그 길들의 연원은 인류의 기원에까지 거슬러 올라간다. 걸을 수 있는 사람이라면 누구나 중앙아시아를 통한 육로를 갈 수 있었다. 먼 과거 선사시대에 인류는 이 길을 따라 이동했다. 무역 상품이 운송된 증거는 가장 오래된 것이 기원전 1200년 정도이다. 당시 옥이 호탄에서 하남 지역의 안양으로 운송되었다. 그곳은 황하 북쪽으로 상나라의 왕이 묻혀 있는 곳이다. 중앙아시아와 경계를 마주하고 있는 다양한 사회들(중국, 인도, 이란)과의 접촉은 기원전 1000년~0년까지 계속되었다.

기원전 2세기 한(漢)나라의 통치자들은 최초로 외교 사절을 이 지역에 보냈다. 그의 이름은 장건(張騫)이었다. 한나라는 그들의 적 흉노(현재 몽골 지역에 살던 사람들)에 대항할 세력과 연맹을 맺고자 했다. 사절단은 중국의 상품이 아프가니스탄 북부에서 거래되는 것을 목격했고 귀국한 뒤 이를 황제에게 보고했다. 많은 책에서 실크로드의 역사는 장건의 여행으로부터 시작하곤 한다. 황제가 장건을 파견한 이유는 국방문제였음을 기억할 필요가 있다. 무역 때문에 보낸 것이 아니었다. 그 이전에는 무역의 존재 자체를 알지 못했고, 규모 또한 작았다. 한나라는 뒤이어 북서쪽으로 군대를 파견하여 그곳에서 주둔지를 설치했다. 항상 목적은 북방의 적들로부터 자신을 보호하는 것이었다. 한나라의 주둔지에서 병사들은 현지인들과 제한적으로 접촉할 뿐이었다. 현지인, 인도에서 온 이주민, 중국인 병사가 상시적으로 교류했던 일은 니아와 누란에서 벌어졌다. 그 이야기로 이 책의 제1장이 시작되었다.

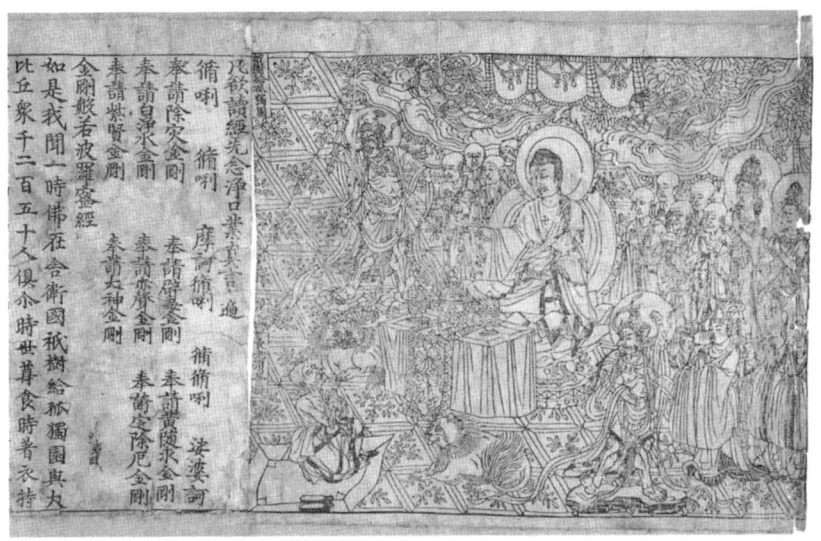

세계에서 가장 오래된 인쇄본
실크로드 고문서 가운데 아마도 가장 유명한《금강경》이다. 온전한 형태로는 알려진 바 세계에서 가장 오래된 인쇄본이다. 종이 7장을 이어붙여 두루마리 형태로 완성했다. 부처의 설법 장면을 그린 첫번째 종이와 순전히 텍스트만 나오는 두번째 종이 사이에 틈이 보인다. 말미에 목판을 새긴 연도가 적혀 있는데 868년이라고 한다. 동아시아에서 목판 인쇄본이 처음 출현한 지 약 150년 되는 시점이다. 부처님의 공덕을 쌓고자 하는 욕망이 인쇄술의 발달에 가장 중요한 동기가 되었다.

이 책에서 언급된 각각의 실크로드 공동체(니아, 누란, 쿠차, 투르판, 사마르칸트, 장안, 돈황, 호탄)에서 교역이 존재했다. 하지만 그것은 제한적인 범위 내에서였다. 니아에서 발굴된 3세기와 4세기 카로슈티 문서는 수천 건에 달하지만, "상인"은 딱 한 번 언급될 뿐이었다. 그 상인은 중국에서 니아로 왔는데, 비단 가격을 매길 때였다. 드물었던 상인의 여정은 엄격한 통제 하에 있었다. 지역 관리들은 그들에게 통행증을 발급했다. 통행증에는 각각의 여행자와 행렬에 속한 동물들, 그리고 무슨 목적으로 어느 도시에 가는지가 명시되어 있었다. 무역을 감독한 관리들은 중국 관리들뿐만이 아니었다. 쿠차의 관리들도 그렇게 했다. 정부는 상품과 서비스의 거래에 가장 주요한 역할을 했다.

이들 여러 도시에 시장이 존재했지만 이국적인 수입품보다는 지역 토산품들이 거래되었다. 743년 투르판의 어느 시장에서 지역 관리는 350가지 서로 다른 물건에 대해 세 가지 가격(높은 값, 중간 값, 낮은 값)을 기록했다. 여기에는 실크로드의 전형적인 상품들이 기록되었다. 염화암모늄, 향료, 설탕, 놋쇠 등이었다. 구매자는 지역에서 생산된 야채나 식품뿐만 아니라 동물도 살 수 있었다. 멀리서 가져온 물건도 없지 않았다. 중원 지역에서 직조되어 북서부 지역으로 가져온 다양한 직물들이 판매되었다. 중국의 중앙 정부는 이러한 직물로 병사들에게 급여를 지급했고, 다시 병사들은 시장에서 상품을 구입하기 위해 직물을 사용했다.

중원 지역에서 북서부 지역으로 막대한 재화의 이동이 있었다. 북서부 지역에 많은 군인들이 주둔했기 때문이다. 이는 왜 755년 이전 당나라가 번성했던 시기에 실크로드 무역이 번성했는지를 설명해 준다. 745년에 돈황의 주둔지로 보내온 비단 운송량은 모두 15,000필에 달했다. 후대의 백과사전에 의하면 730년대와 740년대에 당나라 정부는 서역(현 감숙성과 신강 지역) 국경의 4개 군사 본부에 매년 90만 필의 비단을 보냈다고 한다. 기록으로 남아 있는 어떠한 사적 무역 기록도 수량 면에서 여기에 훨씬 못 미친다. 군사비는 그 지역의 번영을 떠받쳤던 지속적인 재정 지원이었다. 755년의 투르크-소그드 혼혈인 장군 안록산(소그드식 이름은 Rokhshan)의 반란 직후 당나라 정부는 이 지역에 대한 예산 지원을 중단했고 실크로드 경제는 무너졌다.

755년 이후 이 지역은 예전과 매우 비슷한 현물 거래 경제로 되돌아갔다. 상인 한 사람이 돈황 주변의 약 250킬로미터를 돌아다녔다. 이들 행상들은 오로지 지역에서 생산된 토산품들만 취급했고, 대체로 하나의 물품을 다른 물품과 교환하는 식이었다. 그들의 기록을 보면 800년 이후 북서부 지역에서 동전이 부족했음을 확인할 수 있다. 이러한 낮은 차원의 무역은 실크로드 무역의 전성기가 지나간 뒤에도 오래도록 지속되었다. 20세기 초 오렐 스타인과 스벤 헤딘은 모두 이와 같은 행상을 마주친 적이 있었다. 이들의 거래는 실크로드 주변에 살던 사람들의 경제 생활에서 큰 비중을 차지하지는 않았다. 땅을 일구는 사람들은 계속해서 그렇게 살았고, 실크로드를 유명하게 만들었던 사치품들을 거래하거나 만들지도 않았다.

이 책에서는 여러 고문서들을 검토하여 실크로드 무역이 대체로 지역 제한적이며 소규모였다는 사실을 보여주고자 했다. 실크로드 무역이 거창했고 빈번했다고 아무리 고집스레 맹신하는 사람이라 할지라도 그렇게 자랑할 만한 실질적인 근거는 별로 없다는 점을 인정할 것이다. 파편적인 증거들을 필자와 다른 식으로 해석하는 사람도 있을 것이다. 그러나 파편적인 증거 그 자체에 대한 논의는 부정하지 못할 것이다.

각 유적지에 남아 있는 자료들이 너무나 분명하게 구별되는 다양한 언어로 되어있기 때문에 대부분의 학자들은 실크로드 유적지 중에서 주로 한 군데에 집중하는 경향이 있다. 개별적으로 보자면 본인이 연구하는 특정 유적지에서 실크로드 무역에 대한 직접적인 근거가 없다는 점을 잘 알고 있다. 그래서 그들은 왜 없는지에 대해서 길게 설명하게 된다. 이 책에서는 고문서가 출토된 모든 실크로드 유적지에서 마찬가지라는 사실을 보여주고자 했다.

무역의 존재를 믿는 가장 강력한 맹신자라면 아마도 아직 땅속에서 발견되지 않은 증거들이 더 남아 있을 거라고 믿을 수도 있다. 이러한 관점에 대해서는 논쟁이 불가능하다. 미래에 발굴될 유물에 대해서 우리가 무슨 논의를 할 수 있겠는가? 이 책에서는 우리 손에 있는 증거들을 가까이서 비판적으로 검토했다. 그것이 실크로드의 역사와 무역에 대한 이해가 나아갈 수 있는 유일한 방법이기 때문이다. 이 책에서는 발굴된 증거들을 최고로 취급했다. 그것이 순정하고 일차적인 자료이기 때문이다. 상인이 납부한 세금 목록이나 실크로드 상인들에게 발급한 통행증과 비교해보면 무역에 대한 일반화는 빛을 잃고 만다. 자료가 많지 않고 결정적인 부분이 빠져있는 경우도 흔히 있다는 점은 인정한다. 그러나 이 자료들은 다양한 장소에서 발굴된 것이고, 이처럼 지역적 소규모 거래 장면이 보다 그럴듯한다.

무역은 제한적이었음에도 불구하고 동서 간의(처음에는 중국과 남아시아, 나중에는 중국과 서아시아, 특히 이란) 광범위한 문화 교류가 이루어졌다. 다양한 그룹의 사람들이 서로 다른 길로 중앙아시아를 거쳐갔다. 피란민, 예술가, 장인, 선교사, 도둑, 사절단 등이 모두 이 길을 따라 나름의 길을 갔다. 그들은 때로는 무역을 했지만, 그것은 어디까지나 그들의 여행에서 주된 목적은 아니었다.

실크로드를 따라 이동한 사람들 가운데 가장 중요하고 가장 큰 영향을 미쳤던 사람들은 피란민이었다. 이주민의 물결은 그들의 고향으로부터 기술을 함께 가져왔고 새로운 고향에서 그 기술을 사용했다. 전쟁이나 정치적 투쟁으로 인해 도망친 사람들의 이주가 많았다는 사실은 그만큼 기술이 동으로 혹은 서로 이동했음을 의미한다. 종이를 만드는 기술이나 비단을 직조하는 기술은 중국에서 서쪽으로 전해졌고, 동시에 유리를 만드는 기술이 중국으로 전해졌다. 떠돌이 예술가들도 이 길을 따라 이동했다. 그들은 화본(畵本)을 가지고 다녔고 그들의 고향에서 가져온 그림의 모티프들을 소개했다.

현재의 아프가니스탄과 파키스탄에 해당하는 간다라 지역에서 최초의 이주민들이 서역으로 들어와서 니아에 정착했다. 이들 인도 지역 피란민들은 카로슈티 문자와 홈이 파진 목판에 글을 쓰는 기술을 현지인들에게 소개해 주었다. 그들은 또한 불교라는 그들의 종교도 가지고 왔다. 초기 불교 계율에 따르면 승려는 독신으로 지내야 했지만 니아의 불교인들은 결혼을 했고 아이도 낳았다. 그들은 각자의 가정에서 살면서 주요 의례에 참여할 때면 사원을 방문했다.

중국 서부 지역에서 가장 두드러지는 이민자 집단은 소그드인이었다. 그들의 고향은 오늘날 우즈베키스탄에 해당하는 사마르칸트와 그 도시 주변이었다. 그들은 거의 모든 중국 도시에 정착지를 형성했고, 정착지 내에서는 소그드인 살보(薩寶)가 지역 공동체의 대소사를 관장했다. 그들이 소설에서 워낙 자주 등장해서 부유한 소그드 상인이라는 전형이 만들어지기도 했다.

소그드인의 편지 8통에는 실크로드 무역에 대한 가장 상세한 묘사가 들어 있다. 그 편지는 돈황 교외에 버려진 우편낭에 들어 있었다. 편지가 작성된 시기는 313년 혹은 314년인데, 특별한 상품을 언급하고 있다. 모직, 린넨, 사향, 납을 바탕으로 만든 화장품 백연, 후추, 은, 비단으로 추정되는 물건 등이다. 수량은 그리 많지 않아서 1.5킬로그램에서 40킬로그램 사이였다. 모두 카라반이 운영하던 소규모 무역에 부합한다.

카라반은 대개 다양한 길을 통해 이동했다. 세번째 편지에서 이름이 미우나이(Miwnay)라는 어떤 소그드인 여인은 자신이 돈황을 떠날 수 있는 다섯 번의 기회가 있었지만 도망간 남편 때문에 오도가도 못하는 처지가 되었다고 한다. 언젠가의 만남을 위해 그녀는 양과 딸아이를 돌보고 있다고 한다. 다른 소그드인들도 이처럼 중국에 정착한 뒤에는 다양한 직업을 선택할 수 있었다. 농사를 짓거나 장인으로 일하거나 수의사가 되거나 군인으로 복무하기도 했다.

역사적인 수도 장안은 지금은 서안으로 불리는데 실크로드 예술로 유명하다. 아마도 가장 주목되는 발굴은 하가촌(何家村)의 저장고일 것이다. 그곳에는 중국식과 서양식 모티프가 결합된 아름다운 금그릇 은그릇이 100점이 넘게 들어 있었다. 면밀하게 검토해본 결과 그 중 대부분은 현지에서 생산된 것들이었다. 소그드인 망명자가 만들었을 수도 있고 중국인 장인이 소그드식 모티프를 적용해서 만들었을 수도 있다. 오직 보석만은 논란의 여지 없이 수입품이었다. 무게가 가볍고 크기도 작았기 때문에 보석은 육로 운송에 용이한 물건이었다.

다른 피만민들과 마찬가지로 소그드인들도 자신의 종교를 중국에 가지고 왔다. 어떤 소그드인들은 애초의 장례 풍습(시신을 야외에 방치했다가 뼈를 추려 납골함에 넣어서 매장함)을 포기하고 중국식 관습을 따르기도 했다. 예를 들면 시신을 무덤에 안치하고 지하 무덤방으로 통하는 경사진 계단을 만들었다. 서안과 중국의 여러 도시에서 고고학자들은 조로아스터교의 사후세계 장면 그림이 있는 무덤을 발굴했다. 그 중 하나에는 망자를 위한 비석이 서 있었는데 한문과 소그드 문자로 비문이 적혀 있었다.

서역에서 각각의 공동체는 여러 이주민 집단을 받아들였다. 피란민들은 선택의 여지가 없어서 고향을 떠났지만, 종교를 배우는 학생들은 더 많이 배우기 위해 여행을 떠났다. 스승들은 학생이 있는 곳에 정착을 했다. 가장 상세한 여행 정보는 인도를 여행한 중국인 승려의 기록들이다. 육로로 여행한 승려도 있었고 해로로 여행한 승려도 있었다. 400년대 초 법현 스님이 탄 배에서 인도인 선원들은 그를 바다에 던지려고 했다가 마침내 그가 중국어를 할 줄 아는 유일한 사람이라는 걸 알고 살려주었고, 법현 스님을 통해 배가 도착한 곳이 어디인지를 알 수 있었다.(예정된 항로를 100마일이나 벗어났던 것으로 밝혀졌다.)

이보다 200년도 더 지나서 현장 법사는 산길로 여행을 했다. 같이 여행하던 사람들 여럿이 얼어죽었고, 자신은 강도를 만나 모든 것을 빼앗기기도 했다. 심지어 옷가지도 빼앗겼다. 또한 도둑 집단을 만나기도 했는데, 그들은 훔친 물건을 서로 나누느라 워낙 바빠서 현장 법사에게서는 아무 것도 훔치지 않았다. 현장 법사처럼 도둑에 대한 이야기를 남긴 여행자는 거의 없었다. 니아에서 발굴된 경찰 보고서에서는 피란민들의 분실물에 대한 기록이 있다. 그들은 진주, 거울, 비단 혹은 모직으로 된 고급 옷감, 은제 장신구를 잃어버렸다. 그러나 범인을 특정하지는 못했다. 돈황에 있는 어느 벽화에는 무장한 도적떼에게 붙잡혀 걱정하는 상인의 모습이 분명하게 그려져 있다. 그림 속에서는 관음보살이 마침내 개입해서 그를 구해준다.

현장 법사와 같은 불교 승려들은 가장 중요한 번역가였다. 그들은 산스크리트어 같은 낯선 외국어로 된 용어를 중국어로 체계적으로 옮기는 작업을 해서 오늘날까지도 사용되고 있다. 중국어에는 새로운 어휘가 35,000개 가량 유입되었다. 불교 전문 용어도 있고 일상 용어도 있다. 서로 다른 언어를 사용하는 사람들이 실크로드에서 만나는 경우도 많았다. 쿠마라지바(구마라슙) 같이 어린 시절부터 여러 언어를 배우는 사람들도 있었다. 성인이 되어서 외국어를 배우는 사람들은 오늘날의 우리들처럼 외국어 교육에 도움을 받을 만한 자료가 없었기 때문에 훨씬 더 고통스러운 관문을 통과해야 했다.

남아 있는 외국어 교재를 보면 어떤 학생들이 왜 외국어를 배웠는지 엿볼 수 있다. 기원후 1년에서 1000년 사이에 사용된 산스크리트어는 언제나 학생들에게 매력적이었다. 뿐만 아니라 호탄어, 중국어, 티베트어도 마찬가지였다. 755년 이후 더 많은 불교 순례자들이 호탄과 티베트에서 돈황을 거쳐 섬서성 오대산으로 여행을 했다. 반대 방향으로 갔던 사람들도 있었다. 그들은 인도의 날란다(Nalanda)로 갔는데, 그곳은 언제나 불교 교육의 중요한 중심지였다.

스스로 이러한 순례의 길에 나선 사람들도 있었고, 통치자가 다른 통치자에게 사신을 보낸 경우도 있었다. 사절단은 다른 어떤 여행자들보다 더 분명하게 문서로 흔적을 남겼다. 이들 외교관들은 특별한 선물과 통치자의 편지를 가지고 갔다. 동시에 그들이 소속된 사회에 대한 정보를 방문지에 전해주었고, 여행하면서 알게 된 내용을 돌아가서 자신을 파견했던 통치자에게 전달해 주었다. 그 중 일부는 명백히 스파이도 있었다.

돈황에서 발견된 현천 고문서는 기원 전후에 중국과 서역의 통치자들 사이에 정기적인 사신 교환이 있었음을 알려준다. 외교관들의 여행은 이후에도 계속해서 이어졌다. 실크로드의 최전성기에 중국 사절단은 사마르칸트를 방문했고, 상대측인 소그드인들은 그 반대 방향으로 갔다. 사마르칸트의 아프라시압 벽화는 사절단의 모습을 보여주는 최고의 유물이다. 사신들은 각자 본국에서 가지고 온 선물을 들고 있다.

755년 실크로드 경제가 심각하게 무너진 뒤에도 사절단은 계속해서 왕래했다. 호탄의 왕자 7명이 참여했던 외교 사절은 계획된 여정을 마치지 못했다. 여행이 워낙 위험해졌기 때문에 돈황의 군주가 그들이 떠나는 것을 허락하지 않았다. 사절단은 여행경비를 감당하기 위해 임시방편으로 지역에서 생산된 물품을 소비했다. 그들은 비단이나 양 혹은 심지어 영양의 가죽도 내놓았다. 호탄의 왕자들은 옥을 팔아서 여행 경비를 대기도 했다.

왕자들이 처한 어려움에 대해서는 돈황 장경동에 보존된 4만여 건의 고문서를 통해 알 수 있다. 장경동은 1002년 이후 어느 즈음에 입구를 막았는데, 실크로드의 다양성을 담고 있는 타임캡슐이 되었다. 불교 승려-사서들이 불교의 가르침에 관한 자료를 모아 보관했고, 뿐만 아니라 언젠가 소용될지도 모른다고 생각되는 모든 종이 문서를 다 보관했다. 그들은 산스크리트어, 호탄어, 티베트어, 위구르어, 소그드어로 쓰여진 텍스트와 마니교, 조로아스터교, 기독교, 유대교, 불교 텍스트도 보관했다. 《금강경》은 장경동에서 발견된 자료 중에서 가장 유명하다. 세계에서 가장 오래된 인쇄본이기 때문이다. 다른 텍스트들도 꽤 특이한 경우가 많다. 예를 들면 히브리 문자로 기록된 시편의 구절이나 소그드어를 한자로 음사한 마니교 찬가를 적은 종이를 여러번 접어 만든 부적 같은 경우이다. 장경동은 전체적으로 타종교에 대한 관용 정신을 담고 있다. 이는 실크로드 사회에서 거의 1,000년 동안 지속되었던 문화적 특성이었다.

장경동의 입구를 폐쇄했던 승려는 왜 그렇게 했는지는 기록해두지 않았다. 1006년 호탄 왕국의 멸망으로 인해 석굴이 폐쇄된 것은 아니라 할지라도, 승려들은 호탄에 있던 돈황의 통치자를 중심으로 한 불교 연맹과 무슬림 카라카니드 사이에 벌어진 전쟁에 대해서는 알고 있었다. 호탄 왕국의 멸망은 이 지역에 새로운 시대를 열었다. 지역 사람들은 점차적으로 이슬람으로 개종하였다. 다음 세기에는 계속해서 각 오아시스에 독자적인 이슬람 국가가 수립되었다. 그리고 메카로 순례(Hajj)를 떠났던 사람들은 극소수에 불과했지만, 그들은 돌아와서 지역에 커다란 영향을 미쳤다. 이 지역을 거쳐간 유럽의 여행자들도 없지는 않았다. 아마도 마르코 폴로도 그랬을 것이고 벤토 데 고에스는 분명히 이곳을 방문했다. 그들이 전해주는 이 지역의 모습은 예전의 코스모폴리탄 도시와는 전혀 다른, 외부의 영향이 없이 고립된 사회였다.

스벤 헤딘이 1895년 처음으로 이 지역에서 유물을 훔쳐갔을 때, 그는 유럽인에게 전혀 알려지지 않은 머나먼 세계에 들어온 것이었다. 이 지역의 건조한 기후 덕분에 헤딘과 오렐 스타인과 다른 탐험가들은 이슬람이 도래하기 이전 시대의 수많은 고문서와 유물들을 발굴할 수 있었다. 그와 같은 보존 환경은 지금도 방문객을 끌어들이고 있다.

지금은 사라져버린, 그러나 한때 다양한 문화를 포용했던 한 세계의 유물을 보고자 하는 관광객들이 지금도 이곳을 찾고 있다.

미주

서론

1 Jonathan M. Bloom, "Silk Road or Paper Road?" *Silk Road* 3, no. 2(December 2005): 21-26, available online at http://www.silk-road.com/newsletter/vol3num2/5_bloom.php.

2 Jonathan M. Bloom, *Paper before Print: The History and Impact of Paper in the Islamic World*(New Haven, CT: Yale University Press, 2001), 1.

3 王炳华,《西域考古历史论集》(西域历史语言研究丛书, 北京 : 中国人民大学出版社, 2008), 1-54.

4 리히트호펜(Ferdinand von Richthofen)은 주요간선(프톨레마이오스와 마리노스에 기초한)을 붉은색 선으로, 중국 지리학자들로부터 입수한 정보를 푸른색 선으로 그렸다. 지도 출처는 Richthofen, *China: Ergebnisse eigener Reisen und darauf gegründeter Studien*(Berlin: D. Reimer, 1877), vol. 1, p. 500.

5 Tamara Chin 은 2008년 2월 21일 예일대학교에서 "The Invention of the Silk Road, 1877" 이라는 제목의 발표를 하고 장래 출간 계획을 밝힌 바 있다. 또한 다음을 참조. Daniel C. Waugh, "Richthofen's 'Silk Roads': Toward the Archaeology of a Concept," *Silk Road* 5, no. 1(Summer 2007): 1-10, available online at http://www.silk-road.com/newsletter/vol5num1/srjournal_v5n1.pdf.

6 *Times of London*, December 24, 30, 1948; Tamara Chin, 2011년 9월 6일 개인적인 대화.

7 Peter C. Perdue, *China Marches West: The Qing Conquest of Central Eurasia*(Cambridge, MA: Belknap Press of Harvard University Press, 2005).

8 Charles Blackmore, *Crossing the Desert of Death: Through the Fearsome Taklamakan*(London: John Murray, 2000), 59, 61, 64, 104, caption to fig. 14.

9 Peter Hopkirk, *Foreign Devils on the Silk Road: The Search for Lost Cities*

and Treasures of Chinese Central Asia(Amherst: University of Massachusetts Press, 1984), 45-46; Rudolf Hoernle, "Remarks on Birch Bark MS," Proceedings of the Asiatic Society of Bengal(April 1891): 54-65.

10 Sven Hedin, *My Life as an Explorer*, trans. Alfhild Huebsch(New York: Kodansha, 1996), 177.

11 Hedin, *My Life*, 188.

12 Jeannette Mirsky, *Sir Aurel Stein: Archaeological Explorer*(Chicago: University of Chicago Press, 1977), 70(Ernst's letter with the clipping), 79-83(Stein's application for funding).

13 王炳华, 〈'丝绸之路'的开拓及发展〉, 《丝绸之路考古研究》(乌鲁木齐: 新疆人民出版社, 1993), 2-5; E. E. Kuzmina, *The Prehistory of the Silk Road*, ed. Victor H. Mair(Philadelphia: University of Pennsylvania Press, 2008), 119에서는 신강 지역과 세미레체(Semirech'e) 지역(현 카자흐스탄)의 접촉을 강조하고 있다.

14 J. P. Mallory and Victor H. Mair, *Tarim Mummies: Ancient China and the Mystery of the Earliest Peoples from the West*(New York: Thames & Hudson, 2000), 179-81.

15 J. P. Mallory and D. Q. Adams, *The Oxford Introduction to Proto-Indo-European and the Proto-Indo-European World*(New York: Oxford University Press, 2006), 460-63.

16 Elizabeth Wayland Barber, *Mummies of Ürümchi*(New York: W. W. Norton, 1999).

17 필자는 앞서 소하무덤군(小河墓地)에 대한 글을 발표한 적이 있는데 다소 오류가 있었다. 가장 유감스러운 것은 잘못된 편년을 제시한 점이다. 정정하자면 기원전 2000년에서 기원전 1800년 사이로 편년된다. "Religious Life in a Silk Road Community: Niya during the Third and Fourth Centuries," in *Religion and Chinese Society*, ed. John Lagerwey(Hong Kong: Chinese University Press, 2004), 1:279-315. 新疆文物考古研究所, 〈2002年小河墓地考古调查与发掘报告〉, 《新疆文物》, 2003, no. 2: 8-46; Victor H. Mair, "The Rediscovery and Complete Excavation of Ördek's Necropolis," *Journal of*

Indo-European Studies 34, nos. 3-4(2006): 273-318.

18 Sergei I. Rudenko, *Frozen Tombs of Siberia: The Pazyryk Burials of Iron Age Horsemen*, trans. M. W. Thompson(Berkeley: University of California Press, 1970), 115, fig. 55(청동 거울); plate 178(봉황새 문양의 비단).

19 王炳华, 〈'丝绸之路'的开拓及发展〉4; 阿拉沟 유적 보고, 《文物》 1981, no. 1: 17-22; 비단은 다음 책에 수록됨. 新疆文物局编, 《新疆文物古迹大观》(乌鲁木齐: 新疆人民出版社, 1999), 165, fig. 0427.

20 장건의 여행에 대해 가장 시기가 올라가는 기록은 사마천의 《史記》(北京:中華書局, 1972, ch. 123)와 반고의 《漢書》(北京:中華書局, 1962, 61:2687-98)이다. 이하 이 책에서 인용하는 원문은 북경 중화서국 표점본이다. 대만의 아카데미아 시니카(Academia Sinica)에서 운영하는 다음 사이트에서 원문을 제공한다. http://hanchi.ihp.sinica.edu.tw/ihp/hanji.htm.
A. F. P. Hulsewé 의 설명에 의하면 《史記》의 해당 내용이 소실되어서 나중에 출간된 《漢書》를 기초로 다시 만들어졌을 것이다. A. F. P. Hulsewé, *China in Central Asia: The Early Stage, 125 B.C.-A.D. 23; An Annotated Translation of Chapters 61 and 96 of the History of the Former Han Dynasty*(Leiden: E. J. Brill, 1979), 15-25. pp. 207-38.에 《漢書》《張騫傳》이 번역되어 있다.

21 Helen Wang, *Money on the Silk Road: The Evidence from Eastern Central Asia to c. AD 800*(London: British Museum Press, 2004), 47-56.

22 현천치는 1987년에 발견되어 1990년과 1991년에 발굴이 이루어졌다. 그곳에서 다수의 고문서들이 발굴되었는데 그 중에서 지금까지 출판을 통해 공개된 것은 극히 일부에 불과하다. 甘肃省文物考古研究所, 〈甘肃敦煌汉代悬泉置遗址发掘简报〉, 《文物》, 2000, no. 5: 4-45, 5(유적지 상세 지도), 11(죽간의 수량)

23 何雙全, 《雙玉蘭堂文集》(臺北: 蘭臺出版社, 2001), 30.

24 Joseph Needham, ed., *Science and Civilisation in China*, vol. 5, part 1, *Paper and Printing*, by Tsien Tsuen-hsuin(Cambridge, UK: Cambridge University Press, 1985), 40; 《漢書》 97b: 3991.

25 Nicola Di Cosmo, "Ancient City-States of the Tarim Basin," in *A*

Comparative Study of Thirty City-State Cultures, ed. Mogens Herman Hansen(Copenhagen: Kongelige Danske Videnskabernes Selskab, 2000), 393–409.

26 胡平生·张德芳编,《敦煌悬泉汉简释粹》(上海: 上海古籍出版社, 2001), 110.

27 王素,〈悬泉汉简所见康居史料考释〉《中外关系史: 新史料与新问题》, 荣新江, 李孝聪编(北京: 科学出版社, 2004), 150, 현천 고문서 번호 # II90DXT0213 ®:6A.의 석문과 해설.

28 Lothar von Falkenhausen, "The E Jun Qi Metal Tallies: Inscribed Texts and Ritual Contexts," in Text and Ritual in Early China, ed. Martin Kern(Seattle: University of Washington Press, 2005), 79–123 ; 程喜霖,《唐代过所研究》(北京: 中华书局, 2002), 2.

29 胡平生·张德芳编,《敦煌悬泉汉简释粹》, 77–80, 고문서 번호 # I 0112 ®: 113–31.

30 王素,〈悬泉汉简所见康居史料考释〉, 155–58.

31 《後漢書》(北京: 中华书局, 1965, 118:2920)에 기록이 보인다. 이 기록에 대해 학자들이 제기하는 여러가지 의문에 대해서는 다음을 참조. Manfred G. Raschke, "New Studies in Roman Commerce with the East," in Aufstieg und Niedergang der römische Welt: Geschichte und Kultur Roms im Spiegel der neueren Forschung, vol. 2, part 9.2, ed. Hildegard Temporini(Berlin: Walter de Gruyter, 1978), 853–855nn848–850.

32 Raschke, "New Studies in Roman Commerce," 604–1361.《에리트레아 항해지(Periplus)》가 기원후 70년 이전에 쓰여졌다고 추정하는 저자의 근거에 대해서는 755n478 참조.

33 Lionel Casson, The Periplus Maris Erythraei: Text with Introduction, Translation, and Commentary(Princeton, NJ: Princeton University Press, 1989), 91.

34 Étienne de la Vaissière, "The Triple System of Orography in Ptolemy's Xinjiang," in Exegisti Monumenta: Festschrift in Honour of Nicholas Sims-Williams, ed. Werner Sundermann, Almut Hintze, and François de Blois(Wiesbaden, Germany: Harrassowitz, 2009), 527–35.

35 필자는 2006년 6월 12일 항주비단박물관을 방문하여 河南 滎陽 靑台遺址에서 출토된 이 비단 조각을 본 적이 있다.

36 영어로된 가장 완전한 중국 직물 연구는 다음과 같다. Joseph Needham, ed., *Science and Civilisation in China*, vol. 5, part 9, *Textile Technology: Spinning and Reeling*, by Dieter Kuhn(Cambridge, UK: Cambridge University Press, 1988), 272.

37 Pliny the Elder, *The Natural History of Pliny*, trans. John Bostock and H. T. Riley(London: H. G. Bohn, 1855-57), 6.20(세레스Seres와 로마 여인의 비단 소비와 다양한 수입 상품에 대한 반대); 6.26(인도로 동전 유출); 11.26-27(코안 실크). Available online at http://www.perseus.tufts.edu/hopper/text?doc=Perseus%3atext%3a1999.02.0137

38 I. L. Good, J. M. Kenoyer, and R. H. Meadow, "New Evidence for Early Silk in the Indus Civilization," *Archaeometry* 51, no. 3(2009): 457-66.

39 Irene Good, "On the Question of Silk in Pre-Han Eurasia," *Antiquity* 69(1995): 959-68.

40 Lothar von Falkenhausen, "Die Seiden mit Chinesischen Inschriften," in *Die Textilien aus Palmyra: Neue und alte Funde*, ed. Andreas Schmidt-Colinet, Annemarie Stauffer, and Khaled Al-As'ad(Mainz, Germany: Philipp von Zabern, 2000); reviewed by Victor H. Mair, *Bibliotheca Orientalis* 58, nos. 3-4(2001): 467-70. 중국 비단과 동반 출토유물을 근거로 von Falkenhausen은 유물번호 no. 521의 편년을 50-150 CE로 잡았다. 유물번호 no. 521은 40 CE으로 편년되는 고분에서 발굴되었으므로 서양에서 발굴된 비단 가운데 가장 오래된 것이다. 이 두 비단은 팔미라(Palmyra)가 사산조 페르시아에 점령되었던 273년 이전에 제작된 것이다. 또한 다음을 참조. von Falkenhausen's "Inconsequential Incomprehensions: Some Instances of Chinese Writing in Alien Contexts," *Res* 35(1999): 42-69, esp. 44-52.

41 Anna Maria Muthesius, "The Impact of the Mediterranean Silk Trade on Western Europe Before 1200 A.D.," in *Textiles in Trade: Proceedings of the Textile Society of America Biennial Symposium, September 14-16, 1990, Washington, D.C.*(Los Angeles: Textile Society of America, 1990),

126-35, 네델란드 마스트리흐트의 성 세르바티우스(Servatius) 성당 유골함에서 발견된 중국 천에 대한 언급 129; Xinru Liu, *Silk and Religion: An Exploration of Material Life and the Thought of People, AD 600-1200*(Delhi: Oxford University Press, 1996), 8.

42 Pliny, *Natural History*, 6.20.

43 Trevor Murphy, *Pliny the Elder's Natural History: The Empire in the Encyclopedia*(Oxford: Oxford University Press, 2004), 96-99(사치품), 108-10(세레스Seres).

44 羅丰, 《胡漢之間: "絲綢之路"與西北歷史考古》(北京: 文物出版社, 2004), 중국에서 발굴된 금화에 대한 표 pp. 117-20.

45 Vimala Begley, "Arikamedu Reconsidered," *American Journal of Archaeology* 87, no. 4(1983): 461-81, esp. n82.

46 Raschke는 로마에서 누가 이러한 통계를 냈을지 의심하고 있다. 그의 견해에 따르면 플리니우스는 도덕적인 교훈을 말하느라 과장을 했던 것 같다.("New Studies in Roman Commerce," 634-35): "이처럼 로마 귀족의 관습이나 남아 있는 이집트의 기록 양쪽 모두를 고려하면 플리니우스(Plinius Secundus)는 로마의 대 동방무역 연간 수지 적자가 얼마인지 정확한 수치 정보를 얻을 수 없었다."(p. 636). 또한 邢義田이 쓴 Raschke의 책에 대한 서평을 참조하라.《汉学研究》3, no. 1(1985): 331-41, 후속편은《汉学研究》15, no. 1(1997): 1-31. 이 글에서 邢義田은 로마-중국 간 무역에 대해 깊은 회의를 피력하고 있다.

47 齐东方, 2006년 6월의 개인적인 대화. 하나의 중요한 예외가 연구된 바 있다. Anthony J. Barbieri-Low, "Roman Themes in a Group of Eastern Han Lacquer Vessels," *Orientations* 32, no. 5(2001): 52-58.

48 Wu Zhen, "'Hu' Non-Chinese as They Appear in the Materials from the Astana Graveyard at Turfan," *Sino-Platonic Papers* 119(Summer 2002): 1-21.

제1장

필자는 니아에 대한 논문 두 편을 발표한 적이 있다. "Religious Life in a Silk Road Community: Niya During the Third and Fourth Centuries," in *Religion and*

Chinese Society, ed. John Lagerwey(Hong Kong: Chinese University Press, 2004), 1:279–315; "The Place of Coins and Their Alternatives in the Silk Road Trade," in 上海博物館編, 《絲綢之路古國錢幣暨絲路文化國際學術研討會論文集》(上海: 上海書畫出版社, 2011), 83–113.

1 이 장에서 언급되는 스타인의 니아 발굴에 대한 내용은 모두 다음 책을 참조했다. M. Aurel Stein, *Ancient Khotan: Detailed Report of Archaeological Explorations in Chinese Turkestan*(Oxford: Clarendon, 1907), 1:310–15; 2:316–85.

2 Aurel Stein, *On Central-Asian Tracks: Brief Narrative of Three Expeditions in Innermost Asia and North-Western China*(London: Macmillan, 1933), 1–2; Valéria Escauriaza-Lopez, "Aurel Stein's Methods and Aims in Archaeology on the Silk Road," in *Sir Aurel Stein, Colleagues and Collections*, ed. Helen Wang, British Museum Research Publication 184(London: British Museum, forthcoming).

3 이 강의 다른 이름으로 콩처-다리야(Konche-daria) 혹은 쿰-다리야(Qum-darya)라 불리기도 한다.

4 중일 공동 조사단은 두 종의 보고서를 출판했다. 첫번째 《中日-日中共同尼雅遺迹学术调查报告书》(乌鲁木齐: 维吾尔自治区文物局, 1996)에는 1988–1993년에 걸친 조사 결과를 수록했고, 1994–1997년의 조사 내용은 같은 제목으로 1999년에 3권으로 출간되었다. 이 보고서 전질을 뉴 헤이븐(New Haven)으로 가져다 준 林梅村(Lin Meicun) 에게 깊이 감사드리는 바이다. 이전에 롭 노르 지역을 탐사했던 탐험대로는 1876-77년 프르제발스키(Przewalski)가 주도한 러시아 탐험대, 1906 미국 지리학자 예일대 교수 헌팅턴(Ellsworth Huntington)의 미국 탐험대, 1908-11년 오타니(大谷光瑞) 백작의 일본 탐험대, 1914년의 오렐 스타인 탐험대, 1930년과 1934년의 황문필(黃文弼) 탐험대, 1959년과 1980-81년의 신강고고연구소 탐험대, 1988-1997년의 중일 공동 조사단이 있었다. 탐험의 역사에 대해서는 다음을 참조. 王炳华, 〈尼雅考古百年〉, 《西域考察与研究续编》(乌鲁木齐: 新疆人民出版社, 1998), 161–86.

5 Jean Bowie Shor, *After You, Marco Polo*(New York: McGraw-Hill, 1955), 172; John R. Shroder, Jr., Rebecca A. Scheppy, and Michael P. Bishop,

"Denudation of Small Alpine Basins, Nanga Parbat Himalaya, Pakistan," *Arctic, Antarctic, and Alpine Research* 31, no. 2(1999): 121-27.

6 Jason Neelis, "La Vieille Route Reconsidered: Alternative Paths for Early Transmission of Buddhism Beyond the Borderlands of South Asia," *Bulletin of the Asia Institute* 16(2002): 143-64.

7 *Antiquities of Northern Pakistan: Reports and Studies, vol. 1, Rock Inscriptions in the Indus Valley*, ed. Karl Jettmar(Mainz, Germany: Verlag Philipp von Zabern, 1989).

8 Richard Salomon, *Indian Epigraphy: A Guide to the Study of Inscriptions in Sanskrit, Prakrit, and the Other Indo-Aryan Languages*(New York: Oxford University Press, 1998), 42-56.

9 Richard Salomon, "New Manuscript Sources for the Study of Gandhāran Buddhism," in *Gandhāran Buddhism: Archaeology, Art, and Texts*. ed. Pia Brancaccio and Kurt Behrendt(Vancouver: UBC Press, 2006), 135-47. 이 지역의 고대 불교사에 대해서 더 많은 내용은 다음을 참조. *Charles Willemen, Bart Dessein, and Collett Cox, eds., Sarvāstivāda Buddhist Scholasticism*(Leiden, the Netherlands: Brill, 1998).

10 See charts of formulae in Neelis, "Long-Distance Trade," 323-26.

11 Jettmar, *Antiquities of Northern Pakistan*, 1:407.

12 *Corpus Inscriptionum Iranicarum*, part 2, *Inscriptions of the Seleucid and Parthian Periods and of Eastern Iran and Central Asia*, vol. 3, *Sogdian*, section 2, *Sogdian and Other Iranian Inscriptions of the Upper Indus*, by Nicholas Sims-Williams(London: Corpus Inscriptionum Iranicarum and School of Oriental and African Studies, 1989), 23, Shatial I inscription 254. 편의상 괄호는 생략했다. 타쉬쿠르간(Tashkurgan)을 언급하는 대목은 Nicholas Sims-Williams의 번역을 기초로 吉田 豊의 교정을 반영하여 수정했다. 다음을 참조. Étienne de la Vaissière, *Sogdian Traders: A History*, trans. James Ward(Boston: Brill, 2005), 81n42.

13 Karl Jettmar, "Hebrew Inscriptions in the Western Himalayas," in *Orientalia: Iosephi Tucci Memoriae Dicata*, ed. G. Gnoli and L. Lanciotti,

vol. 2(Rome: Istituto Italiano per il Medio ed Estremo Oriente, 1987), 667–70, Plate 1.

14 C. P. Skrine은 이 길을 여행한 자신의 생생한 경험담을 들려준다. 다음을 참조. C. P. Skrine, *Chinese Central Asia* (London: Methuen, 1926), 4–6.

15 아프가니스탄의 라바탁(Rabatak) 바위글씨를 근거로 Joe Cribb와 Nicholas Sims-Williams는 쿠샨 왕조의 연표를 새롭게 제시했다. 그에 따르면 카니슈카 대왕의 재위는 기원후 100년 혹은 120년에 시작된다. "A New Bactrian Inscription of Kanishka the Great," *Silk Road Art and Archaeology* 4(1995–96): 75–142. Harry Falk는 천문학적인 방법론을 적용하여 카니슈카 재위 시점을 127년으로 특정하였다. "The Yuga of Sphujiddhvaja and the Era of the Kuṣāṇas," *Silk Road Art and Archaeology* 7(2001): 121–36. Falk가 제시한 연대가 일반적으로 받아들여지지는 않지만 이 분야의 많은 전문가들은 카니슈카 대왕의 재위가 기원후 120년에서 125년 사이에 시작되는 것으로 보고 있다. Osmund Bopearachchi는 쿠샨 왕조의 통치가 기원후 40년경 시작된다고 주장한다. 다음을 참조. "New Numismatic Evidence on the Chronology of Late Indo-Greeks and Early Kushans," in 上海博物館編, 《絲綢之路古國錢幣》, 259–83.

16 중국 정사의 목록과 편찬자, 출간시기에 대한 목록은 다음을 참조. Endymion Wilkinson, *Chinese History: A Manual*, rev. ed.(Cambridge, MA: Harvard University Asia Center, 2000), 503–5.

17 Lin Meicun(林梅村), "Kharoṣṭhī Bibliography: The Collections from China(1897–1993)," *Central Asiatic Journal* 40(1996): 189. 林梅村 교수는 《大正新脩大藏經》에 들어 있는 〈出三藏記集〉에서 지겸의 일대기를 번역하였다. 《大正新脩大藏經》(東京:大正新脩大藏經刊行會, 1962–90), text 2145, 55:97b.(支謙。字恭明。一名越。大月支人也。祖父法度。以漢靈帝世。率國人數百歸化。拜率善中郎將。_出三藏記集)

18 Erik Zürcher, "The Yüeh-chih and Kaniṣka in Chinese Sources," in *Papers on the Date of Kaniska*, ed. A .L. Basham(Leiden: E .J. Brill, 1968), 370; 《後漢書》 47:1580; 余太山, 《兩漢魏晉南北朝正史西域傳要注》(北京: 中華書局, 2005), 281n221. 余太山의 책이 중화서국판 정사를 보충해주는

점이 많기 때문에 이 주석에서 함께 언급하기로 한다.

19 중국 정사에 의하면 이른바 대월지라 하는 한 그룹은 인도 북서부로 이주했고, 소월지는 신강 남부 니아 근처에 정착했다고 한다. 이 분야의 전문 학자들은 이 기록에서 믿을 만한 부분이 어디까지인지 정밀하게 구분하고 있다. 최근에 John Brough는 다음과 같이 말했다. "그 이야기는 아마도 실제 있었던 일에 바탕해서 쓴 것일 것이다. 그러나 그 말이 어디까지 사실인지 판단할 만한 독립된 증거는 없다. 후대에 중앙아시아에는 수많은 민족집단이 존재했고 그들 중 많은 수는 유목민이었다. 그리고 단 한 세대만 지나더라도 믿을 만한 정보를 얻기는 어려웠을 것이다. 우리는 최소한 전통적으로 전해오는 이야기가, 파미르 동쪽 지역에 월지(이른바 소월지)가 계속해서 존재했다고 말하기 위해서 많든 적든 어쨌든 이론적으로 만들어졌다는 사실을 받아들일 준비가 되어 있다."("Comments on Third-Century Shan-shan and the History of Buddhism," *Bulletin of the School of Oriental and African Studies* 28(1965): 585). 일찍이 일본의 역사학자 白鳥庫吉은 소그드인의 역사를 다룬 글에서 다음과 같이 언급한 바 있다. "옛날 중국의 역사가들은 외국의 기원을 중국의 어떤 것 혹은 중국의 글에서 보이는 어떤 이름으로부터 추적하고자 하는 나쁜 습관에 빠져있었던 사실은 오래전부터 익히 알려진 바이다." 白鳥庫吉은 몇 가지 사례를 덧붙였다. 중국인들은 흉노, 왜, 심지어 서방 세계 끄트머리에 있다고 알려진, 아마도 로마에 해당하는 대진국 사람들조차 고향이 중국이라고 했다. "A Study on Su-t'ê, or Sogdiana," *Memoirs of the Research Department of the Toyo Bunko* 2(1928): 103. 그러나 왕조사의 저자들이 어떤 근거를 가지고(지금은 알 수 없지만) 이러한 결론에 도달했다고 추측하는 사람들도 있다. François Thierry, "Yuezhi et Kouchans: Pièges et dangers des sources chinoises," in *Afghanistan: Ancien carrefour entre l'est et l'ouest*, ed. Osmund Bopearachchi and Marie-Françoise Boussac(Turnhout, Belgium: Brepols, 2005), 421–539. Craig G.R. Benjamin은 그 근거를 조사한 뒤(그는 한문을 읽을 줄은 몰랐지만 러시아어로 된 방대한 고고학 문헌 자료에 익숙했다.) 월지가 신강을 벗어나 이주했다가 다시 돌아왔다고 하는 어떠한 고고학적 증거도 없다고 주장했다. Craig G.R. Benjamin, *The Yuezhi: Origin, Migration and the Conquest of Northern Bactria*(Turnhout,

Belgium: Brepols, 2007). 이 문제에 관심이 있는 사람이라면 Thierry의 논문과 Benjamin의 저서에서 출발해야 할 것이다. 이 두 글에는 이 주제에 대한 방대한 참고문헌이 수록되어 있다.

20 스타인의 제4차 탐험에 대한 간략한 소개는 다음을 참조. Mirsky, *Sir Aurel Stein*, 466-69. 兰州大学 교수 王冀青은 스타인의 사진과 압수 물품, 유물의 가치 등을 모두 검토했다. 영어로 한 편의 논문을 발표했는데 다음과 같다. "Photographs in the British Library of Documents and Manuscripts from Sir Aurel Stein's Fourth Central Asian Expedition," *British Library Journal* 24, no. 1(Spring 1998): 23-74. 이 논문은 그의 저서를 요약한 것인데, 그의 저서는 다음과 같다. 《斯坦因第四次中国考古日记考释: 英国牛津大学藏斯坦因第四次中亚考察旅行日记手稿整理研究报告》(兰州: 甘肃教育出版社, 2004).

21 Mirsky, *Sir Aurel Stein*, 469, citing Stein's letter of February 3, 1931, to Percy Stafford Allen in the Bodleian Library.

22 Enoki Kazuo, "Location of the Capital of Lou-lan and the Date of the Kharoṣṭhī Inscriptions," *Memoirs of the Research Department of the Toyo Bunko* 22(1963): 129n12; Hulsewé, *China in Central Asia*, 10-11.

23 《漢書》, 96A:3875-81; 余太山, 《西域傳》, 79-93; translated in Hulsewé, *China in Central Asia*, 7-94.

24 리(里)의 거리는 시대 및 지역별로 차이가 있다. 한나라 시기에는 약 400미터였다. *Cambridge History of China*, vol. 1, *The Ch'in and Han Empires, 221 B.C.-A.D. 220*, ed. Denis Twitchett and Michael Loewe(Cambridge, UK: Cambridge University Press, 1986), xxxviii, 에서는 약 415미터로 규정하면서 다음과 같은 주를 달았다. "문맥에 따라 리(里)는 일정한 거리를 지칭하는 대신 수사학적으로 사용되기도 한다."

25 Hulsewé, *China in Central Asia*, 29. 스타인의 보고서에 나오는 사진으로는 인장의 한자를 판독할 수 없다. 중국 학자들은 詔鄯善王으로 읽었다. 孟凡人, 《楼兰鄯善简牍年代学研究》(乌鲁木齐: 新疆人民出版社, 1995), 261, no. 625, N.xv.345. 스타인이 발견한 또 하나의 인장은 印文이 鄯善郡印이다.: *Ancient Khotan*, N.xxiv.iii.74.

26 Aurel Stein, *Serindia: Detailed Report of Explorations in Central Asia*

and Westernmost China (Oxford: Clarendon, 1921), 1:219; 1:415(누란이 곧 크로라이나라는 Rapson의 주장); 1:217-81, 3: plate 9(거주지 14); 1:227(Rustam의 발굴); 1:226(house 24의 크기); 1:530(M5의 그림).

27 Brough, "Comments on Third-Century Shan-shan," 591-92.

28 《漢書》, 96A:3878-79; 余太山, 《西域傳》, 84-86; Hulsewé, *China in Central Asia*, 89-91; Brough, "Comments on Third-Century Shan-shan," 601.

29 Helen Wang, *Money on the Silk Road*, 25-26, alerted me to this find; Aurel Stein, *Innermost Asia: Detailed Report of Explorations in Central Asia, Kan-su and Eastern Irān* (Oxford: Clarendon, 1928), 287-92, describes it in detail.

30 발견된 동전 211개 중에서 50개가 현재 런던에 있다. 기원전 86년에서 기원전 1년 사이로 편년된다. 이는 신강 지역에서 가장 시기가 올라가는 오수전이다. Helen Wang, *Money on the Silk Road*, 295-96.

31 Stein, *Innermost Asia*, 290.

32 거연과 소륵에서 발굴된 고문서로 한나라 시기 중국 군대가 주둔했음을 확인할 수 있다. 고문서에는 기원전 140년에서 기원후 32년 사이에 10만 냥 이상을 지출했다고 기록되어 있다. 군인들은 개인적으로 동전을 지급받았다. 군인들은 주둔지 인근에서 동전을 지불수단으로 거래를 했고, 직물도 흔히 사용했다. Helen Wang, *Money on the Silk Road*, 47-56에는 동전과 직물에 대한 방대하고도 상세한 분석이 실려 있다.

33 Mariner Ezra Padwa는 니아에서 발굴된 주거용 건물을 분석하였다. "An Archaic Fabric: Culture and Landscape in an Early Inner Asian Oasis(3rd-4th century C.E. Niya)"(Ph.D. diss., Harvard University, 2007).

34 옥은 琅玕 혹은 玫瑰라고 하였다. 불행하게도 화물표에는 날짜가 적혀있지 않다. 한자는 세련된 예서로 적혀 있었다. 위대한 중국학자 왕국유(王國維, 1877-1927)는 이 물표가 기원후 75년 이후 한나라가 멸망했던 220년 이전의 것으로 추정했다. 《觀堂集林》(北京:中華書局, 1959), 833-34. Édouard Chavannes는 이 물표를 같은 유적 동반출토 유물과 같은 시기인 기원후 3세기에서 4세기의 것으로 편년하였다. *Les documents chinois découverts par Aurel Stein*

dans les sables de Turkestan oriental(Oxford: Oxford University Press, 1913), 199-200. 가장 최근의 석문은 다음 책에 실려있다. 孟凡人,《楼兰鄯善简牍》, 269-71.

35 N.xiv.iii; 孟凡人,《楼兰鄯善简牍》, 269, no. 668.(臣承德叩頭, 謹以玫瑰, 再拜致問.)

36 N.xiv.ii.6, N.xiv.ii.19, N.xiv.ii.12.8; discussed in 王冀青,〈斯坦因第四次中亚考察所获汉文书〉,《敦煌吐鲁番研究》3(1998): 286.

37 N.xiv.ii.1; discussed in 王冀青,〈汉文书〉, 264.(大宛王使坐次(羡)左大月氏)

38 孟凡人,《楼兰鄯善简牍》, 262, no. 627(N.xv.109), no. 628(N.xv.353), no. 629(N.xv.314); 264, no. 639(N.xv.152); discussed in 程喜霖,《唐代过所研究》(北京: 中华书局, 2000), 39-44; 王炳华,《精绝春秋》: 尼雅考古大发现(上海: 浙江文艺出版社, 2003), 101.

39 Stein, *Innermost Asia*, 288, 743. J .P. Mallory and Victor H. Mair, *Tarim Mummies* 는 이들 발굴에 대한 영어로 된 가장 훌륭한 연구이다.

40 新疆维吾尔自治区博物馆考古队,〈新疆民丰大沙漠中的古代遗址〉,《考古》1961, no. 3: 119-22, 126, plates 1-3. 당시 신강 박물관 고고연구소(현재는 별도의 기관이다.)가 하나의 팀을 만들어서 명칭을 新疆维吾尔自治区博物馆考古队라 하였다.

41 馬承源·岳峰,《新疆维吾尔自治区丝路考古珍品》(上海: 上海译文出版社, 1998), 273, 圖 62.

42 Éric Trombert, "Une trajectoire d'ouest en est sur la route de la soie: La diffusion du cotton dans l'Asie centrale sinisée," in *La Persia e l' Asia Centrale: Da Alessandro al X secolo*(Rome: Accademia Nazionale dei Lincei, 1996), 212nn25 and n27;《太平御覽》(北京:中華書局, 1960), 820:3652-53, entry for "baidie"(cotton).

43 비단에 직조된 한자: "延年益壽益子孫" 거울에 새겨진 한자: "君宜高官";〈新疆民丰县北大沙漠中古遗址墓葬区东汉合葬墓清理简报〉,《文物》1960, no. 6: 9-12, 圖 5-6.

44 비단에 직조된 한자: "王侯合婚千秋萬歲宜子孫"《新疆文物古迹大观》(乌鲁木齐: 新疆人民出版社, 1999). 고분 M3과 M8에서 발굴된 직물에 대한 더 자세한 분

석은 다음을 참조. 王炳华,《精绝春秋》, 111-20.

45 《後漢書》, 88:2909; 余太山,《西域傳》, 233.

46 스타인이 제3차 탐험에서 영반(營盤)유적을 조사할 당시 카로슈티 문서를 발굴했다. 문서에 의하면 그 유적은 3세기에서 4세기의 유적이다.(*Innermost Asia*, 749-61). 최근에 추가로 발견된 카로슈티 문자 자료에 대해서는 다음을 참조. 林梅村,〈新疆营盘古墓出土的一封佉卢文书信〉,《西域研究》, 2001, no. 3: 44-45.

47 周学军·宋伟民编,《丝路考古珍品》(上海: 上海译文出版社, 1998), 63-74, 圖 132(시신 사진), 圖 133(마스크 상세 도면), 圖 134(붉은 색 천 상세 도면).

48 王炳华, 개인적인 대화, 2005년 가을;《漢書》, 96B:3912; 余太山,《西域傳》, 201.

49 胡平生,《胡平生簡牘文物論集》(臺北: 蘭臺出版社, 2000), 190-92.

50 侯灿·杨代欣,《楼兰汉文简纸文书集成》(成都: 天地出版社, 1999).

51 伊藤敏雄,〈魏晋期楼蘭屯戍における交易活動をめぐって〉《小田義久博士還歴記念 東洋史論集》(京都: 龍谷大学東洋史学研究会, 1995), 4, 7.

52 Yü Ying-shih, "Han Foreign Relations," in Twichett and Loewe, *Cambridge History of China*, 1:405-42; 孟池,〈從新疆歷史文物看漢代在西域的政治措施和經濟建設〉,《文物》1975, no. 5: 27-34.

53 伊藤敏雄,〈魏晋期楼蘭屯戍における水利開発と農業活動 - 魏晋期楼蘭屯戍の基礎的整理(III)〉,《歷史研究》28(1991): 20.

54 Stein, *Serindia*, 373-74, 432, 701 plate XXXVII.

55 伊藤敏雄,〈魏晋期楼蘭屯戍〉에는 이들 고문서에 대한 자세한 석문과 연구가 실려 있다.

56 "속특호(粟特胡)"란 글자 그대로 해석하면 "누란에 있는 비-중국인 소그드인"이란 뜻이다. Chavannes, *Documents chinois*, 886; 侯灿·杨代欣,《楼兰汉文简纸文书集成》, 61-62.

57 동물을 지칭하는 단어가 누락되었지만 수량을 나타내는 단위가 필(匹)이라서 거래에 관련된 동물이 말일 것으로 추정된다. 지불하는 사람도 빠져 있고 지불받는 사람(主人)의 신분도 불분명하다. 孟凡人과 Duan Qing은 그가 상인이라고 하고 伊藤敏雄은 중국군 주둔지에 장기 복무하는 사람이라고 주장한다.〈魏晋期楼蘭屯戍〉4-5. 이 고문서는 다음 책에 처음 실렸다. August Conrady in

Die chinesischen Handschriften- und sonstigen Kleinfunde Sven Hedins in Lou-lan(Stockholm: Generalstabens Litografiska Anstalt, 1920), Document no. 46, 124-25; 최근에 수록된 책은 다음과 같다. 侯灿·杨代欣,《楼兰汉文简纸文书集成》, 99.

58 Vaissière, *Sogdian Traders*, 58; 엔데레에서의 낙타 거래에 관한 설명, 58.
59 다음 논문에 수록된 표를 참조. 孟凡人,〈楼兰简牍的年代〉,《新疆文物》1(1986): 33.
60 伊藤敏雄,〈魏晋期楼蘭屯戊〉, 22-23.
61 Brough, "Comments on Third-Century Shan-shan," 596-602.
62 중일공동조사단은 예전에 알려져 있던 다섯 명의 왕 이전에 재위했던 왕 Tomgraka와 이후 336년에서 359년에 재위했던 왕 Sulica에 대한 근거를 찾아냈다. 林梅村,〈尼雅新发现的鄯善王童格罗伽纪年文书考〉,《西域考察与研究续编》(乌鲁木齐:新疆人民出版社, 1998), 39. 다양한 학자들이 Brough가 제시한 연대에 대해 논쟁을 벌였다. 일부는 侍從이라는 호칭을 하사받은 때가 각각 모두 같은 해가 아니라고 주장했다. 中國社會科學院考古研究所의 주도적인 신강 지역 전문가인 孟凡人은 네 명의 학자들(Brough, 榎 一雄, 長澤和俊, 马雍)이 주장하는 다섯 명의 왕의 재위 연대를 표로 제시하였다. 연표상 五王의 재위 시작 연도 중에서 가장 이른 연도는 203년이며 가장 늦은 연도는 256년이다. 그리고 五王 재위 최종 연도 중에서 가장 이른 연도는 290년, 가장 늦은 연도는 343년이다. 孟凡人은 242년에서 322년까지라고 주장한다. 孟凡人,《新疆考古与史地论集》(北京: 科学出版社, 2000), 115, 117.
63 Thomas Burrow, "Tokharian Elements in Kharoṣṭhī Documents from Chinese Turkestan," *Journal of the Royal Asiatic Society* 1935: 666-75.
64 T. Burrow, *A Translation of the Kharoṣṭhī Documents from Chinese Turkestan*(London: The Royal Asiatic Society, 1940), no. 292, no. 358(도망자 노예). Burrow는 가능한 한도 내에서 카로슈티 문서를 번역했다. 파편적인 부분들은 번역에서 제외되었다. 각각의 고문서에서 Burrow 가 번역하지 않은 부분은 다음 책에 석문이 실려 있다. A. M. Boyer, E .J. Rapson, and E. Senart, *Kharoṣṭhī Inscriptions Discovered by Sir Aurel Stein in Chinese Turkestan*, 3 vols.(Oxford: Clarendon, 1920-29). Boyer et al. 은 스타인

이 최초로 부여한 고유번호와 Burrow가 새롭게 부여한 유물번호(1-764)를 모두 수록해 두었다. 또한 각각의 고문서와 관련되는 스타인의 발굴 보고서 관련 페이지도 수록했다. 더불어 Ellsworth Huntington이 발굴한 고문서 6건도 수록하였다. 이후 중일공동조사단이 23건의 고문서를 더 발굴하였다. 이는 다음 책에 석문 및 일본어 번역이 수록되어 있다. 蓮池利隆,《尼雅遺迹学术调查》1:281-338 2:161-76. 이들 고문서 중 많은 수가 파편적이며 영어 번역을 기다리고 있다.

65 Stein, *Central Asian Tracks*, 103-4.

66 Stein의 발굴에 대한 묘사는 *Serindia*, 1:225-35 참조. 이 방에서 발견된 고문서 nos. 516-92는 다음 책에 수록되어 있다. Burrow, *Translation*.

67 Burrow no. 582. 赤松明彥,〈楼蘭・ニヤ出土カロシュティー文書について〉《流沙出土の文字資料: 楼蘭・尼雅（ニヤ）文書を中心に》, 冨谷至 編(京都: 京都大学学術出版会, 2001), 369-425, 특히 391-93.

68 Burrow no. 581.

69 다음 책의 도판 참조. Susan Whitfield and Ursula Sims-Williams, eds., *Silk Road: Trade, Travel, War, and Faith* (Chicago: Serindia, 2004), 150.

70 Burrow no. 1.

71 코즈보(*Cozbo*)는 또한 *cojhbo*라고도 쓴다. 크로라이나의 언어에는 이란어의 "z"에 해당하는 철자가 없어서 카로슈티 문서에서는 어깨 글자로 "j"를 사용했다.(Boyer et al.은 jh로 석문을 했다.) 코즈보가 이란어라는 점은 거의 확실하다. 니야 고문서에서 가장 흔하게 나타나는 관직명으로 이 관직을 보유한 사람 약 40명 정도가 밝혀졌다.T. Burrow, *The Language of the Kharoṣṭhī Documents from Chinese Turkestan* (Cambridge, UK: Cambridge University Press, 1937), 90-91. Christopher Atwood, "Life in Third-Fourth Century Cadh'ota: A Survey of Information Gathered from the Prakrit Documents Found North of Minfeng(Niya)," *Central Asiatic Journal* 35(1991): 195-96에서는 유용한 목록을 제시했다. 이름순으로 코즈보와 그들이 등장하는 문서 번호 목록이다. 또한 Atwood는 이 단어가 세 가지 다른 의미를 가지고 있었다는 점도 지적했다. "지방관, 특정 하급 관료, 일반적으로 관리를 지칭하는 폭넓은 의미" 등이었다.

72 赤松明彦은 다섯 가지 서로 다른 문서 유형에 대한 유용한 설명을 제공해 주었다.(wedge-shaped [W], rectangular tablet [R], Takhti-shaped tablet [T], oblong tablet [O], document on leather [L], and other), 각각의 유형에 따른 사진 및 문서 유형과 실제 고문서에 남겨진 명령에 사용된 어휘들의 상관관계를 설득력있게 분석했다. 또한 니아와 누란에서 발굴된 카로슈티 문서 각각의 문서 유형과 발굴 장소를 분명한 표로 제시했다.〈カロシュティ一文書について〉, 410-12.

73 Thomas R. Trautmann, *Kauṭilya and the Arthaśāstra: A Statistical Investigation of the Authorship and Evolution of the Text*(Leiden, the Netherlands: Brill, 1971).

74 Kautilya, *The Arthashastra*, ed. and trans. L .N. Rangarajan(New Delhi: Penguin Books India, 1992), 213-14, 380.

75 Hansen, "Religious Life in a Silk Road Community," 290-91.

76 Burrow no. 39, no. 45, no. 331, no. 415, no. 434, no. 592.

77 Burrow no. 569, and also no. 19, 54, 415, among many others.

78 Burrow no. 207; Atwood, "Life in Third-Fourth Century Cadh'ota," 167-69.

79 Helen Wang의 설명에 따르면 물리(muli, from the Sanskrit mūlya "price" or "value")는 "가격"을 의미한다. 그리고 1물리(muli)는 곡식의 수량 단위인 1밀리마(milima)와 같은 값이다. 니아에서 통용된 다양한 화폐에 대한 상세한 논의는 다음 책을 참조. Helen Wang, *Money on the Silk Road*, 65-74.

80 Helen Wang, *Money on the Silk Road*, 37-38에서는 《舟山錢幣》에 수록된 蔣其祥의 논문을 인용하여 모든 시노-카로슈티 코인(sino-karoshthi coin)의 가치를 계산하였다.(《舟山錢幣》 1990, no. 1: 6-11; 1990, no. 2: 3-10; 1990, no. 3: 8-13; 1990, no. 4: 3-11) 전세계에서 시노-카로슈티 코인은 모두 352개가 남아 있으며, 그 중 256개가 대영박물관에 소장되어 있다. François Thierry, "Entre Iran et Chine, la circulation monétaire en Sérinde de 1er au IXe siècle," in *La Serinde, terre d'échanges: Art, religion commerce du Ier au Xe siècle*, ed. Jean-Pierre Drège(Paris: Documentation Française, 2000), 122-25에서는 호탄과 니아에서 발견된 고문서와 동전에 대한 개괄적

인 설명을 제공하고 있다.

81 Burrow nos. 431 – 32.
82 Burrow no. 133. 또한 no. 177 and no. 494를 참조. 여기서도 금 거래가 언급되지만 금화는 아니다.
83 Burrow no. 324. Paul Pelliot는 F .W. Thomas의 주장을 받아들여 카로슈티 문서에 등장하는 Supiye와 Supiya가 같은 사람이며, 그가 7세기와 8세기의 티베트어 고문서에 등장하는 Sumpa라고 인정하였다. Pelliot, *Notes on Marco Polo*, vol. 2(Paris: Imprimerie National, 1963), 712 – 18; Thomas, trans., *Tibetan Literary Texts and Documents Concerning Chinese*(London: Royal Asiatic Society, 1935), 9 – 10, 42, 156 – 59.
84 Burrow no. 494.
85 Burrow no. 255: "중국인의 입으로부터" 땅을 사용해도 된다는 말을 들었다고 한다. 문서번호 no. 686A and B는 중국인이 작성한 달아난 소에 대한 확인서이다.
86 Burrow no. 35.
87 Burrow no. 660.
88 Burrow no. 14. 이 목록에 등장하는 장소는 지난 한 세기 동안 역사지리학자들의 흥미를 자아냈으며 또한 괴롭히기도 했다. 거의 모두가 니나(Nina)의 위치에 대해서 합의를 보지 못했다. 다음을 참조. Heinrich Lüders, "Zu und aus den Kharoṣṭhī-Urkunden," *Acta Orientalia* 18(1940): 15 – 49, 지명에 대한 논의 36. 제1차 중일공동조사단에서는 니나를 乌曾塔地라고 했다.《尼雅遺迹学术调查》1:235 – 36. 한편 吉田豊은 니나가 니아 유적지의 고대 명칭이라고 주장했다.〈コータン出土の世俗文書をめぐって〉(神戸: 神戸市外国語大学, 2005), 20.
89 Burrow no. 136, no. 355, no. 358, no. 403, no. 471, no. 629, no. 632, no. 674. 번역은 2006년 11월 14일 예일대 교수 Edward E. Salisbury(Professor Emeritus of Sanskrit and Comparative Philology)와의 개인적인 대화를 통해 수정하였다. 문제가 된 어휘는 'palayamna-' 였다. 이는 동사 palāyati 의 분사형인데, 의미는 "달아나다, 탈출하다" 정도이다. 내 생각에 Burrow가 이를 'fugitive'라 번역한 것도 괜찮지만 'escape' 혹은 'run-away'로 번역하면 더 좋

을 것 같다.

90 Burrow no. 149. Heinrich Lüders, "Textilien im alten Turkistan," *Abhandlungen des Preussischen Akademie des Wissenschaften, Philosophisch-Historische Klasse* 3(1936): 1-38. 이 논문은 카로슈티 문서에 등장하는 여러 직물의 명칭의 어원을 논하고 있다. 그런데 21-24쪽의 논의에서 "soṃstaṃni"에 대해서는 언급하지 않았다. "māṣa"라는 단어를 연구자들은 매우 어렵게 생각하는데, 대영박물관 큐레이터인 Helen Wang은 흥미로운 해석을 내놓았다. 즉 그것이 오수전(五銖錢)을 지칭하는 중국어 오수(五銖, wuzhu)를 나타내는 말이라는 것이다. 도망자들이 여행 비용으로 오수전을 사용했을 수도 있다. Helen Wang, *Money on the Silk Road*, 68 참조.

91 Burrow no. 566. 또 다른 도둑맞은 물품 목록에 잃어버렸다가 되찾은 여러 직물의 명칭이 들어있다. no. 318.

92 고문서에 등장하는 단어는 바니예(vaniye, from the Sanskrit vaṇij)이다. 2008년 8월 17일 Stefan Baums는 매우 감사하게도 초기 불교 필사본 프로젝트 (Early Buddhist Manuscripts Project _http://ebmp.org/p_abt.php)의 데이터베이스를 점검하고 이 외에 달리 사용된 사례가 없음을 확인해 주었다.

93 Burrow no. 489.

94 Burrow no. 510, no. 511, no. 512, no. 523. 이에 대한 논평은 Hansen, "Religious Life in a Silk Road Community," 296-300.

95 Jonathan A. Silk, "What, if Anything, is Mahāyāna Buddhism? Problems of Definitions and Classifications," *Numen* 49, no. 4(2002): 355-405.

96 Richard Salomon, "A Stone Inscription in Central Asian Gandhārī from Endere, Xinjiang," *Bulletin of the Asia Institute* 13(1999): 1-13.

97 Corinne Debaine-Francfort and Abduressul Idriss, eds., *Kériya, mémoire d'un fleuve: Archéologie et civilisation des oasis du Taklamakan* (Suilly-la-Tour, France: Findakly, 2001).

98 Stein, *Serindia*, 1:485-547.

99 王炳华,《精绝春秋》, 121.

100 法顯,〈高僧法顯傳〉,《大正新修大藏經》, 51:857a, text 2085. 다음과 비교하라. Samuel Beal, trans., *Si-yu-ki Buddhist Records of the Western World*

translated from the Chinese of Hiuen Tsiang(A.D. 629)(1884; repr., Delhi: Motital Banarsidass, 1981), xxiv. 또한 법현의 여정에 대해서는 다음을 참조. Marylin Martin Rhie, *Early Buddhist Art of China and Central Asia, vol. 1, Later Han, Three Kingdoms, and Western Chin in China and Bactria to Shan-shan in Central Asia*(Leiden, The Netherlands: Brill, 1999), 354.(其地崎嶇薄瘠。俗人衣服粗與漢地同。但以氈褐爲異。其國王奉法。可有四千餘僧悉小乘學。諸國俗人及沙門盡行天竺法。但有精麁。_《高僧法顯傳》一卷)

101 일본의 학자 桑山正進은 인도와 중국 사이 교통로의 변화에 대해 방대한 연구를 했다. 다음을 참조. Kuwayama Shōshin(桑山正進), *Across the Hindukush of the First Millennium: A Collection of the Papers*(Kyoto: Institute for Research in Humanities, Kyoto University 2002); Enoki Kazuo, "Location of the Capital of Lou-lan," 125-71.

제2장

Georges-Jean Pinault는 이 장을 자세히 읽고 조언을 해 주셨다. 그가 지도하는 박사과정 학생 慶昭蓉(Ching Chao-jung)도 이 장의 초교지를 검토해 주셨다. 이에 감사드린다.

1 쿠마라지바의 생몰연대는 정확하지 않다. 관련 자료들이 워낙 일치하지 않아서 생몰연대를 알 수 없다. 다음을 참조. Yang Lu, "Narrative and Historicity in the Buddhist Biographies of Early Medieval China: The Case of Kumārajīva," *Asia Major*, 3rd ser., 17, no. 2(2004): 1-43, 특히 28-29n64. 이 논문은 쿠마라지바의 전기 세 편을 통해 쿠마라지바 생애에서 중요한 사건들을 분석한 유용한 논문이다.

2 Hedin, *My Life as an Explorer*, 250-51. 헤딘은 자신의 중앙아시아 및 티베트 여행에 대해 보다 상세한 글을 남겼다. Hedin, *Towards the Holy City of Lassa*(New York: Charles Scribner, 1903), 63-102.

3 Hedin, *My Life as an Explorer*, 253, 261.

4 20세기 초 독일 사람들은 석굴이 235동이라고 했지만 최근에 더 많은 석굴을 찾아냈다. 赵莉, 《龟玆石窟百问》(乌鲁木齐:新疆美术摄影出版社, 2003), 12.

5　Albert von Le Coq, *Buried Treasures of Chinese Turkestan* (1928; repr., Hong Kong: Oxford University Press, 1985), 129.

6　방사성 탄소 측정 연대 320 CE±80.《中国石窟: 克孜尔石窟》(北京: 文物出版社, 1997), 1:210. Angela F. Howard 는 북경대학교 고고학자 宿白가 개발한 석굴 연대 측정 기준을 요약 설명해 주었다. 연대를 알 수 없는 석굴을 이 방법으로 편년할 수 있다. 다음을 참조. "In Support of a New Chronology for the Kizil Mural Paintings," *Archives of Asian Art* 44(1991): 68-83.

7　玄奘,《大唐西域记校注》, 季羨林等校注(北京: 中华书局, 1985), 61; Beal, Si-yu-ki, 21.

8　Le Coq, *Buried Treasures*, 127.

9　1906년에서 1909년까지 폴 펠리오, 물리학자이자 지리학자인 루이 바이양(Louis Vaillant), 사진가 샤를르 누에트(Charles Nouette)가 카슈가르에서 서안까지 여행했다. 루이 바이양은 이 여정에 대해 상세한 기록을 남겼다. 그들이 각각의 유적지에 머무른 날짜, 그들의 여정을 그린 지도 등이다. 다음을 참조. Louis Vaillant, "Rapport sur les Travaux Géographiques faits par la Mission Archéologique d'Asie Centrale(Mission Paul Pelliot 1906-1909)," *Bulletin de la Section de Geographie du Comité des Travaux Historiques et Scientifiques 68*(1955): 77-164.

10　余太山,《西域傳》, 29;《史記》123:3168-69.

11　余太山,《西域傳》, 187-90;《漢書》96B:3916-17.

12　余太山,《西域傳》, 180;《漢書》96B:3911.

13　비석의 연대는 기원후 158년이다. 북정(北庭) 근처의 산에서 발견되었다. 중국인 장군의 이름과 직책이 적혀 있다. Éric Trombert, with Ikeda On and Zhang Guangda, *Les manuscrits chinois de Koutcha: Fonds Pelliot de la Bibliothèque Nationale de France*(Paris: Institut des Hautes Études Chinoises du Collège de France, 2000), 10.

14　사찰의 목록은 다음을 참조. Mariko Namba Walter, "Tokharian Buddhism in Kucha: Buddhism of Indo-European Centum Speakers in Chinese Turkestan before the 10th Century C.E.," *Sino-Platonic Papers* 85(October 1998): 5-6. 중앙아시아에서 발견된 중에 가장 오래된 산스크리

트어 불경 필사본으로 3세기보다 훨씬 이전 시기의 것으로 추정된다. 桑山正進, 《慧超往五天竺国伝研究》(京都: 京都大學人文科學研究所, 1992), 187n207.

15 불교학자들 사이에 설일체유부(說一切有部, Sarvāstivāda)와 근본설일체유부(根本說一切有部, Mūlasarvāstivāda)의 관계에 대한 논란이 있다. 쿠차에서 발견된 텍스트에는 후자에 대한 내용이 훨씬 더 적다. 다음을 참조. Ogihara Hirotoshi, "Researches about Vinaya-texts in Tocharian A and B"(Ph.D. diss., École Pratique des Hautes Études, 2009).

16 《出三藏記集》, text 2145, 79c-80a; Walter, "Tocharian Buddhism in Kucha," 8-9.

17 Silk, "What, if Anything, Is Mahāyāna Buddhism?" 355-405.

18 이 여행자는 한국인 승려 혜초이며 한문으로는 慧超라고 쓴다. 《往五天竺國傳箋釋》(北京: 中華書局, 2000), 159.

19 《太平御覽》, 125:604, 《十六国春秋》를 인용; Trombert, *Les manuscrits chinois de Koutcha*, 11. 進入其城, 城有三重, 廣輪與長安地等。城中塔廟千數, 帛純宮室壯麗, 煥若神居。胡人奢侈, 富于生養, 家有蒲桃酒至千斛, 經十年不敗, 士卒淪沒酒藏者相繼。《太平御覽》偏霸部九〈後涼呂光〉

20 Yang Lu, "Narrative and Historicity," 23-31.

21 John Kieschnick, *The Eminent Monk: Buddhist Ideals in Medieval Chinese Hagiography* (Honolulu: University of Hawai'i Press, 1997), 19; Bernard Faure, *The Red Thread: Buddhist Approaches to Sexuality* (Princeton, NJ: Princeton University Press, 1998), 26-27.

22 E. Zürcher, "Perspectives in the Study of Chinese Buddhism," *Journal of the Royal Asiatic Society* 2(1982): 161-76.

23 *The Essential Lotus: Selections from the Lotus Sutra*, trans. Burton Watson (New York: Columbia University Press, 2002).

24 Daniel Boucher, *Bodhisattvas of the Forest and the Formation of the Mahāyāna: A Study and Translation of the Rāṣṭrapālaparipṛchhā-sūtra* (Honolulu: University of Hawai'i Press, 2008).

25 Edwin G. Pulleyblank, *Lexicon of Reconstructed Pronunciation in Early Middle Chinese, Late Middle Chinese and Early Mandarin* (Vancouver:

University of British Columbia Press, 1991), 160, 203, 217, 283.
26 Victor H. Mair, "India and China: Observations on Cultural Borrowing," *Journal of the Asiatic Society*(Calcutta) 31, nos. 3-4(1989): 61-94.
27 Victor H. Mair and Tsu-Lin Mei, "The Sanskrit Origins of Recent Style Prosody," *Harvard Journal of Asiatic Studies* 51, no. 2(1991): 375-470, 특히 392; Victor Mair, 2011년 9월 11일, 개인적인 대화.
28 Douglas Q. Adams, *Tocharian Historical Phonology and Morphology*(New Haven, CT: American Oriental Society, 1988), 1.
29 Denis Sinor, "The Uighur Empire of Mongolia," in *Studies in Medieval Inner Asia*(Brookfield, VT: Ashgate, 1997), 1-5.
30 필자는 "Twghry"를 표기하는 데 [gh]를 사용했지만 다른 학자들은 그리스 문자 감마(γ)를 사용했다. Adams, *Tocharian*, 2, 전체 단락 인용; Le Coq, *Buried Treasures*, 84에서 발굴 유물에 대한 논의가 있다. 1974년에 언기에서 텍스트를 발굴하여 44건이 추가되었다.: Ji Xianlin, trans., *Fragments of the Tocharian A Maitreyasamiti-Nataka of the Xinjiang Museum, China*(New York: Mouton de Gruyter, 1998).
31 Adams, *Tocharian*, 3.
32 최근에 François Thierry는 중국 정사에서 월지에 대한 대목을 모두 재검토하고 불어로 번역했다. 돈황(燉煌)과 기련(祁連)을 나타내는 한자의 발음에 대한 몇 가지 변화를 검토한 뒤, 기원전 175년 흉노 연맹이 월지를 쫓아내기 이전에 월지는 기련산맥과 천산산맥 전역(신강 지역 전역과 감숙성 상당 지역)에 분포하고 있었을 가능성을 제기했다. 이는 기존에 월지가 돈황 근처 기련산맥에만 거주했을 것으로 추정했던 학설과 차이가 있다. Thierry, "Yuezhi et Kouchans," in *Afghanistan: Ancien carrefour*, 421-539.
33 Christopher I. Beckwith, *Empires of the Silk Road: A History of Central Eurasia from the Bronze Age to the Present*(Princeton, NJ: Princeton University Press, 2009), 380-83.
34 오르혼 강 계곡에 있는 위구르의 수도 카라발가순에서 발견된 비석은 소그드어, 중국어, 위구르어 등 세 개의 언어로 새겨져 있다.
35 W. B. Henning, "Argi and the 'Tokharians,'" *Bulletin of the School of*

Oriental Studies 9, no. 3(1938): 545-71. Larry Clark은 "네 개의 토그리(Twghry)"라는 문구가 등장하는 몇 가지 경우를 검토한 뒤 Henning의 견해와 반대로 네 지역이 쿠차에 포함된다고 주장했다. "The Conversion of Bügü Khan to Manichaeism," in *Studia Manichaica: IV. Internationaler Kongress zum Manichäismus*, Berlin, 14.-18. Juli, 1997, ed. Ronald E. Emmerick, Werner Sundermann, and Peter Zieme(Berlin: Akademie Verlag, 2000), 83-84n1.

36 Nicholas Sims-Williams, *New Light on Ancient Afghanistan: The Decipherment of Bactrian; An Inaugural Lecture Delivered on 1 February 1996*(London: School of Oriental and African Studies, University of London, 1997), 1-25.

37 George Sherman Lane, "On the Interrelationship of the Tocharian Dialects," in *Studies in Historical Linguistics in Honor of George Sherman Lane*, ed. Walter W. Arndt et al.(Chapel Hill: University of North Carolina Press, 1967), 129.

38 Stanley Insler, 1999년 4월 22일의 개인적인 대화; Lane, "Tocharian Dialects," 129.

39 Douglas Q. Adams, "The Position of Tocharian among the Other Indo-European Languages," *Journal of the American Oriental Society* 104(July-September 1984): 400.

40 투르크어족에 속하는 다양한 언어를 사용하는 사람들은 스스로를 투르크족이라고 하지 않는다; 투르크족이라는 지칭은 무슬림과 접촉한 뒤에 광범위하게 사용되었다. 다음을 참조. P. B. Golden, *Ethnicity and State Formation in Pre-Čingisid Turkic Eurasia*(Bloomington: Department of Central Eurasian Studies, Indiana University, 2001); Golden, *An Introduction to the History of the Turkic Peoples: Ethnogenesis and State-Formation in Medieval and Early Modern Eurasia and the Middle East*(Wiesbaden, Germany: O. Harrassowitz, 1992).

41 Melanie Malzahn, "Tocharian Texts and Where to Find Them," in *Instrumenta Tocharica*, ed. Melanie Malzahn(Heidelberg, Germany:

Universitätsverlag Winter, 2007), 79.
42　Georges-Jean Pinault, 2010년 4월 3일의 개인적인 대화.
43　Georges-Jean Pinault, "Introduction au tokharien," *LALIES* 7(1989): 11. 또한 그의 최근 저작을 참조. Pinault, *Chrestomathie tokharienne: Textes et grammaire*(Leuven, Belgium: Peeters, 2008).
44　Adams, *Tocharian*, 7n8.
45　Georges-Jean Pinault는 이야기를 분석하고 동시에 그 일부를 직역 및 의역으로 제시했다. 그의 다음 논문을 참조. "Introduction au tokharien," 163-94. 텍스트의 전사(傳寫)와 번역은 다음 책에 실려 있다. Pinault, *Chrestomathie tokharienne*, 251-68, 인용문은 262.
46　Lane, "Tocharian Dialects," 125에서 Sieg and Siegling의 토하리어A 텍스트 목록 번호 no. 394에 대한 검토가 있다.
47　Michaël Peyrot, *Variation and Change in Tocharian B*(Amsterdam: Rodopi, 2008).
48　Pinault, "Introduction au tokharien," 11; Emil Sieg, "Geschäftliche Aufzeichnungen in Tocharisch B aus der Berliner Sammlung," *Miscellanea Academica Berolinensia* 2, no. 2(1950): 208-23.
49　"합계 6,060점이라는 수치는 다음 소장처에서 소장하고 있는 대체적인 수량을 총합한 결과이다. 베를린 3,480, 런던 1,500, 파리 1,000(약 1,000점의 작은 파편들은 계산에 넣지 않았음), 뻬쩨르부르그 180, 일본 30, 중국 50(바위글씨와 낙서는 계산에 넣지 않았음)." Pinault, 2010년 4월 3일의 개인적인 대화.
50　유적지의 명칭은 오늘날 중국어로는 Yuqi tu'er이며 프랑스어 표기는 Douldour âqour이다. 유적지에 대한 상세한 설명으로는 다음을 참조. Madeleine Hallade et al., *Douldour-âqour et Soubachi, Mission Paul Pelliot IV*(Paris: Centre de recherché sur l'Asie centrale et la Haute-Asie, Instituts d'Asie, Collège de France, 1982), 31-38.
51　"kuśiññe"란 "쿠차어"를 의미한다. Pinault, "Introduction au tokharien," 20.
52　Éric Trombert, *Les manuscrits chinois de Koutcha*, 25-27. 폴 펠리오가 수집한 한문 고문서와 쿠차어 고문서는 현재 프랑스 국립도서관에 소장되어 있다. 일본에서 파견된 오타니는 제1차 세계대전 이전에 중앙아시아에서 활

동했는데, 또한 쿠차에서 고문서를 사들였다. 같은 유적지에서 나온 고문서였을 것으로 추정된다. 또한 다음을 참조. Georges-Jean Pinault, "Economic and Administrative Documents in Tocharian B from the Berezovsky and Petrovsky Collections," *Manuscripta Orientalia* 4, no. 4(1998): 3-20.

53 Édouard Chavannes, *Documents sur les Tou-kiue(Turcs) occidenteaux*(Paris: Adrien-Masonneuve, 1941); Christopher I. Beckwith, *The Tibetan Empire in Central Asia: A History of the Struggle for Great Power among Tibetans, Turks, Arabs, and Chinese during the Early Middle Ages*(Princeton, NJ: Princeton University Press, 1987).

54 《魏書》(北京: 中華書局, 1974), 102:2266; 余太山, 《西域傳》, 448, 449n136.(俗性多淫, 置女市, 收男子錢入官 …… 其國西北大山中有如膏者流出成川, 行數里入地. 如食弟餬, 甚臭. 服之發齒已落者能令更生, 病人服之皆愈。 《魏書》列傳第九十〈西域〉)

55 《北史》(北京: 中華書局, 1974), 97:3217-18; 余太山, 《西域傳》, 636.(細氈, 饒銅, 鐵, 金公, 麖皮, 氍毹, 沙, 鹽綠, 雌黃, 胡粉, 安息香, 良馬, 犎牛等. 《北史》列傳第九十〈西域〉).

56 François Thierry, "Entre Iran et Chine: La circulation monétaire en Sérinde de 1er au IXe siècle," in *Drège, La Serinde, terre d'échanges*, 121-47, esp. 126. 원문 출처: 玄奘, 《大唐西域記》, 54. 이본(異本)에서는 이 단락에 금화 혹은 단순히 금만 언급되고 은화나 동전은 언급되지 않는다.

57 Thierry, "La circulation monétaire en Sérinde," 129-35.

58 동전을 뜻하는 쿠차어 "cāne"는 중국어 전(錢)의 차용어이다. 이 설명들은 다음 책에 번역 및 주석이 실려 있다. Georges-Jean Pinault, "Aspects de bouddhisme pratiqué au nord de désert du Taklamakan, d'après les documents tokhariens," in *Bouddhisme et cultures locales: Quelques cas de réciproques adaptations; Actes du colloque franco-japonais de septembre 1991*, ed. Fukui Fumimasa and Gérard Fussman(Paris: École Française d'Extrême-Orient, 1994), 85-113; Pinault, "Economic and Administrative Documents." 원본 고문서는 프랑스 국립도서관에 소장되어 있다. 소장품의 명칭은 Pelliot Kouchéen Bois, série C, 1.

59 Pinault, "Economic and Administrative Documents," 12.
60 Georges-Jean Pinault, "Narration dramatisée et narration en peinture dans la region de Kucha," in Drège, La Serinde, terre d'échanges, 149–67; Werner Winter, "Some Aspects of 'Tocharian' Drama: Form and Techniques," Journal of the American Oriental Society 75(1955): 26–35.
61 Klaus T. Schmidt, "Interdisciplinary Research on Central Asia: The Decipherment of the West Tocharian Captions of a Cycle of Mural Paintings of the Life of the Buddha in Cave 110 in Qizil," Die Sprache 40, no. 1(1998): 72–81.
62 Peyrot, Variation and Change, 206.
63 펠리오는 이 고갯길을 Tchalderang이라고 표기했다. 현대식 표기는 Shaldïrang이다. 이 고갯길에 대한 가장 상세한 연구는 다음과 같다. "Épigraphie koutchéenne: I. Laisser-passer de caravanes; II. Graffites et inscriptions," in Chao Huashan et al., Sites divers de la région de Koutcha(Paris: Collège de France, 1987), 59–196, 특히 67n4. 여기서는 펠리오가 1907년 1월에 Émile Senart에게 보낸 편지가 인용되어 있다. 慶昭蓉(Ching Chao-jung)은 현재 Pinault 교수의 지도 아래 쿠차 발굴 고문서 중 사(私)문서에 대한 박사학위 논문을 마무리하는 중이다. 필자의 논지는 전적으로 Pinault의 설명에 기초하고 있다. 눈 속에 묻혀있던 통행증(67); 고문서 형태 묘사(69–71); 통행증의 내용 구성(72–74); 공문서 숫자 표기(79); 통행증의 종결 부분과 날짜(84–85); 표(78).
64 통행증 문서와 외부 덮개가 온전한 형태로 발견된 사례는 없다. 문서 사진은 다음을 참조. Pinault, "Laisser-passer de caravans," plates 40–52.
65 Pinault, "Aspects de bouddhisme," 100–101.
66 《周書》(北京: 中華書局, 1971), 50:9123.(涼州刺史史寧覘知其還, 率輕騎襲之於州西赤泉, 獲其僕射乞伏觸扳、將軍翟潘密、商胡二百四十人, 駝騾六百頭, 雜彩絲絹以萬計.《周書》卷五十 列傳第四十二)
67 陈国灿,〈唐安西四镇中"镇"的变化〉,《西域研究》2008, no. 4: 16–22.
68 Beckwith, Tibetan Empire in Central Asia, 197–202.
69 복잡한 정치적 사건에 대한 간명한 요약은 다음을 참조. François Thierry, "On

the Tang Coins Collected by Pelliot in Chinese Turkestan(1906-09)," in *Studies in Silk Road Coins and Culture: Papers in Honour of Professor Ikuo Hirayama on His 65th Birthday*, ed. Joe Cribb, Katsumi Tanabe, and Helen Wang(Kamakura, Japan: Institute of Silk Road Studies, 1997), 149-79, 특히 158-59.

70　Moriyasu Takao, "Qui des Ouighours ou des Tibétains ont gagné en 789-92 à Beš-Balïq," *Journal Asiatique* 269(1981): 193-205; Beckwith, *Tibetan Empire in Central Asia*, 166-68.

71　Éric Trombert는 중국 고문서에 정통한 일본 학자 池田溫, 중국의 당나라 역사 전문가 張廣達의 도움을 받아 이들 고문서에 대한 결정판을 출간하였다. 기년이 확인된 고문서 목록이 다음 책에 수록되어 있다. Trombert, *Les manuscrits chinois de Koutcha*, 141.

72　Trombert, *Les manuscrits chinois de Koutcha*, nos. 28-30, no. 5.

73　Trombert, *Les manuscrits chinois de Koutcha*, no. 21(경전 암송), no. 6(여성의 편지), no. 19(둔전의 경지 면적), no. 125(도교 행사에 사용된 깃발), no. 117(관리에 대한 평가).

74　Trombert, *Les manuscrits chinois de Koutcha*, 35.

75　Trombert, *Les manuscrits chinois de Koutcha*, no. 121, no. 131.

76　Trombert, *Les manuscrits chinois de Koutcha*, no. 114(철), no. 129(직물; the reading of "1,000 feet" is tentative); no. 108(관리의 봉급).

77　Trombert, *Les manuscrits chinois de Koutcha*, no. 41. Tromber에 의하면(p. 35) 돈황과 투르판 고문서에 등장하는 行客이란 용어는 이동하는 군부대와 관련하여 등장하며(行客營), 원거리 무역상, 즉 遠行商客을 뜻하는 것이 아니다.

78　Trombert, *Les manuscrits chinois de Koutcha*, no. 121, no. 220, no. 77(possibly), no. 112.

79　Trombert, *Les manuscrits chinois de Koutcha*, no. 20, no. 93(노역 면제), no. 24(채무자 목록).

80　Helen Wang, *Money on the Silk Road*, 85-87에서 이에 대한 분석이 있다; p. 87에서는 각각의 거래가 이루어진 날짜와 지불된 동전의 수량을 정리해둔 표가 실려 있다. Yamamoto Tatsuro and Ikeda On, *Tun-huang and*

Turfan Documents Concerning Social and Economic History, vol. 3, *Contracts* (Tokyo: Toyo Bunko, 1987), 74 – 76에서 계약서에 대한 전사(轉寫)가 수록되어 있다.

81 이 주제에 대한 학자들의 논쟁에 대해서는 다음을 참조. Hansen, "Place of Coins and their Alternatives."
82 Thierry, "Tang Coins Collected by Pelliot," 151.
83 Trombert, *Les manuscrits chinois de Koutcha*, 35.

제3장

실크로드 프로젝트(The Silk Road Project: Reuniting Turfan's Scattered Treasures) 구성원 모두에게 감사드린다. 이 프로젝트는 1995년에서 1998년까지 진행되어 이후 많은 정보와 연구 자료를 제공했다. 이 프로젝트의 결과물은 다음 책에 실려 출판되었다. *Asia Major* 11, no. 2(1998), *Orientations* 30, no. 4(1999), 《敦煌吐鲁番文献研究》4(1999). 필자의 다음 논문도 투르판에 대한 논점을 다루었다. Valerie Hansen, "The Place of Coins and Their Alternatives in the Silk Road Trade."

1 Yoshida Yutaka(吉田豊), "Appendix: Translation of the Contract for the Purchase of a Slave Girl Found at Turfan and Dated 639," *T'oung Pao* 89(2003): 159 – 61.
2 역사학자들 사이에서는 현장 법사의 출발 연도에 대하여 이견이 있지만(627? 629?) Etienne de la Vaissière는 629년이라고 확신을 하고 있다. "Note sur la chronologie du voyage de Xuanzang," *Journal Asiatique* 298, no. 1(2010): 157 – 68. 또한 현장 법사의 현대식 전기인 다음 책을 참조. 桑山正進·袴谷憲昭, 《玄奘》(東京: 大蔵出版, 1981), 58 – 82.
3 慧立이 이 책의 처음 다섯 장을 썼다. 그의 글에는 649년까지 나오는데, 그 해에 현장이 중국으로 돌아와 황제 당 태종으로부터 환대를 받았다. 당 태종은 애초에 출국 금지령을 내렸던 바로 그 황제였다. 彦悰이 그 뒤를 이어 또한 다섯 장을 썼다. 이 글에서는 현장이 사망했던 664년까지가 나온다. 慧立·彦悰,《大慈恩寺三藏法師傳》(北京: 中華書局, 2000), 11. 영어 번역본은 2종이 나와 있다. Beal의 번역본은 옛날식 문장으로 방대한 주석을 포함하고 있고, Li의 번역본

은 보다 현대식 문장이지만 주석이 없다. Samuel Beal, trans., *Life of Hiuen-Tsiang, by the Shaman Hwui Li*(London: K. Paul, Trench, Trübner, 1911); Li Rongxi, trans., *A Biography of the Tripiṭaka Master of the Great Ci'en Monastery of the Great Tang Dynasty*(Berkeley, CA: Numata Center for Buddhist Translation and Research, 1995). 玄奘과 慧立 모두 생몰년을 알 수 없다. Alexander Leonhard Mayer는 서로 상충되는 많은 자료들을 검토한 결과, 그리고 道宣의 《續高僧傳》의 설명을 따라, 현장 법사의 탄생 연도가 600년일 가능성이 가장 크다고 결론내렸다.(가능한 범위는 596년~602년이다.) 다음을 참조. Alexander Leonhard Mayer and Klaus Röhrborn, eds., *Xuanzangs Leben und Werk*, vol. 1(Wiesbaden, Germany: Harrassowitz, 1991), 34(慧立에 대하여), 61(玄奘에 대하여). 이 자료를 소개해준 Friederike Assandri 에게 감사드린다.

4 《佛道論衡》에 나오는 현장 법사의 전기에서 유일하게 현장 법사가 산스크리트어를 공부했음을 특별히 언급하고 있다.(桑山正進·袴谷憲昭, 《玄奘》, 43-44).

5 이후로 이어지는 현장 법사의 여정에 대한 설명과 인용문의 출처는 다음과 같다. 慧立·彦悰, 《三藏法師傳》, 11-29.

6 스타인은 현장 법사의 글에서 일관되게 사용된 거리 단위를 찾아내서 5리(里)를 현대식 1마일로 계산했다. 현장은 과주에서 하미까지 11일 동안 218마일(351킬로미터)을 걸었다. 현장의 설명에 따라 스타인은 그의 여정을 지도로 그렸다.(p. 268). Aurel Stein, "The Desert Crossing of Hsüan-Tsang, 630 A.D.," *Geographical Journal* 54(1919): 265-77.

7 다음의 표를 참조. Yoshida Yutaka and Kageyama Etsuko, "Sogdian Names in Chinese Characters," in *Les Sogdiens en Chine*, ed. Étienne de la Vaissière and Éric Trombert(Paris: École Française d'Extrême-Orient, 2005), 305-6.

8 오렐 스타인은 현장 법사의 여정이 실제 거리임을 밝혀냈다. 현장이 4박5일을 갔다고 하는 길을 20세기 여행자들도 "걸어서" 5일이 걸렸기 때문이다. 스타인의 계산으로 현장 법사는 물을 찾기 위해 106마일(171킬로미터)를 걸어갔다. 또한 스타인은 현장 법사의 말이 물 없이 4일을 갈 수 있었다는 대목에 주목했다. 스타인은 물 없이 그 이상도 갈 수 있을 것으로 추정했다.("The Desert

Crossing," 276–77.)

9 桑山正進・袴谷憲昭,《玄奘》48–49.

10 고창국의 왕과 서투르크의 카간은 혼인동맹 관계였다. 고창국의 왕 麴伯雅는 반란으로 인해 614년에서 619년까지 서투르크에 머물렀던 것으로 추정된다. 吳震,〈麴氏高昌国史索隱〉,《文物》1981, no. 1: 38–46.

11 Arakawa Masaharu(荒川正晴)는 최근 혜립의 글에 나오는 현장을 수행했던 사람의 이름을 밝혀냈다. 유사한 이름이 수레를 모는 사람들의 이름 목록에서 발견된 것이다. Arakawa의 주장에 따르면 현장은 이들 수레 중의 하나에 탑승해서 12월에 투르판을 떠났던 것으로 추정된다. "Sogdians and the Royal House of Ch'ü in the Kao-ch'ang Kingdom," *Acta Asiatica* 94(2008): 67–93.

12 502년부터 640년 중국인이 쳐들어올 때까지 10명의 왕이 통치했다. 고창국 왕의 재위 목록은 다음을 참조. Valerie Hansen, "Introduction: Turfan as a Silk Road Community," *Asia Major*, 3rd ser., 11, no. 2(1998): 1–12, chart on 8. 520년 이전 세력을 가졌던 여러 왕조에 대한 상세한 설명은 다음을 참조. 王素,《高昌史稿:统治編》(北京: 文物出版社, 1998), 265–307.

13 《後漢書》, 88:2928–29, 번역은 다음을 참조. Zhang Guangda and Rong Xinjiang, "A Concise History of the Turfan Oasis and Its Exploration," *Asia Major*, 3rd ser., 11, no. 2(1998): 14. Zhang Guangda and Rong Xinjiang의 논문은 영어로 된 가장 신뢰할 만한 투르판의 역사이다. 중국어로는 다음의 연표를 참조. 王素,《高昌史稿》.

14 Wang Binghua(王炳华), "New Finds in Turfan Archaeology," *Orientations* 30, no. 4(April 1999): 58–64.

15 Zhang and Rong, "Concise History of the Turfan Oasis," 14–17.

16 Yamamoto and Ikeda, *Tun-huang and Turfan Documents*, 3A:3.

17 《周書》, 50:915; 余太山,《西域傳》, 510–11.

18 Zhang Guangda, "An Outline of the Local Administration in Turfan," available online at http://eastasianstudies.research.yale.edu/turfan/government.html.

19 Valerie Hansen, *Negotiating Daily Life in Traditional China: How Ordinary People Used Contracts, 600–1400*(New Haven, CT: Yale

University Press, 1995), 29–31.

20 《舊唐書》(北京: 中華書局, 1975), 198:5295.

21 李吉甫,《元和郡縣圖志》(北京: 中華書局, 1983), 40:1030.

22 돈황 석굴 북쪽 지역에서 고고학자들은 종이로 만든 수의를 발견했다. 종이 신발(B48호 석굴)과 종이로 만든 윗도리였다. 彭金章·王建军,《敦煌莫高窟北区石窟》(北京: 文物出版社, 2000–2004), 1:151–52; 1:177; 3:337.

23 唐長孺 編,《吐魯番出土文書》(北京: 文物出版社, 1992–96), 1:10; 陈国灿, 2006년 4월 10일의 개인적인 대화. 주석에서 언급하는 책은 전4권 투르판 고문서 및 도판집이다. 이전에 나온 전10권보다 더 신뢰할 만하다.

24 王素,〈长沙走马楼三国吴简研究的回顾与展望〉,《中国历史文物》, 2004, no. 1: 18–34, 특히 25;《周書》, 50:915; 余太山,《西域傳》, 510–11.

25 Stein, *Innermost Asia*, 2:646.

26 Frank Dikötter, *Mao's Great Famine: The History of China's Most Devastating Catastrophe, 1958–1962* (New York: Walker, 2010), x.

27 여기서의 설명은 2006년 3월 29일 신강박물관에 근무하는 Wu Zhen과 나눈 개인적인 대화에 기초하고 있다.

28 신강박물관에서는 다양한 간략 발굴 보고서를 수록했다.《文物》1960, no. 6: 13–21; 1972, no. 1: 8–29; 1972, no. 2: 7–12; 1973, no. 10: 7–27; 1975, no. 7: 8–26; 1978, no. 6: 1–14. 아스타나 발굴에 대한 보다 풍부한 보고서는 다음 특집호를 참조.《新疆文物》(2000, no. 3–4).

29 Hansen, "Turfan as a Silk Road Community," 1.

30 唐长孺,〈新出吐鲁番文书简〉,《東方學報》54(1982): 83–100. 투르판 고문서 대부분은 전4권의 다음 책에 수록되었다. 唐長孺 編,《吐魯番出土文書》. 또한 다음을 참조. 陳國燦,《斯坦因所獲吐魯番文書研究》(武昌: 武汉大学出版社, 1995); 陳國燦, 日本寧樂美術館藏吐魯番文書(北京: 文物出版社, 1997); 柳洪亮,《新出吐鲁番文书及其研究》(乌鲁木齐:新疆人民出版社, 1997); 荣新江·李肖·孟宪实,《新獲吐魯番出土文獻》(北京: 中華書局, 2008).

31 荣新江,〈阚氏高昌王国与柔然-西域的关系〉,《历史研究》, 2007, no. 2: 4–14; 荣新江 外,《新获吐鲁番出土文献》, 1:163.

32 Jonathan Karam Skaff, "Sasanian and Arab-Sasanian Silver Coins

from Turfan: Their Relationship to International Trade and the Local Economy," *Asia Major*, 3rd ser., 11, no. 2(1998): 67 – 115, esp. 68.

33 고창 출토 동전은 대부분 세 군데에서 각 10개, 20개, 100개가 출토되었다. 다음을 참조. Skaff, "Sasanian and Arab-Sasanian Silver Coins," 71 – 72.

34 唐長孺 編, 《吐魯番出土文書》 1:143; 다음 논문에서 논의함. Hansen, "The Path of Buddhism into China: The View from Turfan," *Asia Major*, 3rd ser., 11, no. 2(1998): 37 – 66, esp. 51 – 52.

35 다음 논문의 표 참조. Skaff, "Sasanian and Arab-Sasanian Silver Coins," 108 – 9.

36 Yoshida(吉田豊), "Appendix: Translation of the Contract," 159 – 61.

37 Helen Wang, *Money on the Silk Road*, 34 – 36.

38 Skaff, "Sasanian and Arab-Sasanian Silver Coins," 68.

39 Helen Wang, *Money on the Silk Road*, 35.

40 王炳华, 2009년 6월 25일의 개인적인 대화; 李遇春, 〈新疆乌恰县发现金条和大批波斯银币〉, 《考古》, 1959, no. 9: 482 – 83.

41 2006년에 Stephen Album은 신강박물관 소장 烏恰縣 발굴 동전 수백 점을 검토했다. 그 중 4분의 1이 사산조 은화의 "같은 시대의 모조품"이거나 혹은 "에프탈이 주조한 페로즈 스타일(Peroz-syle)의 은화"라는 의견을 제시했다. Stephen Album, conference paper presented at the International Symposium on Ancient Coins and the Culture of the Silk Road, Shanghai Museum, December 6, 2006. 또한 오흡현 발굴 동전 각각의 도판을 수록한 다음을 참조. *Silk Roadology* 19(2003): 51 – 330.

42 Valerie Hansen, "Why Bury Contracts in Tombs?" *Cahiers d'Extrême-Asie* 8(1995): 59 – 66.

43 Hansen, *Negotiating Daily Life*, 35, 43.

44 唐長孺 編, 《吐魯番出土文書》, 3: 517.

45 羅豐, 《胡漢之間》—"絲綢之路"與西北歷史考古(北京: 文物出版社, 2004), 147.

46 羅豐, 《胡漢之間》, 117 – 120; François Thierry and Cecile Morrisson, "Sur les monnaies byzantines trouvées en Chine," *Revue Numismatique* 36(1994): 109 – 45.

47 Helen Wang, *Money on the Silk Road*, 34.

48 羅豐,《胡漢之間》, 146에는 중국에서 발견된 진품 금화 32점과 모조품 15점의 목록이 실려 있다. 이 금화에 관한 중국어 자료는 너무 많아 여기서 목록을 다 실을 수 없다. 羅豐의 주석을 참조할 것.

49 林英·迈特里希(Michael Metlich), 〈洛阳发现的利利奥一世金币考释〉,《中国钱币》90, no. 3(2005): 70-72.

50 北周 田弘墓에서 5개의 동전이 발견되었다; 羅豐,《胡漢之間》, 118, items 21-24.

51 羅豐,《胡漢之間》, 96.

52 Wu Zhen, "'Hu' Non-Chinese as They Appear in the Materials from the Astana Graveyard at Turfan," *Sino-Platonic Papers* 119(Summer 2002): 7.

53 Yoshida Yutaka, "On the Origin of the Sogdian Surname Zhaowu and Related Problems," *Journal Asiatique* 291, nos. 1-2(2003): 35-67.

54 Yoshida Yutaka and Kageyama Etsuko, "Appendix I: Sogdian Names in Chinese Characters, Pinyin, Reconstructed Sogdian Pronunciation, and English Meanings," in Vaissière and Trombert, *Les Sogdiens en Chine*, 305-6.

55 6세기와 7세기에 투르판에 살던 대부분의 소그드인들은 조로아스터교를 믿었고 마니교를 믿지 않았다. 다음을 참조. Valerie Hansen, "The Impact of the Silk Road Trade on a Local Community: The Turfan Oasis, 500-800," in Vaissière and Trombert, *Les Sogdiens en Chine*, 283-310, esp. 299.

56 影山悦子, 〈東トルキスタソ出土のオッスアリ(ゾロアスタ一教徒の納骨器)について〉,《オリエソト》40, no. 1(1997): 73-89.

57 Zhang Guangda, "Iranian Religious Evidence in Turfan Chinese Texts," *China Archaeology and Art Digest* 4, no. 1(2000): 193-206.

58 살보(薩寶, Sabao)는 소그드어 단어 "s'rtp'w"를 중국어로 음사한 말이다. 이 소그드 어휘는 산스크리트어 "sārthavāha(카라반의 지도자)"의 차용어이다. 아마도 박트리아를 거쳐 전해졌을 것이다. 吉田豊, 〈ソグド語雑録 II〉,《オリエソト》31, no. 2(1988): 168-71.

59 Hansen, "Impact of the Silk Road Trade," 297-98.

60 吐魯番地區文物局,〈新疆吐魯番地区巴达木墓地发掘简报〉,《考古》2006, no. 12: 47-72.
61 Jonathan Karam Skaff, "Documenting Sogdian Society at Turfan in the Seventh and Eighth Centuries: Tang Dynasty Census Records as a Window on Cultural Distinction and Change," in Vaissière and Trombert, *Les Sogdiens en Chine*, 311-41.
62 문서에는 날짜 표기가 없지만 남자 이름이 하나 있다. 소그드어로 "Parwēkht"이라고 하는데 그의 이름이 619년의 다른 고문서에 등장한다. 다음을 참조. Skaff, "Sasanian and Arab-Sasanian Silver Coins," 90n71.
63 Skaff, "Sasanian and Arab-Sasanian Silver Coins," 93-95.
64 지난 반 달 동안 세금을 납부하지 않았음을 지칭하는 표시가 8번 나온다. 이는 일 년에 4개월은 세금을 내지 않았다는 뜻이다.
65 고창국 시기 중국의 무게 단위 근(斤)의 무게가 얼마였는지는 알려져 있지 않다. 당시 무게를 알 수 있는 발굴 유물이 없기 때문이다. 금나라에서는 과거의 체제를 그대로 사용했고 고창국에서는 금나라로부터 많은 도량형 단위를 수입 했기 때문에 이로 미루어 보자면 이 고문서에 등장하는 근은 약 200그램 정도로 추정할 수 있다. 陈国灿, 2006년 5월 18일의 개인적인 대화.
66 Skaff, "Sasanian and Arab-Sasanian Silver Coins," 93.
67 Ronald M. Nowak, *Walker's Mammals of the World*, 5th ed.(Baltimore: Johns Hopkins University Press, 1991), 2:1357.
68 더 풍부한 논의는 다음을 참조. Valerie Hansen, "How Business Was Conducted on the Chinese Silk Road during the Tang Dynasty, 618-907," in *Origins of Value: The Financial Innovations That Created Modern Capital Markets*, ed. William N. Goetzmann and K. Geert Rouwenhorst(New York: Oxford University Press, 2005), 43-64; Arakawa Masaharu, "Sogdian Merchants and Chinese Han Merchants during the Tang Dynasty," in Vaissière and Trombert, *Les Sogdiens en Chine*, 231-42.
69 Éric Trombert, "Textiles et tissus sur la route de la soie: Eléments pour une géographie de la production et des échanges," in Drège, *La Serinde*,

terre d'échanges, 107–20, esp. 108.

70 Trombert, "Textiles et tissus"; Michel Cartier, "Sapèques et tissus à l'époque des T'ang(618–906)," *Journal of the Economic and Social History of the Orient* 19, no. 3(1976): 323–44.

71 Hansen, *Negotiating Daily Life*, 51–52.

72 Arakawa Masaharu, "The Transit Permit System of the Tang Empire and the Passage of Merchants," *Memoirs of the Research Department of the Toyo Bunko* 59(2001): 1–21; 程喜霖, 《唐代过所研究》, 239–45.

73 Arakawa, "Transit Permit System," 에는 전체 행로가 번역되어 있고(8–10) 그의 여정을 그린 지도가 수록되어 있다.(11).

74 Skaff, "Sasanian and Arab-Sasanian Silver Coins," 97–98.

75 唐長孺 編, 《吐魯番出土文書》, 4:281–97.

76 Hansen, "Impact of the Silk Road Trade."

77 Wallace Johnson, trans., *The T'ang Code*, vol. 2, Specific Articles(Princeton, NJ: Princeton University Press, 1997), 482; Denis Twitchett, "The T'ang Market System," *Asia Major* 12(1963): 245. 이하 언급되는 투르판의 관리는 2주 간격으로 가격을 기록했다.

78 다음 책에 고문서 목록과 전사(轉寫)가 수록되어 있다. 池田温, 《中国古代籍帳研究》(東京: 東京大学東洋文化研究所, 1979), 447–62. Éric Trombert and Étienne de la Vaissière는 방대한 주석과 함께 전체를 프랑스어로 번역하였다. "Le prix de denrées sur le marché de Turfan en 743," in *Études de Dunhuang et Turfan*, ed. Jean-Pierre Drège(Geneva, Switzerland: Droz, 2007), 1–52.

79 二十 뒤의 두번째 숫자가 누락되었는데, 七로 추정된다.

80 Arakawa, "Transit Permit System," 13.

81 王炳华, 〈吐魯番出土唐代庸调布研究〉, 《文物》 1981, no. 1: 56–62. Helen Wang은 친절하게도 자신의 출간예정 논문을 복사해 주었다.

82 Jonathan Karam Skaff, "Straddling Steppe and Sown: Tang China's Relations with the Nomads of Inner Asia(640–756)"(Ph.D. diss., University of Michigan, 1998).

83 Skaff, "Straddling Steppe and Sown," 224, 82n147, chart on 86;《通典》(北京: 中華書局, 1988), 6:111. Skaff의 논문은 영어로 된 가장 최근 연구 성과를 지속적으로 제공하고 있다. 여기에는 중국어 및 일본어 연구 성과의 서지정보가 상세하게 수록되어 있다. 또한 다음을 참조. 荒川正晴,《オアシス国家とキャラヴァン交易》(東京: 山川出版社, 2003).

84 Skaff, "Straddling Steppe and Sown," 86, 244; D. C. Twitchett, *Financial Administration under the T'ang Dynasty*, 2nd ed.(Cambridge, UK: Cambridge University Press, 1970), 86.

85 Jonathan Karam Skaff, "Barbarians at the Gates? The Tang Frontier Military and the An Lushan Rebellion," *War and Society* 18, no. 2(2000): 23–35, esp. 28, 33.

86 Twitchett, *Financial Administration*, 97–123.

87 Larry Clark은 카간이 개종한 연도를 확정하기가 어렵다는 점을 지적한 바 있다. 개종 연도는 755–56년 혹은, 761년, 763년일 수도 있다. 다음 논문을 참조. Larry Clark, "The Conversion of Bügü Khan to Manichaeism," in Emmerick, *Studia Manichaica*, 83–123.

88 Hans-J. Klimkeit, "Manichaean Kingship: Gnosis at Home in the World," *Numen* 29, no. 1(1982): 17–32.

89 Michael R. Drompp, *Tang China and the Collapse of the Uighur Empire: A Documentary History*(Leiden, The Netherlands: Brill, 2005), 36–38; Zhang and Rong, "Concise History of the Turfan Oasis," 20–21; Moriyasu Takao, "Qui des Ouighours ou des Tibetains," 193–205.

90 Moriyasu Takao, "Notes on Uighur Documents," *Memoirs of the Research Department of the Toyo Bunko* 53(1995): 67–108.

91 Nicholas Sims-Williams, "Sogdian and Turkish Christians in the Turfan and Tun-huang Manuscripts," in *Turfan and Tun-huang, the Texts: Encounter of Civilizations on the Silk Route*, ed. Alfredo Cadonna(Florence, Italy: Leo S. Olschki Editore, 1992), 43–61; Nicholas Sims-Williams, "Christianity, iii. In Central Asia and Chinese Turkestan," in *Encyclopædia Iranica*, Online Edition, October 18, 2011, available

at http://www.iranicaonline.org/articles/christianity-iii; Sims-Williams, "Bulayïq," in *Encyclopædia Iranica*, Online Edition, December 15, 1989, available at http://www.iranicaonline.org/articles/bulayq-town-in-eastern-turkestan.

92 S. P. Brock, "The 'Nestorian' Church: A Lamentable Misnomer," *Bulletin of the John Rylands University Library of Manchester* 78, no. 3(1996): 23-35.

93 전체 번역은 다음을 참조. Hans-Joachim Klimkeit, *Gnosis on the Silk Road: Gnostic Texts from Central Asia*(San Francisco: HarperSanFrancisco, 1993), 353-56.

94 Klimkeit, *Gnosis on the Silk Road*, 40-41.

95 Zsuzsanna Gulacsi, *Manichaean Art in Berlin Collections*(Turnhout, Belgium: Brepols, 2001), 70-75.

96 森安孝夫,《ウイグル=マニ教史の硏究》(大阪: 大阪大學文學部, 1991), 18-27, plate 1.

97 Werner Sundermann, "Completion and Correction of Archaeological Work by Philological Means: The Case of the Turfan Texts," in *Histoire et cultes de l'Asie centrale préislamique*, ed. Paul Bernard and Frantz Grenet(Paris: Éditions du Centre National de la Recherche Scientifique, 1991), 283-89.

98 Zhang and Rong, "Concise History of the Turfan Oasis," 20-21; Morris Rossabi, "Ming China and Turfan, 1406-1517," *Central Asiatic Journal* 16(1972): 206-25.

99 Perdue, *China Marches West*.

제4장

다음 분들이 이 장의 초고를 검토하고 세심한 조언을 해 주셨다. Étienne de la Vaissière, École Pratique des Hautes Études; Frantz Grenet, Centre Nationale de la Recherche Scientifique; the late Boris I. Marshak, Hermitage Museum; and Kevin van Bladel, University of Southern California. Marshak 교수님은

2002년 봄에 예일대에서 두 강좌를 맡으셨다. 판지켄트에 대한 필자의 논의는 그의 강의에 크게 기대고 있다. 하버드 대학교의 Oktor Skjaervø 교수는 소그드어 원문과 번역을 검토하고 많은 조언을 해 주셨다. 또한 Asel Umurzakova에게도 감사의 말을 전하고자 한다. 러시아 지리와 자료 해독에 많은 도움을 받았다. 그리고 Nikolaos A. Chrissidis도 연구를 도와주었다.

1 Shiratori, "Study on Su-t'ê," 81–145.
2 慧立·彦悰,《三藏法師傳》, 27.(又西北行三百里. 渡一磧至淩山. 即葱嶺北隅也. 其山險峭峻極于天. 自開闢已來冰雪所聚. 積而為淩. 春夏不解. 凝沍污漫與雲連屬. 仰之皚然莫覩其際. 其淩峯摧落橫路側者. 或高百尺. 或廣數丈. 由是蹊徑崎嶇登涉艱阻. 加以風雪雜飛. 雖復屨重裘不免寒戰. 將欲眠食復無燥處可停. 唯知懸釜而炊席冰而寢. 七日之後方始出山. 徒侶之中殭凍死者十有三四. 牛馬逾甚.《大慈恩寺三藏法師傳》)
3 Arthur Waley, *The Real Tripitaka and Other Pieces* (London: George Allen & Unwin, 1952), 21.
4 학자들은 현장 법사가 어느 길을 이용해서 천산산맥을 통과했는지 분명하게 알지 못한다. 보다 설득력 있는 경로는 쿠차에서 곧바로 북쪽으로 올라가서 신강 북부의 Little Khonakhai 근처 서투르크의 핵심 지역까지 가서 다시 서쪽으로 이식쿨 호까지 갔을 것으로 추정된다. 다음을 참조. 向達,〈热海道小考〉
5 Beal, *Life of Hiuen-tsiang*, 25n80. 뜨거운 바다는 중국어로 熱海이다.
6 현장 법사는 야브구 카간 시(Si)를 만났다. 그의 아버지 통(Tong)이 628년 혹은 629년 초 암살된 뒤 서투르크의 지도자로 후계를 이었다. Étienne de la Vaissière, "Oncles et frères: Les qaghans Ashinas et le vocabulaire turc de la parenté," *Turcica* 42(2010): 267–78.
7 소그드어를 한자로 표기하는 데는 여러가지 방식이 있다. 다음 주석서를 참조. 季羨林等校注,《大唐西域記校注》, 73–74.
8 玄奘,《大唐西域記》, 72; Beal, *Life of Hiuen-tsiang*, 27.(自素葉水城, 至羯霜那國, 地名窣利, 人亦謂焉. 文字語言, 即隨稱矣. 字源簡略, 本二十餘言, 轉而相生, 其流浸廣, 粗有書記, 堅讀其文, 遞相傳授, 師資無替. 服氈褐, 衣皮[疊*毛], 裳服褊急. 齊髮露頂, 或總剪剃, 繒綵絡額, 形容偉大, 志性怯恇, 風俗澆訛, 多行詭詐, 大抵貪求, 父子計利, 財多為貴, 良賤無差. 雖富巨萬, 服食麁弊. 力田逐利者雜半

矣. 《大唐西域記》

9 《舊唐書》, 198b:5310; 《新唐書》(北京: 中華書局, 1975), 221b:6243 – 44.(善商賈, 好利, 丈夫年二十, 去傍國, 利所在無不至. 《新唐書》《西域下》)

10 Klimkeit, *Gnosis on the Silk Road*; Nicholas Sims-Williams, "Sogdian and Turkish Christians in the Turfan and Tun-huang Manuscripts," in Cadonna, *Turfan and Tunhuang*, 43 – 61.

11 Frantz Grenet, "Old Samarkand: Nexus of the Ancient World," *Archaeology Odyssey* 6, no. 5(2003): 26 – 37.

12 Nicholas Sims-Williams and Frantz Grenet, "The Sogdian Inscriptions of Kultobe," *Shygys* 2006, no. 1: 95 – 111.

13 주거지 건물 두 채와 탑의 유적은 다음을 참조. M. Aurel Stein, *Ruins of Desert Cathay: Personal Narrative of Explorations in Central Asia and Westernmost China* (London: Macmillan, 1912; repr., New York: Dover, 1987), figure 177.

14 Aurel Stein, *Ruins of Desert Cathay*, 2:113.

15 발굴 환경 Stein, *Serindia*, 669 – 77, 지도 74. 편지에 대한 전체적인 개괄 Vaissière, *Sogdian Traders*, 43 – 70.(프랑스어 원서는 2002년에 출간되었다. 필자는 여기서 독자들의 편의를 고려하여 영어 번역본을 인용한다.) 또한 다음을 참조. Nicholas Sims-Williams and Frantz Grenet, "The Historical Context of the Sogdian Ancient Letters," in *Transition Periods in Iranian History, Actes du symposium de Fribourg-en-Brisgau* (22 – 24 Mai 1985) (Leuven, Belgium: E. Peeters, 1987), 101 – 22. Nicholas Sims-Williams 는 편지 1-3, 5의 번역을 다음 사이트에 올렸다. http://depts.washington.edu/silkroad/texts/sogdlet.html. 각 편지에 대한 가장 최신 수정 번역은 각각 다음과 같다: 편지 1: Nicholas Sims-Williams, "Towards a New Edition of the Sogdian Ancient Letters: Ancient Letter 1," in Vaissière and Trombert, *Les Sogdiens en Chine*, 181 – 93. Letter 2: Nicholas Sims-Williams, "The Sogdian Ancient Letter II," in *Philologica et Linguistica: Historia, Pluralitas, Universitas; Festschrift für Helmut Humbach zum 80. Geburtstag am 4. Dezember 2001*, ed. Maria Gabriela Schmidt and

Walter Bisang(Trier, Germany: Wissenschaftlicher Verlag Trier, 2001), 267–80; Nicholas Sims-Williams, "Sogdian Ancient Letter 2," in *Monks and Merchants: Silk Road Treasures from Northwest China*, ed. Annette L. Juliano and Judith A. Lerner(New York: Harry N. Abrams with the Asia Society, 2001), 47–49. 편지 3에 대한 개요는 다음을 참조. Nicholas Sims-Williams, "A Fourth-Century Abandoned Wife," in Whitfield and Ursula Sims-Williams, Silk Road, 248–49. 편지 5: Frantz Grenet, Nicholas Sims-Williams, and Étienne de la Vaissière, "The Sogdian Ancient Letter V," *Bulletin of the Asia Institute* 12(1998): 91–104.

16 Nicholas Sims-Williams, "Sogdian Ancient Letter II," 261.
17 편지3–5는 같은 날 작성되었다. 추정 시기는 313년 5월 11일 혹은 314년 4월 21일 혹은 313년 6월에서 12월 사이이다. Grenet et al., "Sogdian Ancient Letter V," 102; see also Vaissière, *Sogdian Traders*, 45n5.
18 Etienne de la Vaissière, "Xiongnu," in *Encyclopædia Iranica Online Edition*, November 15, 2006, available at http://www.iranicaonline.org/articles/xiongnu.
19 Pénélope Riboud, "Réflexions sur les pratiques religieuses designees sous le nom de xian," in Vaissière and Trombert, *Les Sogdiens en Chine*, 73–91.
20 Nicholas Sims-Williams, "Fourth-Century Abandoned Wife," 249.
21 이는 사향 향낭 하나가 25그램임을 전제로 추정한 무게이다. Vaissière, *Sogdian Traders*, 53–55. 무게에 대한 개괄적인 연구는 다음을 참조. Boris I. Marshak and Valentina Raspopova, *Sogdiiskie giri iz Pendzhikenta/Sogdian Weights from Panjikent* (St. Petersburg: The Hermitage, 2005).
22 Nicholas Sims-Williams, "Ancient Letter 1," 182.
23 Grenet et al., "Sogdian Ancient Letter V," 100; Vaissière, *Sogdian Traders*, 53–54.
24 Grenet et al., "Sogdian Ancient Letter V," 101.
25 Étienne de la Vaissière, "Is There a 'Nationality' of the Hephthalites?" *Bulletin of the Asia Institute* 17(2007): 119–32.
26 Frantz Grenet, "Regional Interaction in Central Asia and Northwest India

in the Kidarite and Hephthalite Periods," in *Indo-Iranian Languages and Peoples: Proceedings of the British Academy*, ed. Nicholas Sims-Williams(Oxford: Oxford University Press, 2002), 220 – 21.

27 Vaissière, *Sogdian Traders*, 112 – 17.

28 이 유적지에 대한 가장 중요한 출간물은 다음과 같다. Boris I. Marshak and Valentina Raspopova, "Wall Paintings from a House with a Granary, Panjikent, 1st Quarter of the 8th Century A.D.," *Silk Road Art and Archaeology* 1(1990): 123 – 76, 특히 173n3. 현재 발굴 최고 책임자는 Pavel Lur'e(head of the Oriental Department at the Hermitage Museum).

29 A. M. Belenitski and B. I. Marshak, "L'art de Piandjikent à la lumière des dernières fouilles(1958 – 1968)," *Arts Asiatiques* 23(1971): 3 – 39.

30 Frantz Grenet and Étienne de la Vaissière, "The Last Days of Panjikent," *Silk Road Art and Archaeology* 8(2002): 155 – 196, 특히 176; Marshak and Raspopova, "Wall Paintings from a House with a Granary," 125.

31 Vaissière, *Sogdian Traders*, 190 – 94.

32 Vaissière, *Sogdian Traders*, 191.

33 Valentina Raspopova, "Gold Coins and Bracteates from Pendjikent," in *Coins, Art and Chronology: Essays on the Pre-Islamic History of the Indo-Iranian Borderlands*, ed. Michael Alram and Deborah E. Klimburg-Salter(Vienna: Österreichische Akademie der Wissenschaften, 1999), 453 – 60.

34 Boris Marshak과의 개인적인 대화. 2021년 2월 7일.

35 Raspopova, "Gold Coins and Bracteates from Pendjikent," 453 – 60.

36 G. A. Pugachenkova, "The Form and Style of Sogdian Ossuaries," *Bulletin of the Asia Institute* 8(1994): 227 – 43; L. A. Pavchinskaia, "Sogdian Ossuaries," *Bulletin of the Asia Institute* 8(1994): 209 – 25; Frantz Grenet, "L'art zoroastrien en Sogdiane: Études d'iconographie funéraire," *Mesopotamia* 21(1986): 97 – 131.

37 Boris I. Marshak, "On the Iconography of Ossuaries from Biya-Naiman," *Silk Road Art and Archaeology* 4(1995 – 96): 299 – 321.

38 Raspopova, "Gold Coins and Bracteates," 453–60.
39 Boris I. Marshak and Valentina Raspopova, "Cultes communautaires et cultes privés en Sogdiane," in Bernard and Grenet, *Histoire et cultes de l'Asie préislamique*, 187–95, esp. 192.
40 Boris A. Litvinskij, *La civilisation de l'Asie centrale antique*, trans. Louis Vaysse(Rahden, Germany: Verlag Marie Leidorf, 1998), 182.
41 A. M. Belenitskii and B. I. Marshak, "The Paintings of Sogdiana," in *Sogdian Painting: The Pictorial Epic in Oriental Art*, by Guitty Azarpay(Berkeley: University of California Press, 1981), 11–77, esp. 20–23.
42 Marshak and Raspopova, "Cultes communautaires et cultes privés," 187–93.
43 Vaissière, *Sogdian Traders*, 163; Marshak and Raspopova, "Wall Paintings from a House with a Granary," 140–42, 에서는 이 신격을 승리의 신이라고 했다. 그러나 Frantz Grenet는 행운의 신 파른(Farn)으로 해석한다. Frantz Grenet, "Vaiśravaṇa in Sogdiana: About the Origins of Bishamon-Ten," *Silk Road Art and Archaeology* 4(1995–96): 277–97, esp. 279.
44 Marshak and Raspopova, "Wall Paintings from a House with a Granary," 150–53, figure 24 on 151.
45 Boris Marshak, *Legends, Tales, and Fables in the Art of Sogdiana*(New York: Bibliotheca Persica, 2002).
46 Vaissière, *Sogdian Traders*, 162, plate 5, illustration 1.
47 바르후만(Varkhuman)의 이름은 한자로는 拂呼縵이라고 적는다.《舊唐書》, 221b:6244; Chavannes, *Documents sur les Tou-Kiue*, 135.
48 이 그림에 대한 개괄적인 설명으로는 Matteo Compareti and Étienne de la Vaissière, eds., *Royal Naurūz in Samarkand: Proceedings of the Conference Held in Venice on the Pre-Islamic Painting at Afrasiab*(Rome: Instituto Editoriali e Poligrafici Inter-nazionali, 2006), 59–74. 이 논문에서는 아프라시압 벽화에 대한 최신 분석 내용이 소개되어 있다. 또한 다음을 참조. L. I. Al'baum, *Zhivopis' Afrasiaba [Paintings from Afrosiab]*(Tashkent, USSR: FAN, 1975); Boris I. Marshak, "Le programme iconographique

des peintures de la 'Salle des ambassadeurs' à Afrasiab(Samarkand)," *Arts Asiatiques* 49(1994): 5-20; "The Self-Image of the Sogdians," in Vaissière and Trombert, *Les Sogdiens en Chine*, 123-40; Matteo Compareti, "Afrāsiāb ii. Wall Paintings," in *Encyclopædia Iranica Online Edition*, April 14, 2009, available at http://www.iranicaonline.org/articles/afrasiab-ii-wall-paintings-2.

49 Grenet, "Self-Image of the Sogdians."
50 Frantz Grenet, "What was the Afrasiab Painting About," in Compareti and Vaissière, *Royal Naurūz in Samarkand*, 43-58, 특히 동쪽 벽에 대해서는 44-47.
51 Frantz Grenet, "The 7th-Century AD 'Ambassadors' Painting' at Samarkand," in *Mural Paintings of the Silk Road: Cultural Exchanges between East and West*, ed. Kuzuya Yamauchi(Tokyo: Archetype, 2007), 16; Vladimir Livšic, "The Sogdian Wall Inscriptions on the Site of Afrasiab," in Compareti and Vaissière, *Royal Naurūz in Samarkand*, 59-74.
52 穴沢和光·馬目順一,〈アフラシヤブ都城址出土の壁画にみられる朝鮮人使節について〉,《朝鮮学報》80(1976): 1-36.
53 Etsuko Kageyama, "A Chinese Way of Depicting Foreign Delegates Discerned in the Paintings of Afrasiab," *Cahiers de Studia Iranica* 25(2002): 313-27.
54 벽에서 훼손된 윗부분을 복원하는 과정에서 뻬쩨르부르그의 에르미타쥬 박물관 동양부 책임자 Boris Marshak은 모든 사절단 위에 소그드의 최고 신격인 여신 나나로 구성했다. 다음을 참조. Boris Marshak, "ソグドの美術" [Sogdian Art], in 田辺胜美·前田耕作編,《世界美術大全集·東洋編》15《中央アジア》(東京: 小学館, 1999), 156-79. 이와 달리 Grenet, "Self- Image of the Sogdians,"에서는 같은 위치에 관을 쓴 바르후만으로 그렸다. 한편 Étienne de la Vaissière, "Les Turcs, rois du monde à Samarcande," 147-62, in Compareti and Vaissière, *Royal Naurūz in Samarkand*에서는 그곳이 서투르크 카간의 자리라고 주장했다.

55 북쪽 벽의 선화는 다음을 참조. Compareti and Vaissière, *Royal Naurūz in Samarkand*, Plate 5, 27.

56 Marshak, "Le programme iconographique des peintures;" Grenet, "Self-Image of the Sogdians."

57 al-Bīrūnī, *The Chronology of Ancient Nations*, trans. C. Edward Sachau(Frankfurt: Institute for the History of Arabic Islamic Science at the Johann Wolfgang Goethe University, 1998; reprint of 1879 original), 201-4, 222.

58 Grenet, "Self-Image of the Sogdians," 132.

59 Grenet and Vaissière, "Last Days of Panjikent," 155.

60 무그(Mugh) 산 고문서는 세 권의 책으로 출간되었다. A. A. Freiman, *Opisanie, publikatsii, i issledovanie dokumentov s gory Mug*: Sogdiiskie dokumenty s gory Mug 1 [Description, publications, and studies of the documents from Mount Mugh: Sogdian Documents from Mount Mugh 1] (Moscow: Izdatel'stvo Vostochnoi Literatury, 1962); Vladimir A. Livshits, *Iuridicheskie dokumenty i pis'ma: Sogdiiskie dokumenty s gory Mug* 2 [Legal documents and letters: Sogdian documents from Mount Mugh 2] (Moscow: Izdatel'stvo Vostochnoi Literatury, 1962); M. N. Bogoliubov and O. I. Smirnova, *Khoziaistvennye dokumenty: Dokumenty s gory Mug* 3 [Economic documents from Mount Mugh 3](Moscow: Izdatel'stvo Vostochnoi Literatury, 1963). 최근에 V. A. Livshits는 이들 이들 고문서의 개정판을 출간했다. *Sogdiiskaia epigrafika Srednei Azii i Semirech'ia* (St. Petersburg: Filologicheskii Fakul'tet Sankt-Peterburgskogo Gosudarstvennogo Universiteta, 2008).

61 Ilya Yakubovich의 보고에 의하면 마을 주민들은 소그드 문자를 아랍 문자로 오해했고 그 문서가 고대의 보물을 찾는 데 필요한 내용이라고 믿었다고 한다. Ilya Yakubovich, "Mugh 1.I Revisited," *Studia Iranica* 31, no. 2(2002): 231-52.

62 이 내용은 필자가 2000년 3월 25일 펜실베이나 대학교에서 Boris Marshak과 나눈 개인적인 대화에 근거하고 있다. Marshak 교수는 개인적으로 Puloti를

알고 있었고, Puloti가 그에게 얘기를 들려주었다고 한다. Livshits, *Sogdiiskie dokumenty s gory Mug* 2에서 간략한 내용을 수록하고 있으며 고문서 사진이 1,I facing 112에 실려 있다.

63 Yakubovich, "Mugh 1,I Revisited."
64 A. S. Polyakov, "Kitaiskie rukopisi, naidennye v 1933 g. b Tadzhikistane," in *Sogdiiskii sbornik* [Sogdian miscellany], ed. N. I. Krachkovskii and A. A. Freiman(Leningrad: Akademii Nauk SSSR, 1934), 91 – 117, esp. 103, photograph on 99.
65 이 수치는 다음 책에 실린 소그드 문서의 총합계이다. O. I. Smirnova, *Ocherki iz istorii Sogda* [Essays on the history of Sogdiana](Moscow: Nauk, 1970), 14. 무그 산 고문서는 발굴된 순서에 따라 번호가 부여되었다. 문서번호 1.1은 1932년 봄에 발견되었다 ; 키릴 문자 В(영어로는 V에 해당)가 부여된 고문서는 Puloti에 의해 1933년 5월에 발굴되었다. ; A가 부여된 고문서는 1933년 여름에 Vasil'ev가 발굴한 것이다.; 키릴문자 Б(영어로는 B에 해당)가 부여된 고문서는 1933년 11월 Freiman 탐험대에 의해 발굴되었다. 그리고 Nov. ("New")가 부여된 고문서는 1934년 Puloti가 발굴한 것이다. 발굴을 마친 뒤 Freiman의 팀은 레닌그라드로 돌아갔고, Puloti는 Freiman 도착 이전에 발굴한 고문서를 모두 Freiman에게 넘기라는 압력을 받았다. 거꾸로 엎어둔 바구니 안에는 가죽에 쓴 고문서 6건이 들어 있었는데, 무그 산에서 발견된 가장 내용이 긴 혼인계약서가 거기 포함되어 있었고 신부의 서약서도 부속되어 있었다.
66 I. Y. Kratchkovsky, "A Letter from Sogdiana(1934)," in *Among Arabic Manuscripts: Memories of Libraries and Men*, trans. Tatiana Minorsky(Leiden, the Netherlands: Brill, 1953), 142 – 50.
67 편지의 번역은 다음을 참조. Richard N. Frye, "Tarxūn-Türxūn and Central Asian History," *Harvard Journal of Asiatic Studies* 14(1951): 105 – 29, translation on 108 – 9.
68 David Stephan Powers, trans., *The History of al-Ṭabari*(Ta'rīkh al-rusul wa'l mulūk), vol. 24, *The Empire in Transition*(Albany: State University of New York Press, 1989), 171, 177 – 78, 183.
69 Freiman, *Sogdiiskie dokumenty s gory Mug* 1, 7.

70 Krachkovskii and Freiman, *Sogdiiskii sbornik*, 29.

71 Bogoliubov and Smirnova, *Khoziaistvennye dokumenty*.

72 Krachkovskii and Freiman, *Sogdiiskii sbornik*, 29.

73 고문서 번호 Nov. 3(계약서)과 Nov. 4(신랑의 의무)는 다음 책에 전사와 번역이 수록되었다. Livshits, *Dokumenty s gory Mug* 2, 21-26. 가장 최근의 수정 번역은 다음과 같다. Ilya Yakubovich, "Marriage Sogdian Style," in *Iranistik in Europa—Gestern, Heute, Morgen*, ed. H. Eichner, Bert G. Fragner, Velizar Sadovski, and Rüdiger Schmitt (Vienna: Österreichische Akademie der Wissenschaften, 2006), 307-44. 또한 다음의 간략한 논문을 참조. Ilya Gershevitch, "The Sogdian Word for 'Advice,' and Some Mugh Documents," *Central Asiatic Journal* 7(1962): 90-94; W. B. Henning, "A Sogdian God," *Bulletin of the School of Oriental and African Studies* 28(1965): 242-54.

74 Maria Macuch, *Das sasanidische Rechtsbuch "Mātakdān i hazār dātistān"* (Teil 2)(Wiesbaden, Germany: Kommissionsverlag F. Steiner, 1981).

75 Yakubovich, "Marriage Sogdian Style"에 의하면 혼인서약서를 폭넓게 조사했지만 여자가 이혼을 제기할 수 있다는 내용은 일부 그룹(이집트 엘레판탄의 유대인 거주지에서 출토된 기원전 5세기 아람어 계약서)에서만 발견되었다고 한다. 저자는 두 가지 가능성을 제시했다. 아마도 소그드 사회에서 주변 사회에 비해 여성의 권리를 더 많이 허용했거나 혹은 Cher가 결혼에 있어서 유난히 특별한 조건을 내걸었을 가능성이다.

76 소그드어 학자들 사이에서는 이 단락의 의미를 두고 논란이 있다. 일부는 "신 미트라에 의해"를 "신(아후라 마즈다)과 미트라에 의해"라고 번역되어야 한다고 주장한다. Henning, "A Sogdian God," 248; Yakubovich, "Marriage Sogdian Style."

77 Document B-4는 다음 책에 전사와 러시아어 번역이 수록. Livshits, *Sogdiiskie dokumenty s gory Mug* 2, 56-58; 또한 다음의 간략한 논의를 참조. Gershevitch, "Sogdian Word for 'Advice,'" 84.

78 Document B-8는 다음 책에 전사와 러시아어 번역이 수록. Livshits, *Sogdiiskie dokumenty s gory Mug* 2, 47-48. Ilya Gershevitch가 번

역을 개정하여 다음에 수록했다. "Sogdians on a Frogplain," in *Mélanges linguistiques offerts à Emile Benveniste*(Paris: Société de Linguistique de Paris, 1975), 195–211.

79 Gershevitch, "Sogdians on a Frogplain," 205–6는 가독성을 높이기 위하여 Gershevitch의 글에서 괄호 안의 내용을 삭제했다. 또한 다음을 참조. Frantz Grenet, "Annexe: Le contrat funéraire sogdien du Mont Mugh," in *Les pratiques funéraires dans l'Asie centrale sédentaire de la conquête Grecque à l'Islamisation*(Paris: Éditions du CNRS, 1984), 313–22.

80 예컨대 다음에 수록된 Paul Bernard의 답변 참조. Grenet, "Annexe," 321–22.

81 Grenet and Vaissière, "Last Days of Panjikent," 는 놀랄 만한 천재성으로 이 복잡한 사건들을 명쾌하게 정리했다.

82 Vaissière, *Sogdian Traders*, 199–200.

83 Vaissière, *Sogdian Traders*, 161–62.

84 Yakubovich, "Mugh 1.I Revisited."

85 Frantz Grenet, "Les 'Huns' dans les documents sogdiens du mont Mugh(avec an appendix par N. Sims-Williams)," in *Études irano-aryennes offertes à Gilbert Lazard*, ed. C.-H. de Fouchécour and Ph. Gignoux, *Cahiers de Studia Iranica* 7(Paris: Association pour l'Avancement des Études Iranniennes, 1989), 17.

86 A-14, A-9, Grenet and Vaissière, "Last Days of Panjikent," 168–69, 172.

87 Powers, *Empire in Transition*, 172–74; Grenet and Vaissière, "Last Days of Panjikent," 156.

88 E. V. Zeimal, "The Political History of Transoxiana," in *The Cambridge History of Iran*, volume 3, *The Seleucid, Parthian and Sasanian Periods*, ed. Ehsan Yarshater, part 1(New York: Cambridge University Press, 1983), 259–60.

89 Richard Frye, "Tarxūn-Türxün and Central Asian History," 112–13; E. V. Zeimal, "Political History of Transoxiana," 259–60; Powers, *Empire in Transition*, 171, 177–78, 183.

90 Powers, *Empire in Transition*, 178. Powers는 Dēwāštīč의 아랍식 이름이

al-Diwashini라고 했는데, 이는 Kratchkovsky가 Divashni라고 판독한 이름과 같은 이름이다. Powers는 "burial place" 앞에 괄호를 하고 "Christian"이라는 단어를 넣었지만, 원본의 아랍어에서는 nāwūs(Yakubovich, "Mugh 1.I Revisited," 249n31)이다. 그래서 필자는 이 단어를 뺐다.

91 Yakubovich, "Mugh 1.I Revisited."
92 Document A-21, discussed in Polyakov, "Kitaiskie rukopisi."
93 Anna A. Ierusalimskaja and Birgitt Borkopp, *Von China nach Byzanz*(Munich: Bayerischen Nationalmuseum, 1996), item no. 120.
94 Elfriede R. Knauer, "A Man's Caftan and Leggings from the North Caucasus of the Eighth to Tenth Century: A Genealogical Study," *Metropolitan Museum Journal* 36(2001): 125–54.
95 Hyunhee Park, "The Delineation of a Coastline: The Growth of Mutual Geographic Knowledge in China and the Islamic World from 750–1500" (Ph.D. diss., Yale University, 2008), 45.
96 Bloom, *Paper before Print*.
97 Grenet, "Self-Image of the Sogdians," 134.

제5장

1 George F. Hourani, *Arab Seafaring in the Indian Ocean in Ancient and Early Medieval Times*, ed. John Carswell, rev. ed.(Princeton, NJ: Princeton University Press, 1995), 61.
2 2004년 4월 30일 西安市文物保护考古所의 孫福喜와 개인적인 대화.
3 程林泉·张翔宇·张小丽,〈西安北周李诞墓初探〉,《艺术史研究》7(2005): 299–308.
4 그들에 관한 중요한 발굴 성과 및 방대한 문헌 자료에 대한 최신 연구는 다음을 참조. Judith Lerner, "Aspects of Assimilation: The Funerary Practices and Furnishings of Central Asians in China," *Sino-Platonic Papers* 168(2005): 1–51.
5 이런 식의 구조를 학자들은 "집 모양 납골함"이라고 한다. Wu Hung은 이러한 무덤 구조의 가능한 선행 양식 몇 가지를 제시했다. 서안에서 가까운 지역 및 그

외 소그드인의 묘가 있는 몇몇 도시에서 수 세기 앞서 나타났던 양식이다. 다음 논문을 참조. Wu Hung, "A Case of Cultural Interaction: House-Shaped Sarcophagi of the Northern Dynasties," *Orientations* 34, no. 5(2002): 34–41.

6　Juliano and Lerner, *Monks and Merchants*, 59.

7　널길과 통하는 구멍이 있었다. 당나라 때 우물을 팠던 자리이다. 陝西省考古研究所, 《西安北周安伽墓》(北京: 文物出版社, 2003), 12; Rong Xinjiang, "The Illustrative Sequence on An Jia's Screen: A Depiction of the Daily Life of a Sabao," *Orientations* 34, no. 2(2003): 32–35.

8　陝西省考古研究所, 《西安北周安伽墓》, 61–62.

9　안가(安伽)의 어머니의 성씨는 두씨(杜氏)로 이방인의 성씨와는 관련이 없다.

10　荣新江, 《中古中国与外来文明》(北京: 三联书店, 2001), 119.

11　자료가 충분하지 않아서 우리는 살보(薩寶, sabao)가 북주의 관료 체계(正一品에서 從九品까지18등급이 있었다.)에서 어느 위치인지 알지 못한다. 그러나 다음 왕조인 수나라가 북주의 관료 체계를 이어받았다. 수나라에서 양주(수나라의 수도)의 살보는 직급이 從七品이었다. 그리고 인구 1만 이상의 도시에 임명되는 살보는 正九品이었다. 수나라가 북주 관료 체제를 대부분 수용했기 때문에 북주의 살보 또한 이와 유사한 직급이었을 것으로 추정된다. Albert E. Dien, "Observations Concerning the Tomb of Master Shi," *Bulletin of the Asia Institute* 17(2003): 105–16, 특히 109–11.

12　Frantz Grenet, Pénélope Riboud, and Yang Junkai, "Zoroastrian Scenes on a Newly Discovered Sogdian Tomb in Xi'an, Northern China," *Studia Iranica* 33(2004): 273–84, esp. 278–79.

13　荣新江, 《中古中国与外来文明》, 32.

14　Grenet, "Self-Image of the Sogdians," 134–36; 반대하는 주장은 다음을 참조. Lerner, "Aspects of Assimilation," 29n73.

15　Grenet, Riboud, and Yang, "Zoroastrian Scenes"; see also Yang Junkai, "Carvings on the Stone Outer Coffin of Lord Shi of the Northern Zhou," in Vaissière and Trombert, *Les Sogdiens en Chine*, 21–45. 소그드어 비문에 대한 가장 훌륭한 번역은 다음을 참조. Yoshida Yutaka, "The Sogdian

Version of the New Xi'an Inscription," in Vaissière and Trombert, *Les Sogdiens en Chine*, 57–71. 한문 비문에 대한 가장 훌륭한 번역은 다음을 참조. Dien, "Observations Concerning the Tomb of Master Shi."

16 한문과 중세 페르시아어로 된 또 다른 이중언어 비석의 연도는 874년이고 서안에서 발견되었다. 다음을 참조. Yoshida, "Sogdian Version," 60.

17 비문의 한문 부분에서도 세 아들이 아비를 위해 돌무덤을 조성했다고 한다. 그러나 돌석(石)자 바로 다음 글자가 누락되어 알 수 없다. Yoshida, "Sogdian Version," 59, 68; 괄호 안의 내용([신의 집]) 또한 Yoshida의 번역을 참조했다.

18 Grenet, Riboud, and Yang, "Zoroastrian Scenes."

19 Arthur F. Wright, *The Sui Dynasty* (New York: Alfred A. Knopf, 1978).

20 Heng Chye Kiang, *Cities of Aristocrats and Bureaucrats: The Development of Medieval Chinese Cityscapes* (Honolulu: University of Hawai'i Press, 1999), 9.

21 당나라 수도의 발굴에 대한 간략한 보고서는 다음에 수록되어 있다. 《考古》 1961, no. 5: 248–50; 1963, no. 11: 595–611.

22 Twitchett, "T'ang Market System," 245.

23 Heng, *Cities of Aristocrats and Bureaucrats*, 22.

24 Edwin O. Reischauer, trans., *Ennin's Diary: The Record of a Pilgrimage to China in Search of the Law* (New York: Ronald, 1955), 333.

25 Wallace Johnson, trans., *The T'ang Code*, vol. 1, *General Principles* (Princeton, NJ: Princeton University Press, 1979), 252: chapter 6, article 48; 劉俊文,《中華傳世法典: 唐律疏議》(北京: 法律出版社, 1999), 144; 劉俊文,《唐律疏議箋解》(北京: 中華書局, 1996), 478.

26 《舊唐書》, 37:961.

27 向达,《唐代长安与西域文明》(1957; repr., 北京: 三联书店, 1987), 28n8.

28 Rong Xinjiang, "The Migrations and Settlements of the Sogdians in the Northern Dynasties, Sui and Tang," *China Archaeology and Art Digest* 4, no. 1 (2000): 117–63, esp. 138.

29 Matteo Compareti, "Chinese-Iranian Relations, xv. The Last Sasanians in China," in *Encyclopædia Iranica, Online Edition, July 20, 2009*, available

at http://www.iranicaonline.org/articles/china-xv-the-last-sasanians-in-china.

30 Rong, "Migrations and Settlements," 141.
31 James Legge, *The Nestorian Monument of Hsî-an Fû in Shen-hsî, China* (1888; repr., London: Trübner, 1966).
32 Pénélope Riboud, "Tang," in *Handbook of Christianity in China*, ed. Nicolas Standaert vol. 1, 635-1800(Boston: Brill, 2001), 1-42. 시리아어 비문에 대한 최근 연구와 각 행의 번역은 다음을 참조. Erica C. D. Hunter, "The Persian Contribution to Christianity in China: Reflections in the Xi'an Fu Syriac Inscriptions," in *Hidden Treasures and Intercultural Encounters: Studies on East Syriac Christianity in China and Central Asia*, ed. Dietmar W. Winkler and Li Tang(Piscataway, NJ: Transaction, 2009), 71-86.
33 Valerie Hansen and Ana Mata-Fink, "Records from a Seventh-Century Pawnshop in China," in Goetzmann and Rouwenhorst, *Origins of Value*, 54-64.
34 Deng Xiaonan, "Women in Turfan during the Sixth to Eighth Centuries: A Look at Their Activities Outside the Home," *Journal of Asian Studies* 58, no. 1(1999): 85-103, esp. 96.
35 발굴 당시의 항아리 모양 스케치는 다음을 참조. Helmut Brinker and Roger Goepper, eds., *Kunstschätze aus China: 5000 v. Chr. bis 900 n. Chr.: Neuere archäologische Funde aus der Volksrepublik China* (Zurich: Kunsthaus, 1980), 33. 문화대혁명 기간에 발굴이 대체로 그러했듯이 하가촌 유적지에 대한 상세 발굴 보고는 발표된 적이 없다. 간략 보고서와 발굴된 유물 목록은 다음에 수록되었다. 《文物》 1972, no. 1: 30-42. 필자가 유적지 및 발굴 유물 표를 수록한 간략한 논문을 발표한 바 있다. Valerie Hansen, "The Hejia Village Hoard: A Snapshot of China's Silk Road Trade," *Orientations* 34, no. 2(2003): 14-19. 중국어로 된 가장 자세한 글은 다음을 참조. 齐东方,《唐代金银器研究》(北京: 中国社会科学出版社, 1999). 영어로 된 요약은 다음과 같다. Qi Dongfang(齐东方), "The Burial Location and Dating of the Hejia

Village Treasures," *Orientations* 34, no. 2(2003): 20 – 24.

36 Qi, "Burial Location," 202, figure 47.

37 Frédéric Obringer, *L'aconit et l'orpiment: Drogues et poisons en Chine ancienne et médiévale*(Paris: Fayard, 1997); Edward H. Schafer, "The Early History of Lead Pigments and Cosmetics in China," *T'oung Pao*, 2nd ser., 44(1956): 413 – 38.

38 금은기 유물의 내외부 상세한 도판 및 외부 문양 스케치는 다음을 참조. 齐东方, 《唐代金银器研究》, 66 – 73.

39 François Louis, "The Hejiacun Rhyton and the Chinese Wine Horn(Gong): Intoxicating Rarities and Their Antiquarian History," *Artibus Asiae* 67, no. 2(2007): 201 – 42, esp. 207 – 8.

40 Liu Xinru, *Ancient India and Ancient China: Trade and Religious Exchanges, AD 1 – 600*(Delhi: Oxford University Press, 1988), 160 – 61; Jens Kröger, "Laden with Glass Goods: From Syria via Iraq and Iran to the Famen Temple in China," in *Coins, Art and Chronology: Essays on the pre-Islamic History of the Indo-Iranian Borderlands*, ed. Michael Alram and Deborah E. Klimburg-Salter(Vienna: Österreichische Akademie der Wissenschaften, 1999), 481 – 98.

41 Li Jian, ed., *The Glory of the Silk Road: Art from Ancient China*(Dayton, OH: Dayton Art Institute, 2003), 208, catalog entry no. 116.

42 Louis, "Hejiacun Rhyton," 207 – 8.

43 Louis, "Hejiacun Rhyton," 210; Yao Runeng, *Histoire de Ngan Lou-Chan*(Ngan Lou-Chan Che Tsi), trans. Robert des Rotours(Paris: Presses Universitaires de France, 1962), 81 – 84.

44 《舊唐書》, 8:171.

45 François Thierry, "Sur les monnaies Sassanides trouvées en Chine," *Res Orientales* 5(1993): 89 – 139.

46 Charles A. Peterson, "Court and Province in Mid- and Late T'ang," in *The Cambridge History of China*, vol. 3, Sui and T'ang China, 589 – 906, Part 1, ed. Denis Twitchett(Cambridge, UK: Cambridge University Press,

1979), 474-86.
47 榮新江, 〈安史之亂後粟特胡人的動向〉, 《暨南史學》 2(2004): 102-23.
48 Vaissière, *Sogdian Traders*, 220, 200n77; Yao Runeng, *Histoire de Ngan Louchan*, 238, 239, 254, 346.
49 Rong, "Migrations and Settlements," 138-39; 《資治通鑒》(北京: 古籍出版社, 1957), 232:7493.
50 Edward H. Schafer, "Iranian Merchants in T'ang Dynasty Tales," in *Semitic and Oriental Studies: A Volume Presented to William Popper, Professor of Semitic Languages, Emeritus, on the Occasion of his Seventy-Fifth Birthday*, October 29, 1949, ed. Walter J. Fischel (Berkeley: University of California Press, 1951), 403-22, 411("wonder tale"), 409n58(definition of "hu"). 또한 다음을 참조. Francis K. H. So, "Middle Easterners in the T'ang Tales," *Tamkang Review* 18(1987-88): 259-75.
51 《太平廣記》(北京: 人民文学出版社, 1959), 403:3252-53.
52 이 판결문은 《文明判集》에 실려 있었는데, 그 잔권이 돈황에서 발견되었다. (돈황 고문서 번호 P3813)劉俊文, 《敦煌吐魯番唐代法制文書考釋》(北京: 中華書局, 1989), 444-45; 荣新江, 《中古中国与外来文明》, 81; Rong, "Migrations and Settlements," 139.
53 상인의 비석은 단 하나가 살아남았다. 榮新江・張志清, 《從撒馬爾干到長安: 粟特人在中國的文化遺迹》(北京: 北京图书馆出版社, 2004), 137.
54 Axelle Rougelle, "Medieval Trade Networks in the Western Indian Ocean(8th-14th centuries)," in *Tradition and Archaeology: Early Maritime Contacts in the Indian Ocean*, ed. Himanshu Prabha Ray and Jean-François Salles (New Delhi: Manohar, 1996), 159-80.
55 팔렘방의 고대 지명은 보가(Bhoga)였다.
56 그 항구의 고대 지명은 탐라립티(Tamralipti)였다.
57 James Legge, trans., *A Record of Buddhistic Kingdoms: Being an Account by the Chinese Monk Fa-Hien of Travels in India and Ceylon(AD 399-414) in Search of the Buddhist Books of Discipline*(1886; repr., Delhi: Munshiram Manoharlal, 1991), 103, 37.

58 이 단락은 연구하는 학자들마다 서로 이해를 달리한다. Luo는 "살보와 상인들"이라고 번역하지만, 다른 학자들은 "살보"를 수식어로 보아 "상인 살보"라고 번역한다. Luo Feng, "Sabao: Further Consideration of the Only Post for Foreigners in the Tang Dynasty Bureaucracy," *China Archaeology and Art Digest* 4, no. 1(2000): 165-91, 특히. 178-79; Legge, *Fa-Hien*, 104, 38.

59 Legge, *Fa-Hien*, 111, 42.

60 Joseph Needham, *Science and Civilisation in China, vol. 4, Physics and Physical Technology, part 3, Civil Engineering and Nautics*, by Joseph Needham, Wang Ling, and Lu Gwei-Djen(Cambridge, UK: Cambridge University Press, 1971), 563-64.

61 Beal, *Si-yu ki*, xxxiv; 〈大唐西域求法高僧傳〉, 《大正新脩大藏經》, vol. 51, text 2066, 1-12b, esp. 11a.

62 Schafer, "Iranian Merchants in T'ang Dynasty Tales," 404n8.

63 이 자료에 대해서는 다음 논문이 매우 큰 도움이 된다. Park, "Delineation of a Coastline," 87-99.

64 Sulayman al-Tajir, *Ancient Accounts of India and China, by Two Mohammedan Travellers Who Went to Those Parts in the 9th Century*, trans. Eusebius Renaudot(London: Printed for Sam. Harding at the Bible and Author on the Pavement in St. Martins-Lane, 1733), 20(상품 목록), 21(도자기), 40(편집자 후기); available online through Google Books and the subscriber-only database Eighteenth Century Collections Online(http://mlr.com/DigitalCollections/products/ecco/), Range 1831. 또 다른 번역으로는 S. Maqbul Ahmad, trans., *Arabic Classical Accounts of India and China*(Shimla, India: Indian Institute of Advanced Study, 1989).

65 Robert Somers, "The End of the T'ang," in Twitchett, *Cambridge History of China*, 3:682-789.

66 Park, "Delineation of a Coastline," 98.

67 Edward H. Schafer, "The Last Years of Ch'ang-an," *Oriens Extremus* 10(1963): 133-79, esp. 157-58, citing Lionel Giles, "The Lament of the

Lady of Ch'in," *T'oung Pao*, 2nd ser., 24(1926): 305-80, 시(詩) 343-44.(長安寂寂今何有? 廢市荒街麥苗秀. 採樵斫盡杏園花, 修寨誅殘御溝柳. 華軒繡轂皆銷散, 甲第朱門無一半. 含元殿上狐兔行, 花萼樓前荊棘滿. 昔時繁盛皆埋沒, 擧目淒涼無故物. 內庫燒爲錦繡灰, 天街踏盡公卿骨._韋莊, 〈秦婦吟〉)

제6장

많은 동료들이 이 장의 집필을 도와주셨다. 특히 펜실베니아 대학교의 Victor Mair 교수와 북경대학교의 榮新江 교수의 도움이 컸다. 이 장의 내용과 관련하여 앞서 두 편의 논문을 투고한 바 있는데 출간된 적은 없다. Valerie Hansen · Valéria Escauriaza-Lopez, "The Negotiations for Cave 17: A Case Study in Archaeological Method," presented at "Dunhuang: Past, Present, Future—100th Anniversary of Sir Aurel Stein's Expedition," at the Department of the Far East, Eötvös Loránd University of Science(ELTE), Budapest, December 14-15, 2007; Valerie Hansen, "Locating Dunhuang in a Broader History of the Silk Road," at a conference entitled "A Hundred Years of Dunhuang 1907-2007," at the British Library and the British Academy, London, May 17-19, 2007.

1 국제돈황프로젝트(The International Dunhuang Project, available online at http://idp.bl.uk)에서는 이 석굴의 유물 4만여 점의 도판을 제공하고 있다. Victor Mair는 여러 곳에서 발견된 고문서 목록을 제시했다. Victor Mair, "Lay Students and the Making of Written Vernacular Narrative: An Inventory of Tun-huang Manuscripts," *CHINOPERL Papers 10*(1981): 95-96.

2 Mirsky, *Sir Aurel Stein*, 212-29.

3 Lilla Russell-Smith, "Hungarian Explorers in Dunhuang," *Journal of the Royal Asiatic Society*, 3rd ser., 10, no. 3(2000): 341-61.

4 연표는 다음 책을 참조. Roderick Whitfield, *Dunhuang: Caves of the Singing Sands: Buddhist Art from the Silk Road*(London: Textile & Art Publications, 1995), 341-43.

5 Éric Trombert, "Dunhuang avant les manuscrits: Conservation, diffusion et confiscation du savoir dans la Chine médiévale," *Études chinoises*

24(2005): 11-55.

6 Rong Xinjiang, "The Nature of the Dunhuang Library Cave and the Reasons for Its Sealing," trans. Valerie Hansen, *Cahiers d'Extrême-Asie* 11(1999-2000): 247-75. 스타인은 왕원록이 1905년에 석굴을 발굴했다고 알고 있었지만 오해였다. Aurel Stein, *Ruins of Desert Cathay*, 2:164.

7 Lionel Giles, *Six Centuries at Tunhuang: A Short Account of the Stein Collection of Chinese Mss. in the British Museum* (London: China Society, 1944), 28.

8 스타인의 돈황 제1차 탐험에 대한 이 책의 설명의 출처는 다음과 같다. Stein, *Ruins of Desert Cathay*, 2:28-30, 159, 165, 798; Stein, *Serindia*, 2:805, 813, 825.

9 Donohashi Akio, "A Tentative Inquiry into the Early Caves of the Mokao Grottoes at Tun-huang: Questions Regarding the Caves from the Sui Dynasty," *Acta Asiatica* 78(2000): 1-27, 특히. 2. 馬德은 9개의 서로 다른 지점에서 바라본 4세기와 5세기 사이의 절벽면을 그림으로 제시했다. 馬德, 《敦煌石窟營造史導論》(台北: 新文豐出版社, 2003), 119-50, figs. 1-9. 시대별로 얼마나 많은 수의 석굴이 조성되었는지에 대해서는 다음을 참조. 馬德, 《敦煌莫高窟史研究》(兰州: 甘肃教育出版社, 1996), 43-46.

10 Mirsky, *Sir Aurel Stein*, 36-37.

11 Mirsky, *Sir Aurel Stein*, 280에서 스타인이 알렌에게 보낸 편지(1947년 10월 14일)를 언급하고 있다.

12 Paul Pelliot, "Une Bibliothèque Médiévale Retrouvée au Kan-sou," *Bulletin de l'Ecole Française d'Extrême-Orient* 8(1908): 501-29; Stein, *Serindia*, 2:820.

13 Rong, "Nature of the Dunhuang Library Cave," 256.

14 James Russell Hamilton, ed. and trans., *Manuscrits ouigours du IXe-Xe siècle de Touen-houang* (Paris: Peeters, 1986), ix.

15 Stein, *On Central Asian Tracks*, 211.

16 Asel Umurzakova, "Russian Archaeological Exploration of the Silk Road," paper for the seminar "The Social History of the Silk Road,"

dated April 30, 1999, citing S. F. Ol'denburg, *Russkaya Turkestanskaya ekspeditsiya (1909-1910 gg.): Kratkiy predvaritel'ny otchet* [The Russian Turkestan Expedition(1909-1910): Short preliminary report](St. Petersburg: Imperatorskaya Akademiya Nauk, 1914).

17 Hodong Kim, *Holy War in China: The Muslim Rebellion and State in Chinese Central Asia, 1864-1877*(Stanford, CA: Stanford University Press, 2004).

18 Helen Wang, *Sir Aurel Stein in The Times: A Collection of over 100 References to Sir Aurel Stein and His Extraordinary Expeditions to Chinese Central Asia, India, Iran, Iraq and Jordan in The Times Newspaper 1901-1943*(London: Saffron Books, 2002), 147-51, appendix 2: "Meng Fanren's Preface to the Chinese Translation of Serindia."

19 Hao Chunwen, "A Retrospective of and Prospects for Historical Studies Based on Dunhuang Conducted this Century," *Social Sciences in China* 20, no. 4(1999): 95-110.《历史研究》, 1998에 수록된 논문의 영어 번역.

20 荣新江,〈中国敦煌学研究与国际视野〉,《历史研究》, 2005, no. 4: 165-75.

21 Valéria Escauriaza-Lopez, "Aurel Stein's Methods and Aims."

22 Stein, *Ancient Khotan*, ix.

23 W. M. Flinders Petrie, *Methods & Aims in Archaeology*(London: Macmillan, 1904), 35(사례금), 119(출판), 175("test of right"), 187(정부 규정).

24 Stein, Ancient Khotan, ix, citing Petrie, *Methods & Aims in Archaeology*, 175.

25 Rong, "Nature of the Dunhuang Library Cave," 247-75.

26 榮新江,《歸義軍史研究: 唐宋時代敦煌歷史考索》(上海: 上海古籍出版社, 1996), 3.

27 John C. Huntington, "A Note on Dunhuang Cave 17: 'The Library,' or Hong Bian's Reliquary Chamber," *Ars Orientalis* 16(1986): 93-101; Imaeda Yoshirō, "The Provenance and Character of the Dunhuang Documents," *Memoirs of the Research Department of the Toyo Bunko*

66(2008): 81–102. See also the cybercaves available on the ARTstor.org database(search "Dunhuang," "cave 16," and "QTVR").

28 Éric Trombert, *Le crédit à Dunhuang: Vie matérielle et société en Chine médievale*(Paris: Collège de France, Institut des Hautes Études Chinoises, 1995), 76; 인용 S2729, 해설은 藤枝 晃, 〈敦煌の僧尼籍〉, 《東方学報》29(1959): 293–95.

29 문서 번호 0345의 번역이 다음에 수록되어 있다. Rong, "Nature of the Dunhuang Library Cave," 260; 전체 단락은 다음에 수록. Stephen F. Teiser, *The Scripture of the Ten Kings and the Making of Purgatory in Medieval Chinese Buddhism*(Honolulu: University of Hawai'i Press, 1994), 142–43.

30 Earliest text(S 797), *Stein*, Serindia 2: 821n2a; 施萍婷, 《敦煌遺書總目索引新編》(北京: 中華書局, 2000), 27. 이 책의 목록에는 스파인, 펠리오, 북경 소장 고문서 전부(러시아 제외)의 목록이 실려 있다. Latest text, see Rong, "The Nature of the Library Cave," 266.

31 불교 율장에 부합하지 않는 일부 돈황 고문서에 대한 논의는 다음을 참조. *Cahiers d'Extrême-Asie* 7(1993–1994), a special issue on Chan/Zen studies.

32 여러 장소에서 발견된 학습용 필사본 고문서 목록을 제시했다. Victor Mair, "Lay Student Notations from Tun-huang," in *The Columbia Anthology of Traditional Chinese Literature*, ed. Victor H. Mair(New York: Columbia University Press, 1994), 644–45. 또한 다음을 참조. Erik Zürcher, "Buddhism and Education in T'ang Times," in *Neo-Confucian Education: The Formative Stage*, ed. Wm. Theodore de Bary and John W. Chaffee(Berkeley: University of California Press, 1989), 19–56.

33 Giles, *Six Centuries at Tunhuang*.

34 Frances Wood and Mark Barnard, *The Diamond Sutra: The Story of the World's Earliest Dated Printed Book*(London: British Library, 2010). 책력(Dh 2880)에 대해서는 다음을 참조. Jean-Pierre Drège, "Dunhuang and the Two Revolutions in the History of the Chinese Book," in *Crossing Pamir: Essays Dedicated to Professor Zhang Guangda for His Eightieth*

Birthday, ed. Rong Xinjiang and Huaiyu Chen, forthcoming from Brill.
35 Jean-Pierre Drège, *Les bibliothèques en Chine au temps des manuscrits (jusqu'au Xe siècle)* (Paris: École Française d'Extrême-Orient, 1991).
36 역사학자들은 티베트의 돈황 점령을 786년으로 본다. 781년은 분명히 아니고, 787년도 아닐 가능성이 크다. 다음 논문을 참조. 山口瑞鳳, 〈吐蕃支配時代〉,《講座敦煌 2: 敦煌の歷史》, 榎 一雄 編(東京: 大東出版社, 1980), 195-232, esp. 197-98. 이 자료에 대해서 Sam van Schaik와 Iwao Kazushi에게 감사드린다.
37 Rong Xinjiang, "Nature of the Dunhuang Library Cave," 251-54.
38 Stein, *Serindia*, 2:813.
39 처음에는 문서번호가 Pelliot Hébreu 1이었다.; 현재의 문서번호는 Manuscrit hébreu 1412, Bibliothèque Nationale. Wu Chi-yu, "Le Manuscrit hébreu de Touen-huang," in *De Dunhuang au Japon: Études chinoises et bouddhiques offertes à Michel Soymié*, ed. Jean-Pierre Drège(Geneva, Switzerland: Librairie Droz, 1996), 259-91(photo of document on 291). Photo available online at http://expositions.bnf.fr/parole/grand/018.htm.
40 아베스타어 기도문은 다음을 참조. K. E. Eduljee, *Scriptures Avesta*. Available online at http://www.heritageinstitute.com/zoroastrianism/scriptures/manuscripts.htm; 두 신격이 그려져 있는 페이지는 다음을 참조. Frantz Grenet and Zhang Guangda, "The Last Refuge of the Sogdian Religion: Dunhuang in the Ninth and Tenth Centuries," *Bulletin of the Asia Institute* 10(1996): 175-86.
41 9세기와 10세기의 인구 조사 자료가 없기 때문에 학자들은 당나라의 공식 역사서에 등장하는 755년 이전의 인구 조사 수치를 준용한다. 이에 의하면 돈황의 인구는 16,250명, 가수 수는 4,265가구이다.《新唐書》, 40:1045.
42 Jason David BeDuhn, *The Manichaean Body in Discipline and Ritual* (Baltimore: Johns Hopkins University Press, 2000).
43 Peter Bryder, *The Chinese Transformation of Manichaeism: A Study of Chinese Manichaean Terminology* (Löberöd, Sweden: Bokförlaget Plus Ultra, 1985); Gunner B. Mikkelson, "Skilfully Planting the Trees of

Light: The Chinese Manichaica, Their Central Asian Counterparts, and Some Observations on the Translation of Manichaeism into Chinese," in *Cultural Encounters: China, Japan, and the West*, ed. S ø ren Clausen, Roy Starrs, and Anne Wedell-Wedellsborg(Aarhus, Denmark: Aarhus University Press, 1995), 83–108; J. G. Haloun and W. B. Henning, "The Compendium of the Doctrines and Styles of the Teaching of Mani, the Buddha of Light," *Asia Major*, n.s., 3(1952): 184–212. 개요의 일부와 찬가 전체의 영어 번역. Tsui Chi, trans., "Mo Ni Chiao Hsia Pu Tsan; 'The Lower(Second?) Section of the Manichæan Hymns," *Bulletin of the School of Oriental and African Studies* 11, no. 1(1943): 174–219.

44 Mikkelson, "Skilfully Planting the Trees of Light," 87.(S3969, P3884의 일부 번역)

45 Mikkelson, "Skilfully Planting the Trees of Light," 93.

46 이들 텍스트에 대한 최신 연구는 다음을 참조. Riboud, "Tang," 4–7. 이 글에서 출처가 불분명한 기독교 텍스트 몇 종에 대해서 설명하고 있다. 구매자는 일본인이었다. 그 외에는 파편들이다.

47 A. C. Moule, *Christians in China before the Year 1550*(New York: Macmillan, 1930), facing p. 53, reproduces P3847; 번역은 53–55. 참고문헌과 번역은 다음을 참조. Riboud, "Tang."

48 Jean-Pierre Drège, "Papiers de Dunhuang: Essai d'analyse morphologique des manuscrits chinois datés," *T'oung Pao*, 2nd ser., 67(1981): 305–60.

49 Mair, "Lay Student," 644–45.

50 Hansen, *Negotiating Daily Life*, 50.

51 P3348의 전사(傳寫)는 다음을 참조. 池田温,《中國古代籍賬研究, 概觀錄文》(東京: 東京大学東洋文化研究所, 1979), 463–64.

52 Trombert, "Textiles et tissus," 111.

53 R. A. Stein, *Tibetan Civilization*, trans. J. E. Stapleton Driver(Stanford, CA: Stanford University Press, 1972)에서 티베트의 지리와 역사에 대한 개론이 매력적이다.

54 《新唐書》, 216a: 6073.(其鎧胄精良, 衣之周身, 竅兩目, 勁弓利刃不能甚傷.《新

唐書》〈吐蕃傳〉)

55 Tsugihito Takeuchi, *Old Tibetan Contracts from Central Asia*(Tokyo: Daizo Shuppan, 1995); Takeuchi, "Military Administration and Military Duties in Tibetan-Ruled Central Asia(8th-9th century)," in *Tibet and Her Neighbours: A History*, ed. Alex McKay(London: Edition Hansjörg Mayer, 2003), 43-52. Prof. Takeuchi의 상세한 참고문헌 참조. 헝가리 학자 Géza Uray의 빛나는 연구성과도 포함되어 있다.

56 한문본 계약서는 다음을 참조. Trombert, *Le crédit à Dunhuang*; 티베트어는 다음을 참조. Takeuchi, *Old Tibetan Contracts*.

57 池田 温, 〈敦煌の流通経済〉, 《講座敦煌3: 敦煌の社會》(東京: 大東出版社, 1980), 297-343, 316-17, citing P2763, P2654.

58 Yamamoto and Ikeda, *Tun-huang and Turfan Documents*, 13-18.

59 Takeuchi, *Old Tibetan Contracts*, 325; Yamamoto and Ikeda, *Tun-huang and Turfan Documents*, no. 257.

60 돈황 출토 티베트어 예언서에 동전이 언급된다.(P1055, P1056) 티베트어 dong-tse가 등장하는데 중국어 銅子(tongzi)를 옮겨적은 것이다. 다음을 참조. Takeuchi, *Old Tibetan Contracts*, 25-26.

61 Takata Tokio, "Multilingualism in Tun-huang," *Acta Asiatica* 78(2000): 49-70, esp. 60-62.

62 Lilla Russell-Smith, *Uygur Patronage in Dunhuang: Regional Art Centres on the Northern Silk Road in the Tenth and Eleventh Centuries*(Leiden, The Netherlands: Brill, 2005), 22; Whitfield, Singing Sands, 318-26.

63 Ernesta Marchand, "The Panorama of Wu-t'ai Shan As an Example of Tenth Century Cartography," *Oriental Art* 22(Summer 1976): 158-73; Dorothy C. Wong, "A Reassessment of the Representation of Mt. Wutai from Dunhuang Cave 61," *Archives of Asian Art* 46(1993): 27-51; Natasha Heller, "Visualizing Pilgrimage and Mapping Experience: Mount Wutai on the Silk Road," in *The Journey of Maps and Images on the Silk Road*, ed. Philippe Forêt and Andreas Kaplony(Leiden, The Netherlands: Brill, 2008), 29-50.

64 Jacob Dalton, Tom Davis, and Sam van Schaik, "Beyond Anonymity: Paleo- graphic Analyses of the Dunhuang Manuscripts," *Journal of the International Association of Tibetan Studies* 3(2007): 12–17, available online at http://www.thlib.org/collections/texts/jiats/#jiats=/03/dalton/.

65 F. W. Thomas, "A Chinese Buddhist Pilgrim's Letters of Introduction," *Journal of the Royal Asiatic Society*(1927): 546–58; Sam van Schaik, "Oral Teachings and Written Texts: Transmission and Transformation in Dunhuang," in *Contributions to the Cultural History of Early Tibet*, ed. Matthew T. Kapstein and Brandon Dotson(Leiden, The Netherlands: Brill, 2007), 183–208; Whitfield, *Silk Road*, 126–27, photo on 127; Sam van Schaik and Imre Galambos, *Manuscripts and Travellers: The Sino-Tibetan Documents of a Tenth-Century Buddhist Pilgrim*(Berlin: De Gruyter, 2011).

66 Matthew T. Kapstein, "New Light on an Old Friend: PT 849 Reconsidered," in *Tibetan Buddhist Literature and Praxis: Studies in Its Formative Period, 900–1400*, ed. Ronald M. Davidson and Christian K. Wedemeyer(Leiden, The Netherlands: Brill, 2006), 23.

67 Takata, "Multilingualism in Tun-huang," 55–56.

68 榮新江은 848년에서 1043년까지 연단위로 연대기와 관련 문서 번호를 제시했다. 다음을 참조. 榮新江,《归义军史研究》, 1–43. 영어로는 다음 논문에서 돈황의 역사 핵심 정리를 해두었다. Russell-Smith, *Uygur Patronage in Dunhuang*, 31–76.

69 Victor H. Mair는 변문 연구에 거의 평생을 바쳤다. 그의 첫 책이 이들 네 텍스트를 번역한 방대한 주석서였다. Victor H. Mair, *Tun-huang Popular Narratives*(New York: Cambridge University Press, 1983). 이후로 그의 저술은 세계의 이야기 전통에 대한 우리의 이해를 엄청나게 확장시켜 주었다.

70 Mair, "Lay Students," 5.

71 Mair, *Tun-huang Popular Narratives*, 169. Mair에 의하면 텍스트의 기년은 856년에서 870년 사이이다.(p. 11).

72 제156굴의 남벽은 다음 책에서 볼 수 있다. 馬德,《敦煌莫高窟史研究》4, 圖

133; ARTstor.org 웹사이트에서 보다 선명한 사진을 제공한다.
73 Whitfield, *Singing Sands*, 327에 P3720(張淮深造窟功德記)의 번역 수록. 출처는 馬德,《《莫高窟記》淺議》,《敦煌學輯刊》2(1987): 129.
74 Ma Shichang, "Buddhist Cave-Temples and the Cao Family at Mogao Ku, Dunhuang," *World Archaeology* 27, no. 2(1995): 303-17.
75 Sarah E. Fraser, *Performing the Visual: The Practice of Buddhist Wall Painting in China and Central Asia, 618-960*(Stanford, CA: Stanford University Press, 2004), 4(화가 교육); 37(후원자의 준비); 18-19, figure 1.1(석굴에서 후원자 초상의 위치); Fraser, "Formulas of Creativity: Artist's Sketches and Techniques of Copying at Dunhuang," *Artibus Asiae* 59, nos. 3-4(2000): 189-224.
76 Rong Xinjiang, "The Relationship of Dunhuang with the Uighur Kingdom in Turfan in the Tenth Century," in *De Dunhuang à Istanbul: Hommage à James Russell Hamilton*, ed. Louis Bazin and Peter Zieme(Turnhout, Belgium: Brepols, 2001), 275-98, esp. 287.
77 荣新江,《归义军史研究》는 이 시대 돈황의 정치사에 대한 결정판이다.
78 Moriyasu Takao, "Sha-chou Uighurs and the West Uighur Kingdom," *Acta Asiatica* 78(2000): 28-48, esp. 36-40.
79 Rong, "Relationship of Dunhuang with the Uighur Kingdom," 275-98.
80 이 고문서는 폭넓게 연구되지 못했다. 鄭炳林은 문서번호 P3547을 분석했는데, 다음 논문에 수록되었다. 돈황의 무역에 대한 이해에 큰 도움을 주는 논문이다. 郑炳林,〈晚唐五代敦煌商业贸易市场研究〉,《敦煌学辑刊》45(2004): 108. 또한 다음을 참조. 荣新江,《归义军史研究》, 8.
81 荣新江,《归义军史研究》, 8, 11.
82 중국어 酒(jiu)는 맥주로 번역된다. Éric Trombert, "Bière et Bouddhisme—La consummation de boissons alcoolisées dans les monastères de Dunhuang aux VIIIe-Xe siècles," *Cahiers d'Extrême-Asie* 11(1999-2000): 129-81.
83 P2629와 관련되는 두 건의 문서는 다음에 도판과 전사(傳寫)가 수록되어 있다. 唐耕耦·陆宏基 編,《敦煌社会经济文献真迹释录》(北京: 书目文献出版社,

1990), 3:271−76. 冯培红은 해당 정보를 표로 제시했는데, 방문객 중 빠진 사람이 있다. 冯培红, 〈客司与归义军的外交活动〉, 《敦煌归义军史专题研究续编》, 郑炳林 编(兰州: 兰州大学出版社, 2003), 314−17.

84 S1366과 S2474이 다음 논문에서 논의된다. 冯培红, 〈客司与归义军的外交活动〉, 318.

85 Jacques Gernet, "Location de chameaux pour des voyages, à Touen-huang," in *Mélanges de sinologie offerts à Monsieur Paul Demiéville*(Paris: Institut des Hautes Études Chinoises, 1966), 1:41−51.

86 Gernet, "Location de chameaux," 45에 문서번호 P3448의 프랑스어 번역 수록.

87 宁可·郝春文 辑校, 《敦煌社邑文書辑校》(南京: 江蘇古籍出版社, 1997).

88 馬德, 《敦煌莫高窟史研究》, 255−61.

89 Trombert, *Le crédit à Dunhuang*, 27, 190.

90 Rong Xinjiang, "Khotanese Felt and Sogdian Silver: Foreign Gifts to Buddhist Monasteries in Ninth- and Tenth-Century Dunhuang," *Asia Major*, 3rd ser., 17, no. 1(2004): 15−34; 이 논문의 중국어 버전은 다음에 수록. 〈寺院財富與世俗供養〉, 胡素馨(Sarah E. Fraser)編(上海: 上海书画出版社, 2003), 246−60. *Asia Major* 31−34에 수록된 표는 특히 유용하다. 각 사원의 생필품 및 그것이 언급되는 고문서 목록이 실려 있다.

91 이렇게 생각할 수 있도록 도와준 필자의 동료 Peter Perdue에게 감사드린다.

92 Schafer, "Early History of Lead Pigments and Cosmetics," 413−38, 특히 428.

93 郑炳林, 〈晚唐五代敦煌贸易市场外来商品辑考〉, 郑炳林 编, 《敦煌归义军史专题研究续编》, 399.

94 *Corpus Inscriptionum Iranicarum*, part 2, *Inscriptions of the Seleucid and Parthian Periods and of Eastern Iran and Central Asia*, vol. 3, *Sogdian*, section 3, *Documents turco-sogdiens du IXe−Xe siècle de Touen-houang*, by James Hamilton and Nicholas Sims-Williams(London: Corpus Inscriptionum Iranicarum and School of Oriental and African Studies, 1990), 23; Takata, "Multilingualism in Tun-huang," 51−52.

95 Turco-Sogdian Document A(P3134), 전사(傳寫) 및 분석은 다음을 참

조. Hamilton and Nicholas Sims-Williams, *Documents turco-sogdiens*, 23-30.
96 Vaissière, *Sogdian Traders*, 328-30.
97 These have been translated by James Russell Hamilton in Manuscrits ouïgours.
98 Hamilton, *Manuscrits ouïgours*, 176-78.
99 森安孝夫,《シルクロードと唐帝国》(東京: 講談社, 2007), 103-11.
100 Stein, *Ruins of Desert Cathay*, 2:38, 68, 99.

제7장

여러 학자들께서 질문에 관대하게 답해주셨고 미출간 자료를 제공해 주셨다. Mathew Andrews, Kumamoto Hiroshi, Prods Oktor Skjærvø, Nicholas and Ursula Sims-Williams, Wen Xin, Yoshida Yutaka, and Zhang Zhan.

1 호탄의 역사에 대한 간략한 소개는 다음을 참조. Hiroshi Kumamoto, "Khotan ii. History in the Pre-Islamic Period," in *Encyclopædia Iranica*, Online Edition, April 20, 2009, available online at http://www.iranicaonline.org/articles/khotan-i-pre-islamic-history; *Corpus Inscriptionum Iranicarum, part 2, Inscriptions of the Seleucid and Parthian Periods and of Eastern Iran and Central Asia, vol. 5, Saka Texts, section 6, Khotanese Manuscripts from Chinese Turkestan in the British Library*, by Prods Oktor Skjærvø(London: British Library, 2002). Following scholarly convention, subsequent footnotes refer to this book as Catalogue.

2 Huili, *Biography of the Tripiṭaka Master*, 164;〈大唐大慈恩師三藏法師傳〉,《大正新修大藏經》, text 2053, 50:251a.

3 샨풀라 유적에 대한 필자의 논의는 스위스 Abegg Foundation에서 출간한 책에 기초하고 있다. 그 책에서는 한문 자료와 해당 유적에 관한 중국의 보고서를 방대하게 번역하여 수록하였다. Dominik Keller and Regula Schorta, eds., *Fabulous Creatures from the Desert Sands: Central Asian Woolen Textiles from the Second Century BC to the Second Century AD* (Riggisberg, Switzerland: Abegg-Stiftung, 2001); see 37, fig. 39, for the saddle blanket,

and 50, fig. 48, for a diagram of a cleaver-shaped pit, mentioned below.
4 Stein, *Innermost Asia*, 1:127; 3:1022, 1023, 1027.
5 Angela Sheng과의 개인적인 대화. 2010년 6월 28일.
6 Elfriede Regina Knauer, *The Camel's Load in Life and Death: Iconography and Ideology of Chinese Pottery Figurines from Han to Tang and Their Relevance to Trade along the Silk Routes*(Zurich: Akanthus, 1998), 110. 양탄자 전체 크기는 세로 7.5 feet(2.3 m), 가로 19 inches(48 cm).
7 余太山, 《西域傳》, 94-95; 《漢書》 96A:3881; Hulsewé, *China in Central Asia*, 96-97.
8 Joe Cribb, Helen Wang에 의하면 시노-카로슈티 코인은 기원후 1세기~2세기의 것이다. *Money on the Silk Road*, 37-38. Hiroshi Kumamoto, "Textual Sources for Buddhism in Khotan," in *Collection of Essays 1993: Buddhism across Boundaries; Chinese Buddhism and the Western Regions*(Taibei: Foguangshan Foundation for Buddhist and Culture Education, 1999), 345-60에서는 왕의 이름이 중국의 사료와 일치하지 않는다는 사실을 지적하며 연대가 다소 늦은 2세기에서 3세기로 보았다.
9 《出三藏記集》, 97a-b; Kumamoto, "Textual Sources for Buddhism in Khotan," 345-60, 특히 347-48.
10 유적지에 대한 묘사는 다음을 참조. Stein, *Ancient Khotan*, 2:482-506, and plate 40.
11 Rhie, *Early Buddhist Art*, 276-322. S 또한 케리야 유적지 주변에 대한 다음의 논의 참조. Debaine-Francfort and Idriss, *Keriya, mémoires d'un fleuve*, 82-107.
12 法顯, 〈高僧法顯傳〉, 857b-c; Legge, *Record of Buddhistic Kingdoms*, 16-20.
13 Aurel Stein, *Sand-buried Ruins of Khotan: Personal Narrative of a Journey of Archaeological and Geographical Exploration in Chinese Turkestan*(London: T. F. Unwin, 1903; repr., Rye Brook, NY: Elibron Classics, 2005), 202.

14 Madhuvanti Ghose, "Terracottas of Yotkan," in Whitfield and Ursula Sims-Williams, *Silk Road*, 139–41.

15 Burrow, *Kharoṣṭhī Documents*, no. 661; 스타인이 부여한 유물번호로는 E.vi,ii.1. Stein, *Serindia*, 1:276. 사진과 간략한 논의는 다음을 참조. Ursula Sims-Williams, "Khotan in the Third to Fourth Centuries," in Whitfield and Ursula Sims-Williams, *Silk Road*, 138. See also Thomas Burrow, "The Dialectical Position of the Niya Prakrit," *Bulletin of the School of Oriental Studies* 8, no. 2–3(1936): 419–35, 특히 430–35. The document may be a copy of an earlier document: Peter S. Noble, "A Kharoṣṭhī Inscription from Endere," *Bulletin of the School of Oriental Studies* 6, no. 2(1931): 445–55.

16 Skjærvø, *Catalogue*, xxxviii–xl.

17 Ursula Sims-Williams, "Hoernle, Augustus Frederic Rudolf," *Encyclopædia Iranica*, Online Edition, December 15, 2004, available at http://www.iranicaonline.org/articles/hoernle-augustus-frederic-rudolf.

18 A. F. Rudolf Hoernle, "A Report on the British Collection of Antiquities from Central Asia, Part 1," *Journal of the Asiatic Society of Bengal* 70, no. 1(1898): 32–33; Ronald E. Emmerick, *A Guide to the Literature of Khotan*, 2d ed.(Tokyo: International Institute for Buddhist Studies, 1992), 6n19.

19 Skjærvø, *Catalogue*, lxx–lxxi.

20 R. E. Emmerick, ed. and trans., *The Book of Zambasta: A Khotanese Poem on Buddhism*(New York: Oxford University Press, 1968), order to Ysarkula(163), author's note(9), women's cunning arts(283), closing of chapter on women(285), palace of the gods(19).

21 道世, 《法苑珠林》. 668년에 편찬된 불교 백과사전이다. 여기에 게으른 여인에 대한 부분이 수록되어 있다. 《大正新修大藏經》, vol. 53, text 2122, 443c–447a. Koichi Shinohara와 개인적인 대화, 2010년 6월 25일.

22 H. W. Bailey, "Khotanese Saka Literature," in *The Cambridge History of Iran*, vol. 3, *The Seleucid, Parthian and Sasanian Periods*, ed. Ehsan

Yarshater, part 2(New York: Cambridge University Press, 1983), 1234-35.

23 Skjærvø, *Catalogue*, lxxiii; Emmerick, *Guide*, 4-5; Emmerick, *Book of Zambasta*, xiv-xix.

24 Mauro Maggi, "The Manuscript T III S 16: Its Importance for the History of Khotanese Literature," in *Turfan Revisited: The First Century of Research in the Arts and Cultures of the Silk Road*, ed. Desmond Durkin-Meisterernst et al.(Berlin: Reimer Verlag, 2004), 184-90, 547; 가장 시기가 올라가는 필사본에 대한 논의는 184.

25 이 혼란스러운 시기에 대해 영어로 가장 잘 설명한 글은 다음과 같다. Kumamoto, "Khotan."

26 Hedin, *My Life As an Explorer*, 188. 헤딘은 첫 책에서 이 유적지를 "타클라마칸의 고대 도시"라고 언급했다. 나중에는 단단윌릭이라는 지명을 사용했다. Stein, *Ancient Khotan*, 1:236.

27 Stein, *Ancient Khotan*, 1:240.

28 Stein, *Ancient Khotan*, 1:241.

29 Christoph Baumer, *Southern Silk Road: In the Footsteps of Sir Aurel Stein and Sven Hedin*(Bangkok: Orchid Books, 2000), 76-90.

30 Rong Xinjiang and Wen Xin, "Newly Discovered Chinese-Khotanese Bilingual Tallies," *Journal of Inner Asian Art and Archaeology* 3(2008): 99-111, 209-15. 이 논문의 중국어 버전은 다음에 수록되어 있다. 《敦煌吐鲁番研究》11(2008): 45-69, 호탄어 연구 특집호.

31 Rong and Wen, "Bilingual Tallies," 100, tally no. 2.

32 Yoshida Yutaka는 호탄에서 재배한 곡물에 대한 중국어와 호탄어 번역의 최신 연구성과를 제시했다. "On the Taxation System of Pre- Islamic Khotan," *Acta Asiatica* 94(2008): 95-126, 특히 118. 이 글은 그의 중요한 일본어 저술의 요약이다. 吉田豊,《コータン出土8-9世紀のコータン語世俗文書に関する覚え書き》(神戸: 神戸市外国語大学外国学研究所, 2006).

33 Yoshida, "On the Taxation System," 104n19.

34 P. Oktor Skjærvø, "Legal Documents Concerning Ownership and Sale from Eighth Century Khotan," 출간예정논문. 문서의 편년에 대해서는 다음

을 참조. Prods Oktor Skjærvø, "The End of Eighth-Century Khotan in its Texts," *Journal of Inner Asian Art and Archaeology* 3(2008): 119-38, 특히 129-31. 이 논문에 대한 요약 표는 다음을 참조. table 44, "Contracts," in Helen Wang, *Money on the Silk Road*, 100.

35 Or. 9268A; translated in Skjærvø, "Legal Documents," 61, 63.
36 Or. 9268B; translated in Skjærvø, "Legal Documents," 65-66.
37 Helen Wang, *Money on the Silk Road*, 95-106, 특히 table 46, "Payments Made Part in Coin Part in Textiles," 101. Yoshida는 Archives no. 1과 no. 2의 시기인 770년대와 780년대에 유통된 동전이 거의 없다는 의견이다. "On the Taxation System," 117n43.
38 Hoernle, "Report on the British Collection," 16; Helen Wang, *Money on the Silk Road*, 103.
39 단단윌릭의 또 다른 고문서들은 Archive no. 3인데 시기는 798년이다. 이들 고문서에는 관리의 서명이 있다. 관리의 이름은 Sudārrjām이며 직급은 tsīṣī spāta이다.(그냥 spāta보다는 높은 직급이다.) 그는 한자 副(부, 글자 자체는 복제를 뜻함)를 서명으로 사용했다. Yoshida, "On the Taxation System," 97-100.
40 이 시대의 역사 편년은 아직 확정되지 않았다. 다음을 참조. Yoshida Yutaka, "The Karabalgasun Inscription and the Khotanese documents," in *Literarische Stoffe und ihre Gestaltung in mitteliranischer Zeit*, ed. Desmond Durkin-Meisterernst, Christiane Reck, and Dieter Weber(Wiesbaden, Germany: Dr. Ludwig Reichert Verlag, 2009), 349-62, 연표는 361; Skjærvø, "End of Eighth-Century Khotan," 119-44; Guangda Zhang and Xinjiang Rong, "On the Dating of the Khotanese Documents from the Area of Khotan," *Journal of Inner Asian Art and Archaeology* 3(2008): 149-56; 森安孝夫, 〈吐蕃の中央アジア進出〉,《金沢大学文学部論集》(史学科篇), 4(1984): 1-85.
41 Yoshida, "On the Taxation System," 100, 117.
42 필자는 여기서 Yoshida의 견해를 따른다. 그의 견해는 다음 글에 나온다. Yoshida, "Karabalsagun Inscription," 353-54.

43 Yoshida, "On the Taxation System," 112-13n35.
44 Takeuchi, *Old Tibetan Contracts*, 118-19.
45 Yoshida, "On the Taxation System," 114.
46 Stein, *Ancient Khotan*, 1:282, 307-8.
47 Ursula Sims-Williams, "Hoernle."
48 Economic History Association: "Measuring Worth: Five Ways to Compute the Relative Value of a UK Pound Amount, 1830 to Present," using retail price index, available online at http://www.measuringworth.com/ukcompare.
49 D. S. Margoliouth, "An Early Judæo-Persian Document from Khotan, in the Stein Collection, with Other Early Persian Documents," *Journal of the Royal Asiatic Society of Great Britain and Ireland* (October 1903): 735-60, 특히 735-40. 여기서 스타인은 발굴 환경에 대해 서술했다. Bo Utas가 가장 정확한 번역을 발표했다. Bo Utas, "The Jewish-Persian Fragment from Dandān-Uiliq," *Orientalia Suecana* 17(1968): 123-36.
50 W. J. Fischel and G. Lazard, "Judaeo-persian," *Encyclopaedia of Islam Three*, ed. Marc Gaborieu, vol. 4(Leiden, The Netherlands: Brill, 2010), 308-13. Available online by subscription at http://www.brillonline.nl/subscriber/entry? entry=islam_COM-0400.
51 張湛・时光, 〈一件新发现犹太波斯语信札的断代与释读〉, 《敦煌吐鲁番研究》 11(2008): 71-99. 미출간 영문 번역 원고를 보여주신 張湛께 감사드린다.
52 Skjærvø, "End of Eighth-Century Khotan," 119.
53 P. Oktor Skjærvø에 의하면 제17굴에 2천 건 이상의 호탄어 고문서 낱장 자료가 보관되어 있었다고 한다. 전자우편. 2003년 8월 29일.
54 Dalton, Davis, and van Schaik, "Beyond Anonymity."
55 S2736, S1000, S5212a1, Or. 8212.162, P2927; Skjærvø, Catalogue, 35-36, 44-45; 高田時雄, 《敦煌資料による中國語史の研究》(東京: 創文社, 1988), 199-227.
56 P5538; H. W. Bailey, "Hvatanica III," *Bulletin of the School of Oriental Studies* 9, no. 3(1938): 521-43; 번역 교정은 Skjærvø의 미출간 원고에 의거

함.

57 P4640; 张广达·荣新江,《于闐史丛考》(上海: 上海书店, 1993), 112.

58 H. W. Bailey, "Altun Khan," *Bulletin of the School of Oriental and African Studies* 30(1967): 98.

59 Rolf A. Stein, "'Saint et divin,' Un titre tibétain et chinois des rois tibétains," *Journal Asiatique* 209(1981): 231–75, 특히 240–41.

60 张广达·荣新江,《于闐史丛考》, 110.

61 Valerie Hansen, "The Tribute Trade with Khotan in Light of Materials Found in the Dunhuang Library Cave," *Bulletin of the Asia Institute* 19(2005): 37–46.

62 사절단의 목록이 다음에 수록되어 있다. Hiroshi Kumamoto, "Khotanese Official Documents in the Tenth Century A.D."(Ph.D. diss., University of Pennsylvania, 1982), 63–65.

63 《宋会要辑稿》《蕃夷》(北平: 国立北平图书馆 1936), 7:1b. 원문에는 李聖文으로 되어 있지만, 李聖天을 잘못 옮겨적었을 것이다.

64 Hansen, "Tribute Trade," 42n5에서 7명의 왕자에 대한 다양한 고문서 관련 참고문헌과 번역을 수록했다. 학자들 사이에 그 고문서의 편년이 890년대인지 966년인지 의견이 일치하지 않는다.

65 그들은 600근을 운반했다. 1근은 대략 600그램이다. 다음을 참조. "Table of Equivalent Measures," in Hansen, *Negotiating Daily Life*, xiii.

66 Kumamoto, "Khotanese Official Documents," 211–13.

67 P2786; 번역은 Kumamoto, "Khotanese Official Documents," 122에 나와 있으며 그에 대한 논의는 197 참조.

68 P2958; 번역은 다음을 참조. Bailey, "Altun Khan," 96. James Hamilton suggests a possible date for the letter of 993: "Le pays des Tchong-yun, Čungul, ou Cumuḍa au Xe siècle," *Journal Asiatique* 265, nos. 3–4(1977): 351–79, 특히 368.

69 张广达·荣新江,《于闐史丛考》, 18.

70 P2958; 번역은 Bailey, "Altun Khan," 97.

71 Prods Oktor Skjærvø, "Perils of Princes and Ambassadors in Tenth-

Century Khotan," 미출간 원고.
72 IOL Khot S. 13/Ch. 00269.109 – 20; 번역은 Skjærvø, *Catalogue*, 514.
73 Khot. S. 13/Ch. 00269; 번역은 Skjærvø, *Catalogue*, 512.
74 Kumamoto, "Khotanese Official Documents," 218.
75 Kumamoto, "Khotanese Official Documents," 225.
76 Or. 8212.162.125-b5; 번역은 Kumamoto, "Khotanese Official Documents."
77 P2786; 번역은 Kumamoto, "Khotanese Official Documents," 120.
78 IOL Khot. S. 13/CH. 00269; 번역은 Skjærvø, *Catalogue*, 511.
79 P2958; 번역은 Bailey, "Altun Khan," 98.
80 P2024; 번역은 Kumamoto Hiroshi, "Miscellaneous Khotanese Documents from the Pelliot Collection," *Tokyo University Linguistics Papers* (TULIP) 14(1995): 229 – 57. P2024의 번역은 231 – 35. 그에 대한 논의는 235 – 38.
81 Kumamoto, "Miscellaneous Khotanese Documents," 230 – 31.
82 Kumamoto, "Khotanese Official Documents," 119, 150, 182.
83 Peter B. Golden, "The Karakhanids and Early Islam," in *The Cambridge History of Early Inner Asia*, ed. Denis Sinor (New York: Cambridge University Press, 1990), 354.
84 Andreas Kaplony, "The Conversion of the Turks of Central Asia to Islam as Seen by Arabic and Persian Geography: A Comparative Perspective," in *Islamisation de l'Asie Centrale: Processus locaux d'acculturation du VIIe au XIe siècle*, ed. Étienne de la Vaissière (Paris: Association pour l'Avancement des Études Iraniennes, 2008), 319 – 38.
85 H. W. Bailey, "Srī Viśa' Śura and the Ta-uang," *Asia Major*, n.s., 11(1964): 1 – 26, P5538의 번역은 17 – 20.
86 《宋会要辑稿》《蕃夷》, 7:3b; Kumamoto, "Khotanese Official Documents," 64.
87 William Samolin, *East Turkistan to the Twelfth Century: A Brief Political Survey* (The Hague: Mouton, 1964), 81.
88 Mahṃūd al-Kāsgarī, *Compendium of the Turkic Languages*, ed. and trans. Robert Dankoff and James Kelly, vol. 1 (Duxbury, MA: Tekin,

1982), 270.

89 《遼史》(北京: 中華書局, 1974), 14:162.

90 《遼史》, 14:162.

91 《宋会要辑稿》〈蕃夷〉, 7:17b – 18a; Kumamoto, "Khotanese Official Documents," 64 – 65.

92 Cl. Huart, "Trois actes notariés arabes de Yarkend," *Journal Asiatique* 4(1914): 607 – 27; Marcel Erdal, "The Turkish Yarkand Documents," *Bulletin of the School of Oriental and African Studies* 47(1984): 261; Monika Gronke, "The Arabic Yārkand Documents," *Bulletin of the School of Oriental and African Studies* 49(1986): 454 – 507.

93 Jürgen Paul, "Nouvelles pistes pour la recherché sur l'histoire de l'Asie centrale à l'époque karakhanide(Xe – début XIIIe siècle)," in "Études karakhanides," ed. Vincent Fourniau, special issue, *Cahiers d'Asie Centrale* 9(2001): 13 – 34, 특히 33n64.

94 Map 2 in O. Pritsak, "Von den Karluk zu den Karachaniden," *Zeitschrift der Deutschen Morgenländischen Gesellschaft* 101(1951): 270 – 300.

95 기원후 1000년 이후 현재까지 신강의 역사에 대한 가장 훌륭한 개론서는 다음과 같다. James A. Millward, *Eurasian Crossroads: A History of Xinjiang*(New York: Columbia University Press, 2007).

96 W. Barthold, *Turkestan Down to the Mongol Invasion*, 3d ed., trans. T. Minorsky(London: Luzac, 1968), 401 – 3; René Grousset, *The Empire of the Steppes: A History of Central Asia*, trans. Naomi Walford(New Brunswick, NJ: Rutgers University Press, 1970), 233 – 36.

97 Marco Polo, *The Travels of Marco Polo*, trans. Ronald Latham(New York: Penguin Books, 1958) 82 – 83. 인용문의 문맥을 소폭 조정함.

98 Ursula Sims-Williams, "Khotan in the Third to Fourth Centuries," 138.

99 Frances Wood, *Did Marco Polo Go to China?*(London: Secker & Warburg, 1995); Igor de Rachewiltz, "Marco Polo Went to China" *Zentralasiatische Studien* 27(1997): 34 – 92.

100 Thomas Allsen, "Mongolian Princes and Their Merchant Partners,

1200 – 1600," *Asia Major*, 3d ser., 3(1989): 83 – 126; Elizabeth Endicott-West, "Merchant Associations in Yüan China: The Orto γ," *Asia Major*, 3d ser., 3(1989): 127 – 54.

101 Michal Biran, "The Chaghadaids and Islam: The Conversion of Tarmashirin Khan(1331 – 34)," *Journal of the American Oriental Society* 122(2002): 742 – 52.

102 Morris Rossabi, "Ming China and Turfan, 1406 – 1517," *Central Asiatic Journal* 16(1972): 206 – 25.

103 L. Carrington Goodrich, "Goes, Bento de," in *Dictionary of Ming Biography*, 1368 – 1644, ed. L. Carrington Goodrich(New York: Columbia University Press, 1976), 472 – 74.

104 Jonathan N. Lipman, *Familiar Strangers: A History of Muslims in Northwest China*(Seattle: University of Washington Press, 1997), 58 – 102.

105 Perdue, *China Marches West*.

106 James A. Millward, *Beyond the Pass: Economy, Ethnicity, and Empire in Qing Central Asia, 1759 – 1864*(Stanford, CA: Stanford University Press, 1998), 204 – 5.

107 Kim, *Holy War in China*; A. A. Kuropatkin, *Kashgaria: Eastern or Chinese Turkistan*, trans. Walter E. Gowan(Calcutta: Thacker, Spink, 1882).

108 Komil Kalanov and Antonio Alonso, "Sacred Places and 'Folk' Islam in Central Asia," *UNISCI Discussion Papers* 17(2008): 175.

109 Hamadi Masami, "Le mausolée de Satuq Bughra Khan à Artush," *Journal of the History of Sufism* 3(2001): 63 – 87.

110 Rahilä Dawut, "Shrine Pilgrimage among the Uighurs," *Silk Road* 6, no. 2(2009): 56 – 67 available online at http://www.silk- road.com/newsletter/vol6num2/srjournal_v6n2.pdf.

111 Joseph Fletcher, "Les voies(turuq) soufies en Chine," in *Les Ordres mystiques dans l'Islam*, ed. Alexandre Popović and Gilles Veinstein(Paris:

EHESS, 1986) 13-26, esp. 23.
112 Jane Macartney, "China Prevents Muslims from Hajj," *Muslim Observer*, November 29, 2007, available online at http://muslimmedianetwork.com/mmn/? p=1545; "Mapping the Global Muslim Population: A Report on the Size and Distribution of the World's Muslim Population" (Washington, DC: Pew Research Center, 2009).

감사의 말

이 책을 쓰는 데는 오랜 시간이 걸렸다. 많은 분들이 자료를 제공해 주었고, 질문에 답해 주었으며, 여러 가지 방식으로 도와주셨다. 내가 도움을 받은 내용에 대해서는 각 장의 미주 서두에서 상세하게 서술했기 때문에, 여기서는 일반적인 학술적 도움을 넘어서 특별한 도움을 주신 분들을 별도로 언급하고자 한다.

Phyllis Granoff 와 Koichi Shinohara(篠原亨一) (Yale University)는, 대개는 그들의 집에서 맛있는 식사를 함께 하면서 다양한 아시아 종교 전통에 대해 현명한 조언을 들려 주셨다.

Frantz Grenet(CNRS)는 중앙아시아 예술에 대한 지식과 소장하고 있는 도판들을 제공해 주셨다. 도판들 중에는 재능 있는 François Ory의 그림들도 포함되어 있었다.

Stanley Insler(Yale University)는 실크로드에 관한 연합 수업에 참여할 수 있도록 허락해 주셔서 내가 이 분야 연구를 시작할 수 있도록 처음으로 용기를 주셨다. 그리고 언제나 Gourmet Heaven(예일대 근처의 식당)에서 점심 시간을 훌쩍 넘도록 기꺼이 질문에 답변해 주셨다.

Li Jian(Virginia Museum of Fine Arts)은 내가 Daton Museum에서 실크로드 전시 관련 일을 할 수 있도록 기회를 주셨고, 하가촌(何家村)(서안) 유물들을 소개해 주셨다.

Victor Mair(University of Pennsylvania)는 30년 전 돈황 문서 세미나에서 필자가 수업을 들은 이후로 끊임 없는 도움을 주셨다.

Boris Marshak(Hermitage Museum)은 대화 속에서, 그리고 2006년 돌아가시기 전 소그드인에 대한 강의를 통해, 친절하게도 많은 지식을 전해 주셨다.

Mou Fasong(牟發松, 華東師範大學)은 2005~6학년도에 나의 가족을 초청해 주셨고, 지도교수 Tang Zhangru(唐長孺) 선생이 어떻게 연구를 하셨는지 몸소 시범을 보여주셨다.

Georges-Jean Pinault(École Pratique des Hautes Études)는 인도유럽어, 특히 토하리어에 대해 가르쳐 주셨다.

Rong Xinjiang(榮新江, 北京大學)은 실크로드 지역에 대한 비견할 데 없는 지식을 나누어 주셨고, 개인 소장 도서와 논문들을 기꺼이 빌려 주셨다.

Angela Sheng(McMaster University)는 텍스타일에 대한 전문성과 충실한 우정을 보여 주셨다.

Nicholas Sims-Willians(SOAS)와 Ursula Sims-Williams(British Library)는 Bulletin of the Asia Institute에 제출한 나의 논문에서 여러 오류들을 성실하게 고쳐주셨고, 중앙아시아 언어들, 특히 호탄어에 대해서 가르쳐 주셨다.

Prods Oktor Skjærvø(Harvard University)는 수 년에 걸쳐 많은 부탁을 들어주셨고, 예일대를 자주 방문하여 여러 자료를 소개해 주셨으며, 출간되지 않은 자신의 번역문을 제공해 주기도 했다.

Étienne de la vaissière(École Pratique des Hautes Études)는 소그드인과 중앙아시아인에 관한 어떤 질문에도, 대체로 한 시간 이내에, 길어야 하루 안에, 허심탄회하게 대답해 주지 않은 적이 없었다.

Wang Binghua(王炳華, 中國人民大學)와는 신강 고고학, 특히 니아와 누란에 관한 깊은 이해를 나눌 수 있었다.

Helen Wang(British Museum)은 화폐학을 지도해 주셨고, 많은 글의 깊은 뜻을 읽어주셨다.

Yoshida Yutaka(吉田 豊, 京都大學大學院文學硏究科)는 소그드어와 호탄어 및 역사에 대해 조언을 해주셨다.

Susan Ferber는 옥스포드 대학교 출판부의 담당 편집자인데, 십여 년 전에 이 책을 계약한 뒤로 꾸준히 지원을 해주셨다. 그의 신중한 편집으로 인해 각 장의 내용이 더 좋아졌다. 나의 모든 요청사항에 대해서 그가 특별히 능숙하게 처리해 줄 수 있었던 것은, 아마도 내가 만난 어떤 사람보다도 성실하게 일하는 분이기 때문일 것이다. Joellyn Ausanka는 편집 관리인으로 효율적으로 출간 준비를 해 주셨고, Ben Sadock는 문장을 다듬고 매우 정확하게 교정을 봐 주셨다.

정부의 인문학 지원을 통해 러시아에서 1년간 연구할 수 있었고, Asel Umurzakova의 도움으로 무그 산(Mt. Mugh) 출토 문서 연구에 몰두할 수 있었다. 풀브라이트 학술 지원 프로그램을 통해서는 상해 화동사범대학에서 2005년~2006년에 연구를 할 수 있었다.

예일대학교에서 실크로드 수업에 참여했던 학부 및 대학원 학생들은 내가 논점을 더 분명히 할 수 있도록 도움을 주었다. 2010년 봄학기 실크로드 세미나에 참여했던 학생들, Mary Augusta Brazel-ton, Wonhee Cho(조원희), Denise Foerster, Ying Jia Tan, and Christine Wight 그리고 2011년 봄학기의 Arnaud Bertrand는 거의 최종 원고를 다 읽었고, 예를 들면 하나의 문서 분석으로 각 챕터를 시작하는 방

안 등, 교열을 하는 데 도움이 되는 제안들을 많이 해 주었다. 나의 연구 조교 Mathew Andrews는 여러 가지 임무를 동시에 수행했다. 특히 예일대 로스쿨 1학년에 재학중임에도 불구하고 지루한 도판 작업을 신속하고도 열정적으로 해 주었다. Joseph Szaszfai와 예일대학교 Photo + Design unit 직원들은 문제가 많은 여러 도판들을 출판에 적합하도록 변환해 주었다.

Brian Vivier는 현재는 펜실베니아 대학교 도서관 사서로 재직 중인데, 모든 미주를 섬세하게 편집해 주었다.

Jinping Wang은 특유의 명석함으로 최종 단계의 여러 가지 문제들을 해결하는 데 도움을 주었다.

Alice Thiede(CARTOGRAPHICS)는 아름다운 지도를 그려 주었다. 익숙치 않은 지명들 때문에 특히 쉽지 않은 작업이었다.

Pamela Schirmeister(예일대학교 대학원장)는 원고 제출 마감일 직전에 서문에서 문제점을 예리하게 지적해 주셨다.

나의 남편 Jim Stepanek과 우리 아이들 Bret, Claire, Lydia는 언제나 기분 좋게 나의 집필과 교사 일을 도와주었다. 이들 중 누군가, 혹은 우리 다 함께 여행을 했을 때가 가장 좋았던 때였음은 두말할 필요가 없다.

원고를 제출하기 전 중국에서 마지막 한 달은 온 가족이 매달려서 교정을 보고, 도표를 그리고 원고를 다듬었다. 이 책에 착수하기 직전에 태어났던 브레트(Bret)는 매일 오늘은 몇 단어를 썼는지 집요하게 물어보곤 했다. 그 놀이도 끝났으니 이제 우리는 무슨 얘기를 해야 할까?

2011년 9월 30일
북경에서

역자 후기

실크로드는 한국에서는 먼 지역이지만, 이제는 한국에서도 낯설지 않은 이름이 되었다. 불과 10년 전 권영필 선생은 저서에서 실크로드라는 상점의 간판을 보고 놀랐던 경험담을 토로한 적이 있었다. 그때만 해도 실크로드는 몇몇 학자들에게만 익숙한 이름이었던 모양이다. 최근에는 전문 여행사에서 매년 여행상품을 내놓기도 하고, 서울시민청에서 주최하는 시민강좌에도 빠지지 않는 단골 강좌로 이름을 올리고 있다. 심지어 경주시에서는 실크로드 대축제를 주최하기도 했다. 짧은 시간에 이처럼 괄목할 만한 대중적 확신이 이루어진 데에는 그간 중앙아시아학회나 정수일 선생의 문명교류연구소의 노고가 밑받침이 되었음은 두말할 나위가 없다.

실크로드에 대한 관심의 저변 확대에도 불구하고 실크로드에 대한 책이 그만큼 많이 나오지 못했던 것 같다. 이는 비단 국내에서만 그러한 것이 아니라 영미권 서점을 보더라도 마찬가지다. 최근 심재관 선생께서 실크로드에 관한 흥미로운 두 권의 책을 비교하는 글을 〈불교학리뷰〉에 실었는데, 그 두 책은 그야말로 세계적으로 보더라도 일반인을 대상으로 한 흔치 않은 수작으로 평가된다. 공교롭게도 그 두 책이 모두 소와당에서 번역 출간되게 되었다. 작년에 출간된 〈중앙유라시아 세계사〉와 이번에 출간되는 〈실크로드, 7개의 도시〉가 바로 그 두 책이다.

심재관 선생의 서평에서 두 책의 장단점이 비교적 소상하게 언급되었는데, 요약하자면 최대한 거시적인 접근이 〈중앙유라시아 세계사〉라면, 가장 미시적인 접근이 〈실크로드, 7개의 도시〉이다. 전자가 중앙아시아 및 실크로드가 어떻게 세계사의 흐름을 주도했는지를 밝혔다면, 후자는 흥분을 가라앉히고 돋보기를 들고 차분히 실크로드를 바라보자는, 사뭇 상반된 입장을 취하고 있다.

〈실크로드, 7개의 도시〉를 쓴 발레리 한센은 국내에서 한때 유명세를 얻었던 학자이다. 〈열린 중국〉이라는 책이 알음알음으로 조용히 히트를 했던 까닭이다. 그 책에서 한센은 〈시경〉에 등장하는 노래 등에서 등장하는 아주 구체적인 사물들을 추적하면서 중국의 역사에 얼마나 많은 외래적 요소들이 스며들었는지를 보여주었다. 세밀한 사료 분석은 자칫 지루하기 쉬운데, 한센의 글에서는 자세할수록 재미를 더하는 역설적인 매력이 있다. 이러한 매력은 이번에 번역한 〈실크로드, 7개의 도시〉에서 더하면 더했지 덜하지 않다.

한 가지 예를 들자면, 미우나이라는 어느 여인의 편지 이야기이다. 한센은 일단 그 편지가 발견된 내력을 소상히 알려준다. 돈황 근처의 감시탑 유적지를 조사하던 오렐 스타인은 일차 조사를 마치고 별 것이 없다고 생각하여 인부들에게 일을 시켜두고 다른 발굴지에 다녀온다. 그 때 인부 한 사람이 무언가를 찾았다며 보여준다. 한센은 그 때 인부가 물건을 건네주던 상황을 마치 다큐멘터리 영화의 한 장면처럼 생생하게 묘사한다. 그리고 그렇게 발견된 미우나이라는 한 여인의 편지 내용을 전해준다. 여인의 삶 또한 드라마처럼 그려진다. 그녀는 남편에게 버림을 받고 남편을 대신하여 빚독촉에 시달리던 여인이었다. 그녀가 문제 해결을 위하여 구체적으로 어떻게 고군분투했는지가 밝혀져 있다. 물론 미우나이의 목소리를 직접 전해주는 일도 빼놓지 않았다. "당신의 아내가 되느니 차라리 개나 돼지의 아내가 되는 편이 낫겠어요!" 더 구체적인 사연은 본문에서 확인할 수 있다.

이처럼 한센은 돋보기를 들고 현장을 추적하는 탐정처럼 실크로드의 도시에서 발굴된 고문서와 그 도시의 역사 이야기를 들려준다. 이런 이야기가 다만 흥미를 자아내기 위한 수단은 아니다. 이것이 역사에 접근하는 한센의 방식이다. 이렇게 돋보기를 들고 실크로드의 역사를 들여다 본 결과, 한센은 다소 충격적인 결말에 도달한다. 실크로드에서는 "실크"가 가장 중요한 물건이 아니었고, "로드"도 뚜렷하지 않았다는 것이다. 즉 "실크로드"에서 "실크"와 "로드"의 중요성이 모두 부정되는 결론에 이른다. 그럼 중요한 것은 무엇이었나? 저자에 의하면 정작 중요했던 것은 도시였다. 아주 가끔씩 이러저러한 사연과 사건에 휩쓸려 사람들이 드문드문 지나갔을 뿐, 고립된 조그만 오아시스 도시에서 꿋꿋하게 삶이 이어져 왔고, 그것이 실크로드의 역사라는 것이다. 그래서 한센은 타클라마칸 사막 주변에 목걸이의 구슬처럼 매달려 있는 도시들을 중심으로 책을 구성했다.

각각의 도시에 대해서 저자는 이 책을 집필하기 전에 이미 학술지에 논문을 발표한 적이 있었다. 각 장의 미주 첫머리에 그에 대한 정보가 수록되어 있다. 번역 과정에서 그 논문들을 참조하였는데, 이 책에서는 학술적인 논증 부분을 덜어내고 대중적인 이해를 돕기 위해 저자가 많은 노력을 기울였음을 확인할 수 있었다. 한때 한센의 애독자 중의 한 사람으로서, 그리고 출판계에 몸담고 있으면서 중앙아시아 관련 책들을 편집할 기회가 있었던 역자로서는, 지극히 개인적인 애정에 입각하여 이 책의 번역을 맡았다. 전문적인 내용에 대해서 얼토당토않은 오역들이 적지 않을 것으로 짐작된다. 독자들께서 넓은 마음으로 양해해 주시길 부탁드린다. 호탄어 필사본 〈잠바스타의 책〉에 나오는 문구로 역자의 변을 대신하고자 한다.

"내가 이 글을 호탄어로 번역하지만, 나의 지식이란 워낙 작고 보잘 것 없습니다. 내가 여기에서 의미를 잘못 번역한 것에 대해서는 그것이 무엇이든지 성스러운 부처님들께 용서를 구합니다. 내가 여기서 어떤 공덕이라도 얻게 된다면, 그 공덕을 통해 살아있는 모든 존재와 함께 보리를 깨닫기를 기원합니다."

2015년 7월
옮긴이

도판 출처

화보 1　新疆博物館編,《新疆出土文物》(上海: 文物出版社, 1975), 圖 183.

화보 2-3　*China: Ergebnisse eigener residen und darauf gegründeter studien* Volume I (Berlin: D. Reimer, 1877-1912), facing p. 500.

화보 4A　© The Trustees of the British Museum, Stein IA.XII. cl AN 00031987001.

화보 4B　© The Trustees of the British Museum, Stein IA.XII.cl AN0012869001.

화보 5A　© The Trustees of the British Museum, L. A. I. 002, AN 00009325001.

화보 5B　*Serindia* Plate XL.

화보 6·7　王炳華.

화보 8　新疆博物館.

화보 9　저자 촬영.

화보 10　*Central Asia and Tibet*, facing page 106.

화보 11A　Museum fuer Asiatische Kunst, Staatliche Museen, Berlin, Germany, MIK III 4979 V.

화보 11B　François Ory.

화보 12　Bibliothèque Nationale de France, Manuscrits orientaux, hébrue 1412.

화보 13　新疆维吾尔自治区博物馆, 圖 34-5.

화보 14　《西安北周安伽墓》, 圖 42.

화보 15　《西安北周安伽墓》, 彩圖 8.

화보 16A　Mathew Andrews, 12/11/08.

화보 16B　Mathew Andrews, 7/8/10.

그림 0-1 新疆博物館, 유물번호 #66TAM61:17(b).
그림 0-2 《新疆出土文物》, 圖 180.
그림 0-3 Chang, *The Rise of the Chinese Empire*, plate 5.

그림 1-1 Courtesy of the Board of the British Library.
그림 1-2 Courtesy of rock art archive, Heidelberg Academy of Sciences.
그림 1-3 From Serindia, figure 63, Courtesy of the Board of the British Library 392/27 (89).
그림 1-4 《新疆出土文物》, 圖 35.
그림 1-5, 1-6 王炳華.
그림 1-7 *Ancient Khotan*, Page 406, plate 72.
그림 1-8 王炳華.

그림 2-1 BNF, Manuscrits orientaux, Pelliot Koutchéen LP I + II.
그림 2-2 Courtesy of the Freer Gallery of Art and Arthur M. Sackler Gallery, Smithsonian Institution, Washington, D.C.
그림 2-3 *The Art in the Caves of Xinjiang*, Cave 17, Plate 8.
그림 2-4 Takeshi Watanabe, 2006년 7월 25일.

그림 3-1 Aurel Stein, *Innermost Asia*, plate XCIII detail.
그림 3-2 저자 촬영.
그림 3-3 閻文孺, 〈吐魯番的高昌故城〉, 《新疆考古三十年》, p. 137.
그림 3-4 J. Hackin, *Recherches Archéologiques en Asie Centrale* (Paris: Les Éditions D'Art Et D'Histoire, 1931), plate I.

그림 4-1 Courtesy of the Board of the British Library, Sogdian Letter #2 T.XII.A.II.2 Or.8212/95.
그림 4-2 Frantz Grenet.
그림 4-3, 4-4 Guitty Azarpay, *Sogdian Painting: The Pictorial Epic in*

Oriental Art, University of California Press, 1981, the Regents of the University of California.
그림 4-5 ⓒ 2010 F. Ory-UMR 8546-CNRS.
그림 4-6 Frantz Grenet.

그림 5-1, 5-2 新疆博物館(長安圖: 유물번호 #73TAM206:42/10).
그림 5-3 Cultural Relics Publishing House.
그림 5-4 figure 4A, Yang Junkai, "Carvings on the Stone Outer Coffin of Lord Shi of the Northern Zhou," *Les Sogdians de Chine* (Paris: École française d'Extrême-Orient, 2005), p. 27.
그림 5-5, 5-6 Cultural Relics Publishing House.

그림 6-1 *Ruins of Desert Cathay*, p. 188.
그림 6-2 Courtesy of the Board of the British Library, 392/56 (690).
그림 6-3 《文物》, 1978, #12:23.
그림 6-4 Courtesy of the Board of the British Library, 392/27 (589).
그림 6-5 Amelia Sargent, detail from Dunhuang Cave 156.
그림 6-6 Amelia Sargent, detail from Dunhuang Cave 45.

그림 7-1 BNF, Manuscrits orientaux, Pelliot V 5538.
그림 7-2, 7-3 Abegg-Stiftung, CH-3132 Riggisberg, inv. no. 5157.
그림 7-4 *Ancient Khotan*, Figure 65.
그림 7-5 *Ancient Khotan*, Figure 69.
그림 7-6 Plate XLVII, *Ancient Khotan*.
그림 7-7 Plate LXII, *Ancient Khotan*.
그림 7-8 《敦煌吐魯番研究》, 第11卷 (2008), 彩圖 #4.
그림 7-9 Amelia Sargent, detail from Dunhuang Cave 61.

그림 8-1 Courtesy of the Board of the British Library, Or. 8210/p. 2.

찾아보기

인명, 칭호, 관직, 신격   502
지역, 유적, 박물관   505

찾아보기: 인명, 칭호, 관직, 신격

가파르 Ghafar, Abdul 67
경정 景淨 315
고국인 高鞠仁 272
고종 高宗(唐) 220
곽흔 郭昕 145
구락 Ghurak 237
구마라습 鳩摩羅什 128 → 쿠마라지바
구마모토 히로시 熊本裕 384
국문태 麴文泰 162, 165
국씨 麴氏 가문 165
그륀베델 Grünwedel, Albert 120, 302

나나 Nana(goddess) 218, 219, 222
노자 老子 314
니시 칠라그 Nisi Chilag 372

데 고에스 de Goes, Bento 393-395, 412
데바푸트라 Devaputra 322
데바스티치 Devashtich 227, 228, 235-240
도진 道眞 306-307
두우 杜佑 189
등소평 鄧小平 397

람쇼차 Ramshotsa 86

랩슨 Rapson, E. J. 82
로치, 라요스 Lóczy, Lajos 290-291
루스탐 Rustam 85, 86, 97, 219
르 콕 Le Coq, Albert von 30, 113, 114, 117, 119, 120, 194, 195, 302
리치, 마테오 Ricci, Matteo 394, 395
리히트호펜 Richthofen, Ferdinand Von 22, 402

마리노스 Marinus 22
마시크 Mashik 168, 172
마흐무드 알 카슈가리 Mahmud al-Kashgari 335, 387, 398
매카트니, 조지 Macartney, George 357, 212, 228, 361, 388
무제 武帝(漢) 33, 120
미륵불 117, 129, 360
미우나이 Miwnay 408, 210-211
미트라 Mithra 234

바기티 바다가 Vagiti Vadhaga 209
바르후만 Varkhuman 220, 221, 223, 225
바우머, 크리스토프 Baumer, Christoph 363
바우어, 헤밀턴 Bower, Hamilton 28, 357
바후디바 Bahudhiva 356
반다크 Vandak 157
반초 班超 121
반타 磐陀 → 반다크
백씨 白氏 가문 121, 122, 125, 137, 139, 144

법도 法度 64
법현 法顯 102, 277-279, 280-283, 352, 409
부호 婦好 31
브레슈만반다크 Vreshmanvandak 255
블랙모어, 찰스 Blackmore, Charles 9-10
비사 삼바바 Visa Sambhava 378-380, 386
비사 수라 Visa Sura 386

사툭 부그라 칸 Satuq Bughra Khan 385, 398, 화보 16A
살보 薩寶 sabao
    안가 安伽 252, 253, 화보 14
    관품 5장 미주 11
    어원 3장 미주 58, 5장 미주 58
    법현의 기록 278
    이주민 407
    사군 Wirkak 254
    소그드인의 종교 관습 178, 209
    조로아스터교의 종교 관습 178
사군 史君 Wirkak 254, 255, 256
샤마세나 Shamasena 98
석륵 石勒 208
석반타 石磐陀 157
석염전 石染典 185
수바르나데바 Suvarnadeva 143
숙종 肅宗(唐) 190
스타인, 오렐 Stein, Aurel
    니아 55-56, 66-69, 100 화보 6
    단단윌릭 362, 370, 371
    돈황 석굴 289-305, 310-311
    라왁 349-351
    발굴 비용 30, 290, 361
    소그드인의 옛날 편지 206
    신강 396

아스타나 고분 154
    유물 목록 355
    카라코룸 고속도로의 스투파 60, 61
    투르판 168
    행상 337-338
    호탄 353
시다바드라 Siddhabhadra 359
시다카 Sidaka 368
시바 Shiva 215
시종 侍從 83

아라감 阿羅憾(아브라함) 149
아미타불 Amitabha Buddha 314
아부 자이드 Abu Zayd 284
아쇼카 Ashoka 343
아우구스티누스 Augustine, Saint 313, 화보 11A
아쿤, 이슬람 Akhun, Islam 370
아후라 마즈다 Ahura Mazda 178, 209, 218, 234
안가 安伽 251-253, 화보 14
안록산(의 난)
    돈황 고문서 315-316
    실크로드 경제 148, 190, 317, 404
    이름과 출신 190
    하가촌 何家村 270-271
    호탄 법률 체계 366
    소그드인에 대한 보복 272-273
    당나라 145, 148, 190-191, 240, 270-273
    티베트인 317-318
알 디와시니 Al-Diwashini → Devashtich
알 비루니 Al-Biruni 225
알렉산드로스 Alexander of Macedon 91,

206, 화보 13
알 타바리 Al-Tabari, Muhammad Ibn Jarir 130, 136
알 하라쉬, 사이드 Al-Harashi, Said 239
암고카 Amgoka 安歸迦 83
야즈데게르드 3세 Yazdegerd III 260
야쿱 벡 Ya'qub Beg 396
양귀비 楊貴妃 190, 272
여광 呂光 125
엽창치 葉昌熾 292
영신강 榮新江 303, 305, 387
영제 靈帝(漢) 64
오타니 고즈이 大谷光瑞 30, 149
올덴버그 Ol'denburg, S.F. 301, 302
옷-테긴 Ot-tegin 232, 234
왕 도사 292, 297-305, 310 → 왕원록
왕봉선 王奉仙 186
왕망 王莽 71, 266
왕원록 王圓籙 292 → 왕 도사
왕 파-캬우 Wang Pa-kyau 383
요흥 姚興 125, 126
위르칵 Wirkak → 사군
위장 韋莊 285
의정 義淨 280, 282-283
이광리 李廣利 120
이브라힘 Ibrahim (guide) 65-66
이븐 아우칼 Ibn Hawkal 216
이사이, 압둘라 Isai, Abdullah (Bento de Goes) 393 → 데 고에스
이성천 李聖天 378 → 비사 삼바바
이소근 李紹謹 259
이탄 李誕 250
이필 李泌 273

자라투스트라 Zarathustra 18, 61
자르쿨라 Ysarkula 358
자파르 사디크, 이맘 Jafar Sadik, Imam 66
잠바스타 Ysambasta 358, 359
장건 張騫 33, 65, 402
장의조 張議潮 322, 323-324, 326, 328
장회심 張淮深 324-326, 328
장회정 張淮鼎 326
장효완 蔣孝琬 291, 292, 296-301, 310
제마트반다크 Zhematvandak 255
조록산 曹祿山 (Rokhshan) 14, 180, 259
조씨 가문(돈황) 326, 327, 329, 378
조의금 曹義金 326, 378, 380
조원충 曹元忠 321, 326
좌동희 佐憧憙 173
지겸 支謙 64
지툼가 jitumgha 83

챠트 Chat 232
체르 Cher 232
칭기스칸 Chinggis Khan 389, 390

카디르 칸, 유수프 Qadir Khan, Yusuf 387
카파스타카 Capastaka 383
칸, 세르 알리 Khan, Sher Ali 337
콘스탄티누스 Constantine 25, 176 화보 4a
쿠빌라이 칸 Khubilai Khan 196
쿠스로우 2세 Khusrau II 270
쿠츨룩 Küchlük 389
크바르나르세 Khvarnarse 356
쿠마라지바 Kumarajiva 46, 107-109, 122-128, 410
쿠타이바 이븐 무슬림 Qutayba ibn Muslim 226, 237

키 비아이나 부인 夫人 Furen Khi-vyaina 283

테오도시우스 2세 Theodosius II 175
투르디 Turdi 361, 362, 370
타르순 Tarxun 228, 237
탐자카 Tamjaka 88
태종 太宗(唐) 220, 258, 262, 360
티무르 Timur the Lame 393

페트로브스키, 니콜라이 Petrovsky, Nikolai 360
페트리 Petrie, William Matthew Flinders 303–304
펠리오, 폴 Pelliot, Paul
    둘두르 아쿠르 136, 145, 149
    돈황 석굴 300, 303, 305, 310, 314
    쿠차 120, 138, 140, 141, 145
    신강 고문서 30
폴로, 마르코 Polo, Marco 26, 390–393, 412
푸냐반 Punyavan 134
프라이만 Freiman, A. A. 228
프로트반다크 Protvantak 255
프톨레마이오스 Ptolemy 22, 41
플리니우스 Pliny the Elder 42–44

헤딘, 스벤 Hedin, Sven
    니아와 누란 발굴 유물 56, 73, 74, 82
    실크로드라는 용어 23
    야르칸드 강 112–113
    쿠차 111–113
    크로라이나 왕국 56
    타클라마칸 사막 28–29, 161 화보 10
    행상 29, 338, 405

호탄 30, 361
헤라클리우스 Heraclius 270
현장 법사 玄奘
    도둑 330, 409
    산스크리트어 155, 322
    소그디아나 201–204, 214
    스타인의 신앙 299, 303
    여행기 155–163, 204
    장안 160, 247
    호탄 343, 353, 360
현종 玄宗(唐) 190, 271
혜립 慧立 155–161, 202
호자 아파크 Khoja Afaq 395
홍변 洪䛒 306, 307
황소 黃巢 285
후비슈카 Huvishka 99
회른레 Hoernle, Frederick Rudolf 357, 370
히나자 데바 비지타심하 Hinaza Deva Vijitasimha 356
히즈르 호자 Xidir (Xizir) Khoja 196

찾아보기: 지역, 유적, 박물관

가욕관 嘉峪關 394
간다라 Gandhara
    간다라어 64, 84, 97, 108, 122, 131, 357
    라왁 불상 351
    바위글씨 62–63, 99
    이주민 54, 57, 85, 88, 90, 95, 96, 99
    인장 88
    주거지 발굴 73
    쿠마라지바 108
    쿠차 122

크로라이나 왕국 54-55, 57
하가촌 何家村 269
감주 甘州 191, 327, 329, 376-385, 389
강소성 江蘇省 282
고비 사막 25, 103
고창 高昌 162-172, 178-179, 191-192
공작강 孔雀江 56
관음사 觀音寺 263-264
광주 廣州(Canton) 261, 278, 279, 282-285
교하 交河 164, 165
궁월성 弓月城 181
길기트 강 Gilgit River 57, 63
길기트 통로 Gilgit Road 63

낙양 洛陽 37, 155, 191, 208, 211, 261, 272, 276, 286, 349
날란다 Nalanda 410
낭가파르바트 Nanga Parbat 57
누란 樓蘭 Loulan
    교역 문서 81-82
    선선국都 善國 68-69
    외교 사절 70-73, 93-95
    이주민 54, 57, 63
    카로슈티 문서 53, 54, 84, 87
    크로라이나 왕국 54
    탈출 101-102
    한나라 68
니아 尼雅 Niya
    간다라어 사용자 64
    기후 167
    동전 70-71, 81, 91-95
    도둑 94
    목재 유물 73
    불교 55, 61-66, 96

비단 유물 77
스투파 61, 99 화보 6
실크로드 교역 95
언어 84
외교 사절 70, 71, 93-96
월지 月氏/支 64, 65, 71
통행증 72
합장 무덤 화보 7
헤딘의 탐험 56, 73, 74, 82

단단윌릭 Dandan-Uiliq 丹丹乌里克
    세금 고문서 364-365
    스타인의 발굴 370-371
    유대-페르시아어 고문서 371
    헤딘 제7장 미주 26
    호탄어 자료 아카이브 제7장 미주 37, 39
    호탄어 고문서 358, 361
도모코 Domoko 達瑪溝 343, 364
둘두르 아쿠르 Duldur Aqur 136, 145, 147-149
돈황 燉煌
    고문서의 범위 47
    당나라 310, 316-318, 323-328
    벽화 291, 292, 296, 299, 302, 320, 324
    변문 變文 308, 323, 324
    불교 순례 320
    소그드인의 옛날 편지 297-298
    외교 사절 323, 327-330, 334
    위구르의 점령 327
    유대어 고문서 화보 12
    장경동 289, 292, 298, 305-307
    지리적 위치 290
    제1굴(→장경동)
    통치자 326

한나라 291
　　호탄어 고문서 311
동주 同州(陝西) 252

라와 Rawak 27, 341, 349, 350 – 352

마자르 타그 Mazar Tagh 369
막하연 莫賀延 사막 156
멜리카와트 Melikawat 343, 354
모쉬체바이아 발카 Moshchevaia Balka 137 – 38
무그 산 Mount Mugh 226 – 228, 235 – 243
무위 武威 81, 125, 144, 156, 189, 209, 211, 241, 251, 254, 316
무자르트 강 Muzart River 109, 110, 113, 118, 120
무사카짐 마자르 Musakazim Mazar 화보 16B
미란 米蘭 56, 100 – 102, 336, 352 화보 5B
민풍 民豐 65
민타카 패스 Mintaka Pass 60, 63

바미얀 석굴 118
부하라 Bukhara 177, 214, 251, 390
부르질 패스 Burzil Pass 57
바스라 Basra 284
북정 北庭 131, 190, 191, 327
베제클릭 Bezeklik 193, 195, 196 화보 9

사마르칸트 Samarkand
　　소그드 문화 209-214
　　아프라시압 벽화 220 – 225
　　언어 201
　　외교 사절 221 – 224
　　이주민 201
　　무그 산 고문서 226
　　무슬림의 정복 240
　　판지켄트 발굴 218 – 219
　　편지 200, 205 – 209
　　현장의 여행 201 – 204
산동반도 279
삼계사 三界寺 306 – 307, 311, 378
샤티알 유적 Shatial site 62
샨풀라 Shanpula 341, 343 – 348
서안 西安 142
　　고고학 248, 251
　　기후 262
　　실크로드 미술 267
　　이방인의 무덤 250
　　종교 조직 260
　　쿠마라지바 125
　　현장 법사의 여행 156
　　→ 장안
서역 西域 25
서하 西夏 327, 389
세미레체 Semireche 196
소안탑 262
수마트라 Sumatra 277, 278, 282, 283
수창성 壽昌城 318
스틸 로드 201
승금구 勝金口 Sängim 135
신강 新疆
　　고고학자 169
　　화폐 150
　　세금으로 사용된 직물 190
　　신강박물관 74
　　이주민 96
　　청나라 395 – 396

초원 120
　　　투르크의 정복 137
　　　한나라 72
실크로드 Silk Road,
　　　가상의 실크로드 화보 2-3
　　　대중적 인식 23
　　　어휘의 탄생 22-23
　　　주요 교통로 19
　　　인도 순례길 280-281
　　　쿠차 지역 110-111
　　　타클라마칸 사막 48-49
　　　투르판 지역 158-159
　　　헤딘의 책 제목 23

아르메니아인 Armenians 393
아스타나 고분군 Astana graveyard 154-168, 170, 172, 175, 176, 179 화보 1
아잔타 석굴 117
아투쉬 Atush 阿圖什 398 화보 16A
아프가니스탄 Afghanistan
　　　불교 동굴 사원 118
　　　중국 무역 상품 33
　　　문화 교류 45, 33, 39
　　　하가촌 何家村 269
　　　유대-페르시아어 고문서 371
　　　카로슈티 문자 62
　　　청금석 333
　　　니야 유물 73
　　　실크로드의 길 57
　　　소그드인 214
　　　토하리어 130-131
　　　카라반 337-338
　　　현천 고문서 懸泉漢簡 38-39
　　　사산조 동전 화보 4B

아프라시압 벽화 220, 221, 224, 225, 242, 243, 254, 268, 411 화보 11B
아피아 가도 23
악베쉼 Ak-Beshim 203
악수 강 Aksu River 112, 113
안서도호부 安西都護府 110, 145, 165, 181
안양 安陽 353, 402
에르미타쥬 박물관 Hermitage Museum 215
야마천 野馬泉 160
야그노브 Yaghnob 201
야르칸드 Yarkand 65, 112, 121-122, 337, 388-395
야르칸드 강 Yarkand River 28, 112
양시구 羊屎溝 140
양자강 248
양주 涼州 125, 156, 251, 316
양주 揚州 257, 282
언기 焉耆 109, 128, 131-137, 144
영반 營盤 56, 78-79, 347
오대산 五臺山 320-322, 377, 410
오르담 파디샤 마자르 398
오흡현 烏恰縣 173, 177
우룸치 박물관 169
유룽카쉬 강 Yurungkash River 349, 353
요트칸 Yotkan 343, 353-355
의주 宜州 329
이식쿨 호 Lake Issyk-kul 164, 173, 203
인더스 강 Indus River 57, 61, 63
인도미술관(베를린) 195

장경동 藏經洞 → 돈황
장안 Chang'an
　　　고분 248
　　　당나라 257-286

동시 東市 258, 264, 276
바닷길 여행 278-280, 282-284
서시 西市 258-260, 264, 285
소그드인 247-250, 255-259, 267, 270-280
실크로드 미술 252-253
안록산의 난 271-274
외국인 혐오감 276
이방인 상인 258-259, 274-276
종교 공동체 260-262
하가촌 何家村 264-271
현대 서안 248
황소의 난 285
→ 서안
장이수 長離水 Hulu River 156, 157
제라프샨 강 Zerafshan River 214, 228
주천 酒泉 209, 211, 336, 394

천산산맥 Tianshan Mountains 26, 120, 201-203, 216

카불 Kabul 393
카라카쉬 강 Karakash River 353
카라코룸 고속도로 60, 61, 63-65, 99, 218
카라호자 Karakhoja 168, 170
카슈가르 Kashgar 25, 372, 385, 386
카슈미르 Kashmir 269, 290, 337
케리야 Keriya 65, 100, 392
코스 섬 Cos (Greek island) 42
쿠차 Kucha
    교역 138-144
    당나라 144-148
    동전 주조 139
    백씨 가문 121-122

    불교 107, 113, 117, 122, 124-129, 134, 140, 146
    정치적 통제 137-150
    쿠마라지바 107-109, 122-128
    키질 석굴 109, 113-120, 140
    쿠차 지역도 110-111
    쿠차어 129-136
    펠리오의 탐험 120
    헤딘의 탐험 111-113
쿠차 강 Kucha River 109
쿤제라브 패스 Khunjerab Pass 63
쿰 Kum 227
쿰 강 Kum River 228
쿨토베 Kultobe 206
쿰투라 Kumtura 114, 140
크리미아 반도 Crimean Peninsula 390
크테시폰 Ctesiphon 260
키질 석굴 109-118, 123, 140

타림 강 Tarim River 113
탐루크 Tamluk 277, 278, 282
토크마크 Tokmak 144, 163, 203, 204, 214
투르판 Turfan
    국씨 가문 164, 165
    고창 高昌 163
    교역 관리 179, 185
    기후 168
    당나라 155, 156, 161, 165-167, 171, 174, 177, 181, 184-186, 189, 191, 196
    동전 화보 4B
    매장 풍습 166
    무덤 속 인형 178
    세금 166, 175, 179-180, 189-191
    소그드인 155, 157, 177-181, 184,

190-192
아스타나 고분군 154, 168-170, 172, 175-179
언어 155, 165, 191-194
외교 사절 170
위구르 피란민 178
음식 153
종교 171, 191
카라반 161, 184-186, 189
현장 법사의 여행 155-163
트락발 패스 57

파달목촌 巴達木村 Badamu Village 178
파미르 고원 Pamir Knot 26, 57
파지리크 Pazyryk 32
판지켄트 Panjikent 177, 215-220, 236, 242, 243
팔렘방 Palembang 277, 282, 283
페르가나 Ferghana 33, 71, 75, 120, 130, 237, 238
페마 Phema 392
펨 Pem 392
포도구 葡萄溝 Bulayik 192

호레즘 Khorezm 225
호탄 Khotan
   불교 343, 349, 352-354, 358-359, 377, 382, 386, 388, 389, 393
   외교 사절 378, 379, 382, 384, 388, 393
   헤딘의 탐험 361
   이슬람 341, 343, 371, 385-389, 393-398
   옥 교역 353, 379-387, 394

마자르 398
당나라 360, 361, 365
위구르인 368, 385
호탄 강 Khotan River 28, 353
현천 懸泉 34-35, 37-40, 291, 329, 410
하서회랑 Gansu Corridor 25, 34, 318
하미 Hami 哈密 31, 156-157, 160, 185, 190, 336, 394, 395
하북성 河北省 273
하가촌 何家村 264-270, 266-268, 408
하남성 河南省 83, 155, 378
훈자 강 Hunza River 63
화염산 火焰山 216

실크로드 — 7개의 도시

2015년 7월 27일 1판 1쇄

발레리 한센 지음
류형식 옮김

펴낸곳 : (주)소와당笑臥堂 | 신고 번호 : 제313-2008-5호
주소 : (121-848) 서울시 마포구 월드컵북로 2길 65(동교동)
전화 : (02)325-9813
팩스 : (02)6280-9185
전자우편 : sowadang@gmail.com

저작권자와 맺은 협의에 따라 인지를 생략합니다.
값은 뒤표지에 적혀 있습니다.
잘못 만든 책은 서점에서 바꾸어 드립니다.

ISBN 978-89-6722-015-0 03900